复旦哲学 · 中国哲学丛书

成性存存

孔门成德之学的演进

何益鑫 著

本书获评"复旦大学哲学学院源恺优秀著作奖"

由上海易顺公益基金会资助出版

目 录

导论：孔孟之间儒学思想的演进 *1*

第一章　后孔子时代 *26*

　　1.1 孔子的人性观 *26*

　　1.2 孔学的分流 *47*

　　1.3 曾子的传承 *61*

第二章　曾子的修身论 *88*

　　2.1 "三纲八目"与宋明的《大学》诠释 *91*

　　2.2 《大学》古义略论 *109*

　　　　2.2.1 "格物致知"以定宗旨 *109*

　　　　2.2.2 "诚意"为首出 *120*

　　　　2.2.3 "正心修身"与"修身为本" *131*

　　　　2.2.4 首句与周文政治理想 *137*

第三章　子游的性情论 *158*

　　3.1 《性自命出》要论 *158*

　　　　3.1.1 作者与宗旨 *158*

　　　　3.1.2 "性"的作用与结构 *169*

　　　　3.1.3 "情"与礼乐之道的重释 *186*

　　　　3.1.4 "心术"与"情" *205*

　　3.2 《性自命出》章句 *216*

第四章　子思的五行论　234

4.1 《五行》要论　234
4.1.1 作者与文本结构　234
4.1.2 问题意识与思想宗旨　246
4.1.3 始于仁（仁之思）的成德途径　277
4.1.4 始于智（圣、智）的成德途径　302

4.2 《五行》章句　318

第五章　子思的诚论　336

5.1 《中庸》文本结构的问题　336
5.2 《中庸》古义略论　357
5.2.1 中庸、中和与儒家理想　357
5.2.2 集大成的"诚"　370

第六章　孟子的性善论　392

6.1 孟子对子思的继承与发挥　392
6.1.1 《孟子》中的"五行说"与"诚"　397
6.1.2 孟子对《五行》的解说与重构　407

6.2 孟子四心说与性善论的创辟　438
6.2.1 从"五行"到"四心"　439
6.2.2 据"四心"以"道性善"　448
6.2.3 以"存养"、"扩充"为成德途径　484

6.3 小结：先秦儒家心性之学的一种可能归宿　499

附录：表象与真实——颜子"好学"新论　503

参考文献　530

后　记　542

导论：孔孟之间儒学思想的演进

1. 经典世界的重构：思想世界、问题线索与文本解释的深层交互

王国维讲过一句话："古来新学问起，大都由于新发见。"[1] 当时，他是指二十世纪初发现的殷墟甲骨、敦煌文献等。到二十世纪下半叶，马王堆帛书、郭店竹简、上博竹简相继出现、公布，再次印证了这句话。这些出土文献，包含了数量可观的先秦儒籍，尤其是后两者，年代在公元前四世纪中期至三世纪初的战国中期，早于《孟子》的成书，保存了七十子后学思想文献的原貌。学者欢欣鼓舞，出土文献的研究一时成了显学。

在二十世纪之后，学者受疑古思潮的影响，普遍把《礼记》作为汉代的思想作品来看待，先秦儒学能够确认的只是《论语》、《孟子》、《荀子》三书。这三者之间的思想史演变，存在着严重的断层。特别是思想繁荣的七十子后学时代，其思想的风貌究竟如何，难以确定。郭店竹简和上博竹简的出现破除了一些成见。竹简中有的文献，可以与传世文献相互印证；有的文献，超出了传世文献的内容，拓展了我们对七十子时期思想复杂性的认识。文献和思想的

---

[1] 王国维：《最近二三十年中中国新发见之学问》，《王国维论学集》，第249页。

印证，也使学者对传统认为主要反映七十子后学思想的《礼记》更为确信。学者呼吁，我们已经走出了"疑古"，应该走向"释古"。于是，如何利用出土文献和《礼记》等传世文献，恢复孔、孟之间即七十子后学时代的思想风貌，进而重新书写先秦儒学发展史，也成为了学界的要求。

但出土文献的研究，绝不是单个文本的释读问题，而是一个复杂的综合过程。一般分为：古文字学（第一序）、文献学（第二序）以及哲学和思想史（第三序）。[1] 前两种研究，是哲学和思想研究的基础。但从思想的角度说，仅仅有文字和文献的基础还是不够的。哲学和思想关乎文本的内部理解。凡理解（无论正确的理解，还是错误的理解）必是一个思想建构的过程，是依据既有的思想背景，构建新的对事物的意义认知。对于哲学史或思想史来说，这个背景，就是文本背后的思想脉络。故想要理解文本，找到文本背后的思想脉络，找到文本在思想史上的恰当定位，就显得尤为重要了。换句话说，出土文献的理解，不仅仅关乎出土文献本身，更关乎先秦思想脉络的整体理解。任何片段式的文本解读或直接的比较研究，实质上都是以传世文献之现有理解为基础的意义嫁接，未必可以达到思想的真实，也不能突出出土文献对于先秦思想史重建的真正价值。就此而言，从出土文献的文本研究，推进到先秦儒学思想史、哲学史的整体研究，是一个必然的趋势。后者不仅是前者的深化，更是前者的理论前提。

然而，文本解读与思想史的互动，往往是一个内部调适的过

---

[1] 梁涛：《郭店竹简与思孟学派》，第552页。

程。如果文本的定位发生了错置，从错误的出发点亦可以作出相应的文本解读，相应的文本解读亦可以重构相应的思想史发展历程，这一历程又可以反过来证实这一文本的定位及解读。牟宗三对《中庸》《孟子》的文本定位和思想史判定，便是这样一个回环。他说："《中庸》在时间上本后于孟子。即就义理言之，《中庸》首章自'天命之谓性'说到'慎独'，说到'致中和'，本是自客观而超越的天命说下来。此是属于'维天之命於穆不已'一系之义理。而由'於穆不已'之天命说到性，而谓'天命之谓性'，并继之言'率性之谓道，修道之谓教'，成为天道性命相贯通而为一，此种义理决不在孟子建立性善以前，必是在孔子践仁知天，孟子尽心知性知天以后，推进一步而成之自天命处说之贯通论。至于后半篇由诚以言尽己性、尽人性、尽物性，以至参天地赞化育，乃至由诚以言形著明动变化，乃至由诚以言'天地之道为物不贰，生物不测'，此更是孟子后而更切近于孟子，自主体以言心性天道通而为一者，即贯通而成为一本体宇宙论的实体之创生直贯义，成为此一实体之创生直贯之'一本'者。"[1]

其实，能够依据思想的判定来作文本的判定和解读，又反过来加强思想的判定，这一做法无疑具有大家风范，也是思想研究的正途。但仅仅这样一个思想的回路，仍不能保证达到真实的思想结论。从今日的研究看，《中庸》与《五行》一样，代表了子思的思想，肯定要早于《孟子》。牟先生之所以用一种正确的方式，得出了错误的结论，并不是因为方法本身的失效，而是因为在此方法运

---

[1] 牟宗三：《心体与性体》(下)，第44页。

用之前，还有更为基础的、前提性的东西。这个东西，就是对一个时代的思想形态或精神形态的了解和把握。牟先生对《大学》《中庸》《孟子》《易传》等思想特征的理解，源于其对宋明理学的判教。宋明时代的不同流派，对文本理解或有具体的差异，但差异之前，却共享了一个理论的前提。这个前提，就是作为本质规范的理，以及由理所构成的世界图景。作为规范性根据的纯粹的理的世界，乃是彼时代的普遍的思想范式。但这样一个思想形态，与先秦的思想世界并不一致。以此解释先秦的经典，实质上是两个思想世界之间的转化，或者说从一个思想世界出发对另一个思想世界进行的重构。它无疑是深刻的"创造性诠释"，引起了儒学的所谓第二期发展，但同时也意味着一定意义上的精神形态的转变。恰如两个数学坐标系之间的转换，转换之后或仍然可以描述坐标位置、几何图形乃至运动过程，局部的表达上甚至变得更为简洁，但毕竟与在原坐标系所呈现出来的直观感受有很大的不同。如果说，宋明学者对这些经典的解读，注重其义理的结构，而不注重其历史性的过程；那么，牟先生则引入了一定的历史的维度，而从义理的分判对文本之先后作出了判断。在这个意义上，甚至可以说，牟先生的判断是从理学出发的必然结果。

与宋明儒学相比，先秦儒学具有很不一样的思想图景，它没有理学意义上的理概念，以及与之相关的性或道的概念。[1] 如果说，

---

[1] 例如，《周易·系辞上》："一阴一阳之谓道。"此所谓道，本是昭昭然可见的所行（所当行）之道，是日月星辰运行之道、万物生长活动之道、日用常行实践之道，而不是在具体可见的道之外，作为此道之所以然的道。但理学家认为，具体可见的所行之道不是真正意义上的道，其所以然者才称为道。伊川曰："离了阴阳更无道，所以阴阳者道也。阴阳，气也。气是形而下者，道是形而上者。"（程颢、程颐：《二程集》，第162页）伊川以增字的方式诠释，将两者作了层次上的区分，大有功于理学的建构，但不符合先秦的本义。

宋明儒学是以本质（理）的追问和确立为基本特征，作为一切理论和实践的前提；那么，先秦儒学则是以生命的自我呵护与完成，以及基于自身的对其他生命，乃至整个世界的呵护和关怀为直接的实践关切。若借用西方的说法，宋明理学的思想范式近于"力学"，先秦儒学的思想范式则更接近于"生物学"。它所追求的不是事物的理论的本质，而是生命生长的当下基础、具体途径，以及最终的完成形态。正如植物从种子的发芽开始，通过不断的滋养浇灌，逐步成长为参天大树。我们看到，《大学》的"本末"、《孟子》的"端"、"才"、"牛山之木"，都是以植物为意象，表述人的成德过程。[1]这绝不是偶然的例子，其中透出了先秦儒家成德之学的真实的思想模型和图景。在成德的问题上，宋明理学的本质结构是"本体与工夫"，工夫基于本体而又最终归于本体；与之相对，先秦儒学的基本结构，则可以说是"工夫与境界"。前者是向内的、向后的，以"复性"即本体的呈现为目的；后者虽然也是为了最终"生德于中"（向内），但其途径则是从当下开始、面向未来的成长或理想境界的实现，是向前的。以上所说，都不是具体命题和观点的差异，而是两种不同的思想形态和精神形态的根本区别。

综上所说，出土文献的思想研究，不宜采取片段或摘要式的论述，而要顾及文本的整体的解读；文本的解读，不宜就文本论文本，而要在思想史脉络中找到恰当的定位；思想脉络的了解，不宜不加批判地继承已有的观念（无论是理学传统的，还是近现代的），而要考虑到先秦思想世界、精神形态的本质特征（也是时代特征）。

---

[1] 另如，有子曰："本立而道生。"（《论语·为政》）"本"也不是本体的本，而是本末的本。

于是，出土文献的解读，最终归结为先秦儒家思想世界的重建。但思想世界的重建，又不离于经典文本的解读。这样一来，似乎形成了一个自我封闭的循环。这个任务，也就成了一个不可能完成的任务。

这个担心是多余的。从解释学的角度来说，思想的内部循环不同于逻辑上的重言式或"套套逻辑"(tautology)，它不是一个封闭的、消极的循环，而是一个开放的、生长的过程。任何一点的突破，就可以带动整个循环的整体提升。循环的整体提升，又会在某个特殊的环节带来突破。由此，通过一个循环向上的螺旋形的过程，最终达到一种稳定、调适的状态，渐近于思想的真实。对于笔者来说，这个突入的环节，是关于孔子成德之学的研究，或者说是关于《论语》的思想重构。

2. 后孔子时代的思想任务：实践之先至，与思想之后达

在《成之不已：孔子的成德之学》一书中，我们指出，孔子之学以实践为底色，以成德为旨归。孔子之学，可以恰切地称之为成德之学。当然，此所谓"实践"与"成德"，不是狭隘的现代"道德"或"伦理"意义上的个人成就，而是在己与己、己与人的关系中，于文化之浸润、天人之交际中，全面展开和完成的。对孔子来说，任何的活动，无论是礼、乐、射、御的修习，还是现实的道德或政治的判断和经历，乃至日用常行的一般活动，都是其为学实践的真实场域，也是成德境界之呈露和流注的场所。对于孔子来说，成德不在日用之外，日用不在成德之外。

孔子一生的成就，源于其好学的精神。子曰："十室之邑，必

有忠信如丘者焉，不如丘之好学也。"(《公冶长》)孔子说，自己的资质不是独一无二的，重要的是自己比一般人好学。好学正是孔子一生精进的活水源头。孔子由是而日进其德，造乎究极之境。子曰："吾十有五而志于学，三十而立，四十而不惑，五十而知天命，六十而耳顺，七十而从心所欲，不逾矩。"(《为政》)孔子从十五志于为学开始，三十而身立于礼，四十而不惑于智，五十而在天人之际体认到自身的历史使命，六十而达到声入心通之圣，七十而至于动合天则之极境。这一步一步进阶的次第，及其所透出的好学不已的生命精神，是孔子一生修学成德的经验之谈，也是后人为学的现实垂范。[1]孔子不居"仁"、"圣"之名，而自谓"好学"，这不仅仅是谦虚，更是对成德生命的实践本源的昭示。

在实践上，最能与孔子相契的是颜回。所有弟子中，孔子独称颜子好学。哀公问："弟子孰为好学？"孔子对曰："有颜回者好学，不迁怒，不贰过。不幸短命死矣！今也则亡，未闻好学者也。"(《雍也》)[2]孔门弟子三千，身通六艺者七十有二，唯颜子为好学。颜子之好学，又在于"不迁怒、不贰过"。子曰："回也，其心三月不违仁，其余则日月至焉而已矣。"(《雍也》)孔子说，只有颜回长期怀仁不违，其他人则只能偶尔达到。颜渊问仁。子曰："克己复礼为仁。一日克己复礼，天下归仁焉。为仁由己，而由人乎哉？"

---

[1] 朱子引程子曰："孔子生而知之也，言亦由学而至，所以勉进后人也。"又云："圣人未必然，但为学者立法。"(朱熹：《四书章句集注》，第54-55页)这是曲意弥缝圣人生知之说，不合孔子的本怀。其实，孔子由学而至，正是孔子之所不可及处。学之一字，乃孔子真生命，开学者由凡而圣的通道。

[2] 又，季康子问："弟子孰为好学？"孔子对曰："有颜回者好学，不幸短命死矣！今也则亡。"(《先进》)

颜渊曰:"请问其目。"子曰:"非礼勿视,非礼勿听,非礼勿言,非礼勿动。"颜渊曰:"回虽不敏,请事斯语矣。"(《颜渊》)颜子问仁,孔子告之以"克己复礼",后者可以说是达到仁的工夫。颜子深契夫子之意,请教具体的实践纲目。孔子告之以四勿,颜子于是欣然受教。几番会合出于纯粹的实践语脉,自然、洁净、毫无枝节。可以说,颜子与孔子的相契,首先是生命状态和精神的相契。颜子的生命,也呈现出了与孔子相似的气象与境界。子谓颜渊,曰:"惜乎!吾见其进也,未见其止也。"(《子罕》)颜子日见其进的生命状态,与孔子不息不已的生命精神,何其相似。子曰:"贤哉回也!一箪食,一瓢饮,在陋巷,人不堪其忧,回也不改其乐。贤哉回也!"(《雍也》)颜子身居陋巷而不改其乐的自足,又与孔子"饭疏食、饮水,曲肱而枕之,乐亦在其中矣"(《述而》)的境界,何其一致。[1]

孔子之学以实践为底色。孔子的思想,也源于他的实践。唯有在实践中,才能领悟道德言教之意味,契入道德生命之真实。由是,孔子不脱离于具体的实践而谈所谓的思想。孔子的思想,必见于具体的实践判断,见于对弟子的随宜指点。孔子的判断和指点,必针对具体的个人和特殊的处境,而不是抽象地谈论处事的原则。由是,我们看到,孔子对重要的德行概念,往往只作零碎的解说,没有系统的论证;各说法之间,又往往不同,甚或相反。但其实,孔子的言说,并不自足于其表面意义,而是根源于实践生命的内在一贯。孔子看似琐碎的言论,乃是其内在道德生命的应机呈

---

[1] 参见附录。

露。唯有透过一时言语的表象,理解其内在真实的全体,理解其所以如是的生命状态,才能真正理解孔子和孔子之教。子曰:"赐也,女以予为多学而识之者与?"对曰:"然,非与?"曰:"非也,予一以贯之。"(《卫灵公》)孔子告诉子贡,我之为我,不在于既已说出来的东西("多学而识之者"),而在道德生命的全体成就("一以贯之"),这也是受纳、调适此无穷之多,而不时发用的根本所在。子曰:"参乎!吾道一以贯之。"曾子曰:"唯。"子出。门人问曰:"何谓也?"曾子曰:"夫子之道,忠恕而已矣。"(《里仁》)曾子从工夫的角度,把孔子的"吾道一以贯之"解为"忠恕",是小看了这句话的意涵。但那又能如何呢?这本是基于亲身实践的道德体认,颜子殁后再无人能在生命境界上相契于孔子,那又能如何呢?故子曰:"莫我知也夫!"子贡曰:"何为其莫知子也?"子曰:"不怨天,不尤人。下学而上达。知我者,其天乎!"(《宪问》)孔子当着子贡的面发如是的感慨,不是说子贡他们没有能力理解孔子之所说(的字面意思),而是说他们不能与孔子达到生命的相契,不能真正理解孔子。故子曰:"予欲无言。"子贡曰:"子如不言,则小子何述焉?"子曰:"天何言哉!四时行焉,百物生焉。天何言哉!"(《阳货》)若不能有生命的相契,说出来的只能停留于口耳之间,不能见于行事,徒启思虑与争端,又有何必要呢?这无疑是孔子晚年因生命实践之学之不传而产生的落寞心情的真实写照。

象山曰:"夫子以仁发明斯道,其言浑无罅缝。"[1] 可谓至当。孔子之道之所以"浑无罅缝",是因为它源于生命的真实。孔子的生

---

[1] 陆九渊:《陆九渊集》,第398页。

命实践与孔子的思想创发是完全一体的。他以自身的生命实践，开发关于生命的思想；也在弟子的生命实践中，给予各个不同的指点，以此达到生命精神与思想的传承。孔子的实践生命及其所至的境界，为七十子后学乃至后世一切儒者，树立了人格的典范和德行的楷模；孔子的思想，为七十子后学乃至后世一切儒学思想的发展，提供了灵感的来源和最终的归趣。孔子之后，七十子后学继承了孔子之学作为成德之学的基本宗旨，又在此基础之上，对孔子言论中隐而未发的思想问题，作了进一步的思考和发挥。在某种意义上，孔子之于七十子后学的关系，正如文王之于周公的关系。文王与孔子作为德行的极致，可谓是"实践之先至"；周公依据文王之德而制礼作乐，七十子后学引申发挥孔子的思想，则可谓是"思想之后达"。

　　孔子固然希望自己的生命精神、成德境界以及学问思想，可以得到完整的传承。但这个愿望，随着颜回的早死而未能实现。孔子之后，七十子后学对孔学各有继承和发挥，对孔子思想的内部调适和发展作出了贡献。从思想的生命力来说，孔子的思想，依附于其至极的实践境界，它立于生命的本根，达至于生命的完满，可谓无以复加；从思想的客观性来说，孔子"浑无罅缝"的思想形态和言说方式，在孔子生时，固可以依赖孔子本人的成就与折中，实现圣人之门的传授，但终究难以在弟子之间达成理解的一致，更难在弟子与再传弟子乃至后世代代弟子之间达到默契与传承。故而，如何将浑然若一的孔子思想，开显为一系列有条理、有边界的论说，以达到思想的确定性，这是七十子后学的历史使命。

3. 两条思想线索的展开：从孔子到子游，从孔子到曾子、子思

大体而言，孔子对成德之学的开示可以分为两个方面：一是为学的内容，亦即工夫的途径；二是为学的归处或目的，即成德。前者为夫子之文教，后者为夫子之德教。文教即孔子平常所授的《诗》《书》礼乐之教。"子所雅言，《诗》、《书》、执礼，皆雅言也。"(《述而》)孔子日常的教诲，即是《诗》《书》和执礼。子思曰："夫子之教，必始于《诗》、《书》，而终于礼乐，杂说不与焉。"(《孔丛子·杂训》)孔子只以《诗》《书》礼乐为教，故纯而不杂。史迁云："孔子以《诗》《书》礼乐教，弟子盖三千焉，身通六艺者七十有二人。"(《孔子世家》)《诗》《书》礼乐，是六艺的精华。文教的目的，在于成德。故子曰："兴于《诗》，立于礼，成于乐。"(《泰伯》)兴是学者情志之发，立是学者身行之立，成是学者道德之成。从《诗》到礼到乐，便是学者成德的全过程。子曰："志于道，据于德，依于仁，游于艺。"(《述而》)立志于学道、闻道，依据于自身之德，不违于内心之仁，畅游于《诗》《书》礼乐六艺之文。前三者是夫子德教，后者是夫子文教。有德教的主脑，才有文教的畅游。由文教的优游，才能实现成德的目的。[1] 对于孔子来说，文教与德教是一体的。

（一）孔子的文教，是直接以《诗》《书》礼乐为成德实践的途径。[2] 孔子之后，七十子后学在实践的同时，也要对文教之所以可能作出思想上的解释和论证。如，林放问礼之本，子曰："大哉

---

[1] 钱穆说："故志道、据德、依仁三者，有先后无轻重。而三者之于游艺，则有轻重无先后，斯为大人之学。"（钱穆：《论语新解》，第171页）
[2] 此处只论成德之学，不论以子夏为代表的传经之学。

问！礼，与其奢也，宁俭；丧，与其易也，宁戚。"(《八佾》)所谓"礼之本"，可以从多个角度说。孔子的回答，指出了行礼之要，或行礼之本。这种指点，源于孔子一贯的实践立场。从行礼之本而推其所以然，我们亦可以看到孔子对人情的强调，但毕竟还有一个转折。同样，孔子在乐教上有极高的实践体验，但对乐教之所以然则所言不多。

从礼乐之教的实践，到礼乐之教之可能性的追问，是在七十子后学，尤其是子游那里完成的。他顺着孔子的思想，以人情为基础，对礼乐之教作了新的解释，为礼乐重新奠基。他关于礼的阐发，或可参考《礼运》(子游后学作品[1])，其思想源于同门间的讨论。《礼记·檀弓下》记载了子游与有若的一段问答。子游曰："礼，有微情者，有以故兴物者。有直情而径行者，戎狄之道也。礼道则不然。人喜则斯陶，陶斯咏，咏斯犹，犹斯舞，舞斯愠，愠斯戚，戚斯叹，叹斯辟，辟斯踊矣。品节斯，斯之谓礼。"这段话，亦见于郭店竹简《性自命出》(不见于上博简《性情论》)："喜斯陶，陶斯奋，奋斯咏，咏斯犹，犹斯舞。舞，喜之终也。愠斯忧，忧斯戚，戚斯叹，叹斯辟，辟斯踊。踊，愠之终也。"如果说，在《论语》中孔子说"礼之本"，主要是从个人实践的角度，追求礼的最好的实现；那么，到了子游这里，已经以人情及其表达为基础，论证礼的产生和存在的必要性。其中蕴含了一个重要的视角转换，开启了礼的理论化论述的风气。如《礼运》所谓"夫礼，先王以承天之道，以治人之情"，"所以达天道、顺人情之大窦也"。自此以后，圣人缘人

---

[1] 梁涛：《郭店竹简与思孟学派》，第180页。

情以制礼,成了儒家关于礼的缘起和本质的标准理解。

子游关于乐的阐发,主要见于出土文献《性自命出》。所谓"理其情而出入之",就是指夫子的乐教。子游从"出""入"两个方面,对乐教作了详细的阐述。如云:"凡声,其出于情也信,然后其入拨人之心也厚。"出于情,是人情通过乐声而表达;入拨人心,是外在乐声感动内在人心。又云:"咏思而动心,喟如也。其居节也久,其反善复始也慎,其出入也顺,始其德也。"通过乐的长期修习和熏陶,人情的表达和人情的感受实现内外出入的条顺,由是可以成德。这是乐教意义上的成德,是对乐教之所以为教,对孔子之所以说"成于乐"的一个论证。又云:"凡学者,求其心为难。从其所为,近得之矣,不如以乐之速也。"乐教直接达于人情,最能实现人的内心的修炼。而人的内在情实(与自然人情相关,但不完全相同),是人最为可贵之处,也是德行的根本。据此,子游提出了"苟以其情,虽过不恶"的带有"唯情主义"(庞朴)的观点。

子游要从人情的角度追寻礼乐之本、重释礼乐之教,先要对人情本身作充分的说明。故子游对礼乐之教的重释,必以其性情论的阐明为基础。子游的性情论,是其礼乐诠释的前提,也是礼乐诠释的必然归宿。于是,便有了《性自命出》第一部分对性情问题的探讨。子游在第一章构建了"天-命-性-情-道-义"的结构,着重阐明了人性的作用原理,最终归于"长性者道也"一句。换句话说,子游一切性情理论的创说,目的都是为了引出实践成德之道。顺是,《性自命出》提出了"四术",所谓:"凡道,心术为主。道四术,唯人道为可道也。其三术者,道之而已。《诗》、《书》、礼乐,其始出皆生于人。《诗》,有为为之也。《书》,有为言之也。礼乐,有为举之也。圣人比其类而论会之，观其先后而顺逆之，体其义而节文之，理其情而出入之，然后复以教。教，所以生德于中者也。"子游对"可道"和"道之"作了区分。后者指《诗》《书》礼乐，是孔子的文教；前者指心术，是子游心目中的德教。子游指出，孔子删《诗》《书》、定礼乐，以为文教，其目的还是导归心术、实现内心的成德。所谓"教，所以生德于中者也"，这句话是对孔子文教宗旨的重申。

对礼乐之道的重新理解，是七十子后学的共同要求；而子游的诠释，无疑是其中最具特色的部分。子游建立在性情论上的礼乐论，为公孙尼子所继承。在《乐记》中，公孙尼子以礼为参照，从乐与人心之本、乐与天地之道、乐之德、古乐、君子乐教等方面，对乐作了更为全面而系统的阐述。《乐记》的思想和论述，是在《性自命出》基础之上的更进一步的发展，代表了先秦乐论思想的最高境界。此后的乐论，无不源于《乐记》。

（二）孔子的德教，基于直接的实践立场，给予学者差别的指导，使之渐进于成德。七十子后学要在实践中践行孔子的遗教，同时，也要对孔子德目之何所谓、德目之间的关系、成德的过程和途径，以及成德的最终境界等，作出更为细致的分说。孔子死后，最能笃守孔子原教的是曾子。曾子为人鲁钝，却能立定成德之学的宗旨，以孝行为基础，以仁道为己任，以颜子为榜样，坚定夫子的为学规模。其《大学》提出："自天子以至于庶人，壹是皆以修身为本。"曾子所谓"修身"，即孔子所谓"为己"。由格物、致知、诚意、正心而修身，以至于齐家、治国、平天下，便是以修身为本而达于具体实践，也是"大学之道，在明明德，在亲民，在止于至善"的具体化。曾子在工夫次第的展开中，笃定并落实了孔子"修己以安人"、"修己以安百姓"的理想。由于一生的笃行，曾子最终在实践上造诣颇深，为孔门儒者所共推。《论语》能够如此纯粹地保存孔子思想的原貌，而不夹杂后学的思想，很大程度上也要归功于曾子。

若论对孔子德教的思想发挥，子思最为重要。孔子去世之时子思年纪尚幼，曾依附于孔子弟子问学，其中以当时儒门后进的代表人物曾子、子游为主。[1] 子思关注的问题和探讨的方式，与曾子更为接近，致力于阐明夫子的德教。子思的著作，除了出土的《五行》，还有《礼记》中的《中庸》、《表记》、《坊记》以及《缁衣》（《缁衣》见于出土文献）。[2] 这些文献，从著述形式上可以分为两组：《表记》、《坊记》、《缁衣》为一组；《五行》与《中庸》为一组。前者主要引述孔子之言，以编排为创作；后者主要是子思自己的思想阐发。从内容看，《表记》论"仁"，所谓"仁者，天下之表也"；

---

[1] 子思的师承，秦汉文献没有直接的证据。韩愈首开道统之说，指出"子思之学盖出于曾子"（《送王秀才序》）。后来宋明理学家继承了这一说法。程子曰："孔子没，传孔子之道者，曾子而已。曾子传之子思，子思传之孟子。孟子死，不得其传。"（程颢、程颐：《二程集》，第327页）朱子曰："然当是时，见而知之者，惟颜氏、曾氏之传得其宗。及曾氏之再传，而复得夫子之孙子思。"（朱熹：《中庸章句序》，《四书章句集注》，第15页）此说的义理依据是道统的连续性。对此，南宋叶适提出，曾子以"忠恕"解"一以贯之"，未得孔子真传（叶适：《习学记言序目》，第178-179页）。近代以来，康有为、章太炎、郭沫若等，都曾力辩子思不出于曾子，而出于子游。如康有为说："子思出于子游，非出于曾子。颜子之外，子游第一。"（康有为：《万木草堂口说·礼运》，《康有为全集》第2册，第316页）其实，孔子去世时子思年纪尚小，须从人问学。曾子、子游作为当时儒门的代表，自然是主要的问学对象。但子思作为孔子的嫡孙，曾子、子游等亦未必以师道自居。子思自己也有意直承孔子。故而，很可能曾子、子游与子思之间的关系，与一般的师弟子不同，要在师友之间。若论年纪，则子思与孔子再传弟子公孙尼子等相仿。

[2] 南朝沈约云："《中庸》、《表记》、《坊记》、《缁衣》，皆取《子思子》。"（《隋书·音乐志》）

导论：孔孟之间儒学思想的演进

《坊记》论"礼",所谓"礼者,因人之情而为之节文,以为民坊者也";至于《缁衣》,表面上是谈君臣之道、君民之道,实际上是以"好恶"为中心的探讨,所谓"好美如《缁衣》,恶恶如《巷伯》","有国者章好章恶,以示民厚,则民情不忒"等。此三篇围绕孔子的德教,分别探讨了仁、礼、好恶的问题,主题单一且明确。与之相比,《五行》与《中庸》则具有综合的性质。《五行》综论仁、义、礼、智、圣五行,以五者之"和"、之"一"为"德";《中庸》以"中和"指代"德-道",又以一个"诚"字统摄一切、贯通天人。

无论是从著述形式,还是从思想内容来看,两组文献都应该是不同阶段的产物。前者代表了子思早期的思想,后者代表了子思成熟期的思想。早期对夫子德教的分别考察,是后期作系统化阐明的基础;后期的综合,也是子思前期思考的归宿。从仁、礼、好恶,到德、善,到中和、诚,子思一步步统和、收摄,最终归结为一个"诚"字。到了这个"诚"字,才终于实现了工夫与境界的统一,德与道的统一,天道与人道的统一。孔子"吾道一以贯之"之教,也才得到了系统的重构。可以说,子思一生的思考都是致力于孔子德教的重构,致力于孔子一以贯之之教的诠释。《中庸》代表了这一思想任务的最终完成。

子思在德教的重构中,也在一定程度上继承和消化了子游的性情说。《性自命出》云:"教,所以生德于中者也。"子思的德,同样指心德而言。《五行》以仁、义、礼、智、圣五行之和为德,以仁、义、礼、智四行之和为善。又提出了始于仁之思、始于圣智两条成德的进路,对应于《中庸》"自诚明"、"自明诚"两条道路。

《五行》的"仁之思""知之思""圣之思",以及《中庸》的"致曲"之道、"诚者自成"之说,皆包含了道德心理层面的精微阐述,可以说是站在德教立场对子游的性情论作了进一步的深化。至于《中庸》"天命之谓性,率性之谓道,修道之谓教",看上去是《性自命出》首章的提炼;"中和"的提法,也是从性情的角度指涉"德-道"的结构。这些都是子思受惠于子游的性情论,而又以自身的问题关切加以推进的结果。从这个意义上,思孟后学相信或宣称子思的五行说,乃是"仲尼、子游为兹厚于后世"(《荀子·非十二子》),不无道理。

总之,子游顺着夫子文教的思路,以性情论的阐发为背景,对礼乐之道作了重构性的诠释,其中,礼的思想在子游后学的《礼运》中达到了极致,乐的思想至公孙尼子的《乐记》而定型;曾子坚守夫子德教的宗旨及规模,子思以德教为归趣,吸收了子游的性情论,又提出了五行说,最终以一个诚字,实现了对夫子一以贯之之教的重构。当然,这两条思想线索,根本上是统一的。

4. 先秦儒家心性学的一种归宿:从子游、子思到孟子

子游开辟的性情论的思想道路,子思展示的德行论的思想结构,构成了孟子思想的两大源头。

孟子受学于子思之门人,大体是从曾子、子思的传统来的。孟子推尊曾子、子思二人,有"曾子、子思同道","易地则皆然"的说法(《孟子·离娄下》)。孟子对曾子孝本论的思想及"守约"的工夫论,都有很高的评价。但在思想上真正给与孟子以决定性影响的是子思。子思的"诚论"和"五行说",皆见于《孟子》。"故诚者，天之道也；思诚者，人之道也"（《离娄上》）一段，应是孟子沿袭了子思《中庸》的讲法。"仁之于父子也，义之于君臣也，礼之于宾主也，智之于贤者也，圣人之于天道也"（《尽心下》）的表述，则是孟子继承子思五行说的直接证据。

但孟子的思想，与子思思想并不完全一致。马王堆帛书《五行》的经部、说部，对照荀子"子思唱之、孟子和之"（《荀子·非十二子》）的说法看，说部应是孟子早年接受和消化子思《五行》的文本诠释之作；[1] 相应而言，经部则是经过孟子改编之后的《五行》版本。帛书《五行说》[2]之于《五行》，一方面是解说，一方面是思想上的重构。从前者说，孟子继承了子思《五行》的重要思想和相关命题，后在《孟子》一书中有所体现；从后者说，帛书《五行说》的某些解释，未必能够代表子思本人的想法，更应视为孟子基于自身思想对《五行》文本作出重新阐释的结果。帛书经、说有一个明确的意图，即突出仁义的重要性，消解圣智的源头意义。孔子一向"仁智"并举，既注重内向的欲仁、好仁之心的发掘，又注重外向的多闻多见的博学、多识。子思秉承这一思想，确立了始于仁、始于圣智（《五行》），或"自诚明，谓之性"、"自明诚，谓之教"（《中庸》）两条成德进路，相资为用。但孟子通过《五行》经文的改编和诠释，试图将第二条道路强扭为第一条道路，实质上是取消了第二条道路。这一取舍，是孟子"性善论"的思想道路所决定的。

对孟子影响最大的，实际上是子思五行说的思想结构。子思

---

1 参见陈来：《帛书〈五行〉说部与孟子思想探论》，《竹帛〈五行〉与简帛研究》，第200页。
2 帛书《五行说》，以下或简称说部、说文或说。

的"五行说",本质上是一种"德行要素论"或"德行结构论",是以仁、义、礼、智、圣五种"德之行"为要素,以五者之和来解释德行的生成关系和内部结构。确定主要德目或基本德目的做法,起源很早。子思的贡献,是把仁、义、礼、智、圣五者,确立为一个相互之间具有发生关系的稳固的结构系统。这一点深刻地影响了孟子。五行成了孟子思考德行问题的基本架构。当然,相对于五行,孟子提到更多的是仁、义、礼、智四行。之所以如此,要考虑到孟子所采取的人性论的思想进路。所谓人性论,是站在普通人的立场,探讨普遍人性的问题。"圣"作为德之行,对于某些圣人而言可能是性中本有的("性之者"),但对于普通人而言却是无法想象的。所以,孟子舍子思的五行而只谈四行,乃是从子思的德行论的立场,转换为人性论的立场的必然要求。

诚然,孟子的思想结构,是由子思的五行说所决定的。但孟子当时所面临的首要的理论问题,是人性问题。如何理解人性,人性是善是恶,乃是彼时代的儒者乃至诸子的共同议题。

最初,人性论(性情论是人性论的一种形态)与德行论是两条相对独立的思想线索。子游的《性自命出》及彼时学者,提出了性情发生学的思想道路,认定人性中有善的部分、有不善的部分,揭示了人性表现的诸环节;又涉及了人性与具体情感、品性(《语丛二》),乃至人性与德行之间的发生关系(《性自命出》第13章)。但《语丛二》的阐述,与德行没有明确的关联;《性自命出》的论述,仅限于仁,所谓"仁,性之方也,性或生之"。这些探究,大体上还是"人性发生学"或"性情发生论"的现象学描述。其自觉的目的,不是为了从中区分人性的具体内容,也不是为了将这些内

导论:孔孟之间儒学思想的演进

容与具体德行关联起来。另一方面,子思的《五行》对德行发生之心理过程,有更为精微的阐述(尤其是"三思三形")。但这些阐述是立足于德行论的立场,从最初的源头,步步呈现心理展开的诸环节。子思并没有指明,这些德行的实现活动,与人性有什么具体的关联。简言之,子游从性情发生学的角度描述性情心理的变化过程,却与德行没有自觉的关联;子思从德行发生学的角度探讨德行心理的形著过程,却与人性没有自觉的关联。这两者是相对独立(不排除隐性的关联)的思想进路。

孟子面对人性论的时代课题,在五行说的思想结构的基础之上,提出了性善论的主张。在此意义上,可以说,孟子的性善论代表着人性论与德行论两条思想线索的自觉的合流。

孟子性善论的基础,是"四心"的确证。孟子从人心活动的现象之中,看到了普遍拥有的"恻隐之心"、"羞恶之心"、"辞让之心"(恭敬之心)、"是非之心"的活跃。孟子认为,这四心分别与仁义礼智四德有内在的生发关系。故孟子称"四心"为"四端",所谓:"恻隐之心,仁之端也;羞恶之心,义之端也;辞让之心,礼之端也;是非之心,智之端也。"(《孟子·公孙丑上》)四端是人性所固有,其本质亦与相应的德行一致。故孟子又说:"恻隐之心,仁也;羞恶之心,义也;恭敬之心,礼也;是非之心,智也。仁义礼智,非由外铄我也,我固有之也。"(《孟子·告子上》)在此,孟子把四心指示出来,为人所见,是一种指证的活动;而以四心为四端,或以四心为四德,则是一种指认的活动(将什么指认为什么),后者包含了更多的理解。

可以看到,子游、子思、孟子三人虽然都关切心的活动,但关切的方式是不同的。子游、子思是反身向内，关切性情变现的心理活动，对其发生过程做了现象学的描述；孟子则是从人心的具体表现中，识别人普遍拥有的善心，指认它们与德行的关联。诚如唐君毅所说，"孟子之指证此数种心之存在，则主要在直接就事上指证，亦即我就其他人物之直接的心之感应上指证"，"此心初乃一直接面对人物而呈现出之心，初非反省而回头内观之心"。[1] 孟子与子游、子思的差别，正对应于"事上指证"与"内观之心"。这种差别，相应于各自的问题意识。子游、子思的内观之心，是为了理解性情变化、德行发生之过程，以此为心术的工夫。孟子的事上指证，则是为了以最简单明了、易于体认的方式，指示出人人具有的普遍善心，作为性善论及相应工夫的前提。

孟子所指示的四端，实际上是人性之中的善的部分。故历史地看，孟子的四端说，乃是源于七十子的性有善论的一种变化形态。但与之前学说相比，他指明、论证了善的部分的具体内容，并将它们与仁义礼智的德行联系起来，这是孟子的贡献。不止于此，孟子又通过"性命之辨"与"人禽之辨"，剔除了人性概念本应包含的其它内容，而独独以四端之心为人性之内容，由此实现了从"性有善论"到"性善论"的跃迁。故此，我们可以说，孟子的性善论，本质上乃是"即善性言性善"。其所以如此，不是来自概念与逻辑的分辨，根本上是君子自身的生存抉择。所谓"君子所性，仁义礼智根于心"(《尽心上》)，以根于内心的四端之心为性，乃是出于君子的自觉选择。

---

[1] 唐君毅：《中国哲学原论·导论篇》，第50、54页。

从工夫的角度说，四端是成德的内在基础。顺着四端的自然生发加以存养，便可以生成真实的德行。故孟子工夫的要义，在于"存心"、"养性"，及"扩而充之"。这一条成德的道路，可以说是先秦儒家心性之学的最后归宿。孔子的成德，是以《诗》《书》礼乐（游于艺）为依托，面向具体的生存境遇与事务的实践。在这个过程中，如何用心、如何存心（志于道、据于德、依于仁），也很重要。但孔子只是教人当下用心的活动，通过具体的活动凝结成德。心术的问题，还没有主题化。子游深入追究人性发生之过程，从中建立教化得以参与的途径。于是，以《诗》《书》礼乐为主要内容的教化，被"心术"所取代，前者成了后者的枝叶。子思追究德行发生的心理过程与内部结构，从中确立了从内部的"仁之思"开始的成德道路，以及从圣、智对天道、人道的认知而来的成德道路。孟子则从人心的表现（四心），认取人性中善的部分，据此确立了性善之说；进而，便以存养、扩充四端之心，作为成德实践的工夫法门。如此，儒家的成德工夫，乃从直接的身心实践，经由心术论与德行论的过渡，完全收摄为了善性之发生与实现的问题。先秦儒家成德之学，至孟子，完全成为了一个向内体认，并由是扩充、生发的过程。在此意义上，我们可以说，心性之学发展到孟子，意味着内向化的彻底完成。

先秦儒家心性之学，由子游的开创、子思的发明，发展到孟子，可以说又是一大转进。孟子承习了人性论与德行论两大思想传统，将之打通为一，实是重要的贡献。不过，也要看到，孟子的思想只是先秦儒学心性思想传统的一种可能性，并且是其中最为内在化的一种。而从成德实践的角度看，孟子由于内向化的特质，未能充分重视外在知识与习行的意义，未能给与它们相应的安顿，以至于我们在《孟子》中看不到"学"的根本性意义，[1] 这不能不说是对孔子之学的某种偏离。但无论如何，孟子对人性的信心，作为一股正面引导的力量在历史上发挥了深远的影响；他的性善论和工夫论思想，也直接启发了宋明时代本体论范式下的性善论和工夫论，虽然两者的思想图式有着根本的差别。

5. 几点说明

本书通过曾子《大学》、子游《性自命出》、子思《五行》《中庸》，以及《孟子》的专题研究，勾勒孔孟之间儒家成德之学发展的思想脉络，呈现在各个方面所达到的思想成就。写作计划已经大致完成，但孔门成德之学这一思想任务则尚未完成，或者说才刚刚起步。之所以这样说，既有学术方面的原因，也有思想方面的理由。

从学术的方面说，本书主要以五种著作为抓手，借此达到以点串线的效果。但要真正完整地呈现孔门成德之学思想演进的全貌，只是这些文献还是不够的。比如，公孙尼子的《乐记》，作为子游思想的嫡传和先秦乐论的定型之作，也是宋明理学思想的重要来源。[2] 书中只是部分涉及，没有系统考察。又如，子思的《表记》《坊记》《缁衣》，作为子思思想的早期发端，必定包含了后来《五行》、《中庸》的思想要素，但书中没有专门的论述。又如，竹简《忠信之道》、《成之闻之》、《尊德义》、《六德》、《语丛》（一、二、三）等，

---

[1] 也包括"知"的意义。孟子言"知"，主要是道德直觉的良知，而非具体知识。
[2] 伊川曰："《礼记》除《中庸》、《大学》，唯《乐记》为最近道，学者深思自求之。"（程颢、程颐：《二程集》，第 323 页）

也是七十子后学时期重要的思想材料。书中有所涉及，但毕竟没有专门讨论。此外，荀子的思想虽然不同于思孟一系，但也是自觉接续七十子（子弓）而来的，其性恶论的主张，也是七十子"性有善有恶论"的流衍。就这些方面来说，研究到这里还是不完整的。

且这几种文献的研究，尤其是《大学》《中庸》《孟子》的解读，注定是在与理学诠释的不断分判中进行的。这一工作的前提，是对先秦儒学思想特征的初步了解；其终点，则是更为清晰地呈现一个内在一贯的、与宋明时代大为不同的思想世界。这种不同，体现在对概念内涵的不同了解上，更体现为思考方式、思维进路、思想范式的不同。在分判的基础之上，如何自觉地确立两个思想世界各自的精神形态及其独立意义，如何理解从先秦思想世界到宋明理学思想世界的逐步转变，如何理解这两个差别的思想世界之间的内在的连续性，等等，都是随之而来的内部要求。严格来说，只有完成了这一系列的学术研究，才能最终成全我们对孔门成德之学之演进的诠释及其所呈现的先秦儒学的思想世界。

而从思想的方面说，文本的诠释和思想史的梳理，只是思想工作的初步阶段。先秦儒学思想之所以具有永恒不朽的价值，是因为它贴近于生命的本源，从生命中来，又回到生命中去。故而，思想的任务，不仅仅是将既往的思想呈现出来，以作观瞻；思想的任务，是要让既往的思想找回自己的生命，回归其生生不息的本源。思想的任务，不是把既往的思想做成动植物的标本，永作陈列；思想的任务，是要让思想的种子在新的历史条件下发芽、扎根、生长，重新融入天地造化的过程，成为当下生生不息的意义世界的有机组成部分。从这个意义上说，我们对先秦儒学思想的消化、重构和阐扬，才刚刚开始。

成性存存：孔门成德之学的演进

另外，还有三点说明。其一，讨论孔门成德之学的演进，首先要了解孔子的成德之学。在这个方面，由于笔者已有专著，故本书没有重复论述。而孔子的人性观念，实际上是七十子后学探讨人性问题的出发点，故本书以《论语》为依据勾勒了孔子的人性观。其二，本书的研究以特定文本的诠释为基础，故从第二章开始基本上每一章处理一个文本。受此影响，《大学》的探讨单独成章，而基于《论语》、《曾子十篇》等文献的关于曾子的探讨则划归第一章；子思《五行》与《中庸》两篇文献的探讨，独立为了两章；关于孟子思想的讨论，有一部分以帛书《五行说》为基础，考虑到文本的特殊性，没有独立成章，与基于《孟子》的讨论合为一章。其三，书名"成性存存"，是出版时所加。它取自《系辞上》"成性存存，道义之门"一句。从上下文看，"成性存存"原指易道生成万物之本性、保存万物之存有，[1]与易的"生生之德"或"盛德大业"相通。后来，宋儒以"成性"为"本成之性"，以"存存"为"存而又存，不已之意"，[2]则是一种理学视域下的思想转化。本书用"成性存存"，取意是在人性的基础上教化、实现、完成其德，其修为之历程无有穷已，其思想之演进亦无有穷已。在此理解之下，"成性存存"用作本书书名笔者认为是很合适的：它一方面以"性"字提示了此段思想史的核心，一方面又以"成"与"存存"提示了儒家成德之学的基本性质与精神，与笔者前书《成之不已》也能有很好的呼应。当然，这样的理解与原义不同，只能视为"赋诗断章"的借用。为免误解，故略作说明。

---

[1] 参见王弼注、孔颖达疏：《周易正义》，第322页。
[2] 参见朱熹：《周易本义》，第231页。

第一章　后孔子时代

1.1　孔子的人性观

　　人性论是儒家哲学的一个基础，也是诸儒分判的重要依据。在孔子时代，它还没有成为学术思想的核心主题。儒家对人性的理论关注，实起于七十子后学时代。但孔子作为儒家源头，后世一切儒学思想，都希望可以折中于夫子。于是，站在后世的角度，如何追溯孔子的人性观，如何了解孔子的人性思想与七十子后学乃至孟荀的人性论之间的关联，就成了一个不可回避的理论问题。它不仅关涉到孔子真面目的认定，更关涉到儒学思想史的同一性，乃至道统相续问题。故孔子人性观的探讨，为学者所重视。

　　但孔子人性观的讨论，易落入两个误区：其一，认为孔子关于人性无甚发明，只抓住一句"性相近也"，以为只是经验的观察，未能深入其内部了解到孔子人性观的复杂结构；其二，把后学思想附益到孔子身上，或者以《易传》的相关说法为孔子的主张，又或者直接以孟子性善论的问题意识，返回《论语》寻找零星的证据，而不注意两者关切、思路与背景的不同。其实，孔子人性思想的探讨和论定，一方面是要回到孔子自身的问题关切，呈现其了解人性的方式和初衷;一方面是要在思想史的角度,揭示他的人性观何以引导和引发了后世儒家人性论的次第展开。

① "夫子之言性与天道,不可得而闻也":子贡的判语

孔子与孔子后学之间学术风向的转变,子贡有一个切近的观察和精要的判断。

> 子贡曰:"夫子之文章,可得而闻也;夫子之言性与天道,不可得而闻也。"(《公冶长》)

但这句话从不同的角度可以有不同的理解,历史上有很多争论。

所谓"夫子之文章",据《论语》,"子所雅言,《诗》、《书》、执礼,皆雅言也"(《季氏》)。子思又说:"故夫子之教,必始于《诗》、《书》,而终于礼乐,杂说不与焉。"(《孔丛子·杂训》)故学者大多认同,"文章"指《诗》《书》礼乐。文采著见于外,故曰"夫子之文章"。但"夫子之言性与天道,不可得而闻"一句,则聚讼纷纷。或认为,夫子确有"性与天道"之论,只因子贡学力不到,故不曾闻;[1] 或认为,夫子有"性与天道"之论,子贡终于幸闻

---

[1] 何晏曰:"深微,故不可得而闻也。"(皇侃:《论语义疏》,第111页)蔡节曰:"盖性与天道,夫子未尝轻以告人,然非学者潜心之久,亦未易以得之也。子贡自是未之有闻,所以发为是言。"(高尚榘:《论语歧解辑录》,第222页)梁章钜曰:"性之说见于《中庸》,天道之说见于《易·系》,夫子言之矣。然此理至渊微,须其人智足以及之,则语之为有益,否则蓄疑轻信,反荒其下学之功。故非其人则不告,即得其人,犹必待其时候既到而后语之,是以夫子之言至罕,而学者之得闻为甚稀,故曰不可得而闻也。'不可得'不是秘而不宣,亦不是闻而不悟。人事未尽不足以复性,则不与之言性;人欲未净不足以见天,则不与之言天道。不轻传于人,正以鼓励后学,使之努力为受教之地也。"(高尚榘:《论语歧解辑录》,第222-223页)

其说，故感慨之。[1] 子贡闻或未闻不能确定，但夫子有"性与天道"之论，则是传统诸家的共同主张。至于夫子"性与天道"之论的存在形式，又有不同说法。或认为，寓于夫子之文章当中，在于学者的实践体认；[2] 或认为，在于《易传》、《春秋》两部晚年著作之中，子贡未得其传。[3]

宋儒之所以说这句话是"子贡闻夫子之至论而叹美之言"，实是出于不得已。一来，按照传统说法，《易传》为夫子所作，无疑有很多"性与天道"之论。于是，子贡的"不可得而闻"，一转手就成了朱子的"罕说"。二来，对于宋儒来说，"性与天道"的义理

---

[1] 李翱曰："盖门人只知仲尼文章，而少克知仲尼之性与天道合也，非子贡之深蕴，其知天人之性乎？"（高尚榘：《论语歧解辑录》，第222页）将"性与天道"的"与"字解为"合"，颜师古已指出，这是出于汉人的误解（刘宝楠：《论语正义》，第186页）。但李翱确已指明子贡既闻夫子"性与天道"之论。说的最清楚的是程子。程子曰："此子贡闻夫子之至论而叹美之言也。"朱子补充云："至于性与天道，则夫子罕言之，而学者有不得闻者。盖圣门教不躐等，子贡至是始得闻之，而叹其美也。"（朱熹：《四书章句集注》，第79页）

[2] 如郑汝谐曰："'性与天道'至难言也，夫子寓之于文章之中，惟子贡能闻之。至孟子，则谆谆然言性善、言天道。夫子示人以其端，欲学者至于自得；孟子阐其秘以示人，欲天下皆可知。"（高尚榘：《论语歧解辑录》，第222页）

[3] 刘宝楠据汪喜荀《且住庵文稿》曰："孔子五十学《易》，惟子夏、商瞿晚年弟子得传是学。然则子贡言'性与天道不可得闻'，《易》是也。"又引宋翔凤《发微》云："《易》明天道以通人事，故本隐以之显；《春秋》纪人事以成天道，故推见至隐。……班氏以《易》、《春秋》为性与天道之书，故引子贡之言以实之。颜师古《注》以《易》、《春秋》为夫子之文章者误，文章自谓《诗》《书》礼乐也。"（刘宝楠：《论语正义》，第184-185页）程树德认为："刘氏据《且住庵文稿》，以《诗》《书》礼乐为文章，以《易》《春秋》为言性与天道，其论精确不磨。"（程树德：《论语集释》，第320页）牟宗三认为："《易经》的中心就是性与天道，因此孔子对性与天道，确曾下了一番研究的心血。说孔子对于性与天道根本不谈，或根本无领会，那是不对的。"（牟宗三：《中国哲学的特质》，第27页）帛书《要》篇记载了孔子晚年喜《易》，与子贡讨论的情况。杨朝明据此认为，子贡的感叹，与这次讨论有关。"当子贡明白孔子之所以好《易》的缘由，特别是领会了孔子关于天道性命的思想时，不禁感叹。"（高尚榘：《论语歧解辑录》，第226页）

传承，也不能化约为某部经典的文本传承。若连子贡之贤，都没有资格与于夫子精微之论，实在难以令人信服。至于清儒认定夫子"性与天道"之论，直接对应于《易传》(或加《春秋》)，则只有在汉学强调经学师承甚于义理传承的大背景下才有可能。宋儒不是没有注意到《易传》与"性与天道"的关系，[1] 但他们看到的是夫子义理系统之所及，而不是文献传承之分派。然而，今日若以历史的眼光看，孔子与《易传》的关系到底该如何了解，又是一个值得玩味的问题。两者或有内在的渊源，却不能直接等同。至于《春秋》，虽是孔子所修，但说它代表夫子的天道之论，源于汉儒《易》与《春秋》的对比阐发，实是后人思想上的认定。

　　回到文本本身。至少在字面上，子贡的意思是比较清楚的。子贡说："夫子之言性与天道，不可得而闻也。"从后半句可以确认，子贡确不曾闻夫子"性与天道"之论。[2] 但"夫子之言"的表述，又似乎暗示了夫子曾经说过。这也是诸家立论的一个基础。若说夫子有过"性与天道"之论，但子贡没有机会听闻，从子贡的资历、地位和能力来看，总是说不过去。在此，"夫子说过"和"子贡不闻"就构成了矛盾。宋儒取了前者，为了解决这个矛盾，便说这是子贡听后的"叹美之言"。但又有违于文本的字面含义。事实上，联系

---

[1] 问："子贡是因文章中悟性、天道，抑后来闻孔子说邪？"曰："是后来闻孔子说。"曰："文章亦性、天道之流行发见处？"曰："固亦是发见处。然他当初只是理会文章，后来是闻孔子说性与天道。今不可硬做是因文章得。然孔子这般也罕说。如'一阴一阳之谓道，继之者善也，成之者性也'，因系《易》方说此，岂不是言性与天道？又如'鼓万物而不与圣人同忧'，'大哉乾元，万物资始'，岂不言性与天道？"(朱熹：《朱子语类》，《朱子全书》第十五册，第 1036 页)

[2] 一个佐证是，皇侃本"闻也"之后有"已矣"二字，则子贡的话是陈述之辞。

当时的思想处境，所谓"夫子之言"，未必是夫子的实情，而可能来自他人的宣称。

孔子死后，七十子后学开始关注"性与天道"的问题。据王充所说，周人世硕，以及宓子贱、漆雕开、公孙尼子等都讨论了人性问题，皆以为人性有善有恶，并提出了养性说（《论衡·本性》）。其中，宓子贱、漆雕开是孔子弟子，世硕、公孙尼子是再传弟子。子游的《性自命出》（郭店简、上博简），对人性的存在、活动、作用方式等作了系统的阐明。至于"天道"之论，更是习见。如《礼记》的《中庸》、《礼运》、《乐记》诸篇，更不用说《易传》中可能形成于战国中期的《彖传》等篇。且这一时期，"性"与"天道"的关联，也被强调了出来。如《性自命出》"性自命出，命自天降。道始于情，情生于性"，构建了"天-命-性-情"的逻辑；而《中庸》"天命之谓性"，把这一关系以更简洁的方式提示了出来。要之，"性与天道"之论，无疑是七十子后学核心的思想主题之一。

再者，对于七十子后学来说，孔子是天生的圣人、共同的宗主。后学但有言说，必追溯于孔子、导归于孔子。这既是对先师的尊重，也是借先师以自重。故彼时代的儒学言论，每每冠以"子曰"。但到底是孔子的原话，还是学者对孔子思想的推论和发挥，则难以断定。荀子批评子思："略法先王而不知其统，犹然而材剧志大，闻见杂博。案往旧造说，谓之'五行'。甚僻违而无类，幽隐而无说，闭约而无解。案饰其辞而祗敬之曰：'此真先君子之言也。'"（《荀子·非十二子》）所谓"五行"，明明是子思根据往旧见闻自造新说的结果，却要宣称是出于孔子之言。其实，子思对这个问题有自己的理解。鲁穆公谓子思曰："子之书所记夫子之言，或者以谓子之辞也。"子思曰:"臣所记臣祖之言,或亲闻之者,有闻之于人者,虽非其正辞,然犹不失其意焉。且君之所疑者何?"(《孔丛子·公仪》)可见,在子思时代,已经有人质疑子思所宣称的孔子之言实际上只是子思自己的想法。但子思认为,这些话虽然未必是孔子所亲说,却合于孔子之意。可知,子思是在"不失其意"的意义上作"子曰"的宣称的。按照这一逻辑,任何对孔子思想的内在发展,皆有理由宣称为孔子之言。这或许不仅仅是子思的想法,也是当时较为普遍的观念。由于这个原因,七十子后学"性与天道"的探讨,很可能假托夫子之言为之。这种意义上的"夫子之言",虽然体现了思想的连续性,却不符合历史的真实。

皇侃《义疏》引或云:"此是孔子死后子贡之言也。"[1] 这一说法未必有直接的证据,却很可能说中了历史的事实。子贡"少孔子三十一岁"(《史记·仲尼弟子列传》),卒年不详。但从年龄上看,他完全可能亲历孔子弟子以及再传弟子的思想讨论。孔子死后,子贡身处"性与天道"之论盛行,且往往将之系为孔子之言的思想语境之中。面对这样的状况,子贡说出这样一句话,乃是从一位孔门耆宿的立场,表明他所认识的孔子之教和孔子之言,以便在"子曰"盛行的思想时代,为夫子之人与夫子之言正名。

这种分判与认定的工作,实是孔子死后核心弟子的重要责任。《论语》一书,最初也是为此而编定的。据《汉书·艺文志》记载:"《论语》者,孔子应答弟子时人及弟子相与言而接闻于夫子之语也。当时弟子各有所记。夫子既卒,门人相与辑而论纂,故谓之

---

[1] 皇侃:《论语义疏》,第111页。

《论语》。"《论语》的原材料,主要是各位弟子私下记录或追忆的孔子言论,类似于宋明的语录。但不同弟子所闻不同,回忆、记录不免掺杂自己的理解,造成相互之间的矛盾,甚至有违于夫子之意。故弟子们聚在一起,讨论、甄别相关材料,撰定一本能够真正反映孔子其人其道的言行汇编,作为七十子共同推尊的经典,就成了当时一件紧要之事。[1]但这不是一蹴而就的,从孔子之死直到曾子之死,跨度数十年。[2]此间也需要大弟子出面,确定孔子人格与思想的特征,作为甄别众多"子曰"材料的依据。子贡这句话,便是对孔子思想品格的一种论定。准此可知,七十子后学时代一度盛行的有关"性与天道"的"子曰"文献,并非直接出于孔子之口。这样一来,《论语》不见"性与天道"之论,也就可以理解了。[3]在某种意义上,子贡之言已经为此定调,已经为什么材料符合孔子的思想品格,能够编入《论语》,划定了界限。编纂过程中对材料的严格筛选,使得《论语》保存了夫子思想的原貌,与先秦其它的"子曰"文献相比,具有更高的可靠性和权威性。[4]

不过,子贡的话只是否认了七十子后学所宣称的"性与天道"之说是夫子之言,却也不是说孔子对"性"或"天道"完全没有想法。在《论语》中,就有一章表达了孔子对"天道"的基本理

---

[1] 论定真孔子,一方面是记录材料是否可靠,一方面还涉及义理的理解和讨论。陆德明曰:"弟子恐离居已后,各生异见,而圣言永灭。"(陆德明:《经典释文·序录》,第59页)
[2] 杨义用"以礼解经"的方法,试图破解《论语》篇章的裂缝,还原它在春秋战国之际五十余年间三次编撰的过程(参见《论语还原》(下册)"年谱后编:《论语》编纂、流布、定型编年")。
[3] 假定夫子对"性与天道"已有明确的说法,但《论语》作为全面记录和反映孔子一生主要言行思想的著作却不曾提到,无疑是令人费解之事。
[4] 参见何益鑫:《成之不已:孔子的成德之学》,第28—35页。

解，且这段对话正好发生在孔子与子贡之间。子曰："予欲无言！"子贡曰："子如不言，则小子何述焉？"子曰："天何言哉？四时行焉，百物生焉。天何言哉？"(《阳货》) 子贡担心，如果孔子不说，弟子们便无从受教，也无法传述孔子之学。孔子反驳道："天说了什么呢？春夏秋冬运行不已，飞潜动植生生不息，天说了什么呢？"[1] 这段对话虽然没有出现"天道"之名，但无疑表达了孔子对天道的根本理解，以及夫子效法天道的实践主张。这一章，或许就代表了"夫子之言天道"的边界。

要之，依据《论语》来了解孔子的人性观（而不是《易传》或其它"子曰"文献），无疑是一个更加可靠的选择。

② "性相近，习相远"：孔子对人性的基本认定

古代"性"字源于"生"，故一般即从"生而有"或"生而然"来了解和界定"性"的概念。如《荀子·性恶》："凡性者，天之就也，不可学，不可事。"《荀子·礼论》："性者，本始材朴也。"《春秋繁露·深察名号》："性之名非生与？如其生之自然之资谓之性。性者质也。"性是自然如此，而与后天社会化的习得或修饰相区分，故又谓之质朴。但并不是所有"生而有"的东西都会被认定为"性"。事实上，人性论探讨的往往是人的诸种表现及其最初原因。故《荀子·正名》说："生之所以然者谓之性；性之和所生，精合感应，不事而自然谓之性。"所谓"不事而自然"，指的是先天禀赋（所以然）所决定的现实表现（生）。此禀赋是"性"，此表现亦可称"性"，两者是一贯的。后者包含就生命活动的特征或方向

---

[1] 钱穆：《论语新解》，第458页。

以言性。故唐君毅说："一具体之生命在生长变化发展中，而其生长变化发展必有所向。此所向之所在，即其生命之性之所在。此盖即中国古代之生字所以能涵具性之义，而进一步更有单独之性字之原始。"[1] 是有一定道理的。"性"所包含的方向义，在早期儒学中，表现为从人的"好恶"的角度了解具体人性（《性自命出》、《乐记》等）。

孔子对人性的判定，最重要的是以下这一章。

> 子曰："性相近也，习相远也。"（《阳货》）

朱子注："此所谓性，兼气质而言者也。气质之性，固有美恶之不同矣。然以其初而言，则皆不甚相远也。但习于善则善，习于恶则恶，于是始相远耳。程子曰：'此言气质之性，非言性之本也。若言其本，则性即是理，理无不善，孟子之言性善是也。何相近之有哉？'"[2] 气质之性，相对于义理之性或天命之性而言，后者是纯粹的理，为人人之所同，故不可言"近"；可以言"近"者，必是兼气质而言。但气质之性与义理之性的区分，基于纯粹善性的认定。在孔子时代，讨论人性的善恶不是当务之急，也不符合孔子一贯的思想进路。相对于普遍化、理论化地探讨人性问题，孔子更加关注个体差异化的实践。

其实，"性相近也"与"习相远也"一样，源于经验的观察。

---

[1] 唐君毅：《中国哲学原论·原性篇》，第6页。
[2] 朱熹：《四书章句集注》，第175—176页。

其目的，不是要说明人性是什么，或人性怎么样，而是以"性相近"为参照，强调"习相远"的重要性，作为对一般学者的勉励之辞。孔子认为，人的天生资质固有差别，但对于现实人生来说，后天习行更具决定性的意义。说性相近，正是为了著见后天习行的重要性。孔安国曰："君子慎所习也。"[1] 钱穆说："本章孔子责习不责性，以勉人为学。"[2] 可谓中的。唐君毅认为："今若就孔子之将'性相近'与'习相远'对举之旨以观，则其所重者，盖不在克就人性之自身而论其为何，而要在以习相远为对照，以言人性虽相近，而由其学习之所成者，则相距悬殊。……此即孔子不重人性之为固定之性之旨，而隐涵一'相近之人性，为能自生长而变化，而具无定限之可能'之旨者也。"[3] 切中了本章的要旨。

孔子说"性相近"，是针对一般人来说的。孔子同时肯定，还有天生资质特别好或特别差的人。接着上章，子曰："唯上知与下愚不移。"（《阳货》）可视为对"性相近"的补充。皇侃曰："夫降圣以还，贤愚万品。若大而言之，且分为三：上分是圣，下分是愚，愚人以上，圣人以下，其中阶品不同，而共为一。此之共一，则有推移。"[4] 此说大体符合孔子的意思。孔子所谓"上知"与"下愚"，不是指普通人，毋宁说是指人中的特例。孔子曰："生而知之者，上也；学而知之者，次也；困而学之，又其次也；困而不学，民斯为下矣。"（《季氏》）从"知"的角度区分了四种资质。所谓

---

[1] 皇侃：《论语义疏》，第445页。
[2] 钱穆：《论语新解》，第444页。
[3] 唐君毅：《中国哲学原论·原性篇》，第6-9页。
[4] 皇侃：《论语义疏》，第445-446页。

第一章　后孔子时代

"生而知之",相应于"上知",特指天生的圣人。

孔子虽然设定了"上知"与"下愚",但两种人在现实中几乎是不存在的。子曰:"我非生而知之者,好古,敏以求之者也。"(《述而》)当时已经有人说孔子是生而知之的圣人,孔子予以否认。子曰:"十室之邑,必有忠信如丘者焉,不如丘之好学也。"(《公冶长》)孔子说,十户人家的小村子,必有天资与他相近的人。可见,孔子自认为只是中等资材,至少不是天赋卓绝。在《论语》中,比"生而知之"降一等的叫"善人"。子张问善人之道,子曰:"不践迹,亦不入于室。"(《先进》)程子曰:"践迹,如言循途守辙。善人虽不必践旧迹而自不为恶,然亦不能入圣人之室也。"[1] 善人天生资质很好,即便没有前人的规范与途辙,依赖自身的本性行事也不至于为恶,甚至还有一定的教化之功。但由于没有主动为学的愿望和动机,能力与境界也只能停留于此,没有进一步深造之可能,无法窥见圣人之奥。在孔子看来,即便是善人,在现实中也很难遇到。子曰:"圣人,吾不得而见之矣;得见君子者,斯可矣。"子曰:"善人,吾不得而见之矣,得见有恒者,斯可矣。"(《述而》)孔子说,圣人与善人他都未尝亲见;他能见到的,是由为学而成就的君子,以及具有为学潜质的有恒者而已。这样一来,对于孔子来说,现实的人几乎不可能仅凭天生资质行事,而无需后天的修习。与此同时,孔子除了在见宰予昼寝,说了"朽木不可雕也,粪土之墙不可圬也"(《公冶长》)的气话之外,也没有指出谁是完全不可移的"下愚"。相反,即便是一向习于不善的互乡童子来见,孔子

---

[1] 朱熹:《四书章句集注》,第127页。

也尽力接引:"与其进也,不与其退也,唯何甚!"(《述而》)可见,孔子认为,现实的人都可以而且应该通过学习获得自我完善。这是孔子"性相近也,习相远也"的真实意旨。

除了"唯上知与下愚不移"(《阳货》),学者还会关注一章。子曰:"中人以上,可以语上也;中人以下,不可以语上也。"(《雍也》)也是将人分为上中下三等。但严格来说,这一区分是针对具体的教学实践而言的。张敬夫曰:"盖中人以下之质,骤而语之太高,非惟不能以入,且将妄意躐等,而有不切于身之弊,亦终于下而已矣。"[1] 既是教学之法,则无论中人上下皆是可移之人,只是各自依循的道路有深浅高下之不同而已。此章与"上知下愚"之说,旨趣有别。

③ 因"好"成"学":孔子对人性的区分及其内在关切

在《论语》中,唯有以上两章直接提到了"性"字。学者对孔子人性思想的讨论,很多也仅限于此。但从思想的角度说,不直接使用"性"字,也能表达有关人性的观念。

孔子提出"性相近,习相远",是为了确证:人人皆可为学,人人皆须学以成德,学以为君子。但在现实中,人与人之间天生资质的差别,不但是真实的,而且是显著的。贤与愚之间有巨大的差距,贤与贤之间也有偏向的不同。对此,孔子有清晰的认识。据《孔子家语·六本》记载,子夏问于孔子曰:"颜回之为人奚若?"子曰:"回之信贤于丘。"曰:"子贡之为人奚若?"子曰:"赐之敏贤于丘。"曰:"子路之为人奚若?"子曰:"由之勇贤于丘。"曰:

---

[1] 朱熹:《四书章句集注》,第89页。

第一章 后孔子时代

"子张之为人奚若?"子曰:"师之庄贤于丘。"子夏避席而问曰:"然则四子何为事先生?"子曰:"居,吾语汝。夫回能信而不能反,赐能敏而不能诎(通'屈'),由能勇而不能怯,师能庄而不能同,兼四子者之有以易吾,弗与也,此其所以事吾而弗贰也。"在此,"回之信"、"赐之敏"、"由之勇"、"师之庄"可以认为是各自美质及其自然发展的结果。孔子说颜回的忠信、子贡的机敏、子路的勇敢、子张的矜庄,都要胜过自己,未必是谦辞。[1]但这些作为生命原始的质朴,本身并不自足。其片面的发展或不合理的表达,亦会造成人生的局限。故相对于天生的美质,孔子更重视后天主动的为学。四子都需要通过后天的修习,以弥补自身美质的不足,实现为真正的德行。这正是四子一心师事孔子的原因。

孔子认为,资质的差异是无法回避的。学者必须在承认当前之所是,获得充分自我认知的基础之上,开展切身、有效的为学活动。以子路初见孔子为例。据《史记·仲尼弟子列传》记载,子路初见孔子,头戴雄鸡式的帽子,身配公猪皮饰的剑,"陵暴孔子"。孔子以礼乐修养施设诱导,赢得了子路的钦佩,转而师事孔子。孔子究竟是如何"设礼稍诱"的,《史记》没有记载。据《孔子家语·子路初见》:"子路见孔子,子曰:'汝何好乐?'对曰:'好长剑。'孔子曰:'吾非此之问也,徒谓以子之所能,而加之以学问,岂可及乎?'子路曰:'学岂益哉也?'孔子曰:'……君子不可不

---

[1] 如颜回"闻一以知十",而孔子自道"吾与女弗如"(《公冶长》)。子贡之敏,"子贡一出,存鲁、乱齐、破吴、强晋而霸越。子贡一使,使势相破,十年之中,五国各有变"(《史记·仲尼弟子列传》);且孔子殁后,大夫亦有以子贡贤于孔子者(《子张》)。子路之勇,孔子曾言"由也好勇过我"(《公冶长》)。

学.'子路曰:'南山有竹,不柔自直,斩而用之,达于犀革。以此言之,何学之有?'孔子曰:'括而羽之,镞而砺之,其入之不亦深乎?'子路再拜曰:'敬而受教。'"(亦见《说苑·建本》)这或许就是初见设教的情况。孔子问子路,喜欢什么?孔子问的其实是,志在何学?但子路以为是在问他,向来喜好什么物件?前者是面向未来,以其自身的升进为问;后者则是静止的,以当下或向来所擅长者为说。可见,自然的人生与为学的人生,有两种完全不同的思维方式和生命情态。在子路看来,其天生美质无修饰之必要。就如南山的竹子,不用揉制矫正自然笔直,砍下来用,可以穿透犀牛皮革,这些都是不学而能的。在此,南山之竹可谓是子路的真实写照。孔子说道,在尾部安上羽毛,打磨前端,制成箭,不是可以穿透得更深吗?子路这才信服受教。孔子顺着子路的性之所好,又使他意识到了学对自身成长的必要性,使向来专注于自身之所是的局促生命,向着无限升进、无限可能的实践人生开放。后来,孔子对子路的教诲,虽有《诗》《书》礼乐的常课,但也会照顾到子路的特殊性格,顺着子路"好勇"的天性而给予针对性的引导和节制。可见,孔门的教学,以学者的"性之所近"为前提。从教的一面说,这是孔子的因材施教;从学的一面说,则是学者的为己之学。

  天生的美质,往往通过对相应德行的自然偏好表现出来。故《论语》中,孔子以"好德"的形式了解弟子的本性。子曰:"由也,女闻六言六蔽矣乎?"对曰:"未也。""居!吾语女:好仁不好学,其蔽也愚;好知不好学,其蔽也荡;好信不好学,其蔽也贼;好直不好学,其蔽也绞;好勇不好学,其蔽也乱;好刚不好学,其蔽也狂。"(《阳货》)从孔子的言说方式和目的看,"好某不好学"的说法,是以前者为既定的前提,以后者为努力的方向。在此,"好仁"、"好知"、"好信"、"好直"、"好勇"、"好刚"六者,与"好学"相对,可以理解为不同弟子的天性与资质。如颜渊之仁、子贡之知、子路之勇、申枨之刚[1],等等。但对于孔子来说,此六者作为天生禀赋,只是实践的前提而非德行的究竟。若不经由好学的道路以完成之,适会落入诸般弊病之中。换言之,即便有了对德行的天生偏好乃至擅长,还要通过好学的途径加以自觉的培养,才能实现为真正的德行。在此,同样可以看到,孔子的教学之道,是以资禀为起点,为学为途径,成德为旨归。

好德除了是部分弟子天生美质的表现,也是成德实践的一般要求。故孔子常以"好德"勉人。子贡曰:"贫而无谄,富而无骄,何如?"子曰:"可也。未若贫而乐,富而好礼者也。"(《学而》)能"贫而无谄,富而无骄"已经不错了,但人不能停留于已知、已得,做到这一层之后,便须进求更高一层。故孔子说"未若贫而乐,富而好礼者也"。如果说"无谄"与"无骄",是从消极的方面诫勉学人;那么,"乐"与"好礼",则是从积极的方面引导学人。子曰:"知之者不如好之者,好之者不如乐之者。"(《雍也》)尹氏曰:"知之者,知有此道也。好之者,好而未得也。乐之者,有所得而乐之也。"[2] 知有此道、此德,还只是一个认知问题。好此道此德,则有

---

[1] 子曰:"吾未见刚者。"或对曰:"申枨。"子曰:"枨也欲,焉得刚?"(《公冶长》)申枨之刚为弟子所推重。孔子虽说申枨多嗜欲,故不得谓为刚。但这是一种教法,犹对子路一般。
[2] 朱熹:《四书章句集注》,第89页。

了实践的动力。至于乐之，已然在一定程度上实现，而能在身心上受用。孔子认为，在成德实践中，好善、好德、好道是关键环节。因为它包含了浓厚的实践意向，可以引导学人冲破自然生命的重重窒碍，期于自觉自主的道德人生。

在现实中，一时的"好德"容易兴发，难在贯彻始终。冉求曰："非不说子之道，力不足也。"子曰："力不足者，中道而废。今女画。"（《雍也》）冉有自认为好（悦）夫子之道，只恐自己能力不足，不能完全依循。但在孔子看来，这是托词。真正的好，完全自足于己，与任何事实的计较皆无关联。正是在这个意义上，子曰："我未见好仁者，恶不仁者。好仁者，无以尚之；恶不仁者，其为仁矣，不使不仁者加乎其身。"（《里仁》）所谓"好仁"，不是一个若存若亡的意向，而是切实将之视为生命最精纯的至高追求。以这一标准衡量，恐怕也只有真正的仁者，才能称得上真正的好仁者。子曰："吾未见好德如好色者也。"（《子罕》）实际上，孔子的意思是，他没有见过能以好德为内心真实追求的人。这种意义上的"好德"，是孔子对弟子的期许。[1]

故在《论语》中，我们可以区分出几个层次的"好德"。一是天生的原始倾向，如"六言六蔽"章所言"好仁"、"好知"之类；二是作为成德实践的内在要求，或为己之学的关键环节的"好"；三是已然实现和完成了的，作为有德者之表征的"好"。前两者是从工夫上说，无论出于天性抑或出于后天，"好德"是成德之学的必要条件；后者是从效验上说，"好德"是为学境界的一个表征。

---

[1] 不过，据《孔子家语·七十二弟子解》，则此章是在讽刺卫灵公。

于是，在孔子那里，"好德"成了一个贯穿成德实践之终始、兼摄工夫与效验、上下齐讲的概念。后来，曾子《大学》以"诚意"为第一步工夫，子思《中庸》以一个"诚"字，贯通工夫与境界、德与道、天与人，源头可追溯至此。

④ 孔子人性观的结构及其展开形态

孔子对人性的了解和判断，源于实践成德的基本立场。首先，他不对人性作普遍化的、理论化的探讨，而是关注人性的具体性和特殊性。孔子的目的，是从为己之学的立场，引导学者基于自身的特质，展开差异化的成德道路。其次，他不把人性视为固定的事实，而是从学者好恶的表现，看到内在的倾向性与可能性。这两点，都直接源于孔子为己之学的基本立场和内在关切，与后世主题化的人性论思想有所不同。

虽然孔子没有更多明确的人性论表述，但从《论语》的某些章节，又似可以推论孔子对人性所怀有的态度。比如，

子曰："人之生也直，罔之生也幸而免。"（《雍也》）

徐复观认为，这是对人性的一个普遍判断。他说："此处的'人'，乃指普遍性的人而言。……既以'直'为一切人之常态，以罔为变态，即可证明孔子实际是在善的方面来说性相近。"[1] 然而，此说实难成立。其一，它的前提，是把"生"字理解为出生。而

---

[1] 徐复观：《中国人性论史》，第 56 页。

正如朱子所说:"此'生'字是生存之生。"[1] 孔子是说,人类的生存必以直道为基础,罔道之行之所以可能,也以直道为前提。其二,"人之生也直",甚至也不是人的现实,而是理想。子曰:"斯民也,三代之所以直道而行也。"(《卫灵公》) 直道而行,乃是三代之民的人生实态。而孔子时,直道而行往往受黜。故孔子说"人之生也直",应是回顾上古黄金时代,展望理想的人世生活,而不是对人性作了一个普遍的断语。

相较之下,下面一章更容易让人推测孔子对善性的肯定。

> 子曰:"仁远乎哉?我欲仁,斯仁至矣。"(《述而》)

但凡身外的东西,求是一面,所求是一面。求不等于得,求而不得者往往如是。唯有自身具足的东西,求便可得,不受限于另外的条件。仁,是内在的道德情感,以及由之而来的居心,它是完全发于自身、活跃于自身的。甚至"欲仁"的"欲"中,已渗透了仁的意思。故孔子说"我欲仁,斯仁至矣",实是对仁的内生性、内在性的一种肯定。孔子虽然没有明确肯定,人人性中都有此仁。但孔子的这句话,当适用于一般人。于是,徐复观说:"孔子既认定仁乃内在于每一个人的生命之内,则孔子虽未明说仁即是人性,但如前所述,他实际是认为性是善的。"[2] 严格来说,仁具有内生性和内在性,未必是说它现成地就在那里;也可能只是说,它若生成、

---

[1] 朱熹:《朱子语类》,《朱子全书》第十五册,第1146页。
[2] 徐复观:《中国人性论史》,第62页。

存在，则必是源于、居于内在的。如竹简《性自命出》云："仁，性之方也，性或生之。"仁是性中生出的，但这种生出不具有必然性。若是后一种意义，我们便不能推论说孔子认为人人性中有（现成的）仁，更不能推论说孔子拥有性善的观点。[1]

除此之外，孟子曾引孔子的话，用来说明仁义礼智是"我固有之"的。

>《诗》曰："天生蒸民，有物有则。民之秉彝，好是懿德。"孔子曰："为此诗者，其知道乎！故有物必有则，民之秉彝也，故好是懿德。"（《孟子·告子上》）

朱子注："有物必有法：如有耳目，则有聪明之德；有父子，则有慈孝之心，是民所秉执之常性也，故人之情无不好此懿德者。"[2] 人情皆好此懿德，其普遍性意味着它是内在于人性的。若孟子的引文真实可靠，则至少从这一句可以看到，孔子确有对人性中善的方面的直接肯定。从"好"的角度了解人性，也与孔子思路一致。

但与此同时，孔子对人性的阴暗面也有深刻的洞察。孔子感叹，"三年学，不至于谷，不易得也"（《泰伯》）；又叹，"群居终日，言不及义，好行小慧，难矣哉！"（《卫灵公》）如此种种，莫不切于学者的通病。又，孔子曰："君子有三戒：少之时，血气未定，

---

[1] 即便承认性中有仁，也不能说是"性善论"，只能说是"性有善论"。孟子是通过"性命之辨"来实现从"性有善论"到"性善论"的最后一跃的（参见本书第六章）。
[2] 朱熹：《四书章句集注》，第329页。

戒之在色"；及其壮也，血气方刚，戒之在斗；及其老也，血气既衰，戒之在得。"（《季氏》）血气是人的构成条件，本身难说好坏；表达为"好色"、"好斗"与"好得"，则正学者所当戒。孔子没有把这些上升到人性层面加以认定，但不难想象，若让他来说人性的内容，必不会回避这些面向。[1]

综合以上分析，我们可以尝试对孔子人性观的结构作一个刻画：人性是有个体差异的（差别一般不大，故曰"性相近也"，也不排除极端情况，即"上智与下愚"）；性中有善的成分，也有不善的成分，通过好恶表达出来（如"好德"、"好色"、"好斗"之类）；人生的现实，取决于后天的养成，一个重要方式是顺着性之好恶而来的引导和塑成（因"好"成"学"）。借用后世的说法，孔子持有的应是一种形式的"性有善有恶论"。

孔子的人性观，在七十子后学时代获得了进一步的阐明。

> 周人世硕以为人性有善有恶，举人之善性，养而致之则善长；性恶，养而致之则恶长。如此，则性各有阴阳，善恶在所养焉。故世子作《养（性）书》一篇。宓子贱、漆雕开、公孙尼子之徒，亦论情性，与世子相出入，皆言性有善有恶。（《论衡·本性》）

王充提到的孔子弟子和再传弟子，大体都主张"人性有善有恶"，所谓"有善有恶"，既可以理解为个体之内的部分区分（善的

---

[1]《礼记·乐记》即把"血气"指认为人性之内容："夫民有血气心知之性，而无哀乐喜怒之常，应感起物而动，然后心术形焉。"

部分、恶的部分），也可以理解为人际之间的个体差别（有的人善、有的人恶）。这可以说是对孔子人性观的明确化。周人世硕所说的养性论，则又可以说是站在人性论的立场重新表述"习相远"。可见，七十子后学的人性论，基本上把握住了孔子人性观的要义，可以视为其展开形态。

这一状况，也得到了出土文献的印证。郭店竹简《性自命出》云："好恶，性也；所好所恶，物也。善不善，性也；所善所不善，势也。""好恶，性也"，从好恶的角度了解人性，这是孔子的真意。"善不善，性也"，认为人性之中有善的部分，也有不善的部分，哪一部分表达出来成为生命主导性的样态，取决于后天。这也与孔子之意相通。最值得注意的是开篇第一句："凡人虽有性，心无定志，待物而后作，待悦而后行，待习而后定。"大意是说，人性虽是天生的，但唯有经过物的引发、顺悦而行，然后通过不断的习养，最终才能稳定为现实的人生形态。这分明就是孔子"习相远也"的意思。作者实是在性情论的思想道路上，对孔子"性相近也，习相远也"的判断作了重构式的表述。[1]

可见，七十子后学的人性论虽有具体的差异，但大体承袭了相同的框架。这种一致性，源于他们共同的思想源头——孔子。当然，从孔子到七十子后学，也包含了思想上的转进。孔子秉持一个纯粹的实践立场，人性的观察和判别皆为此服务；七十子后学则需通过对人性的主题性阐明，为其所主张的为学道路作铺垫。这也是时代思想发展之必然。

---

[1] 参见何益鑫：《竹简〈性自命出〉章句讲疏》，第64-65页。

1.2　孔学的分流

凡大哲学家死后,学术传承必有一个分流的过程,这几乎是不可避免的思想史常态。其中的原因,一方面是由于他们博大精深的思想体系和极致高明的修为境界,门人弟子基本上没有能力全面继承或超越;另一方面,也是由于他们的思想往往蕴含着积极的模糊性或者说丰富的诠释可能性,弟子可以就其不同的方面、向不同的方向作出新的发挥。

孔子最中意的弟子颜回,原本最有希望继承他的衣钵,在孔子之后统领儒门。在三千弟子之中,孔子不但独称颜子"好学",还对颜子的德行造诣与事功能力,皆给予了极高的评价。[1] 但不幸的是,颜渊早死,孔门便再无一人可以担此重任。故孔子之后,七十子后学"取舍相反不同",思想倾向与为学路数的差异逐步显现,到了战国末期形成了"儒分为八"的格局。[2]

① 三人推举有若

孔门弟子第一次矛盾,是关于推举孔子继承人的问题。儒学的内部分化由此可以看出端倪。

> 昔者孔子没,三年之外,门人治任将归,入揖于子贡,相向而哭,皆失声,然后归。子贡反,筑室于场,独居三年,然后归。他日,子夏、子张、子游以有若似圣人,欲以所事孔子事

---

[1] 子谓颜渊曰:"用之则行,舍之则藏,唯我与尔有是夫!"(《述而》)
[2]《韩非子·显学》:"自孔子之死也,有子张之儒,有子思之儒,有颜氏之儒,有孟氏之儒,有漆雕氏之儒,有仲良氏之儒,有孙氏之儒,有乐正氏之儒。"

之，强曾子。曾子曰："不可。江汉以濯之，秋阳以暴之，皓皓乎不可尚已。"(《孟子·滕文公上》)

这段话包含了不少信息。孔子死后，弟子都为孔子服心丧三年。三年之后，各自离散，唯有子贡再筑室三年。从门人将归之前"入揖于子贡"来看，子贡作为先进弟子的代表（时颜渊、闵子骞、冉伯牛、子路等皆已离世），在当时孔门之内具有相当高的地位。顺此，子贡再服三年，或许不仅仅代表子贡的个人行为，也在某种意义上代表了集体的意愿。

值得注意的是，想要推举有若而师事之的，是以子夏、子张、子游为代表的后进弟子。孔子曾说："先进于礼乐，野人也；后进于礼乐，君子也。如用之，则吾从先进。"(《先进》)在孔门中，先进弟子与后进弟子相比，前者的德行实践和政治实践的意向更为明确，后者则在礼乐文章的造诣上更胜一筹。这是两期弟子的基本差异。先进弟子从学时间较早，与孔子的年龄差距较小，又大体都经历了一个逐步慑服的过程，故他们与孔子的相处，较少受师生名分或外在因素的影响，而显得较为纯粹，有的甚至介于师友之间。[1] 在这层关系中，子贡这样的先进弟子，自身保持了较高的独立性。

---

[1] 以子路与孔子的相处为例。子见南子，子路不说。夫子矢之曰："予所否者，天厌之！天厌之！"(《雍也》)子路曰："卫君待子而为政，子将奚先？"子曰："必也正名乎！"子路曰："有是哉，子之迂也！奚其正？"(《子路》)公山弗扰以费畔，召，子欲往。子路不说，曰："末之也已，何必公山氏之也。"(《阳货》)佛肸召，子欲往。子路曰："昔者由也闻诸夫子曰：'亲于其身为不善者，君子不入也。'佛肸以中牟畔，子之往也，如之何！"(《阳货》)子路对孔子，如此坦诚直接。孔子对子路，也是如此。如面对子路率尔之对，"夫子哂之"(《先进》)之类。

另一方面，对于这批弟子来说，孔子之为孔子，是自己一步一步体贴过来的，[1] 他们也见证了孔子几十年中不断成长和完成的过程，对孔子之高明与不可及处有更为真实而深切的认识。故而，对于这批弟子来说，孔子之地位不可能被取代。孔子殁后，没有必要，也绝无可能推举一人成为孔子的继承人。

后进弟子便有所不同。他们入孔门较晚，与孔子年龄差距大（多差两代以上），是纯粹的师生关系。对他们来说，孔子向来是那个圣人的模样，是已然完成的形态。他们的为学，也极大地依赖于孔子个人的传授。如果说，先进弟子之间，是一个实践的共同体；那么，后进弟子之间，更有学术思想共同体的味道。故对于先进弟子来说，孔子的逝世，更多的是情感上的伤痛；而对于后进弟子来说，则主要是精神和思想上的失祜。后者更有一种有限的疗救的需求。孔子之不可及，这些弟子未尝不知；只是在孔子离开之后，学术共同体要持续、精神要安顿。在这一要求之下，便有了推举继承人的提议。

孟子只是说"有若似圣人"故"师事之"，史迁则说："孔子既没，弟子思慕，有若状似孔子，弟子相与共立为师，师之如夫子时也。"（《史记·仲尼弟子列传》）如此一来，子夏等三人之所以推举有若，是因为有若跟孔子长相相近，遂让有若成为孔子的影子，以寄托大家对孔子的思慕之情。有若的意义，类似于祭祀过程中的"尸"。这个说法，凸显了弟子对夫子的思慕之情，但在现实中颇不

---

[1] 《论衡·讲瑞》载："子贡事孔子，一年自谓过孔子，二年自谓与孔子同，三年自知不及孔子。"

可信。诸弟子推举有子,体貌特征或许是一个方面,但更重要的,应与有若的思想和能力有关。

> 有子问于曾子曰:"问丧于夫子乎?"曰:"闻之矣:丧欲速贫,死欲速朽。"有子曰:"是非君子之言也。"曾子曰:"参也闻诸夫子也。"有子又曰:"是非君子之言也。"曾子曰:"参也与子游闻之。"有子曰:"然,然则夫子有为言之也。"
>
> 曾子以斯言告于子游。子游曰:"甚哉!有子之言似夫子也。昔者夫子居于宋,见桓司马自为石椁,三年而不成。夫子曰:'若是其靡也,死不如速朽之愈也!'死之欲速朽,为桓司马言之也。南宫敬叔反,必载宝而朝。夫子曰:'若是其货也,丧不如速贫之愈也!'丧之欲速贫,为敬叔言之也。"
>
> 曾子以子游之言告于有子。有子曰:"然,吾固曰非夫子之言也。"曾子曰:"子何以知之?"有子曰:"夫子制于中都,四寸之棺,五寸之椁,以斯知不欲速朽也。昔者夫子失鲁司寇,将之荆,盖先之以子夏,又申之以冉有,以斯知不欲速贫也。"(《礼记·檀弓上》)

这场对话发生的时候,可能正在收罗孔子的思想材料,故有若向曾子询问夫子有关"丧"(指失位)的言论。曾子举夫子"丧欲速贫,死欲速朽"之语,有若以为非君子之言。曾子为人敦笃,坚持是孔子亲口所说。后来他从子游处得知,这句话是孔子有所针对而发,不是孔子的通论。于是,子游发出了"甚哉,有子之言似夫子"的感叹。有若之所以作出这一判断,是根据对孔子生前行为的观察，这无疑符合于夫子"吾无行而不与二三子者"的"无隐"之教（《述而》）。可见，有若确可谓善知孔子之教。此外，《论语》共记录有子之言四条。[1] 从内容来看，发孔子所未发，但又中正平和，大体合于孔子之意。因此，子游"有子之言似夫子"的感叹，恐怕不仅仅是子游的意见，也代表了当时众多弟子的共同观感。职是之故，子夏、子张、子游三人"欲以所事孔子事之"。

"言似夫子"，虽然可以确定有若对夫子之教的了解与领悟；但仅仅如此，也不能说明其与夫子生命境界的内在相契。夫子之身教与言教，只是夫子在现实中所展现出来的有限的应迹，其背后之依托或所自来处，乃是夫子浑然一体的生命境界。言语貌似零碎，精神却一以贯之。"言似孔子"，说明有若对于孔子之教的了解达到了一定的程度，但毕竟是通过观察、思绎与融汇得来，与夫子的源头活水不同。事实上，真正的相通，乃是内在精神的相通，而非言辞的相近。《荀子·子道》记载了一个故事：子贡入。子曰："赐！知者若何？仁者若何？"子贡对曰："知者知人，仁者爱人。"子曰："可谓士君子矣。"颜渊入。子曰："回！知者若何？仁者若何？"颜渊对曰："知者自知，仁者自爱。"子曰："可谓明君子矣。"在此，子贡所答"知者知人，仁者爱人"，无疑是综合孔子言论而来，

---

[1] 有子曰："其为人也孝弟，而好犯上者，鲜矣；不好犯上，而好作乱者，未之有也。君子务本，本立而道生。孝弟也者，其为仁之本与！"（《学而》）有子曰："礼之用，和为贵。先王之道斯为美，小大由之。有所不行，知和而和，不以礼节之，亦不可行也。"（《学而》）有子曰："信近于义，言可复也；恭近于礼，远耻辱也；因不失其亲，亦可宗也。"（《学而》）哀公问于有若曰："年饥，用不足，如之何？"有若对曰："盍彻乎？"曰："二，吾犹不足，如之何其彻也？"对曰："百姓足，君孰与不足？百姓不足，君孰与足？"（《颜渊》）

可谓"言似夫子",故孔子称之为"士君子"。颜回所答"知者自知,仁者自爱",看上去与夫子之言恰相反,孔子却称之为"明君子"。子贡之言沿袭孔子之说,固不可说不对。但颜子的向内用功、反求诸己,更能体现夫子为己之学的生命精神。可见,能否真正传道,不在言辞的正反,而在精神与境界的内在相契。故知,如果有若仅因"言似孔子"而被推举,其事必不可久。后来,有弟子以夫子之事询问于有若,有若无以应之,弟子起曰:"有子避之,此非子之座也!"[1]结束了这一不长的阶段。这位弟子的提问,今天看来似乎难以理解,与思想与道德的修为无关。但这也反映出,在当时弟子的心目中,孔子乃是"至诚如神"、"可以前知"(《中庸》语)的人。

"强曾子"一语,说明对于子夏、子张、子游三人推举有若的主张,曾子很不能认同。其原因,与四人的为学方式和义理主张有关。在此,我们且以《论语》为主要依据,来了解一下子夏、子张和子游的学术风貌。

② 子张与子夏的思想品格

在《论语》中,子张、子夏往往一起出现。子贡问:"师与商也孰贤?"子曰:"师也过,商也不及。"曰:"然则师愈与?"子曰:"过犹不及。"(《先进》)所谓过与不及,朱子曰:"子张才高意广,而好为苟难,故常过中。子夏笃信谨守,而规模狭隘,故常不

---

[1] 他日,弟子进问曰:"昔夫子当行,使弟子持雨具,已而果雨。弟子问曰:'夫子何以知之?'夫子曰:'《诗》不云乎?"月离于毕,俾滂沱矣。"昨暮月不宿毕乎?'他日,月宿毕,竟不雨。商瞿年长无子,其母为取室。孔子使之齐,瞿母请之。孔子曰:'无忧,瞿年四十后当有五丈夫子。'已而果然。敢问夫子何以知此?"有若默然无以应。弟子起曰:"有子避之,此非子之座也!"(《史记·仲尼弟子列传》)

及。"[1]子张之过,是说他陈义很高,一路向高广处推,脚下工夫却有不足。子夏之不及,是说他细密谨严,于小节上不放过,但为学规模狭小,难以在境界上有大的突破。在孔子看来,两人各有毛病,无所谓孰贤。子张、子夏曾就朋友之道有所讨论。子夏之门人问交于子张。子张曰:"子夏云何?"对曰:"子夏曰:'可者与之,其不可者拒之。'"子张曰:"异乎吾所闻:君子尊贤而容众,嘉善而矜不能。我之大贤与,于人何所不容?我之不贤与,人将拒我,如之何其拒人也?"(《子张》)子夏的话,明显是从孔子"无友不如己者"(《学而》)一句化出的。尽量亲近贤人、与贤者相处、见贤思齐,这是孔子教人的为学之道。[2]但子夏视之为一个普遍的命题,推出"不可者拒之",不但会导致实践中的矛盾(人人如此,则人人无友),亦会导致人与人的隔绝。子张的话,直接针对子夏的话。客观来说,"君子尊贤而容众,嘉善而矜不能",就义理而言没有什么问题。但从子张嘴中说出,却不免少了为学用功的味道。子张虽然立论高远,但为学的内在意识却欠一些。师之过,商之不及,于此可见。此外,据《礼记·檀弓上》记载:"子夏既除丧而见,予之琴,和之而不和,弹之而不成声,作而曰:'哀未忘也。先王制礼,而弗敢过也。'子张既除丧而见,予之琴,和之而和,弹之而

---

[1] 朱熹:《四书章句集注》,第126页。问孔子诲子夏勿为小人儒。曰:"子夏是个细密谨严底人,中间忒细密,于小小事上不肯放过,便有委曲周旋人情、投时好之弊,所以或流入于小人之儒也。子游与子夏绝不相似。……"又问:"子张与子夏亦不同。"曰:"然。子张又不及子游。子游却又实。子张空说得个头势太大了,里面工夫都空虚,所以孔子诲之以'居之无倦,行之以忠',便是救其病。子张较聒噪人,爱说大话而无实。"(《朱子语类》,《朱子全书》第十五册,第1138页)
[2] 子贡问为仁。子曰:"工欲善其事,必先利其器。居是邦也,事其大夫之贤者,友其士之仁者。"(《卫灵公》)

成声，作而曰：'先王制礼，不敢不至焉。'"钱穆认为，这一记载与《论语》所言若相似而又相背，"若以丧尚哀戚言，则是子夏过之而子张不及矣"。[1] 其实，两处所言角度不同，但在具体个人身上是可以相通的。过于高广，而内情不足；细谨小心，而用情过度。

对于子张，子曰："师也辟。"（《先进》）朱子曰："辟，便辟也。谓习于容止，少诚实也。"[2] 子张一向往高处去，特别重视外在礼容，而缺乏内在的信实。[3] 故荀子批评说："弟佗其冠，神禫其辞，禹行而舜趋，是子张氏之贱儒也。"（《荀子·非十二子》）对于子夏，子曰："女为君子儒，无为小人儒。"（《雍也》）程子曰："君子儒为己，小人儒为人。"[4] 则"小人儒"似有道德上的贬义，朱子顺此发挥。其实，此处未必要从义利之辨上说。孔子只是担心，子夏于事物枝节上皆可考究，于大处反而不能确立，则所学不免零碎，规模失之偏狭，溺于下学而不能上达，终不得为君子。子夏曰："日知其所亡，月无忘其所能，可谓好学也已矣。"（《子张》）子夏下学工夫之谨严，足可称道。然而，他对好学的理解，只是具体知识的积累和能力的巩固，这与孔、颜以自身义理体段和成德境界为宗旨的好学，有根本的不同。唯宗旨不立，故其用心、用力之方绝不相

---

1 钱穆：《论语新解》，第289页。此外，《孔子家语·六本》也有类似的记载，但主人公换成了子夏和闵子骞。子夏是"侃侃而乐"，闵子骞是"切切而悲"。二人相比，闵子骞的孝自然是更为深切的。但两处对子夏的描述差别很大。从情理而言，作为言行细谨的人，不太可能一过丧期就"侃侃而乐"。《孔子家语》的记载，或许是为了增强表达效果，作了戏剧化的夸张演绎。

2 朱熹：《四书章句集注》，第127页。

3 梁涛认为："子张的特点是重视礼容仪表，可称为孔门后学的礼容派。"（梁涛：《郭店竹简与思孟学派》，第92页）

4 朱熹：《四书章句集注》，第88页。

同。子夏曰："虽小道，必有可观者焉；致远恐泥，是以君子不为也。"(《子张》)朱子曰："小道，如农圃医卜之属。"[1] 孔子对小道的态度是很明确的，他不希望弟子把精力放在这些事情上面。子夏的话，却似乎比孔子更为全面。他能够看到小道的好，也解释了孔子之所以不屑一顾的原因。他之所以这样说，当是本人对此颇为重视，且在这些方面曾下过真实工夫而深有感触。子夏虽有自觉，但兴趣之广泛而驳杂，亦从中可见。这也是子夏大处不立，实于下学而疏于上达的结果。子夏问孝，子曰："色难。有事弟子服其劳，有酒食先生馔，曾是以为孝乎？"(《为政》)孔子对弟子的指点，皆有所针对。从此章可以看出，子夏谨于外在服劳，却疏于立本的实践特征。不是说子夏情实少，而是子夏于此少体贴用功。

子张与子夏，一过一不及，似是相反。相反者，往往有相通之处。子张志意高远而脚下疏空，固不足以自立；[2] 子夏脚下密实而不见大本、规模，亦难以独自为学。子夏、子张急欲推举有若以师事之，实源于此。

③ 子游的思想品格

子游也是力推有若的人。他与子夏位列孔门文学科，学有所专。所谓"文学"，指《诗》《书》礼乐文章之学。钱穆说："子游、子夏于此最所擅长，不惟子贡、宰我、冉有、季路非其伦，即颜闵、冉伯牛、仲弓视之，殆亦有逊色，故游夏得于三科之外特标

---

1 朱熹：《四书章句集注》，第188页。
2 子张非不崇德，"子张问崇德辨惑"(《颜渊》)、"子张问仁"(《卫灵公》)，又曰"执德不弘，信道不笃，焉能为有？焉能为亡？"(《子张》)但子张只是见之如此，却没有找到切实用功的得力法门，这是他脚底空疏的原因。

文学一目。此可见孔门晚年文胜之风。"[1] 从经学史的角度看，六经的传承，子夏居功至伟。[2] 子游与子夏并列文学，且又在后者之先，足见子游的文学造诣，众所推重。

子游的思想资料，除了散见于《论语》、《礼记》、《孔子家语》等传世文献之外，还有郭店竹简《性自命出》（上博竹简《性情论》为不同抄本）。各种证据表明，后者很可能是子游的作品。竹简《性自命出》的问题，我们将在第三章详细讨论。此处，我们依据传世文献来简单勾勒子游的思想品格。

子游、子夏皆擅长礼乐文章，所不同的是，子游有自身得力之处，故不满足于此，而有进一步探寻文章之本，或者说有实践成德的要求。

> 子游曰："子夏之门人小子，当洒扫、应对、进退，则可矣。抑末也，本之则无。如之何？"子夏闻之曰："噫！言游过矣！君子之道，孰先传焉？孰后倦焉？譬诸草木，区以别矣。君子之道，焉可诬也？有始有卒者，其惟圣人乎！"（《子张》）

这一段对话关乎本末的问题，朱子作了细致的分析。他说："言君子之道，非以其末为先而传之，非以其本为后而倦教。但学者所至，自有浅深，如草木之有大小，其类固有别矣。若不量其浅深，不问其生熟，而概以高且远者强而语之，则是诬之而已。君子之

---

[1] 钱穆：《论语新解》，第 277 页。
[2] 参见皮锡瑞：《经学历史》，第 24 页；刘师培：《经学教科书》，第 21-22 页。

道，岂可如此？若夫始终本末一以贯之，则惟圣人为然，岂可责之门人小子乎？程子曰：'君子教人有序，先传以小者近者，而后教以大者远者。非先传以近小，而后不教以远大也。'又曰：'洒扫应对，便是形而上者，理无大小故也。故君子只在慎独。'又曰：'圣人之道，更无精粗。从洒扫应对，与精义入神贯通只一理。虽洒扫应对，只看所以然如何。'又曰：'凡物有本末，不可分本末为两段事。洒扫应对是其然，必有所以然。'又曰：'自洒扫应对上，便可到圣人事。'愚按：程子第一条，说此章文意，最为详尽。其后四条，皆以明精粗本末。其分虽殊，而理则一。学者当循序而渐进，不可厌末而求本。盖与第一条之意，实相表里。非谓末即是本，但学其末而本便在此也。"[1] 朱子先自己解释一遍，而后不惮其烦五引程子之言，最后加以总结，可见此章之重要。[2] 所要反复强调的，是洒扫、应对、进退的下学，与高且远者的上达（本体）的内在一致性（一理），近者小者与高者远者本自一贯，不可分本末为两节。这一说法，在理学系统中不难理解。由此，宋儒便自然站在了子夏的一边，批评子游对子夏的批评。客观来说，子游的本意未必是说学者不需要洒扫、应对、进退的下学工夫，而是意在批评子夏本上不立、宗旨不明，故其门人小子之洒扫、应对、进退，也只是洒扫、应对、进退，难以化为成己成人自得受用的工夫阶梯。从这个意义上说，子游的批评显然是对的。只是子夏向来谨于细节，从他

---

[1] 朱熹：《四书章句集注》，第190页。
[2] 朱子于此章颇用力，自谓："某旧年思量义理未透，直是不能睡。初看子夏'先传后倦'一章，凡三四夜穷究到明，彻夜闻杜鹃声。"（朱熹：《朱子语类》，《朱子全书》第十七册，第3432页）

第一章　后孔子时代

的角度说，以洒扫、应对、进退为小子进学之始，也未可厚非；关键是在此之上，是否已有一个为己成德的宗旨。不过，看荀子对子游的批评："偷儒惮事，无廉耻而耆饮食，必曰'君子固不用力'，是子游氏之贱儒也。"(《荀子·非十二子》) 则子游重本的倾向，也可能导致遗末的弊端。[1]

子游与子夏的不同，或与子游深于乐教有关。子游深于礼乐，尤得力于乐教。子游好乐的倾向，在早年便已显露出来了。

> 子之武城，闻弦歌之声。夫子莞尔而笑，曰："割鸡焉用牛刀？"子游对曰："昔者偃也闻诸夫子曰：'君子学道则爱人，小人学道则易使也。'"子曰："二三子！偃之言是也。前言戏之耳。"(《阳货》)

子游为武城宰，以乐为教。孔子一进武城，便听到了弦歌之声，于是跟弟子开了个玩笑，"割鸡焉用牛刀？"意思是说，治理这么个小邑，也需用礼乐吗？子游以夫子素日所言答之，获得了认可。这句回答本身并无特异之处。关键是说，子游能将平日所学礼乐之教用于现实的政治治理。其实，作为一个小邑的地方官，平常可能需要处理很多细碎的事情，子游不但从容有余，且能在此之外推行乐教。如果说日常政务的处理是为政之末，则礼乐风俗的德化无疑是为政之本。子游确能将为学与为政打通为一，而在本末之间得其

---

[1] 朱子曾说："子游高爽疏畅，意思阔大，似个萧散底道人。"(朱熹：《朱子语类》，《朱子全书》第十五册，第1138页）

平衡。[1]

由于深于乐教，故其对礼的理解，也尤为强调其中的真情。子游曰："丧致乎哀而止。"(《子张》)丧以表达哀情为主，这是继承了孔子对"礼之本"的强调。子游又进一步，试图从人情的一系列变化及外化过程，来为礼之节文作重构式的论证。

> 有子与子游立，见孺子慕者。有子谓子游曰："予壹不知夫丧之踊也，予欲去之久矣。情在于斯，其是也夫。"子游曰："礼，有微情者，有以故兴物者。有直情而径行者，戎狄之道也。礼道则不然。人喜则斯陶，陶斯咏，咏斯犹，犹斯舞，舞斯愠，愠斯戚，戚斯叹，叹斯辟，辟斯踊矣。品节斯，斯之谓礼。"(《檀弓下》)

有若不解丧礼中"三踊"(一踊跺三次脚，三踊九次)的规定，早就想废止。他认为，只要真情所至，不拘于形式。这一看法，也颇合子游"丧致乎哀"的主张。但子游却说，三踊的规定是必要的。他指出，有的礼可以节制人情，有的礼可以激发人情，最终是为了

---

[1] 孔子兄子有孔篾者，与宓子贱皆仕。孔子往过孔篾而问之曰："自汝之仕，何得何亡？"对曰："未有所得，而所亡者三：王事若龙，学焉得习，是学不得明也；俸禄少，饘粥不及亲戚，是骨肉益疏也；公事多急，不得吊死问疾，是朋友之道阙也。其所亡者三，即谓此也。"孔子不悦，往过子贱，问如孔篾。对曰："自来仕者，无所亡，其有所得者三：始诵之，今得而行之，是学益明也；俸禄所供，被及亲戚，是骨肉益亲也；虽有公事，而兼以吊死问疾，是朋友笃也。"孔子喟然谓子贱曰："君子哉若人！鲁无君子者，则子贱焉取此。"(《孔子家语·子路初见》)按，孔篾为学与为政两分，而为政务所拖累；宓子贱为学与为政融为一体，从容若是。子游似宓子贱，而能于公事之外兴礼乐之教，则又胜之。

使人情得到中道的表达。人情的发生与表现，有一个酝酿和变化的自然过程。顺着这个过程而加以品节，便是礼。可见，子游已经深入人情的内在运作方式来为礼作论证。

如果说，孔子解"礼之本"，主要是从个人实践的角度，追求礼的最好的实现；那么，到了子游那里，已经以人情为基础，转而从制礼作乐的角度论证礼的产生和存在的必要性。其后，《礼记·礼运》（子游后学作品）说："夫礼，先王以承天之道，以治人之情"，"所以达天道、顺人情之大窦也"。《礼记·乐记》说："乐统同，礼辨异，礼乐之说，管乎人情矣。"此后，人情明确成了礼的制作的内在根据，也成了礼教的落实之处。圣人缘人情以制礼，成了儒家关于礼的起源和本质的标准学说。这一思想，与子游（或许还有其他孔门弟子）从人情角度论证礼乐的思路转变有莫大的关联。不仅如此，子游对礼乐之本的追求，使他特为关注人的内心情感与心理的变化。顺此以往，发展出了一套系统的"性情-心性论"的思想。郭店竹简《性自命出》，即是这方面的代表。从习于孔子的礼乐之教，到从性情的角度为之提供论证，以这种方式融摄孔子的礼乐之教与成德之学，可以说是子游之学的必然结果。

子游之学，用他自己的话来说，是有本有末之学。对子夏和子张，子游都有批评。他说子夏无本，而说子张："吾友张也，为难能也。然而未仁。"（《子张》）这与曾子所说"堂堂乎张也，难与并为仁矣"（《子张》）的评价是一致的。但三人思想的分化是后来的事情。至少在推举有若之时，三人还有相同的意见。在这件事情上，子游"有子之言似夫子"一语，可能发挥了关键性的作用。

1.3 曾子的传承

孟子"强曾子"一句,说明曾子年纪虽小,却已有一定的声望和地位,大的决定须征求他的同意。原因可能是,孔子晚年对曾子有所青睐,甚至让他贴身侍奉,承担了侍者或助教的角色。

子曰"参也鲁"(《先进》),说曾子是一个资质鲁钝的人。与此同时,子曰:"刚毅、木讷,近仁。"(《子路》)这句话,不就是在说曾子这样的人吗?曾子除了天性木讷,还是一个性情刚毅,有担当、有抱负的人。且曾子以孝著称,与德行科的基本标准一致。事事反求自省的用功之道,又确乎有几分颜子当年的风范。综合种种,便不难理解孔子会对曾子青睐有加。

子曰:"参乎!吾道一以贯之。"曾子曰:"唯。"子出。门人问曰:"何谓也?"曾子曰:"夫子之道,忠恕而已矣。"(《里仁》)

在此之前,孔子也曾以"予一以贯之"告子贡(《卫灵公》),说明这一提法并非孔子一时兴起之语,而是深思熟虑的教法。程子曰:"圣人教人各因其才,吾道一以贯之,惟曾子为能达此,孔子所以告之也。"[1] 按这一说法,孔子告"吾道一以贯之",似有传道或传心之意。曾子自己又下一转语,以为夫子之道,便是忠恕之道。曾子的转语是否符合孔子的原意,或者说曾子是否已然了解孔子的本义,这一点暂且不表。当时,众弟子同侍夫子左右,孔子特呼曾子

---

[1] 朱熹:《四书章句集注》,第 73 页。

之名而告之，这无疑显示出在众人之中，夫子对曾子确有很高而独有的寄望。故孔子离开之后，众人又转问曾子。[1] 可见，曾子为夫子所钟爱，亦由此在门人弟子之中拥有了特殊的地位。

曾子的思想材料较多，除了《大学》、《孝经》、《大戴礼记·曾子十篇》等专篇之外，还见于《论语》、《孟子》、《礼记》、《孔子家语》等先秦儒家文献。《大学》的问题，将在下一章专门讨论。此处，我们依据《大学》以外的材料，简单勾勒曾子思想的品格。

① 曾子之"守约"

孔子与曾子的亲密关系，或许也是曾子无法接受有若为孔子继承人的原因之一。但归根结底，还是要看思想上的根据。相对于前所述三人来说，曾子对孔子之学作为为己之学、成德之学的理解和把握确有独到之处。

在仁道的方面，曾子有强烈的担当意识。曾子曰："士不可以不弘毅，任重而道远。仁以为己任，不亦重乎？死而后已，不亦远乎？"（《泰伯》）曾子性格坚毅，以阐扬仁道为己任，终身不渝。这一点，继承了孔子"君子去仁，恶乎成名？君子无终食之间违仁，造次必于是，颠沛必于是"（《里仁》）的气魄与精神。与之相比，子夏曰："博学而笃志，切问而近思，仁在其中矣。"（《子张》）博学、笃志、切问、近思，虽然也是学者的要紧工夫，但两相比较，

---

[1] 在《论语》中，孔子弟子转问于同门的情况很少见。另如，樊迟问仁。子曰："爱人。"问知。子曰："知人。"樊迟未达。子曰："举直错诸枉，能使枉者直。"樊迟退，见子夏，曰："乡也吾见于夫子而问知，子曰：'举直错诸枉，能使枉者直。'何谓也？"子夏曰："富哉言乎！舜有天下，选于众，举皋陶，不仁者远矣。汤有天下，选于众，举伊尹，不仁者远矣。"（《颜渊》）按，此可佐证曾子与子夏确为后进弟子所推重。

规模与气魄自有差别。要之,曾子虽然天资鲁钝,却有一种极为充沛的内在生命力。

曾子的为学,据《论语》所见,以自省为主。最为人称道的,曾子曰:"吾日三省吾身:为人谋而不忠乎?与朋友交而不信乎?传不习乎?"(《学而》)此章与孔子晚年自道的风格相近。钱穆说:"此章当属曾子晚年之言。"[1]是也。所谓"三省",是说时时自省,且不必限于此下三事。[2]曾子自言,他日日警醒,为人谋事是否尽忠,与人交往是否尽信,夫子之所授而再传于人者是否能温习而践行?[3]所谓"忠",所谓"信",皆是指内在的德行;而所传习者,固然包括夫子文章之学,更包括夫子成德之学的根本宗旨。曾子曰:"君子以文会友,以友辅仁。"(《颜渊》)在曾子看来,无论是文章之学,还是朋友之交,最终都是为了辅助各自仁德的成就。曾子时时自省、时时反思、时时照顾己身,这是发自内在的深层的工夫意识。子曰:"德之不修,学之不讲,闻义不能徙,不善不能改,是吾忧也。"(《述而》)孔子之深忧,曾子已然近之。

对比于子夏,子夏曰:"日知其所亡,月无忘其所能,可谓好学也已矣。"(《子张》)此中"所亡"、"所能",固不能完全视为知识层面的内容。但从子夏的话中,我们却无法感受到曾子话中那般扑面而来的深层的工夫意识或修身成德的忧心。子夏有一种不断铺展的趋势,这可以造就一个博学的子夏,但缺少了向内收守的味

---

[1] 钱穆:《论语新解》,第8页。
[2] "三"不必坐实为三次,与下文三事也只是巧合(参见杨伯峻:《论语译注》,第3页)。
[3] "传"字两说,一是师传之己,一是己传之人。然曾子谨守师说,夫子之所传于己者,即其之所传人者。所受于夫子、转而传于门人者,皆夫子之教与夫子之道。

道。关于曾子与子夏各自的特征，孟子有一个说法。

> 曰："不动心有道乎？"
> 曰："有。北宫黝之养勇也，不肤挠，不目逃，思以一豪挫于人，若挞之于市朝。不受于褐宽博，亦不受于万乘之君。视刺万乘之君，若刺褐夫。无严诸侯。恶声至，必反之。孟施舍之所养勇也，曰：'视不胜犹胜也。量敌而后进，虑胜而后会，是畏三军者也。舍岂能为必胜哉？能无惧而已矣。'孟施舍似曾子，北宫黝似子夏。夫二子之勇，未知其孰贤，然而孟施舍守约也。昔者曾子谓子襄曰：'子好勇乎？吾尝闻大勇于夫子矣：自反而不缩，虽褐宽博，吾不惴焉；自反而缩，虽千万人，吾往矣。'孟施舍之守气，又不如曾子之守约也。"（《孟子·公孙丑上》）

公孙丑问孟子有关"不动心"的问题。孟子举了北宫黝与孟施舍两种养勇方式。北宫黝的方法，是对每一个人、每一件事都做到无所畏惧；孟施舍的方法，是在内心提起一个无惧之心，以应对不同的对象和处境。孟子指出，孟施舍似曾子，北宫黝似子夏。当然，这不是说曾子、子夏也有这两种养勇的方法；而是说，这两人的养勇方式，与曾子、子夏的为学方式有相通之处。子夏在为学上，是一件一件往外扩张；曾子的为学，凡事都要反求诸己，归宗于己身的成德而后已。为此，孟子再引曾子转述夫子之言，"自反而不缩，虽褐宽博，吾不惴焉；自反而缩，虽千万人，吾往矣。"意思是说，自反而于己身之德无所失，自然会有"虽千万人，吾往矣"之勇。这样一来，儒者之勇便与孟施舍特意养勇的方法判若云泥了。故孟子将曾子之学概括为"守约"。[1] "约"相对于"博"来讲,更确切地说,曾子之学是"守德"。[2]

② 孝本与仁任

曾子对德行修为的执著,立定了夫子之教的宗旨。谈到曾子之守德,便会牵涉到主仁还是主孝的问题。曾子一方面以仁道自任,一方面尤为得力于孝道,且不遗余力加以阐扬。按照传统的说法,《孝经》传自曾子。开篇云:"仲尼居,曾子侍。子曰:'先王有至德要道,以顺天下,民用和睦,上下无怨。汝知之乎?'曾子避席曰:'参不敏,何足以知之?'子曰:'夫孝,德之本也,教之所由生也。复坐,吾语汝。'"这一段记述点明了《孝经》与曾子的关联。汉唐学者多以为,《孝经》是夫子所作而传于曾子。[3] 如《汉书·艺文志》:"《孝经》者,孔子为曾子陈孝道也。"《孝经·钩命决》载:"孔子曰:'吾志在《春秋》,行在《孝经》。'"又载:"孔子曰:《春秋》属商,《孝经》属参。'"所谓夫子之作与曾子之传,当在什么意义上理解,还是一个问题。但《孝经》源于孔子与曾子之间的授受,则无疑义。

孔子之所以以《孝经》授曾子,与曾子为人至孝有关。曾子之孝,早年已有传闻。据《孔子家语》记载:

---

[1] 牟宗三说:"孟子言曾子'守约'。大抵'守约'二字可以代表曾子之精神。"(牟宗山:《心体与性体》(上),第221页)

[2] 或问:"曾子能守约,故孔子以一贯语之。"曰:"非也。曾子又何曾守约来!且莫看他别事,只如《礼记·曾子问》一篇,他甚底事不曾理会来!却道他守约,则不可。只缘孟子论二子养勇,将曾子比北宫黝与孟施舍,则曾子为守约者尔。后世不悟,却道曾子之学专一守约,别不理会他事。"(朱熹:《朱子语类》,《朱子全书》第十五册,第972-973页)按,朱子区分了消极自闭的"守约",与曾子开放实践的"守约"。

[3] 参见陈壁生:《孝经学史》,第16-18页。

曾子耘瓜，误斩其根。曾晳怒，建大杖以击其背。曾子仆地而不知人久之。有顷，乃苏，欣然而起，进于曾晳曰："向也参得罪于大人，大人用力教参，得无疾乎？"退而就房，援琴而歌，欲令曾晳而闻之，知其体康也。

孔子闻之而怒，告门弟子曰："参来勿内。"曾参自以为无罪，使人请于孔子。子曰："汝不闻乎？昔瞽瞍有子曰舜，舜之事瞽瞍，欲使之，未尝不在于侧；索而杀之，未尝可得。小棰则待过，大杖则逃走。故瞽瞍不犯不父之罪，而舜不失烝烝之孝。今参事父，委身以待暴怒，殪而不避，既身死而陷父于不义，其不孝孰大焉！汝非天子之民也，杀天子之民，其罪奚若？"曾参闻之，曰："参罪大矣！"遂造孔子而谢过。（《孔子家语·六本》）

曾晳因一件小事暴怒，痛打了曾子。曾子不但欣然受之，以致扑倒在地，回去之后，还要抚琴而歌，表明自己身体没有大碍。这种做法，虽然为孔子所批评，但却体现了曾子至孝的天性。据《孟子》记载："曾子养曾晳，必有酒肉。将彻，必请所与。问有余，必曰'有'。曾晳死，曾元养曾子，必有酒肉。将彻，不请所与。问有余，曰'亡矣'。将以复进也。此所谓养口体者也。若曾子，则可谓养志也。事亲若曾子者，可也。"（《孟子·离娄上》）孟子将曾子之养亲称为"养志"，作为事亲的楷模。

按照因材施教的原则，对天性纯孝的曾子，孔子专门以孝道相嘱，这是一件很自然的事情。当然，传授之时，是否已经亲著于竹帛，或已由弟子形诸文字，我们认为可能性不大。更可想象的情形是，孔子就此议题，向曾子作了系统的阐发；后来曾子回忆了此次谈话,将之授于门人,而由曾子门人记录为文。[1]故一个较为稳妥的说法是,《孝经》的思想,源于夫子的传授;其整饬的论述,则参入了曾子的理解和整合。另外,《大戴礼记》保留了《曾子》十篇,尤其《曾子本孝》《曾子立孝》《曾子大孝》《曾子事父母》四篇,与《孝经》相互发明,[2]也很可能是曾子与门弟子讲论而由门弟子所记录。[3]

曾子一方面以仁道自任,一方面大力阐扬孝道。于是,曾子到底是以孝为主,还是以仁为主,成了一个思想史上的问题。若以《曾子》十篇来说,《曾子立事》《曾子制言》(上中下)、《曾子疾病》五篇,大致以仁义为核心;《曾子本孝》《曾子立孝》《曾子大孝》《曾子事父母》四篇,旨在发明孝道。刘光胜分前者为甲组,后者为乙组,《曾子天圆》为丙组,并对前两组文献的核心概念的转变给出了解释。他说:"学者已经指出,孔子由青年到中年再到晚年,存在礼-仁-易三种学术转向。《曾子》甲组早于《曾子》乙组,甲组彰显仁,乙组突出孝,笔者以此怀疑曾子中年之前

---

[1] 宋以后学者多认为,《孝经》成书于曾子弟子之手。如晁公武曰:"今其首章云'仲尼居,曾子侍',则非孔子所著明矣。详其文义,当是曾子弟子所为书也。"(《郡斋读书志》卷一)胡寅曰:"《孝经》非曾子所自为也。曾子问孝于仲尼,退而与门弟子言之,门弟子类而成书。"(王应麟《困学纪闻》卷七引)但魏文侯师事子夏,有《孝经传》,故其著录之时或在曾子生时,或在曾子殁后不久,与《论语》之编定相先后。
[2] 陈壁生认为,可视为"《孝经》在战国时期之传记"(陈壁生:《孝经学史》,第30页)。
[3] 罗新慧认为,《曾子》的文体与《论语》相似,"可以推测,《曾子》一书撰写时极可能参考了《论语》撰写体例,两者的成书时间应当是接近的"(罗新慧:《曾子研究》,第117页)。《论语》的最后编定,成于曾子弟子之手。以常理言,有了编纂《论语》的经验,曾子弟子在曾子死后不久编定《曾子》,应是极为自然且顺手之事。故《曾子》的成书,距曾子之殁不会太久。王博也说:"在有《论语》作典范的情形之下,这种编辑工作从理论和实践上来说都是非常可能的。"(王博:《中国儒学史·先秦卷》,第143页)

重仁，晚年重孝，曾子一生，亦存在由仁向孝过渡的学术转型。造成《曾子》十篇不同篇章之间矛盾的原因，不仅与曾子弟子摘编不同有关，还可能与曾子本人有关。"[1] 约略是说，曾子早年受教于夫子，故专力于仁；晚年逐渐偏离夫子仁教，又回到了与其资性更为相契的孝道。但学术转向之说，也不能解决思想矛盾的问题。正如孔子在不同阶段所论述的核心或有差异，但差异并非对立与矛盾的关系；作为思想结构的次第展开，背后具有内在的连贯性与一致性。故孔子两次提及"一以贯之"，这一点不可不察。同样，曾子既然受了夫子一以贯之之教，也不可能提出两个相互对立甚至矛盾的主张。

这一想法，有一个不言自明的前提，即主仁与主孝的必然矛盾。对今人来说，孝是私人性的，仁是公共性的，两者之间存在着难以逾越的鸿沟。然而，这是一种抽象的认定，既没有考虑各自内在的规范性，也不能了解两者之间的一致性与连续性。在孔子及其弟子的时代，两者在实践中的关系是真实而立体的。

孔门德行科四人：颜渊，闵子骞，冉伯牛，仲弓。闵子骞以孝著称。子曰："孝哉闵子骞！人不间于其父母昆弟之言。"(《先进》) 其孝子事迹见于《说苑》。[2] 仲弓"生于不肖之父"(《孔子家语·七十二弟子解》)，子曰："犁牛之子骍且角，虽欲勿用，山川其舍诸？"(《雍也》) 又曰："雍也可使南面。"(《雍也》) 生于不肖

---

[1] 刘光胜：《出土文献与〈曾子〉十篇比较研究》，第116页。
[2] 闵子骞兄弟二人，母死，其父更娶，复有二子。子骞为其父御车，失辔，父持其手，衣甚单。父则归，呼其后母儿，持其手，衣甚厚温，即谓其妇曰："吾所以娶汝，乃为吾子，今汝欺我，去，无留！"子骞前曰："母在一子单，母去四子寒。"其父默然。故曰："孝哉闵子骞，一言其母还，再言三子温。"(《说苑》佚文，《艺文类聚》卷二十引)

之父，尽孝尤难。仲弓能以德行著称，必是诚孝之人。至于颜子与冉伯牛，须知，孝子的异闻，往往是出自不肖的父母。闵子骞、仲弓是如此，大舜更是如此（父顽、母嚚、象傲）。颜子、伯牛或生于平常之家，没有异闻也不足怪。但子畏于匡，"子在，回何敢死"（《先进》），颜子俨然是以事父之道事师。笔者不是说，"德行"科只有孝德而已；而是说，四贤在仁道上的造诣，与他们的孝德具有一种和谐甚至内生的关系。有子曰："其为人也孝弟，而好犯上者，鲜矣；不好犯上，而好作乱者，未之有也。君子务本，本立而道生。孝弟也者，其为仁之本与！"（《学而》）作为《论语》的第二章，分量可想而知。有子指出，孝悌是仁德的根本，有了孝悌的德行，便可以自然地生长出仁道。这是对两者关系的明确论定。当然，所谓"孝弟也者，其为仁之本与"的说法，是完全站在成德实践的先后次序来说的，强调人的实践活动，从最为切近的家庭伦理实践开始。[1] 人的社会存在从家庭开始，人的家庭关系是人的存在的先行决定的绝对处境。这一点，在古代尤其如此。故人的伦理或成德的实践，也必从家庭开始，这是极为自然的事情。

正如一粒种子，必先立定于最初接触的土壤上生根发芽，才能进一步往远处、深处扩张根系、伸展枝叶，终成参天大树。这个

---

[1] 宋儒有不同的理解。或问："孝弟为仁之本，此是由孝弟可以至仁否？"曰："非也。谓行仁自孝弟始，孝弟是仁之一事。谓之行仁之本则可，谓是仁之本则不可。盖仁是性也，孝弟是用也。性中只有个仁、义、礼、智四者而已，曷尝有孝弟来？然仁主于爱，爱莫大于爱亲，故曰：'孝弟也者，其为仁之本与！'"（朱熹：《四书章句集注》，第48页）按，上引程子以"性"与"用"区分了仁与孝，否定以孝悌为仁之本的说法。但有子此话，未尝有这种对举。他只是从德行养成的角度，指出孝悌之德为仁道的生发处。其所谓"本末"，实是一种实践上的"先后"关系，而不是逻辑上的"体用"关系。

过程中，它最初接触的土壤，一直是它的立根之处；但它庞大的根系，已然扩展到更远、更深的地方，因其扎根于更大的范围而更为稳固。如果说，家庭是那个最初的、最切近的土壤；那么，随着人的实践领域的扩展和成德实践的展开，学者必将超出家庭的范围，而将自己的实践扎根于更为广泛的人伦关系以及更为深厚的社会文化之中。所谓"本立而道生"，就是这样一个过程。这个本，也许是弱小而有限的，但对于树木的生长或人的实践来说，无论如何都是必经的一步。没有最初的发芽，便没有后来的参天大树。没有最初的孝悌，也不会有后来的仁道的展开。无论一棵大树如何高大，其立根之处仍然是最初的方寸。无论一个人的实践领域如何拓展，其立身之处亦可在某种意义上归摄于最初的家庭角色的存在。

相比于孝，仁是一个更具公共性的德行；相比于仁，孝是一个更具差异性的德行。因其公共性，仁可以作为士人以上所自觉追求的道德境界；因其差异性，孝可以成为人人当下所应践行的德行。仁往广阔处走，孝往立身处收。仁道的实践可以从作为家庭伦理的孝悌一直往前，故孝悌为仁之本；无论仁道的实践到了什么地步，都可以收摄到人道最初的立身之处，在此意义上孝又是实践过程的终点。前者从个人的实践成德来说，后者从宗族责任的履行来说。或许，这就是孔子晚年特为曾子传孝道，而曾子亦不遗余力阐扬的原因。

于是，我们看到，《孝经》区分了天子、诸侯、卿大夫、士、庶人之孝，不同的身份有不同的职责和伦理规范。庶人之孝，只是"谨身节用，以养父母"。至于天子，"德教加于百姓，刑于四海"，亦为"孝"字所涵摄。"德教加于百姓，刑于四海"，可谓圣王在世，[1]而在《孝经》看来，也无过乎"孝"。此时的"孝"，已经不再是生活上对父母的服养，而是扩展为对宗族的伦理责任（基于地位）。这种责任，甚至可以统摄或重整一切伦理实践所需的具体德行，包括仁与圣。故曾子曰："敢问圣人之德，无以加于孝乎？"子曰："天地之性，人为贵。人之行，莫大于孝。孝莫大于严父。严父莫大于配天，则周公其人也。昔者，周公郊祀后稷以配天，宗祀文王于明堂以配上帝。是以四海之内，各以其职来祭。夫圣人之德，又何以加于孝乎？"(《孝经》) 在《论语》中，孔子以仁、圣为德行之极；而《孝经》又说，圣人之德，无以加于孝。其实，"无以加于孝"，不是说孝比仁、圣还要高。孝是针对宗族责任来讲的，仁与圣是从个人修为以及功业上说的。若是从圣人的实践来说，其仁与圣的实现，恰恰是其尽孝的途径，两者是二而一的关系。故《孝经》认为，周公的仁与圣，说到底也只是孝而已。这一思想，对后世有极大的影响。《中庸》载，子曰："舜其大孝也与！德为圣人，尊为天子，富有四海之内。宗庙飨之，子孙保之。"又载，子曰："武王、周公，其达孝矣乎！夫孝者，善继人之志，善述人之事者也。"大舜、武王、周公，也只是以"大孝"称之。其实，也唯有大舜、武王、周公这样的人，才可以称得上"大孝"。这样讲的时候，圣人的孝已经由一家一姓的责任，推扩到对天下百姓的责任，圣人以其仁、其圣完成天下的责任；反过来以天下责任的完成，为尽一家一姓之责任之道。由此，孝构成了圣人一切具体实践

---

1 子贡曰："如有博施于民而能济众，何如？可谓仁乎？"子曰："何事于仁，必也圣乎！尧舜其犹病诸！"(《雍也》)

的终始。正是在这一意义上,孟子说:"尧舜之道,孝弟而已矣。"(《告子下》)孟子这句话,并不只是说,孝弟是尧舜之道的开始;而是说,尧舜之道,说到底也只是孝弟之德而已。这才是儒家所谓的大孝。至于诸侯、卿大夫、士人,也有相同的情况。孟子曰:"天子不仁,不保四海;诸侯不仁,不保社稷;卿大夫不仁,不保宗庙;士庶人不仁,不保四体。"(《离娄上》)此说与《孝经》五等之孝有着内在的关联。[1] 保四海、保社稷、保宗庙、保四体,正是《孝经》对天子之孝、诸侯之孝、卿大夫之孝、士人之孝的核心要求。孟子却指出,唯有仁才能具体实现这些伦理要求。这便是仁与五等之孝的内在统一。

了解了这一点,我们就可以明白,所谓曾子之后儒家孝观念的泛化,及由此而来的与孔子仁道主张的对立或矛盾,都是表面的现象。在终极的意义上,儒家的孝与仁之间是一种"二维同体"的结构。在这种结构中,孝与仁与其说是对立的关系,毋宁说是相辅相成的关系。故儒者对孝的提倡,并不会减损对仁的追求。当然,这不意味着两者在具体生活实践中的完全一致。在遇到具体的伦理困境的时候,如何在其间做出正确的判断,如何理解和体现孝本身的内在规定性,这是一个实践智慧的问题,但不能化约为抽象原则之间的对立与取舍。

总之,我们可以说,孔子孝的思想经《孝经》、《曾子十篇》而得以阐扬。但不能说,主孝完全是曾子的思想。更不能说,这一思

---

[1] 陈澧《东塾读书记》:"《孟子》七篇中,多与《孝经》相发明者。"(《陈澧集》第二册,第14页)

想意味着孔子与曾子之间的思想转变。对于曾子来说，以孝为本和以仁为任，大约是一回事情。

③ 身心关系的凸显

曾子从孝的观念出发，对身尤为重视；其向内自省的方法，又凸显了心的重要性。在曾子思想中，身与心的二维关系，成了修身成德的关键。

在《论语》中，身与心、内与外的问题，大多以"己"、"身"等作笼统的指涉。如"己所不欲，勿施于人"（《卫灵公》、《颜渊》），"己欲立而立人，己欲达而达人"（《雍也》），"为仁由己，而由人乎哉"（《子罕》），这里的"己"，指人的内在主动性（心之欲）。面对宰我三年之丧的提问，孔子反问："食夫稻，衣夫锦，于女安乎？"后又感叹："予之不仁也！"（《阳货》）安不安在心，而孔子只是说"女（汝）"。至于成德的问题，子曰"君子求诸己，小人求诸人"（《卫灵公》），"古之学者为己，今之学者为人"（《宪问》），又说"修己"、"恭己"、"行己"等，也是直接强调向"己"的用功与"己"的完成。孔子这种笼统的指涉，源于结构层次的未分，却也表达了个人成德实践的原初的一体性。

《论语》提及"身"字，大体有三种含义：[1] 一者，同"己"，指己身、亲身。如子曰"恶不仁者，其为仁矣，不使不仁者加乎其身"（《里仁》），"一朝之忿，忘其身，以及其亲，非惑与"（《颜

---

[1] 王中江说："从春秋战国子学文献特别是儒家文献中所看到的'身'字的大量例子来看，'身'主要是在这两种意义上被使用的：一是指与心灵相对的形体、躯体和身体；一是指把身心统一起来的'自身'、'自己'和'自我'。"此外，"身还可以是'生'的意思"。（王中江：《简帛文明与古代思想世界》，第213页）

渊》),"其身正,不令而行;其身不正,虽令不从"(《子路》),"苟正其身矣,于从政乎何有?不能正其身,如正人何"(《子路》),"不降其志,不辱其身"、"身中清,废中权"(《微子》),及曾子曰"吾日三省吾身"(《学而》),子夏曰"事君能致其身",子路曰"亲于其身为不善者,君子不入也"(《阳货》),"欲洁其身,而乱大伦"(《微子》)等。二者,同"生"。如"子路终身诵之"(《子罕》),"志士仁人,无求生以害仁,有杀身以成仁"(《卫灵公》)等。三者,指身体、身躯。如"必有寝衣,长一身有半"(《乡党》)。其中,第一种含义是主要用法。《论语》在使用"己身"一义的时候,固然可以说包含了身心二者在内,但这是身心未作区分之前的同一,而非身心区分之后的重新统一;换句话说,"己身"背后的概念结构,尚未达到清晰的自我意识。

同时,《论语》已经明确使用"心"的概念,指人的内在情感、欲望、心理活动及内心状态。如,有荷蒉而过孔氏之门者,曰:"有心哉!击磬乎!"(《宪问》)指心事和情感。子曰:"回也,其心三月不违仁。"(《雍也》)指颜回的内心状态。子曰:"七十而从心所欲,不逾矩。"(《为政》)指心的意向指向。此外,在特定的意义语脉中,我们也可以间接看到相关的观念。如"察其所安"(《为政》),"于女安乎"(《阳货》),也表达了对心的关注。

《论语》有"身"的概念、有"心"的概念,却还没有出现"身-心"概念的直接对举。这倒不是说,没有"身-心"的对举,就不能涉及身心关系的问题。从成德实践的角度说,孔子不但要求弟子做到言行一致,也要求弟子做到内外一致。言行内外的一致,实质即是身心的一致。只是这一实践的要求,尚未明确地体现为以

"身心二维结构"为基础的运思方式。

曾子继承了孔子身心一致的内在要求，通过"身-心"概念的对举，将这一要求显明化，作为成德实践的中枢。首先，曾子从孝的观念出发，明确区分了"身体"一义。《孝经》开宗明义章，子曰："身体发肤，受之父母，不敢毁伤，孝之始也。"身体发肤，是纯粹躯体意义上的身。据《大戴礼记·曾子大孝》，曾子曰："身者，亲之遗体也。行亲之遗体，敢不敬乎？故居处不庄，非孝也；事君不忠，非孝也；莅官不敬，非孝也；朋友不信，非孝也；战陈无勇，非孝也。"将自己的躯体视为父母身体的一部分，从敬亲的要求出发，推出了敬己之身的主张。可见，曾子出于对身体的关注，从"己身"中区分出了"身体"一义。职是之故，"己身"所包含的"内心"一义，同时得以彰显。故在曾子处，出现了"身-心"的对举。

> 君子之于不善也，身勿为，能也；色勿为，不可能也。色也勿为，可能也；心思勿为，不可能也。(《曾子立事》)

前面两句，王聘珍曰："勿者，禁止之辞。为，作也。能之为言耐也。言人于不善，虽强制于外，而不可强制于中也。故为学必克己复礼，而观人必察其所安。"[1]句中的四个"勿为"，让人想到孔子的"四勿"。颜渊问仁。子曰："克己复礼为仁。……"颜渊曰："请问其目。"子曰："非礼勿视，非礼勿听，非礼勿言，非礼勿动。"颜

---

[1] 王聘珍：《大戴礼记解诂》，第77页。

渊曰："回虽不敏，请事斯语矣。"（《颜渊》）朱子曰："此章问答，乃传授心法切要之言。"[1] 其中，"非礼勿视，非礼勿听，非礼勿言，非礼勿动"，是针对非礼的言行而说的。曾子的话，似是接着"四勿"来说的。孔子给出了"四勿"的要求，曾子结合自己的修学体会，区分出了"勿"字所包含的三个层面：身、色、心。这三者，随即构成了"四勿"实践中的三重标准。其中，外在的颜色，又可以说是内心状况的表征。在此意义上，"身-色-心"的三重标准，又可表达为"身-心的两重结构"。同时确立下来的，是"内-外"的区分。

> 故目者，心之浮也；言者，行之指也；作于中，则播于外也。故曰：以其见者占其隐者。（《曾子立事》）

王聘珍曰："浮，孚也。指，示也。《论语》曰：'听其言而信其行。'作，动也。播，扬也。"[2] 眼睛可以表现内心的状态，[3] 言语可以指示行动的方向。这两个例子足以说明：内在的东西，必表现于外。故可以通过外在的表现，包括言语以及临事的状态，占见其内在的隐秘（德）。在此，就形成了"中-外"的对举。值得注意的是，"作于中，则播于外"，作为一个必然的事实，既可以作为一种

---

1 朱熹：《四书章句集注》，第 132 页。
2 王聘珍：《大戴礼记解诂》，第 76 页。
3 孟子曰："存乎人者，莫良于眸子。眸子不能掩其恶。胸中正，则眸子瞭焉；胸中不正，则眸子眊焉。听其言也，观其眸子，人焉廋哉？"（《孟子·离娄上》）

观人之法,[1] 也为道德修学指示了方向。《大学》云:"此谓诚于中,形于外,故君子必慎其独也。"由于诚于中必形于外,故须在内心下诚实的工夫,以内在的成德滋润己身。

曾子"身-心"概念的对举,"内-外"关系的确立,最终体现在了《大学》所展示的工夫道路和为学格局上。《大学》八条目,"格物"、"致知"、"诚意"、"正心",属于广义的"心"的范围,是"心"上的工夫;而"修身"、"齐家"、"治国"、"平天下",属于广义的"身"的范围,是外在的身体实践。《大学》所指示的为学道路,是要从"心"开始下工夫,以"修身"为中介乃至中枢,展开具体的人伦、政治的实践。

《大学》云:"自天子以至于庶人,壹是皆以修身为本。""修身"的提法,不见于《论语》,[2] 应是曾子或七十子的发明。从源头上,曾子的"修身",可以追溯到孔子的"为己"。如果说孔子之学是"为己之学",以"为己"统摄"为人";那么,曾子之学便是"修身之学",以"修身"为实践之本。当然,此"身"不是身心对举的身,而是包含所有身心工夫在内的"己身"的身。曾子的"修身"概念,由于有了《大学》八条目的次第展开,呈现为一个清晰的立体结构。自此以后,"修身"便成了儒家成德之学的一个重要概念,为后来的儒者所继承。

---

[1] 如上引《曾子立事》所言。又如《大戴礼记·文王官人》有"视中"说:"听其声,处其气,考其所为,观其所由,察其所安。以其前占其后,以其见占其隐,以其小占其大。此之谓'视中'也。"
[2]《论语·子路》有"正其身"说。

随着"身-心"概念的对举、"身-心"二维的区分,身心的一致与和谐,或者说一个人由内而外的德行成就,成了道德修学的核心关切。于是,在七十子后学的时代,"仁"字出现了"忎"的写法。战国玺印文屡见"忠忎"二字,郭沫若认为:"古称忎字乃仁字之异。仁古或作忎,从心千声。忎则从心身声,字例相同,可以互证。"[1]刘翔也持这一观点:"分析仁字异构的产生,从心从千的构形,当是从心从身之构形的讹变。致讹原因,乃因身、千形近,且古音同在真部。至于仁之构形,则当由忎字省变而来。"[2]在郭店竹简中,仁字皆作"忎",引起了学界的广泛讨论。许多学者认同,《说文》所记载的"从千从心"的"忎"字,是"从身从心"的"忎"字的讹变。但对于"从人从二"的仁与这二者之间是否是刘翔所说的省变关系,却有着不同的意见。

关于"忎"的构形,刘翔说:"此构形之语义,当是心中想着人之身体(身、人义类相属,古音同在真部)。""仁字初义是心思爱惜人的身体,换句话说,就是要时刻想着爱惜人的生命。"[3]白奚说:"从'心'表明该字与思考或情感有关,从'身'表明此种思考活动的对象是人的身体,也就是以人本身为思考对象。……心中思人(广义的、抽象的人),将他人放在心上,应该就是'爱人'和'同类意识'这一仁字的本义。"[4]以上说法,试图从"忎"的构形中,引出或解读出儒家仁爱的思想。但在这个过程中,却不免

---

[1] 郭沫若:《金文丛考》第二册,第216页。
[2] 刘翔:《中国传统价值观诠释学》,第167页。
[3] 同上书,第167、168页。
[4] 白奚:《"仁"字古文考辨》,《中国哲学史》2000年第3期,第98页。

忽视了"身"字与"广义的、抽象的人"之间的意义鸿沟。[1]廖名春注意到了这一点,他指出,在古代,身指己身,人指他人。故从身从心的字形所表达的是对己身的爱,而不是对他人或广义的人的爱。进而推测,"㥁"也不是仁的本字;仁的本字,是从人从心(忈),以符合先秦儒家以爱人解仁的事实。[2]此说对身字的了解,符合先秦的实情;但对仁字初文的推测,却没有充分的证据。梁涛在其基础上指出:"㥁字'从身从心',即表示心中想着自己,思考着自己,用当时的话说,就是'克己'、'修己'、'成己',用今天的话说,就是要成就自己、实现自己、完成自己。"为此,他引了《论语》对"身"与"己"的强调,以及《荀子》所载颜渊"知者自知,仁者自爱"(《荀子·子道》)的说法,指出:"如果说'从人从二'的'仁'字主要反映了人/我、关系的一面,那么,'从身从心'的'㥁'字则更多反映了心/身、内在的一面,它们共同构成了'仁'的完整内涵。"[3]梁涛将"从人从二"与"从身从心"视为"仁"字的双重维度,似乎消解了两种写法孰先孰后的争论。但也意味着承认"仁"字的两种写法,都无法表达"仁"的概念的意义全体。王中江采取了另一思路,直接抓住"㥁"的构形,作出思想的推演。从关心自己身体的痛痒的情感和体验开始,以"同情心"为中介,产生爱人的情感和体验。[4]

无论具体观点为何,希望通过这一字形解读孔子关于"仁"的

---

[1] "意义鸿沟"指纯粹字义上的鸿沟,不是否定实践中身与人的内在关联。
[2] 廖名春:《"仁"字探源》,《中国学术》第8辑,第123-139页。
[3] 梁涛:《郭店竹简与思孟学派》,第66-67页。
[4] 参见王中江《简帛文明与古代思想世界》第八章。

理解，却是学者的共识。但恰恰是这一共识，值得反思。事实上，一个字的构形，不但表达了某种思想，更是某种思想之形成乃至成熟的标志。就"㤚"字来说，这一构形之所以可能，以及时人之所以用此构形表此字义，都是思想发展的结果。从构形之可能性来说，"身-心"的对举应是前提条件；从表义之可能性来说，只有当身心关系成为成德实践的核心关怀，只有当"修身"的概念取代了"为己"，成为成德之学的中枢乃至代名词的时候，"从身从心"的构形，才可能反映那个时代对"仁"的概念的基本理解，从而成为"仁"字的字形。这两个条件的成熟，显然不在以《论语》为代表的孔子时代，而是在曾子或七十子后学那里。因此，我们认为，仁字"㤚"的构形，作为一个思想阶段的特殊标志，对应于曾子及七十子后学的时代，代表了那个时代的（部分）儒者对于孔子仁的概念（其修为核心及成德境界）的了解，却不可以直接从这一构形阐释孔子本人的思想。[1] 至于说，这一构形是否在当时已经取得了独尊的地位，完全取代了仁字更古老的构形；还是说，这种构形流行于特定的思想团体或地域之内，却不好判断。很有可能，仁字"㤚"与"忎"的构形，都是某个时代乃至某些思想门派的特有写法。它们与"𠕎"都是异体字，不一定存在直接的省变或替代的关系。在这个方面，还需要更多文字学的考察。

值得注意的是，有文字学家指出，从文字音韵学的通例来看，

---

[1] 此前，庞朴指出，"㤚"字是为了适应新理论、新术语而出现的新文字："它是当时子思学派将孔子的人道理论建基于人情、人心和人性，从而使儒家学说迈入新阶段的集中表现。"（庞朴：《"仁"字臆断——从出土文献看仁字古文和仁爱思想》，《寻根》2001年第1期）此判断着眼于思想形态而言，可谓卓识。

"拆字"训读的方法不可取,"㠯"字是形声字,"身"作为声符不表示含义。虽然屡次得到类似的忠告,但杜维明还是坚持认为:"郭店的文献把仁写作'㠯',对在义理上强调人的主体性是一大佐证。"[1] 从文字学的角度看,王中江把"㠯"字称为"会意兼形声字",或许是一种可行的解决方案。[2]

④ 曾参小颜回

孔门之内,颜子第一。在一定的意义上,曾子可以称之为"小颜子"。他们的相似性,可以从多个方面来了解。

首先,从外在表现上看,都是大智若愚的类型。子曰:"吾与回言终日,不违如愚。退而省其私,亦足以发。回也不愚。"(《为政》)孔子说,我整日与颜回说话,他只是唯唯诺诺,没有不同意见,好像个笨人。但看他私下的言行,却足以发明所听到的道理,他其实不笨啊。颜回虽是极聪明的人,能够将所闻的义理融释于内,外表看上去却是个唯唯诺诺的人。曾子也有类似的风格。子曰:"参也鲁。"(《先进》)天资鲁钝,这是他给人的基本印象。子曰:"参乎!吾道一以贯之。"曾子曰:"唯。"(《里仁》)孔子特意招呼曾子而告之,曾子的反应只是一"唯",这与颜子在夫子面前"终日不违"相似。面对门人的追问,曾子指出,夫子所说"一以贯之",只是"忠恕"而已。曾子所说,未经夫子之正,不必是夫子本意。但他这一转语,源于他自身的为学实践,不失为"亦足以发"。

---

[1] 杜维明:《仁的反思:面向 2018 年的儒家哲学》,《杜维明思想学术文选》,第 164 页。
[2] 王中江:《简帛文明与古代思想世界》,第 212 页。

其次，从为学方式上看，都重改过、迁善的工夫。颜子最服善。子曰："回之为人也，择乎中庸，得一善，则拳拳服膺而弗失之矣。"(《中庸》)颜子每得一善，皆能奉持而著之心胸之间，令不丧失。朱子称之"能守"。[1] 曾子曰："是故君子思仁义，昼则忘食，夜则忘寐，日旦就业，夕而自省，以殁其身，亦可谓守业矣。"(《曾子制言中》)君子思于仁义之道，以至于废寝忘食，旦夕为学自省，以此守业。曾子的深思，确有几分颜子"拳拳服膺"的意思。子曰："有颜回者好学，不迁怒，不贰过。"(《雍也》)孔子以"不迁怒，不贰过"为颜子好学之证。子贡曰："夙兴夜寐，讽诵崇礼；行不贰过，称言不苟，是颜渊之行也。"(《大戴礼记·卫将军文子》)"行不贰过"，是颜子标志性的德行。与之相通，曾子尤为注重攻己之恶。曾子曰："君子攻其恶，求其过，强其所不能，去私欲，从事于义，可谓学矣。"(《曾子立事》)曾子攻己之恶，求己之过，也是为了改过而不再过。这个方面，颜子之轻捷与曾子之强毅虽有不同，目标则是一致的。

再者，从志趣上看，都一心成德而不求人知。子曰："贤哉回也！一箪食，一瓢饮，在陋巷。人不堪其忧，回也不改其乐。贤哉回也！"(《雍也》)白水淡饭，居于陋巷，换作别人苦不堪言，颜回却能自得其乐。当然，颜子不是喜欢陋巷和贫穷。他一心沉浸于修道成德，在日进不已的生命状态中，在逐步呈露的成德境界中，感受到了无限的充实和自足。一如孔子"发愤忘食，乐以忘忧，不知老之将至"(《述而》)的为学状态，"饭疏食饮水，曲肱而枕之，乐

---

[1] 朱熹：《四书章句集注》，第20页。

亦在其中矣"(《述而》)的精神境界。孔颜之乐，自非他人所及。不过，曾子曰："(君子)布衣不完，疏食不饱，蓬户穴牖，日孜孜上仁。知我，吾无欣欣；不知我，吾无悒悒。"(《曾子制言中》)在布衣不完、疏食不饱、以蓬为户、凿土为窗的处境中，仍能做到孜孜好学、尚仁，不以他人的知或不知为转移。这种安贫乐道的精神状态，也与孔颜相通。

此外，曾子对颜子的法效，可以说是有意为之。曾子疾病，曾元抑首，曾华抱足。曾子曰："微乎！吾无夫颜氏之言，吾何以语汝哉！"(《曾子疾病》)曾子说，没有什么多说的了！我没有颜渊那样的高论，我告诉你们什么呢？阮注："此记曾子将卒之言。"[1] 作为临终教训，曾子以不能发颜子一般的高论为愧。可见，在同门之中，曾子最为服膺、推崇颜子，时以颜子为效法的榜样。阮注："颜子死，弟子必有记言，惜今鲜见。"[2] 其实，颜子以德行为主，大概也属于"夫人不言，言必有中"(《先进》)的类型，平日言语不多，能记下的也不会很多。故同门对颜子的回忆，除了颜子自己的话，还借助于孔子以及同门对他的评价。在《论语》中，曾子就曾表达他对颜子的理解。曾子曰："以能问于不能，以多问于寡，有若无，实若虚，犯而不校。昔者吾友尝从事于斯矣。"(《泰伯》)吾友即颜回。与子贡所谓"夙兴夜寐，讽诵崇礼"不同，曾子这句话不是对颜子日常表现的描绘，而是深入颜子的内心，从存心与用心的角度，给出了深刻的揭示。可见，曾子对颜子人格及境界的用心

---

[1] 罗新慧:《〈大戴礼记〉"曾子"十篇注释》，《曾子研究》，第376页。
[2] 转引自《曾子研究》，第377页。

之深。换个角度说，曾子之所以能有如是的揭示，也是他自己以类似的方式用功为学，从而对颜子的生命状态有切身体会的结果。于是，我们看到，子贡评价曾子时说："满而不满，实如虚，通之如不及，先生难之；不学其貌，竟其德，敦其言；于人也，无所不信，其桥大人也？常以皓皓，是以眉寿，是曾参之行也。"（《大戴礼记·卫将军文子》）从中，我们不难看到颜回的影子。

⑤ 小结

子夏、子游、子张和曾子，四位后进弟子年岁相近，是孔子死后一段时期内最为活跃，相互之间也过从甚密的弟子。故《礼记·檀弓》等文献记载了不少他们之间往来讨论的内容。《孟子》除了推重曾子，还不止一次以"子夏、子游、子张"并举，甚至与德行科弟子中的"冉牛、闵子、颜渊"并提（《公孙丑上》）。足见在相当一段时期内，四人曾是孔门的中坚力量，是七十子后学的代表。在四人之中，曾子与另外三人有所不同。孔子对前期弟子与后期弟子做过一个区分。子曰："先进于礼乐，野人也；后进于礼乐，君子也。如用之，则吾从先进。"（《先进》）所谓"先进"，包括德行、言语、政事三科之人。后进专指"文学"一科。大致而言，先进弟子无论是在德行、外交或政务上，具有更强的实践意愿；后进弟子，则在礼乐文章的传习和继承上更为用功。[1] 若说子夏、子游、子张三人，为人与为学的风格，堪称后进弟子的代表；那么，与三人相比，曾子更像是先进弟子德行科的人物。

---

[1] 钱穆说："孔子五十以前，有用世之志，当时诸弟子相从，所讲多重实用。自周游返鲁，已值晚年，用世之心稍淡，后进弟子于礼乐文章研讨益精，然渐有文胜之风。"（钱穆：《论语新解》，第276页）

公孙丑转述所闻曰："子夏、子游、子张皆有圣人之一体，冉牛、闵子、颜渊则具体而微。"（《公孙丑上》）朱子曰："一体，犹一肢也。具体而微，谓有其全体，但未广大耳。"[1] 子夏、子游、子张各得一肢之用，终究无法成为圣人；冉牛、闵子、颜渊体量虽小，但所得者全，假以时日，便有成为圣人的可能。其中的区别，后者以德行统摄六艺，前者则以游于文艺者居多（虽然也讲究德行，但毕竟与德行科不同）。曾子不及颜、闵，但却主动走了先进弟子德行科的道路，尤其以颜子为自己的楷模。若说颜子是夫子的"具体而微"，那么，曾子又可以说是颜子的"具体而微"。曾子资质略为鲁钝，无法在继承夫子之学的同时，又有甚深的推进与发明。但他性情弘毅，而笃于践行，能坚守孔子成德之学的真精神。曾子之学，时时反求诸己，必以成德为归，用功虽然辛苦，却不失孔门宗旨。此其一。曾子之学，秉持夫子"修己安人"的理念，以德行贯通一切实践领域，乃能在《孝经》、《大学》中确立孔学的规模。此其二。此两点的笃定，曾子便足以自立于后进弟子之间，纠正七十子后学的文胜之风。

曾子于孔门浸润深厚，他深切体贴、诚挚向往的，乃是孔、颜的道德生命，绝不会因言语或外在状貌的相似，推一个人取代孔子在他心中的位置（此则孔子所谓的"知德"）。于是，面对子夏、子游、子张推举有若的提议，曾子明确表示反对。曾子的反对虽然没有奏效，但他与三人的差异，已然呈现了出来。曾子在讲学过程中

---

[1] 朱熹：《四书章句集注》，第234页。

"言必称夫子",[1] 在修身实践中谨守夫子之教。随着时间的推移,逐渐得到了七十子后学的认可,在儒门中获得了正宗的地位,为先秦儒者所共推(如孟荀)。应当说,论个人的修为,曾子不及德行科的颜回;论思想的创造,曾子不及文学科的子游;论传经的贡献,曾子不及文学科的子夏。但曾子的好处,是能够笃守孔子之学的宗旨和规模,能够在践行中体现和弘扬夫子的实践精神。这一点对处于过渡阶段或思想定型阶段的孔门来说,尤为重要。就此而言,曾子被逐步确立为孔门道统的传人,乃是历史的必然。

《论语》称弟子必以字,唯有若、曾参称子。[2] 有子称子,是因为一段时期孔门弟子曾师事之;曾子称子,则是因为他在孔门之中曾获得了相当的地位,而负有主持《论语》之编纂的职责。[3] 我们

---

[1]《礼记·檀弓上》记载:子夏丧其子而丧其明。曾子吊之,曰:"吾闻之也:朋友丧明则哭之。"曾子哭,子夏亦哭,曰:"天乎!予之无罪也。"曾子怒曰:"商!女何无罪也?吾与女事夫子于洙、泗之间,退而老于西河之上,使西河之民疑女于夫子,尔罪一也;丧尔亲,使民未有闻焉,尔罪二也;丧尔子,丧尔明,尔罪三也。而曰女何无罪与?"子夏投其杖而拜曰:"吾过矣!吾过矣!吾离群而索居,亦已久矣。"按,曾子历数子夏三大过失。"使西河之民疑女于夫子"一句,郑玄曰:"言其不称师业。"孔颖达曰:"云'疑女于夫子'者,既不称其师,自为谈说,辩慧聪睿,绝异于人,使西河之民疑女道德与夫子相似。"(郑玄注、孔颖达疏:《礼记正义》,第271—272页)这与《论语》所载叔孙武叔"子贡贤于仲尼"之论相似。从对子夏的批评,亦可见曾子平日对夫子的尊崇。

[2] 柳宗元《论语辨》指出:"吾意曾子弟子为之也。何哉?且是书载弟子必以字,独曾子、有子不然,由是言之,弟子之号也。然则,有子何以称子?曰:孔子之殁也,诸弟子以有子为似夫子,立而师之。其后不能对诸子之问,乃叱避而退,则固尝有师之号矣。今所记独曾子最后死,余是以知之,盖乐正子春、子思之徒,与为之尔。"(《柳河东集》卷四)

[3] 一般认为,曾子称子是因为其弟子完成了《论语》的编订。但《论语》的编纂,乃是孔门的大事,非私家弟子可为。所谓"名正而言顺",只有曾子在孔门具备了相应的地位,才有资格主持这一事宜。

或许可以说,《论语》之所以能够留存夫子其人其学的原貌,而不掺杂七十子后学的思想特征,除了子贡等早期弟子的正名之外,还有赖于曾子作为主持编纂的谨严和笃实。宋代以来,学者普遍以为,曾子继颜子之后独祧孔学正宗,[1]确有卓识。现代学术固然可以根据更多的思想材料,勾勒更为丰富的思想光谱。但曾子在其时代,作为孔门正宗的地位,仍然不可撼动。

---

[1] 朱子曰:"三千之徒,盖莫不闻其说,而曾氏之传独得其宗。"(朱熹:《中庸章句序》,《四书章句集注》,第2页)又曰:"颜子没后,终得圣人之道者,曾子也。"(朱熹:《四书章句集注》,第198页)象山曰:"孔门惟颜、曾传道,他未有闻。盖颜、曾从里面出来,他人外面入去。今所传者,乃子夏、子张之徒,外入之学。"(陆九渊:《陆九渊集》,第443页)但也有反对之声,以为曾子不传孔子之道。如叶适说:"言孔子传曾子,曾子传子思,必有谬误。"(《宋元学案》卷五十四《水心学案》)

第二章　曾子的修身论

　　《大学》原为《礼记》中的一篇。郑玄注："名曰《大学》者，以其记博学可以为政也。此于《别录》属《通论》。"孔颖达疏："此《大学》之篇，论学成之事，能治其国，章明其德于天下，却本明德，所由先从诚意为始。"[1] 郑孔对篇旨作了揭示，却没有提到此篇的作者。

　　到了宋代，出于道统建构的需要，学者才开始关注《大学》的作者。明道云："《大学》乃孔氏遗书，须从此学乃不差。"[2] 伊川云："《大学》，孔子之遗言也。学者由是而学，则不迷于入德之门也。"[3] 朱熹进一步推测："经一章，盖孔子之言，而曾子述之。其传十章，则曾子之意而门人记之也。"[4] 在《大学章句序》中，朱子又明确指出："三千之徒，盖莫不闻其说，而曾氏之传独得其宗，于是作为传义，以发其意。"[5] 在朱子看来，《大学》不但是孔子、曾子所作之

---

[1] 郑玄注、孔颖达疏：《礼记正义》，第2236页。
[2] 程颢、程颐：《二程集》，第18页。
[3] 同上书，第1204页。朱子综合二程之说而言：子程子曰："《大学》，孔氏之遗书，而初学入德之门也。"（朱熹：《四书章句集注》，第3页）
[4] 朱熹：《四书章句集注》，第4页。
[5] 同上书，第2页。

书，而且是孔、曾之间道统相传的证明。二程视《大学》为孔子遗书，却未说明判断的依据。朱子解释了之所以如此判断的原因：

> 曰：子谓正经盖夫子之言，而曾子述之，其传则曾子之意，而门人记之。何以知其然也？曰：正经辞约而理备，言近而指远，非圣人不能及也。然以其无他左验，且意其或出于古昔先民之言也，故疑之而不敢质。至于传文，或引曾子之言，而又多与《中庸》、《孟子》者合，则知其成于曾氏门人之手，而子思以授孟子无疑也。盖《中庸》之所谓明善，即格物致知之功；其曰诚身，即诚意、正心、修身之效也。《孟子》之所谓知性者，物格也；尽心者，知至也；存心、养性、修身者，诚意、正心、修身也。其他如谨独之云，不慊之说，义利之分，常言之序，亦无不吻合焉者。故程子以为孔氏之遗书，学者之先务，而《论》、《孟》犹处其次焉，亦可见矣。[1]

朱子的推测或认定，是出于义理的判断，出于对道统之思想脉络的理解。具体而言，经文之所以推测为孔子之意，是因为其文"辞约而理备，言近而指远，非圣人不能及"；传文之所以推测为出于曾子门人之手，一是因为《大学》"诚意章"引了"曾子曰"，二是因为《大学》思想多与《中庸》、《孟子》相合。除了"引曾子之言"为客观证据外，其余都是出于义理的推断。从古人著述的通例看，

---

[1] 朱熹：《大学或问》，《朱子全书》第六册，第514-515页。

"引曾子之言"的确可以说明《大学》与曾子的亲缘关系。[1] 至于后者，应当说，好的义理判断，并非出于局部的推演，而是基于对思想形态与思想图景的整体理解与把握而来的"言必有中"。但这种判断要求很高，相应地也会带来更大的风险。

朱子"圣经贤传"的认定，后来成了儒家的主流观点。清代以来，许多学者认为，《大学》应是秦汉以后的作品。梁涛从几个方面列出了晚出说的依据，一一驳斥：[2] 其一是说，《大学》反映了"大学制度"，而后者为晚出制度（晚至秦汉），实则大学制度未必晚出，且《大学》未直接涉及制度；其二是说，《大学》"修齐治平"的格局，成熟较晚（晚于《孟子》），实则这种思维方式根植于宗法社会"家国同构"的组织形式，其踪迹见于《老子》、《中庸》、《孟子》等文献；其三是说，《大学》的"止"、"静"等观念，源于《荀子》，[3] 实则郭店竹简即有"止"的观念，竹简《老子》即有"静"的观念。梁涛的辨明，反映了当前学界的一般倾向。其实，战国竹简出土之后，学界已经意识到，《礼记》的很多文献确实是先秦的遗存。具体到《大学》的问题，学者一般都会从《大学》与曾子思想（《论语》所见，或《曾子》十篇所见）的比较出发，肯

---

[1] 李学勤指出，《孟子》一书有孟子自著者，也有门人记之者，"书中通呼'孟子'，乃是当时著书通例，和《墨子》书中的'子墨子'、《史记》篇末的'太史公'是一样的。因此，朱子说《大学》系曾子所作，绝非无因。"（李学勤：《从简帛佚籍〈五行〉谈到〈大学〉》，《孔子研究》1998 年第 3 期，第 50 页）

[2] 梁涛：《郭店竹简与思孟学派》，第 103-109 页。

[3] 钱穆梳理了先秦"推-止"的发展线索，断定："即就本篇所讨论之线索言，《大学》重言止，显承《荀子》来。就思想历程言，不能先有曾子门人作为《大学》重言止，而孟子继之始言推，此就本文上所论列之线索而可见其不然矣。"（钱穆：《推止篇》，《中国学术思想史论丛》（二），第 233 页）

定《大学》与曾子之间的密切关系乃至继承关系；[1] 也有学者，认定《大学》出于曾子弟子之手。[2]

我们认为，《大学》很可能完成于曾子门人之手，但它代表了曾子的为学规模和思想形态，乃是孔子与子思之间思想发展的一座桥梁。或许，在确切作者无法征考的时候，思想的真实比历史的真实更为重要。《大学》文本在思想史中的定位，既是思想史研究的结果，也是思想史澄清的前提。因此，最重要、也是最根本的，是以思想发展的内在线索为依托，重新建立对《大学》古义的理解。

2.1 "三纲八目"与宋明的《大学》诠释

① 程朱与"三纲领、八条目"之确立

宋之前，《大学》是《礼记》中的一篇。自司马光撰写《大学广义》，开始单行。[3] 二程对《大学》极为重视，不但以之为孔氏遗书，而且认定它是"初学入德之门"，作为学者之先务。[4]

---

[1] 参见罗新慧：《曾子研究》，第140页；刘光胜：《出土文献与〈曾子〉十篇比较研究》，第194-195页。

[2] 参见梁涛：《郭店竹简与思孟学派》，第113-115页。

[3] 朱彝尊曰："取《大学》于《戴记》，讲说而专行之，实自温公始。"（朱彝尊：《经义考新校》，第2854页）

[4] 二程向来推重《论语》、《孟子》，说此二书"工夫少，得效多"，"穷得《论》、《孟》，自有个要约处，以此观他经，甚省力"，又说，"学者当以《论语》、《孟子》为本，《论语》、《孟子》既治，则《六经》可不治而明矣"（程颢、程颐：《二程集》，第322页）。可见，至少从成德工夫上，二程已将《论》、《孟》置于《五经》之前。同时，伊川又曰："入德之门，无如《大学》。今之学者，赖有此一篇书存，其它莫如《论》、《孟》。"（程颢、程颐：《二程集》，第277页）又将《大学》作为初学之要，置于《论》《孟》之前。这为朱子确定四书之序（《大学》、《论语》、《孟子》、《中庸》）奠定了基础。

程子如此重视《大学》，首先是因为它的格局与旨趣。《大学》一篇，以修身为本，用修身成德的工夫，统摄齐家、治国、平天下的实践功业，完美体现了儒家内圣外王或修己安人的实践规模。从理学的内部逻辑说，更为根本的是，伊川通过《大学》的诠释，在经典中确立了理学的工夫路径。他在《大学》的诠释中，成功嵌入了"穷理"二字，以"穷理"解"格物"，以之为一切实践的起手工夫。可以说，这是理学系统化构建中的关键一步。伊川曰："格犹穷也，物犹理也，犹曰穷其理而已也。"[1] 此处的"穷"，是穷致的意思。所谓理学，以理为核心概念。理学的成立，必先确立理概念的基础地位，并交代与之相关的实践工夫。穷理便是这样一种工夫。"穷理"二字，出自《说卦》"穷理尽性以至于命"。本来，《易传》将理、性、命放在一起，三者各有不同的意义指向。但到了理学的诠释脉络中，这句话恰恰成了三者的本质同一性的明证。穷理成了理学家所重视的基本内容和根本工夫。《大学》一篇，言古大学之道，用功之序。若能在其中确立穷理的地位，则理学的工夫论便有了经典的根据。而《大学》"八条目"以"格物"为首，恰好提供了可能性。伊川遂以"穷理"训"格物"。[2]

伊川对《大学》的诠释，尊高了格物致知的地位，使之成为理学的基本工夫。[3] 但伊川的解释，还需面临《大学》文本的挑战。

---

[1] 程颢、程颐：《二程集》，第316页。
[2] 伊川之说在训诂上很难成立。若抛开训诂，直从义理而言，则未尝不是一种解释的途径。所谓"解释"，并不意味着解释者与被解释者的意义完全等同；解释一个概念、一个命题，有时只需通过与之意义相关的概念或说法加以指呈即可。
[3] 陈来说："二程和朱熹对《大学》的重视，归根到底，还在格物致知四个字上，因此，朱熹之所以为《大学》的'格物''致知'条目补传，就不仅因为《大学》本身有阙文，更不是着眼于典籍的一般整理，而是适应于进一步阐发理学方法论与修养论的需要。"（陈来：《朱子哲学研究》，第283页）

《大学》文本,有两个基本的特征:首先,《大学》提出了以格物为首的所谓八条目。但此下解释性的部分,却直接以诚意开始,而没有对格物致知作解释。其次,解释性的部分每章都以"所谓××在××"的句式开头,唯独诚意章,只是说"所谓诚其意者",既不强调诚意与之前的致知的关联,也不指明诚意与之后的正心的关联。这种特殊的文法结构,一来突出了诚意的特殊地位,二来也说明《大学》没有对格物致知的解释并非无心之失。在这个意义上,伊川从理学观点出发的诠释逻辑与《大学》文本并不一致。

伊川的逻辑,分为三步。首先,认定格物致知为关键工夫,与诚意以下其它条目具有相同的性质。朱子所谓"三纲领、八条目",便是这一主张的显化。其次,《大学》前后文字,确乎存在一种"被解释-解释"的关系。但据三纲八目的义理结构,又会发现,下文的解释无法与首章的条目一一对应。为此,程子认定,《大学》文本前后失序。乃依己意,重新编排文字顺序,开启了后世改编《大学》的先河。[1] 最后,既然《大学》前后有解释关系,格物致知作为工夫之始,在《大学》文本中不应没有解释。伊川认为,这是"可以意得而不可言传"的缘故。[2] 真正直面这个问题,并试图加以解决的是朱子。朱子最早提出了《大学》阙文的问题。朱子《大学章句》在诚意章前补入了"格物补传",自谓"窃取程子之意以补

---

[1] 伊川曰:"《大学》,圣人之完书也,其间先后失序者,已正之矣。"(程颢、程颐:《二程集》,第311页)
[2] 伊川曰:"《大学》论意诚以下,皆穷其意而明之,独格物则曰'物格而后知至',盖可以意得而不可以言传也。自格物而充之,然后可以至圣人,不知格物而先欲意诚心正身修者,未有能中于理者。"(程颢、程颐:《二程集》,第316页)伊川认为,《大学》无"格致传",是作者有意为之。

第二章 曾子的修身论

之"。朱子的做法，受到了后人的诟病。但从思想的内在逻辑看，却可以说是理学系统化发展的必然结果。

伊川的思路，为《大学》的理学化诠释奠定了基础。在此基础之上，朱子确立了《大学》诠释的两个基本规范：一是以"经-传"的方式离析文本；二是把"三纲八目"确立为《大学》的基本格局。[1] 此后，无论后人对《大学》的诠释有多少具体的差别，这两点共识几乎是不变的。今天，我们根据出土《五行》"经-说"的样貌，可以知道，《大学》文本并非"经-传"的格局；它所包含的内部的解释关系，与《五行》或《性自命出》的文本结构相近，乃是那个时代的一种著述方式。但"三纲八目"的基本格局，至今仍是学者理解《大学》的基本思路。但其实，这一点也并非不证自明。（详见第二节）

② 程朱本于"格物"的《大学》诠释

宋明理学的《大学》诠释，目的是为了给理学工夫找到经典依据。但不同的思想，意味着不同的工夫。这些差异，亦必体现在对《大学》的诠释中。于是，《大学》的诠释成了诸家的共同挑战，《大学》也成了宋明时代各家思想的聚讼之所。

格物作为八条目之首，它的意义便是争论的焦点。刘蕺山云："格物之说，古今聚讼有七十二家，约言之亦不过数说。'格'之为义，有训'至'者，程子、朱子也；有训'改革'者，杨慈湖也；有训'正'者，王文成也；有训'格式'者，王心斋也；有训'感通'者，罗念庵也。其义皆有所本，而其说各有可通，然从'至'

---

[1] 参见陈群：《明清之际〈大学〉诠释研究》，第15-16页。

为近。"¹ 七十二家，还只是明清之际的统计。到了今天，又得增加不少。诸说纷纭，未必皆可成一家之言，以大同小异为多。刘蕺山就"格"字之义，举了五家。其实，从思想谱系来说，真正有代表性的格物说，主要是三家：一是朱子的穷理说；二是阳明的正物说；三是以刘蕺山为代表的"格究'物有本末'之物"说。²

对于朱子来说，格物致知是第一步工夫，也是核心的工夫。朱子对格物的理解，本于伊川。朱子曰："格物之说，程子论之详矣。而其所谓'格，至也'，'格物（引者按：《遗书》卷二上作"穷理"）而至于物则物理尽'者，意句俱到，不可移易。"³对伊川之说可谓极尽推崇。朱子自己解格物云："格，至也。物，犹事也。穷至事物之理，欲其极处无不到也。"⁴陈来认为，朱子之意包含"即物"、"穷理"、"至极"三个方面。⁵若说"穷"是穷究，既有究义又有极义，则三方面可化为"即物-穷理"。故在朱子处，训"格"的"至"，一方是"即物"义，一方是"至极"义。朱子试图以此来弥缝格物与穷理的差异。但仅仅如此，尚不足以表达朱子对格物致知的理解。为了进一步全面呈现格物致知的工夫全貌，朱子在《大学》文本中加入了"格物补传"：

> 所谓致知在格物者，言欲致吾之知，在即物而穷其理也。盖人心之灵莫不有知，而天下之物莫不有理，惟于理有未穷，故

---

1 刘宗周：《刘宗周全集》第一册，第657页。
2 牟宗三：《从陆象山到刘蕺山》，第305—306页。
3 朱熹：《答江德功》，《朱子全书》第二十二册，第2037页。
4 朱熹：《四书章句集注》，第4页。
5 陈来：《朱子哲学研究》，第294页。

第二章　曾子的修身论

其知有不尽也。是以大学始教，必使学者即凡天下之物，莫不因其已知之理而益穷之，以求至乎其极。至于用力之久，而一旦豁然贯通焉，则众物之表里精粗无不到，而吾心之全体大用无不明矣。此谓物格，此谓知之至也。[1]

朱子的补传，包含了多方面的意义：其一，对"格物""致知"作出了解释；其二，建立了"吾心之知"与"在物之理"的对应关系，从而格物与致知二者，成了一个工夫的两个面向；[2]其三，为格物致知的工夫设定了目标，即"众物之表里精粗无不到，而吾心之全体大用无不明"的境界；其四，在工夫与境界之间，又设了一道门，指出工夫至于"豁然贯通"，则可达此境界。[3]朱子依伊川之意，用短短134字的"格物补传"，阐述了从工夫到境界，以及两者之间的跃迁，奠定了"格物致知"在程朱理学中的核心地位。

③ 阳明本于"致知"的《大学》诠释

王阳明的心学，始于对程朱理学格物工夫的反思。[4]阳明回忆早年"格竹"经历说："众人只说格物要依晦翁，何曾把他的说去用？我着实曾用来。初年与钱友同论做圣贤，要格天下之物，如今安得这等大的力量？因指亭前竹子，令去格看。钱子早夜去穷格竹

---

1 朱熹：《四书章句集注》，第6—7页。
2 用朱子的话说，"格物致知只是穷理"（《答黄子耕》，《朱子全书》第二十二册，第2378页），"格物以理言也，致知以心言也"，"致知格物只是一事"（《朱子语类》，《朱子全书》第十四册，第473页）。
3 参见何益鑫：《豁然贯通之为实践境界》，《哲学分析》2013年第6期。
4 唐君毅说："阳明之学，所归宗近象山，其学之问题，则皆承朱子而来。其立义精处，正多由朱子义转进一层而致。"（唐君毅：《中国哲学原论·原教篇》，第187页）

子的道理，竭其心思，至于三日，便致劳神成疾。当初说他这是精力不足，某因自去穷格，早夜不得其理，到七日，亦以劳思致疾。遂相与叹圣贤是做不得的，无他大力量去格物了。"（《传习录》，第318条）钱德洪《年谱》将此事系于阳明二十一岁。据新发现的《遗言录》下第49条，王阳明格竹事件应发生在十五六岁时。

到了27岁，又发生了类似的事件："一日读晦翁上宋光宗疏，有曰：'居敬持志，为读书之本；循序致精，为读书之法。'乃悔前日探讨虽博，而未尝循序以致精，宜无所得。又循其序，思得渐渍洽浃，然物理吾心终若判而为二也。沉郁既久，旧疾复作，益委圣贤有分。"[1] 无论是十五六岁的"格竹"，还是二十七岁的循序读书，都不免将程朱"格物之学"作了教条式的理解。[2] 其结果，对阳明产生了很大的打击，但也使阳明逐渐对程朱的格物说发生了怀疑。正如吴震所说，"'格竹'事件意味着，如何解决物理与吾心判若两截这一哲学问题成为阳明早期思想竭力探索的一大主题"，"它是构成阳明心学的问题意识的一大契机"[3]。到了龙场悟道时，王阳明"始悟格物致知"，通过一次翻转，真正解决了这一问题："圣人之道，吾性自足，向之求理于事物者误也。"[4] 此后直至晚年拈出"致良知"三字，也是顺此而来。

对程朱格说的反思，要从重订《大学》文本开始。阳明一改

---

[1]《年谱一》，《王阳明全集》（下），第1349–1350页。
[2] 刘宗周云："自今观之，朱子言一草一木亦格其切于身者，如周子庭前草，谓其'与自家生意一般'便是。文成本欲诋其说，故专就一草一木上用工夫，安得不困。"（《大学杂言》，《刘宗周全集》第一册，第657页）
[3] 吴震：《〈传习录〉精读》，第49、50页。
[4]《年谱一》，《王阳明全集》（下），第1354页。

程子以来改正《大学》的风气，认定《礼记》本《大学》即为《大学》原本，认为它没有残缺错乱。阳明在回复罗整庵的信中说：

> 来教谓某"《大学古本》之复，以人之为学但当求之于内，而程朱格物之说，不免求之于外，遂去朱子之分章，而削其所补之传"。非敢然也。学岂有内外乎？《大学古本》乃孔门相传旧本耳。朱子疑其有所脱误，而改正补缉之。在某则谓其本无脱误，悉从其旧而已矣。失在于过信孔子则有之，非故去朱子之分章而削其传也。……且旧本之传数千载矣，今读其文词，既明白而可通；论其工夫，又易简而可入，亦何所按据，而断其此段之必在于彼，彼段之必在于此，与此之如何而缺，彼之如何而误，而遂改正补缉之？无乃重于背朱而轻于叛孔已乎？（《传习录》，第173条）

王阳明指出，自己之所以从《大学古本》，实是因为《大学古本》作为孔门相传之旧，文辞明白可通，工夫简易可入，并无欠缺脱误。程朱以来以己意改《大学》文本之序，又补《大学》不有之说，并无根据。事实上，正如我们之前所说，程朱认定《大学》脱误，乃是由于其所建立的理学工夫系统与古本《大学》文本之不调适所致。程朱之后，《大学》版本以朱子改定本为尊，[1] 文本之脱误已成共识。此时，阳明站出来为古本《大学》正名，这不仅是胆识的问题，更是思想的问题。阳明信从古本，根本原因是他可以从心学出发，给

---

[1] 李纪祥说："自元代后，朱子之《四书》行，《大学》遂改尊朱子《章句》，于是注疏本几悬而不用。永乐之后，注疏本更甚见于世，士子少知。"（李纪祥：《两宋以来大学改本之研究》，台北：学生书局，1988，第15页）

成性存存：孔门成德之学的演进

古本《大学》以通贯的解释。这一点,是程朱理学所不及的。

回归古本的第一步,是肯定"诚意"在《大学》中的首出地位。依古本的顺序,总提"三纲八目"之后,紧接着是对诚意的解释。且诚意章之下,还有大量的文字发挥。显然,诚意是古本《大学》最重视的工夫,也是首出的工夫。孔颖达曰:"所由先从诚意为始。"[1] 实为的论。阳明既然遵从古本,亦必立此宗旨。故阳明47岁(正德十三年)作《大学古本序》云:"《大学》之要,诚意而已矣。诚意之功,格物而已矣。诚意之极,止至善而已矣。正心,复其体也;修身,著其用也。……意者,其动也;物者,其事也。格物以诚其意,复其不善之动而已矣!"[2] 在此,阳明以"诚意"为《大学》之要,而以"格物致知"为诚意的工夫。[3]

对于阳明来说,格物之所以能成为诚意的工夫,与他对"物"的理解有关。阳明所说的物,不是外在的客观事物,而是此心发动的意向对象。所谓"意之所在便是物"(《传习录》,第6条)、"意之所着为物"(《传习录》,第78条)、"意之涉着处谓之物"(《传习录》,第201条)、"意之所用,必有其物,物即事也"、"有是意,即有是物;无是意,即无是物"(《传习录》,第137条)[4] 等等。阳

---

[1] 郑玄注、孔颖达疏:《礼记正义》,第2236页。
[2]《王阳明全集》,第1320页。据陈来考证,《大学古本序》尝"三易其稿",原稿作于正德十三年戊寅,保留于罗钦顺《困知记》三续(参见陈来:《有无之境》,第115页)。新版《全集》已收入《补录》。
[3] 如阳明说:"诚意工夫实下手处在格物也。"(《传习录》,第317条)
[4] 此条阳明一改"物犹事也"的故训,直说"物即事也"。学者以为阳明的"物",所指只是人伦之事,未免偏颇。事就活动而言,凡现实之物必于活动中显现。即此而言,"物即事也",实可包含一切向来所谓物者。阳明的特异处,不在排斥"外在客观之物",而在从活动的角度了解人、物之存在。

第二章 曾子的修身论

明是从心的活动的意向性特征来了解物,故作为意之所在的物,不是外于此心的东西,而是此心所含摄的东西。故阳明有"心外无物"的主张。由于"意"作为"心之所发"不能尽善,作为"意之所在"的"物"便不能尽正,便有了"格物"的工夫。阳明曰:"'格物'如《孟子》'大人格君心'之'格',是去其心之不正,以全其本体之正。但意念所在,即要去其不正,以全其正。"(《传习录》,第7条)可见,对阳明来说,格物工夫也只是在意上做;换句话说,格物成了诚意的下手工夫。[1]

这样一来,格物与诚意似无本质的差别。的确,与程朱不同,阳明不是将格物致知、诚意、正心视为节次分明的不同工夫,而是强调这些工夫的内在一致性,以及相互之间的融摄关系。他说:"故格物者,格其心之物也,格其意之物也,格其知之物也;正心者,正其物之心也;诚意者,诚其物之意也;致知者,致其物之知也。此岂有内外彼此之分哉?理一而已。……故就物而言谓之格,就知而言谓之致,就意而言谓之诚,就心而言谓之正。正者,正此也;诚者,诚此也;致者,致此也;格者,格此也。皆所谓'穷理以尽性'也。天下无性外之理,无性外之物。"(《传习录》,第174条)阳明指出,心、意、知、物之本体,只是理;格、致、诚、正的工夫,都是穷得此理。四种工夫不一不异。又曰:"盖身、心、意、知、物者,是其工夫所用之条理,虽亦各有其所,而其实只是

---

[1] 诚如吴震所言:"所谓'实下手处'的说法,其实乃是指意之所在、意之所向、意之所着、意之所之,也就是说,格物工夫被化解成了诚意工夫。"(吴震:《〈传习录〉精读》,第88页)

一物。格、致、诚、正、修者，是其条理所用之工夫，虽亦皆有其名，而其实只是一事。"[1] 身心意知物只是一物，格致诚正修只是一事，此所谓"一"；于"一"之中，又有个工夫次序的分别，是所谓"异"也。又曰："盖其功夫条理虽有先后次序之可言，而其体之惟一，实无先后次序之可分。其条理功夫虽无先后次序之可分，而其用之惟精，固有纤毫不可得而缺焉者。此格致诚正之说，所以阐尧舜之正传，而为孔氏之心印也。"[2] 对阳明来说，五者本体之同是第一义，五者工夫条理之异是第二义。

晚年提出"致良知"后，阳明对"格物致知"有了更明确的定位："若鄙人所谓格物致知者，致吾心之良知于事事物物也。"(《传习录》，第135条) 他的《大学》诠释，也从以诚意为本，转向了以致知为本。[3] 嘉靖二年（阳明52岁）或稍前，阳明对《大学古本序》作了修改。据他自己所说："致知二字，是千古圣学之秘，向在虔时终日论此，同志中尚多有未彻。近于《古本序》中改数语，颇发此意。"[4] 两篇相比，所谓"改数语"，指多了"止至善之则，致知而已矣"，"故致知者，诚意之本也；格物者，致知之实也"等句，尤其是文末添得"悟致知焉，尽矣"一句。可见，阳明晚年确有以致知为本，将诚意化约为致知的倾向。但与此同时，《序》文开头"《大学》之要，诚意而已矣"这一句标识宗旨的话，却得以

---

1 《大学问》，《王阳明全集》，第1069页。
2 同上书，第1071页。
3 陈来：《有无之境》，第115页。
4 《与薛尚谦》，《王阳明全集》（上），第222页。

第二章　曾子的修身论

保留。这或许是出于思想一贯性的考虑，其实也是古本《大学》的内在要求。阳明回归古本《大学》，就注定了他的《大学》诠释，必须坚持以诚意为要。但究其实质，阳明晚年的核心工夫确已发生了转移。可以说，以致知取代诚意，作为《大学》的核心工夫，乃是阳明心学的自我完成和必然归宿。

阳明对程朱理学的反思，始于格物说。中期对心意知物的讨论，目的在于推翻程朱以格物为枢纽的《大学》诠释，建立"《大学》之要，诚意而已矣"的主张。[1] 且以古本《大学》为据，一度以诚意为"圣门教人用功第一义"（《传习录》，第130条）。晚年提出"致良知"之后，阳明的核心工夫又落到了致良知上。故又以致知为本，诠释《大学》的内在一致性。中期以诚意化解格物，后期以致知化解格物。最终的旨归，与其说是诚意，不如说是致知。如果说，程朱是以格物摄致知；那么，阳明则是以致知化约格物。但问题是，无论致知还是格物，二者在古本《大学》的文本编排，以及汉唐儒者的理解中并无重要的地位。只是借由程朱的改定和补传，重要性方获凸显。因而，阳明对《大学》的诠释，诚可谓是卓越的发明；但他对古本《大学》的回归，并不彻底。对此，刘宗周批评道："阳明子曰：'《大学》之道，诚意而已矣。'而解'诚意'仍作第二义，以迁就其'致良知'之旨，无乃自相矛盾。"[2]

---

[1] 吴震说："阳明关注于心意知物概念系统的重新探讨，其实是有其理论企图的，他是要推翻朱熹以来视'格物'为《大学》一经之枢纽的观点，进而揭示出《大学》之要，诚意而已矣'的新观点、新立场。"（吴震：《〈传习录〉精读》，第82-83页）

[2]《大学古文参疑》，《刘宗周全集》第一册，第614页。

④ 蕺山本于"诚意"的《大学》诠释

程朱、阳明之后，刘宗周的《大学》诠释可谓自成一家。[1]

蕺山思想晚成，前后有明显的发展轨迹。学者对蕺山的学问宗旨，有两种不同的理解。黄宗羲曰："先生宗旨为慎独。始从主敬入门，中年专用慎独工夫。慎则敬，敬则诚。晚年愈精微，愈平实。本体只是些子，工夫只是些子，仍不分此为本体，彼为工夫，亦并无这些子可指，合于无声无臭之本然。"[2] 黄宗羲认为，蕺山宗旨在慎独。早年的主敬，晚年的诚意，都可以归摄于此。但与此同时，蕺山之子刘汋则说："先君子学圣人之诚者也。始致力于主敬，中操功于慎独，而晚归本于诚意。"[3] 刘汋以诚意为蕺山学术的最后归宗。此外，又以蕺山去世之年改定的《大学古文参疑》为定论。黄宗羲将蕺山晚年的诚意工夫视为慎独的延续，是看到了慎独之"独体"作为超越性根据之所在，标识了刘氏之学的本来面目。就此而言，以慎独为宗旨确无疑义。但从蕺山的问题意识来说，由慎独转进至诚意，由本体之静存转进至本体之意与经验之心的合一（本体与工夫的合一），乃是其"以心著性"的形著原则的实现，其间自有思想的必然性。[4] 再者，历史上的道学形态，如程朱、阳明，

---

[1] 蕺山集中诠释《大学》的著作凡四种：《大学古记》、《大学古记约义》，成于崇祯二年即1629年（时51岁），代表前期观念；《大学古文参疑》，成于弘光元年即1645年（时77岁），代表晚年定论；《大学杂言》介于两者之间。蕺山《大学》诠释的前后变化，也伴随着两个不同的《大学》版本的提出，前为《古记本》，后为《参疑本》。

[2] 《子刘子行状》，《刘宗周全集》第六册，第39页。

[3] 《蕺山刘子年谱》，《刘宗周全集》第六册，第173页。

[4] 陈群说："笔者以为更为关键的问题是刘宗周主张'以心著性'，那么仅仅说慎独还只是静存的工夫（胡元玲即指出刘宗周慎独思想的早期是以静存为工夫的），未能给予工夫论以形著原理的解释，而这才是慎独必然要走向诚意的原因。因为诚之'意'作为心之存，既保证了心的性天之尊，又使得性天之尊得以形著、彰显于经验、现象界。所以刘宗周必然要以《大学》之言心以言诚意，从而为慎独论赋予形著原则。"（陈群：《明清之际〈大学〉诠释研究》，第56页；另可参见同书第87页）

其工夫宗旨皆出于《大学》。原因在于，宋明儒者认为《大学》言心、《中庸》言性；本体要在性上说，工夫则必于心上见。而蕺山慎独之说实本于《中庸》，慎独二字虽见于《大学》却不列于"八条目"之内，自不宜立为《大学》宗旨。准此，刘汋所说"晚归本于诚意"，作为蕺山一生学术的最终归趣，或更合于实情。

蕺山《大学》诠释的突破口，在于对"知止"的重新理解。蕺山中期的《大学》解释，以"知止"为核心。其说云："《大学》之要，止至善而已矣。继云'知止'何也？学以止为究竟法，必以知止为入门法。……一'知止'而学问之能事毕矣。"[1] 所谓"知止"，就《大学》文本而言，包括"知本"与"知先后"两个方面。他说："乃学以'知止'也，如何？曰：于此有方焉。道之所该，莫非物也，而本末分；学之所该，莫非事也，而终始分。终始本末之数睹，而先后之数可知矣。知乎此者，以一本握《大学》之枢，而始之、而终之，渐进于止焉，明、亲、一贯在是矣。故曰'知所先后则近道矣'。此'知止'之方也。"[2] 顺此，蕺山进一步指出，格物便是格"物有本末"之物，致知便是知本、知先后之知。换句话说，《大学》"物有本末，事有终始，知所先后"一句，便是格物，便是致知。蕺山曰："《大学》认定终始本末是入道之决。后儒千差万错，只看此四字不透。"[3] 指明终始本末为《大学》的关钥。对于"物有本末"，蕺山云："欲明明德于天下，而天下之本在国，国之

---

1 《大学古记约义》，《刘宗周全集》第一册，第644页。
2 同上。
3 《大学杂言》，《刘宗周全集》第一册，第655页。

本在家,家之本在身,而心、而意、而知,为至善之地,则本之本也。"[1] 在此,蕺山区分了两层"知本":一是以"修身为本";二是以心意知为"修身之本",即"本之本"。蕺山对"格物致知"的解释,与"淮南格物说"有一定的渊源关系。[2] 所不同的是,心斋以安身为本,蕺山以知止为本。以安身为本,则性体无所安立;以知止为本,则一切尽可在指涉之中。

蕺山以知止为基础的格物致知说,有以下两方面的特征:其一,蕺山在《大学》文本中找到了对格致的解说,解决了程朱指出的文本脱误问题(古本《大学》无"格致传");其二,对于程朱来说,格物致知是一向开拓的工夫,到了蕺山这里,则成了一向收敛的工夫。但若以知止为《大学》全篇的核心宗旨,又会产生新的问题。因为从根本上说,本末先后之知,与八条目的具体工夫,分属不同的语义脉络与论述层次。前者在后者之中,而不在后者之外。或者说,后者之顺序,实即前者之所是。若全以前者为《大学》工夫,会使知止成为《大学》的唯一工夫(至少是第一义工夫),从而消解了其它次第工夫的重要性和必要性,使《大

---

[1]《大学古记约义》,《刘宗周全集》第一册,第644页。
[2] 王心斋曰:"格物即物有本末之物,身与天下国家一物也。格知身之为本,而家国天下之末,行有不得者,皆反求诸己。反己是格物底工夫。故欲齐治平,在于安身。"又说:"絜度于本末之间,而知'本乱而末治者否矣',此格物也。格物,知本也;知本,知之至也。故曰'自天子以至于庶人,壹是皆以修身为本'也。修身,立本也;立本,安身也。"(王艮:《答问补遗》,《王心斋全集》,第34页)王艮之意,以身、家、国、天下为物,知"修身为本"即"格物"。对此,刘宗周颇为认同:"后儒格物之说,当以淮南为正。"又说:"必分修身以下为'格致传'者,心斋王氏启其端,而未竟其说,愚尝窃取其义者也。"(《大学古记约义》,《刘宗周全集》第一册,第643页)

学》的义理内容偏于单薄。[1] 为此，蕺山试图引入其慎独说来支撑知止、知本之说，甚至提出："《大学》之道，一言以蔽之，曰慎独而已。"[2] 但终难自安。

蕺山晚年虽然坚持对知止、格物、致知的理解，[3] 但不再以知止为核心贯穿《大学》全篇的诠释，而是确立诚意为《大学》的宗旨。为此，他提出了"专义"说。其诚意章解云："此章首喝'诚意'而不言在致其知，以诚意为专义也。致知为诚意而设，如《中庸》之明善为诚身而设也。盖惟知本，斯知诚意之为本而本之，本之斯止之矣。亦惟知止，斯知诚意之为止而止之，止之斯至之矣。即诚即致，故曰专义也。"[4]《大学》对八条目的解释从诚意开始，这一点一直是宋明儒者《大学》诠释的病痛处。蕺山认定诚意为《大学》之专义，诚可谓是一大发明。前期，蕺山以知止为知本，致知即知此；后期，蕺山直接以诚意为本，知"诚意之为本"即是"知本"、"止此"便是"知止"。如此一来，知止与格物致知，便不再占据诠释中心的地位，而是收摄于诚意工夫之中，成为后者的一个前设阶段，正如《中庸》"明善"与"诚身"的关系一样。"致知为

---

[1] 钱穆对王心斋有所批评："惟《大学》文本早言欲明明德于天下者必先治其国，治国必先齐家，齐家必先修身，修身必先正心，正心必先诚意，诚意必先致知。屡言必先云云，早已将物之本末先后明白确定，更不待读者之再格。故知心斋训格物为物有本末之物，其说似亦未可信守。"（钱穆：《〈大学〉格物新释》，《中国学术思想史论丛》（二），第107页）此批评也适用于蕺山。
[2]《大学古记约义》，《刘宗周全集》第一册，第650页。
[3] 刘宗周云："知止，所以知本也。致此之知，是为致知；格此之物，是为格物。"（《大学古文参疑》，《刘宗周全集》第一册，第611页）
[4]《大学古文参疑》，《刘宗周全集》第一册，第613页。刘宗周又说："安见诚意之为专义乎？曰：《大学》之言明明德也，必学以明之，而知止为入门，全是学问用工夫处，乃其要归之诚意而已。"（《大学古文参疑》，《刘宗周全集》第一册，第614页）

诚意而设"一句，代表了蕺山对前期思想的全面扬弃。[1] 由此，蕺山确立了诚意的宗旨，以此重建了《大学》的诠释。要之，将慎独化入诚意，以诚意融摄致良知，[2] 这是蕺山《大学》诠释的晚年定论，也是蕺山学术的真正完成。

蕺山一生对《大学》耿耿于怀。晚年所著《大学古文参疑》，提出了所谓"《大学》疑案"："《六经》同出于秦火之余，区区断简残编，初无完本。……《大学》之为疑案也久矣。古本、石本皆疑案也，程本、朱本、高本皆疑案也，而其为'格致'之完与缺，疏'格致'之纷然异同，种种皆疑案也。呜呼！斯道何由而明乎？宗周读书至晚年，终不能释然于《大学》也。"[3] 蕺山认定，所传《大学》不是完本，造成了后世种种改本、种种争端。后世的改本与诠说，皆不能完备。他自己的《大学》探究，可谓历经艰辛，但到最后仍然不能自信。临绝之际，尚难释怀，甚至要求其子将《大学古文参疑》删去。[4] 足见《大学》之难。

⑤ 小结

程朱、阳明、蕺山的《大学》诠释，在宋明时代最具代表性。从三者的差异处说，程朱以"格物"为本，阳明以"致知"为本，

---

[1] 刘汋曰："先君子之学，以诚意为宗而摄格致于中。"（《蕺山刘子年谱》，《刘宗周全集》第六册，第174页）
[2] 诚如劳思光所言，蕺山对意的理解与阳明对良知的理解一致（参见劳思光：《新编中国哲学史》第三卷下，桂林：广西师范大学出版社，2005，第442页）。
[3] 《大学古文参疑》，《刘宗周全集》第一册，第607-608页。
[4] 据《年谱》所载："临绝，先生谓过于割裂（引者注，指《参疑》对《大学》文本的改动过大），并《古小学通记》命削之。"（《蕺山刘子年谱》，《刘宗周全集》第六册，第164页）

第二章 曾子的修身论

蕺山以"诚意"为本。[1]具体诠释虽然不同,却共享了宋明时代《大学》诠释的一般前提,即以"三纲领、八条目"为《大学》的义理结构,从八条目中择取其一,作为根本工夫或宗旨工夫。

但"三纲领、八条目"的义理结构,乃是程朱之学理论建构的结果,并非《大学》的本来面目。"八条目"的所指,虽然本于《大学》的文本;但这一提法,已然先在地确立了八者作为节目工夫的独立性,使文本所不传的格物、致知,与诚意、正心、修身等并列,且位次在先。由此造成了《大学》工夫,究竟以格物、致知为先,还是以诚意为先的争论。但无论以何者为先,古本《大学》的文本都无法适应理学的内部逻辑。于是,改正《大学》的文本,成了理学时代的唯一出路或必然选择。

事实上,宋明时代之所以对《大学》文本多所怀疑,出现如此多的改本,根源在于"三纲八目"的义理主张与《大学》原有的义理结构之间的紧张。改正之风一旦兴起,在适应理学的义理系统的同时,无疑也会大大增加《大学》诠释的不确定性。于是,我们看到,朱子直至去世前三天,仍在修改《大学》的诚意章。这与其说体现了朱子的好学不倦,不如说是朱子在弥留之际,心仍未安。至于蕺山,在去世之前,还要命人削去一生心血灌注的《参疑》,终亦不能释然。阳明虽无类似的传说,但晚年在致知与诚意之间的纠葛,却为蕺山所批评。

可以说,《大学》是宋明理学重要的思想渊源,尤其是其工夫

---

[1] 此所谓"本",即是根本工夫,亦是超越本体。在八条目中,如何安顿"本体",是宋明儒者的核心关切。此与先秦不同。

论的活水源头；同时，也是学者一生的心病所在。

2.2 《大学》古义略论

宋明儒者所说的文本脱误及由此而来的各种改本，本质上是先秦文本与宋明思想之差异造成的。若要追寻《大学》古义，当以《礼记》本为是，而无需在此之外苦心搜寻或更定新的改本。此下的探讨，即以《礼记》本为依据。

2.2.1 "格物致知"以定宗旨

① 汉唐之说

与宋明儒者以"八条目"概括格、致、诚、正、修、齐、治、平，使八者皆具工夫意味不同，汉唐学者据文本直接认定，《大学》工夫始于诚意。孔颖达曰："此《大学》之篇，论学成之事，能治其国，章明其德于天下，却本明德，所由先从诚意为始。"[1] 明德是政治实践之本，明德的修为则从诚意开始。既然以诚意为始，则格物、致知不是成德工夫，明矣。"致知在格物"郑注：

> 格，来也。物，犹事也。其知于善深则来善物，其知于恶深则来恶物，言事缘人所好来也。[2]

许多学者以为郑玄之说可疑。因为按照这一说法，格物反而成了致

---

[1] 郑玄注、孔颖达疏：《礼记正义》，第2236页。
[2] 同上书，第2237页。

知的结果，似与《大学》之意相反。[1]

其实，郑玄的说法，并非无迹可寻。郑玄所言，知于善深则来善物，知于恶深则来恶物，确实不可能是一个绝对的出发点。但真实的修为，并非始于一张白纸，必有现实的基础。而此基础，不但包含先天的成分，更囊括了往昔自觉、不自觉的一切实践之积累。故而，一切现实的实践活动，尤其是自觉自愿的为学，只能是人的实践历程之中继，而不是人生实践的原点。若知其为中继，则郑玄对"致知在格物"的解释，并无逻辑的毛病。"物"是既有深知感格的结果，也是继起的致知活动的对象。由"知至"而"物格"而"格物"而"致知"而"知至"，便是一个实践的循环。故孔颖达曰："'致知在格物'者，言若能学习，招致所知。格，来也。已有所知，则能在于来物。"[2]"已知"是先前的结果，据此可以招致所知之物。大学之道，本是为学的进阶，无论先天的资质，还是小学的成果，都是进入大学的前提。朱熹所谓古之学者，八岁入小学，教之以洒扫、应对、进退之节，礼乐射御书数之文；年十有五入大学，教之以穷理、正心、修己、治人之道。[3]虽未必是三代学校之制，但其小大为学之序则是一致的。

此间值得注意的是，郑孔引入了"感格"的说法。孔颖达曰："言善事随人行善而来应之，恶事随人行恶亦来应之。言善恶之来，缘人所好也。"[4]感格的提法，原是用于表现人神关系，此处用于表

---

1 参见梁涛：《郭店竹简与思孟学派》，第126页。
2 郑玄注、孔颖达疏：《礼记正义》，第2241页。
3 朱熹：《大学章句序》，《四书章句集注》，第1页。
4 郑玄注、孔颖达疏：《礼记正义》，第2241页。

达人与物的实践关系。此说看上去近乎神秘。但它所揭示的真实内容，确乎为生活实践之常态。感应，不是说因为人心之知，可以硬生生改变外在的客观事物，而是说可以改变人与事物的存在关系。所谓"来善物"，可以从两个方面来理解。其一，习于善，则自然与善者为伍。触目所及多是善物，故可"来善物"。孔子告诫子贡"事其大夫之贤者，友其士之仁者"（《卫灵公》），曾子说君子"以友辅仁"（《颜渊》），便是此意。孔子"吾死之后，则商也日益，赐也日损"（《孔子家语·六本》）的判断，也是据此而来。其二，物之来与不来，除了客观存在与否之外，更在于人的关心与见地。人若思善、求善而洞达于善，思德、求德而深知于德，便能于现实的生存之中发现善物之踪迹与德行之所存，甚至体认其中所包含的天道、天理。显著者，如子贡曰："文武之道，未坠于地，在人。贤者识其大者，不贤者识其小者，莫不有文武之道焉。"（《子张》）同样是面对现实的人文世界，同样是接触现实的人物，识其大者，便来大善；识其小者，便来小善，莫不因人而异。子曰："三人行，必有我师焉。择其善者而从之，其不善者而改之。"（《述而》）孔子既能于众人之中择善而从，那么，即众人之来便是"来善物"。"来恶物"亦然。可见，所谓"感应"，确有其内在的原因。

　　物既来，则又可以致其知。"欲诚其意者，先致其知"，郑注："知，谓知善恶吉凶之所终始也。"[1] 孔颖达疏："物既来，则知其善恶所至。善事来则知其至于善，若恶事来则知其至于恶。既能知

---

1 郑玄注、孔颖达疏：《礼记正义》，第2237页。

至,则行善不行恶也。"[1] 与宋儒将"至"解为极至不同,郑、孔认为,知至是知其所归处,即见此物而推知其吉凶善恶之结果。这一解说,与"致知在格物"的解说,在逻辑上有很大差别。

② 《乐记》"心物相感"之进路

从思想的历史性来说,"格物致知"不会横空出世,必有内在的思想脉络可寻。钱穆指出:"窃谓《大学》一篇,既辑入《小戴礼》,格物物字,虽在《大学》本文中未有详说,宜可于《小戴礼》其他篇中寻求旁证。"[2] 钱先生所说《大学》晚于《荀子》的主张殆不可从,但他将《大学》的概念放到思想史脉络中寻求理解的做法,则为问题的解决指示了一条正确的道路。事实上,概念作为时代思想的精华,也是窥探一个时代的思想世界的入口;反过来,概念的理解,亦必借助于时代思想世界的背景的重现。而思想背景之重现,又依赖于同时代概念或思想观念之间的关系的重构。

钱穆所谓"旁证",主要是指《礼记·乐记》的相关说法。他举了《乐记》"人心之动,物使之然也"一句,又举了:

> 人生而静,天之性也;感于物而动,性之欲也。物至知知,然后好恶形焉。好恶无节于内,知诱于外,不能反躬,天理灭矣。夫物之感人无穷,而人之好恶无节,则是物至而人化物也。人化物也者,灭天理而穷人欲者也。于是有悖逆诈伪之心,有淫泆作乱之事。(《乐记》)

---

[1] 郑玄注、孔颖达疏:《礼记正义》,第2241页。
[2] 钱穆:《〈大学〉格物新释》,《中国学术思想史论丛》(二),第107页。

钱先生说:"《乐记》此两条,明明提出了心与物,及物与知之问题。物至知知四字,尤与《大学》物格知至四字可以互相发明。人心之知,即是知此外来之物。……孟子亦曰:耳目之官不思而蔽于物,物交物,则引之而已矣。心之官则思,思即得之,不思则不得也。是在《戴记》以前,孟子已提出了物与心、物与知之问题。人类之接于外物,或以心,或以耳目之官。耳目之官不能思,则亦仅是一物。故以耳目之官接物,则只是物交物,不难被其引之而去。心之官能思,朱子注此章有云:凡事物之来,心得其职,则得其理而物不能蔽;失其职,则不得其理而物来蔽之。窃谓《大学》《乐记》与《孟子》此章,其实皆一义。"[1]他注意到,《乐记》所说人心感物而动,及物至知知的过程,是当时心物关系之表述,与物格知至具有相同的意义。又引《孟子》所说心与物交、感官与物交的区别,认为心与物交可得物之理。此说虽然不免受限于《乐记》晚出的主张,又受限于宋明对"知"(得其理)的理解。但他将《大学》物格知至与《乐记》物至知知比较,认定其为心物关系之表述,则可谓孤明独照。[2]

"性之欲也"的"性",即"心"。郑玄注:"言性不见物则无欲。"[3]见不见物,交不交物,乃是心的功用。又"物至知知",郑注:"至,来也。知知,每物来则又有知也。言见物多则欲益重。"[4]所谓"物至",不是指事物客观地摆在面前或出现在面前;而是指

---

[1] 钱穆:《〈大学〉格物新释》,《中国学术思想史论丛》(二),第108页。
[2] 章太炎也曾用《乐记》探讨《大学》的格物问题。
[3] 郑玄注、孔颖达疏:《礼记正义》,第1459页。
[4] 同上。

物与心接，呈现在心的面前，与之照面。所谓"知知"，据郑玄，犹言"能知"。第一个知指心的功能，第二个知是具体的对象性的感知活动。此所谓"感知活动"，与钱穆依据宋儒而来的说法大为不同，不是获得来接之事物之理，而仅仅是说与来接之物发生照面，呈现于心的面前而为心所感知，进而引起心之动或心之欲。此处的"欲"，不是贬义，其义基本上等同于"动"，只表示一种内在的意向性。感知之后，便生出好恶之意。由"物至知知"而"好恶形焉"，犹下文由"物之感人无穷"而"人之好恶无节"。"物至知知"，即"物之感人"者。"知"即"感"，"感"即"知"。"物至"即"知知"，"知知"即"物至"。可见，《乐记》此章呈现了一个性（心）与物接，从而发生一系列心理变化的过程。其中，物至知知是这一过程的核心环节。

　　《乐记》的这一思想，在传世文献中并不多见。但从出土文献看，这一思路或许是七十子后学时代部分儒者思考心性问题的基本进路。如《性自命出》开头便说："凡人虽有性，心无定志，待物而后作，待悦而后行，待习而后定。喜怒哀悲之气，性也；及其见于外，则物取之也。"此所谓"性"，专指心性而言，并不包含身体其他部分的生质。作者认为，性之寂然在内，即喜怒哀悲之气；及其发动于外，则为喜怒哀悲之情。性之由寂然不动至动而生情，中间的环节即物之来"取"。所谓"取"，即物来相接，而引发性之蠢动，犹如从性中取出蕴含于内者。故《性自命出》云："凡性为主，物取之也。"又云："凡动性者，物也。"都是认为，物是动性者，与《乐记》思想一致。此外，对于"物"，《性自命出》说："凡见者之谓物。"所谓"见者"，不能仅仅理解为视觉感官的对象，它应同时包含耳目口鼻等一切感官的对象。物在成为身体感官对象的同时,也与心灵相接。物是与心、性相照面者。不过,《性自命出》与《乐记》也有不同:一者,《乐记》以"好恶"为性之动,《性自命出》以"喜怒哀悲之情"为性之动。二者,与《乐记》同时彰显"物至"与"知知"不同,《性自命出》不强调这两层的意涵,只是说"待物而后作"。"知知"一义,已收摄于"作"之中。若两段文字可以相通,则《乐记》所谓"知知"只是说物来照面,是接物之际的当下反应,与"物至"为同一活动之两个侧面,而不是在接物之后、接物之外,另有一个认知的过程。

总之,《乐记》的"物至知知"、《性自命出》的"待物而后作",都是客观呈现了人性应物感动的过程。这是当时儒者思考性情问题的基石。但此过程,是出于自然的,本身并不是工夫。故《乐记》只有到了"好恶形焉"之后,才有反躬的工夫,以此保存天理。[1] 当然,《乐记》与《性自命出》似是排除了一切后天的因素,从一个未经教化的自然状态开始讲。现实的性情活动,受后天修学的影响,与之相比还要更为复杂。但无论如何,任何教化都必须施于人性的基本活动方式之上。

③ 据上下文论"格致"

《大学》的"格物致知",会不会是《乐记》或《性自命出》的思路呢?如果是,则所谓"格物致知",便只是描述人性感动的自然过程而已。这个问题,我们可以说是,也可以说不是。说是,是因为无论是格物还是致知,都是一个事物前来与我照面的过程。这

---

[1] 郑玄曰:"理,犹性也。"(郑玄注、孔颖达疏:《礼记正义》,第1459页)

里的我，不一定是性，也可说是心。即此而言，"格物致知"不是"即物而穷其理"（朱子），也不是"致其良知于事事物物"（阳明），而是此心与物相接、相感的过程。说不是，是因为《大学》并不是从头讲，不在人性论或人性感动论的叙述语境之中；它是在一般的实践语脉之下，截取了格物致知作为实践叙事的开端。于是，致知就不是性情论意义上的、不强调具体内容的感知；而是在实践语脉中，针对某些具体对象的认知。至于这些对象的具体内容，则需要在《大学》的上下文中理解。

很显然，《大学》有一个实践的叙事语脉。故所谓"物"，不是泛泛的草木鸟兽之名，而是指涉儒者"修己安人"或"修身、齐家、治国、平天下"的实践活动。就此而言，王心斋以"天下、国、家、身"为"一物"，确有见地。唐君毅又据《大学》"物有本末，事有终始"来区别"物"与"事"，则似是不大必要的。[1] 这句话只是说"事物之本末与终始"。古人直接面对的，就是实践活动本身。只此便是物、便是事。物在事之中，不在事之外。事之外，更无所谓物。而不是先来此物，再对此物有所活动。先秦儒者不会分段地看，这是由其根子上的实践立场所决定的。故郑玄曰"物犹事也"，阳明曰"物即事也"，可谓至当。阳明说："如意在于事亲，

---

[1] 唐君毅说："然此知之致，唯由于吾人之先有接于天下、国、国中之君、臣、国人、家、家中之父子等物，明其分别与本末之序，而后方知吾人所以应之之修、齐、治、平，以及事父、事君、与国人交之正道（即当止之至善之道），故曰致知在格物。"（唐君毅：《中国哲学原论・导论篇》，第195页）此处的疑问在于，在具体的与之相关的实践活动之外，我们如何去"接"一个"天下""国""家""君""臣""父""子"？实则，我们向来是在实践之中，也在实践之中确立何为"父""子""君""臣"，何为"家""国""天下"，后者之所以能成为"物"，恰恰是因为其在"事"中有其存在之地位。这是人的存在方式。

即事亲便是一物;意在于事君,即事君便是一物;意在于仁民、爱物,即仁民、爱物便是一物;意在于视听言动,即视听言动便是一物。"(《传习录》,第6条)阳明以"意之所在"解"物",有其自身的思想基础,但以事为物,则合于古义。

"格物致知"与"物格而后知至"是对应的。致是动词,知是名词,"致知"即获得或达到知。"知至"则有两种理解。或者,知作名词,解作所知;至为达到。或者,知是动词,至为所知之内容。前者为主谓结构,后者为动宾结构。依前者,则"致知"与"知至"同义,一是获取之过程,一是获取之结果。依后者,则"致知"只是过程,目标或对象是"至",以"至"为所知之内容。[1] 孔颖达所谓"知其善恶所至",大体上也是以"至"为所知,将"知至"理解为动宾结构。究竟如何理解,还应回到上下文。

在《大学》文本中,所谓"至",往前是"止于至善"、"知止";[2] 往后是"壹是皆以修身为本","此谓知本,此谓知之至也",是以知"修身为本"的"知本"为"知之至",即知之极,或最重要的、最根本的知。[3]

所谓"至善",下文云:"'有斐君子,终不可喧兮'者,道盛德至善,民之不能忘也。""盛德"与"至善"并列,以言君子之焕然文章,则"至善"即"盛德"之谓。所谓"知止",下文云:

---

[1] 在此之外,朱子似与此二者不同,以"至"为"极致"。其"格物补传"云:"是以《大学》始教,必使学者即凡天下之物,莫不因其已知之理而益穷之,以求至乎其极。"又云:"此谓物格,此谓知之至也。"以"知之至"解"知至",至是程度副词,表极致义。与前两说相比更显迂曲。
[2] 知止的"止",是"止于至善"的省语。知止,便是知止于至善。
[3] 以"知本"为"知至",也正是王心斋、刘蕺山(包括"知止"、"知先后")的思路。

《诗》云:'穆穆文王,於缉熙敬止!'为人君,止于仁;为人臣,止于敬;为人子,止于孝;为人父,止于慈;与国人交,止于信。"引《大雅·文王》之诗,以言文王之盛德至善,亦即文王之止于至善。为人君、为人臣、为人子、为人父、与国人交,这些实践活动,即《大学》所谓"物"。相应而言,止于仁、止于敬、止于孝、止于慈、止于信,即《大学》所谓"知"(知止、知至)。引子曰:"于止,知其所止。可以人而不如鸟乎?"于其所为之事,知其所当为之则,便是"于止,知其所止"。《孟子》引《诗》曰:"天生蒸民,有物有则。"有一事即有一事当止之处,正是有物有则。

所谓"知本",下文云:"子曰:'听讼,吾犹人也,必也使无讼乎!'无情者不得尽其辞,大畏民志。此谓知本。"朱子曰:"引夫子之言,而言圣人能使无实之人不敢尽其虚诞之辞。盖我之明德既明,自然有以畏服民之心志,故讼不待听而自无也。"[1]孔子自知不免于听讼,但他的理想还是无讼。孔子为鲁司寇时,虽"断狱屯屯",而目的却在息讼,返归人道之正而已。[2]其实,这一段按古本是接着"穆穆文王"一段的。[3]"无讼"一语,典出文王。据《周本纪》、《诗毛传》等的记载,虞、芮之君因边界之事起争端,相约到文王面前争讼。到了周国境内,见耕者相让于阡陌,国人相让于道

---

[1] 朱熹:《四书章句集注》,第6页。
[2] 据《说苑·至公》:"孔子为鲁司寇,听狱必师断,敦敦然皆立,然后君子进曰:'某子以为何若?'某子以为云云。又曰:'某子以为何若?'某子曰云云。辩矣,然后君子(曰):'几当从某子云云乎?'以君子之知,岂必待某子之云云然后知所以断狱哉?君子之敬让也。文辞有可与人共之者,君子不独有也。"按,此孔子所谓"吾犹人也"者。又《荀子·宥坐》载:"孔子为鲁司寇,有父子讼者,孔子拘之,三月不别。其父请止,孔子舍之。"此则孔子异于人之处,有"息讼"以返人道之意。
[3] 朱子将两段分置,是不察及此。

路,还没见到文王便心生惭愧而退,将相争之田划为闲田。[1]此事在当时产生了轰动,文王声望大涨,直接促成了诸侯的归附。故《大雅·绵》:"虞芮质厥成,文王蹶厥生。"虞芮之讼,是文王道德文章感化的结果,是无讼的典型。孔子之意,是要以文王为极则,通过明德的彰显,风化民德、畏服民志,以达到无讼的境界。故《大学》曰:"此谓知本。"

以上说法,都可以收摄在"止于至善"之中。所谓"知止",所谓止于仁、止于敬、止于孝、止于慈、止于信,只是"止"字诀;所谓"壹是皆以修身为本",所谓"此谓知本,此谓知之至也",只是"至"字诀;所谓"盛德至善",只是"至善"诀。就内容而言,以道德为至善;就关怀而言,以修身为本;就人伦实践而言,以德行为轨辙。三者实是一事。明白了这一点,即是所谓"知至",即知至善之所在,或实践之轨辙。

不过,照此理解,"知至"是动宾结构。而物格、意诚、心正、身修、家齐、国治、天下平七者,是主谓结构。语句结构的一致性,虽然不是文本解读的硬性要求,却也有参考的价值。其实,若从思想的角度看,这也不是什么大问题。在我们如此这般理解了

---

[1] 据《史记·周本纪》:"西伯阴行善,诸侯皆来决平。于是虞、芮之人有狱不能决,乃如周。入界,耕者皆让畔,民俗皆让长。虞、芮之人未见西伯,皆惭,相谓曰:'吾所争,周人所耻,何往为,只取辱耳。'遂还,俱让而去。诸侯闻之,曰'西伯盖受命之君'。"又《大雅·绵》"虞芮质厥成,文王蹶厥生",毛传:"虞、芮之君,相与争田,久而不平,乃相谓曰:'西伯,仁人也,盍往质焉。'乃相与朝周。入其境,则耕者让畔,行者让路。入其邑,男女异路,斑白不提挈。入其朝,士让为大夫,大夫让为卿。二国之君,感而相谓曰:'我等小人,不可以履君子之庭。'乃相让,以其所争田为闲田而退。天下闻之而归者四十余国。"(毛亨传、郑玄笺、孔颖达疏:《毛诗注疏》,第1422页)相似记载,亦见于《尚书大传》及《孔子家语·好生》。

"知至"之后，仍然可以从字面上把"知至"理解为主谓结构，只是在理解作为主语的"知"的时候，已经不再是缺乏规定性的知，而是已将前述"知至之知"的意涵包含于其中。这样的理解，可以完全出于、合乎《大学》的思想语脉。

简单说，所谓"格物致知"，指在面向实践的过程中，知修身之为本、道德之为至善、德行之为所止。换言之，即知以修身成德统摄一切现实的实践活动。这是孔门之学的一贯宗旨。这无疑是最根本的道理。但正如之前所说，《大学》的传授对象，是孔门弟子，是具有一定德行实践基础的人。而这个道理，作为孔子遗教的核心，又是七十子弟子相传的宗旨。凡入孔门之学者，皆得知之。即此而言，蕺山以知止、知本、知先后为《大学》第一义工夫，虽得了儒门的要领，却不知此事早已是先秦儒生之共识（至少为《大学》之预设），《大学》是要在此基础之上开展切身的成德实践。格物、致知虽在诚意之先，而要为诚意而设。

2.2.2 "诚意"为首出

在孔门后学，格物致知是确立为学的宗旨，诚意才是真实用力之处。何谓诚意？《大学》云："所谓诚其意者，毋自欺也，如恶恶臭，如好好色，此之谓自谦，故君子必慎其独也！"谦，郑玄读慊，[1] 孔颖达曰"安静之貌"，[2] 朱子曰"快也、足也"。[3] 自慊的心理，参照孔子对宰我的"女安乎"之问（《阳货》），指一种内心安定且

---

[1] 郑玄注、孔颖达疏：《礼记正义》，第2237页。
[2] 同上书，第2242页。
[3] 朱熹：《四书章句集注》，第7页。

自足的状态。又孟子说"行有不慊于心，则馁矣"(《公孙丑上》)，"彼以其富，我以吾仁，彼以其爵，我以吾义，吾何慊乎哉"(《公孙丑下》)，是快然自足之意；"仰不愧于天，俯不怍于人"(《尽心上》)，是内心安静之貌。

如何能自谦呢？"如恶恶臭，如好好色。"朱子曰："言欲自修者知为善以去其恶，则当实用其力，而禁止其自欺。使其恶恶则如恶恶臭，好善则如好好色，皆务决去，而求必得之，以自快足于己，不可徒苟且以殉外而为人也。"[1] 朱子认为，此句不是在说好恶本身，只是把好恶当作诚实的一个例子，最终落在"皆务决去，而求必得之"。换言之，诚意的落脚处，在"为善去恶"之意（意志），而不是"好善恶恶"之意（意向）。朱子的解释，源于他的知行观。格物致知已经获得了知，此后须将所知诚实下来，力行于现实。诚意是对已知者而言的，将所知变为真知。如此一来，"如好好色，如恶恶臭"，只具有抽象的比喻意义。

不同的是，孔颖达曰："'如恶恶臭'者，谓臭秽之气。谓见此恶事，人嫌恶之，如人嫌臭秽之气。心实嫌之，口不可道矣。'如好好色'者，谓见此善事而爱好之，如似人好色。心实好之，口不可道矣。言诚其意者，见彼好事恶事，当须实好恶之，不言而自见。不可外貌诈作好恶，而内心实不好恶也。皆须诚实矣。"[2] 按照这一理解，此处确乎是在说好恶的问题。学者好善事、恶恶事，须如"好好色、恶恶臭"一般，发之于真实的内心。所谓"心实嫌之，口不

---

[1] 朱熹：《四书章句集注》，第 7 页。
[2] 郑玄注、孔颖达疏：《礼记正义》，第 2242 页。

可道"、"心实好之，口不可道"，是说发于内心之不容已，甚至言语难以形容。相反的情况是，"外貌诈作好恶"，内心实无所谓。在此，好恶二字得到了凸显；诚意不是其它，正是诚此好善恶恶之意。

在先秦儒学中，好恶实具有重要的地位。它不但是人性的最初表现，也是成德实践的开端，甚至是礼乐制作的根据和政治实践的标准。凌廷堪对《大学》所见的好恶，作过详细的梳理。

> 好恶者，先王制礼之大原也。人之性受于天，目能视则为色，耳能听则为声，口能食则为味，而好恶实基于此，节其太过与不及，则复于性矣。《大学》言好恶，《中庸》申之以喜怒哀乐。盖好极则生喜，又极则为乐；恶极则生怒，又极则为哀。过则佚于情，反则失其性矣。先王制礼以节之，惧民之失其性也。然则性者，好恶二端而已。《大学》云："所谓诚其意者，毋自欺也，如恶恶臭，如好好色。"此言诚意在好恶也。又云："所谓修身在正其心者，身有所忿懥则不得其正，有所恐惧则不得其正，有所好乐则不得其正，有所忧患则不得其正。心不在焉，视而不见，听而不闻，食而不知其味。"忿懥，恶也。好乐，好也。此言正心在于好恶不离乎视听与食也。又云："所谓齐其家在修其身者，人之其所亲爱而辟焉，之其所贱恶而辟焉，之其所畏敬而辟焉，之其所哀矜而辟焉，之其所敖惰而辟焉。故好而知其恶，恶而知其美者，天下鲜矣。"此言修身齐家在好恶也。又"所谓治国必先齐其家者"下云"其所令反其所好而民不从"，此专言好也。又"所谓平天下在治其国者"下云"所恶于上毋以使下，所恶于下毋以事上，所恶于前毋以先后，所恶于后毋以从前，所

恶于右毋以交于左，所恶于左毋以交于右"，此专言恶也。下又云："《诗》云：'乐只君子，民之父母。'民之所好好之，民之所恶恶之，此之谓民之父母。"又云："唯仁人放流之，迸诸四夷，不与同中国，此谓唯仁人为能爱人，能恶人。"又曰："好人之所恶，恶人之所好，是谓拂人之性，灾必逮夫身。"此言治国平天下亦在于好恶也。爱亦好也。故正心之忿懥、恐惧、好乐、忧患，齐家之畏敬、哀矜、敖惰，皆不离乎人情也。《大学》性字只此一见，即好恶也。《大学》言好恶，《中庸》言喜怒哀乐，互相成也。好恶生于声色与味，为先王制礼节性之大原，此其故子产言之备矣。……盖喜怒哀乐皆由好恶而生，好恶正则协于天地之性矣。子产所言，皆礼之精义，与《大学》、《中庸》实相表里。[1]

凌廷堪认为，好恶为性之二端。《大学》言好恶，《中庸》言喜怒哀乐，喜怒哀乐实是由好恶而来。在《大学》之中，无论是诚意、正心、修身，还是齐家、治国、平天下，都是扣着好恶说的。治国平天下的絜矩之道、使民之道、推举之道、为民父母之道，说到底也只是个"同好恶"而已。又引《左传》昭公二十五年子产之言，以为印证。凌氏如此强调好恶，意在与宋儒相对，回到先秦的思想脉络，发明其义。[2]

---

[1] 凌廷堪：《好恶说上》，《校礼堂文集》，第140-142页。
[2] 凌廷堪曰："夫好恶源于性，子言之，子太叔述之，春秋时学士大夫尚知此义，故子产之言无'理'字，亦无'体用'字。以子产之言，解《大学》、《中庸》，不犹愈于释氏乎？宋儒最喜言《学》、《庸》，乃置好恶不论，而归心释氏，脱口即理事并称，体用对举。不知先王制礼，皆所以节民之性，好恶其大焉者也，何以舍圣人之言而他求异学乎？"（《好恶说下》，《校礼堂文集》，第143页）

凌氏的说法，确有见地。好恶乃是人性之发端，是人之存在的最初实质。故《乐记》云："物至知知，然后好恶形焉。"物至知知的结果，即表现为好恶，此即性之动。或者说，性之动表现为好恶两端。竹简《性自命出》亦云："好恶，性也；所好所恶，物也。"好恶之倾向，内在于人性；好恶之活动，是对来取之物的直接反应。

好恶作为人性之发端，必是人心活动的基本模式，体现于一切生存之中，成为其内在的根据或标准。《礼记·哀公问》所谓"与民同利"，《大戴礼记·哀公问五义》所谓"与民同情"，《孟子·梁惠王下》所谓"与民同乐"，都是实指好恶而言，以同好恶为政治生活的根本。王阳明谓："良知之在人心，无间于圣愚，天下古今之所同也。世之君子惟务其良知，则自能公是非，同好恶，视人犹己，视国犹家，而以天地万物为一体，求天下无治，不可得矣。古之人所以能见善不啻若己出，见恶不啻若己入，视民之饥溺，犹己之饥溺，而一夫不获，若己推而纳诸沟中者，非故为是而以蕲天下之信己也，务致其良知，求自慊而已矣。"（《传习录》，第179条）"同好恶"，乃是视人如己、万物一体的根本，也是"公是非"的实质。阳明又曰："良知只是个是非之心，是非只是个好恶，只好恶就尽了是非，只是非就尽了万事万变。"（《传习录》，第288条）对于阳明来说，知善知恶，便是好善恶恶，不是在知之之外别有个好恶；[1] 反过来也表明，人之好恶实是天理之所寄。[2]

---

[1] 蕺山曰："愚尝谓只有个知善知恶之心，更别无个好善恶恶之心，正如此说。"（转引自陈荣捷：《王阳明〈传习录〉详注集评》，第203-204页）
[2] 钱穆说："正因好恶并不是人欲，而实为天理之本原。只好恶不中节，好恶昧了良知，才始是人欲。阳明言良知，必言知行合一。知善知恶是良知，好善恶恶也即是良知。必信得此层，才信得阳明知行合一是本体之说。"（钱穆：《心与性情与好恶》，《中国学术思想史论丛》(二)，第95-96页）

故《大学》所谓诚意，不是一个抽象的"诚实"，而是诚实此好恶之意。好恶之意，到了如恶恶臭、如好好色的程度，便是自慊，便是意诚。这里的好恶之意，宽泛地说，是"好善恶恶之意"。[1] 更确切地说，好恶不是一般好善恶恶，而是特指好德之意。若诚意之前的格物致知是对善恶的知，则诚意便是对善恶的好恶，是知的落实。但根据之前的理解，格物致知是知修身之为本、道德之为至善、德行之为所止，即德之必要性之知。顺此而言，诚意亦必是对此知而言。故诚意章下文引《诗》、引《书》，铺陈"盛德至善，民之不能忘"，强调"自克明德"、"日新其德"、"於缉熙敬止"，乃至文王无讼之境。这样的安排，显然是为了引导学者向慕明德至善之境，激发自修成德之志。

《大学》对诚意的强调，实是孔子思想意识的回响。子曰："知之者不如好之者，好之者不如乐之者。"（《雍也》）知道它，不如喜好它；喜好它，不如享受它。知之，是认知；好之，是意向；乐之，是真实所得。"之"即道德：知此道、好此道、乐此道，知此德、好此德、乐此德。由知之到好之到乐之，是一个人步步推进修身实践，直至成德成仁的过程。这个过程，每一步都历尽艰辛。即便孔子在时，弟子从知之到好之的升进，也是一个重要的关钥。冉求曰："非不说子之道，力不足也。"子曰："力不足者，中道而废。今女画。"（《雍也》）冉有说，不是我不向往您的道，实在是自己资质太差、能力不行之故。但孔子说，力量不足的人，会在中途稍事

---

[1] 阳明曰："初时若不着实用意去好善恶恶，如何能为善去恶？这着实用意，便是诚意。"（《传习录》，第119条）

休息，而后继续前行；你却划了一道界限，自我限制。冉有虽自称"非不说子之道"，但严格来说，他还没有达到真正的悦，充其量还只是一定程度上的知。冉有的问题，正是无法从实践上跨越知之与好之之间的鸿沟。既然无法由知之进于好之，则所谓知也不是完全的知、真切的知，只是客观的了解而已。

孔子谓颜回："人莫不知此道之美，而莫之御也，莫之为也，何居为闻者？盍日思也夫。"（《孔子家语·颜回》）[1] 孔子感叹，人人都（自称）知此道之美，就是没有人去实践，又何必自称知道这个道理呢？怎么不每天好好想一想呢？"闻者"之闻，即"闻道"之闻。在孔子看来，闻道不是听闻某个道理（闻而不知），而是真能理解这个道理，对它有实体和亲证。它指向了一个实践的层次或境界。子曰："朝闻道，夕死可矣。"（《里仁》）闻道可以说是最高的价值体认和意义体认。对比之下，人人自称知此道之美，却莫之御、莫之为，只能说明他不是真知。借上面的话说，只是知之，终不能好之、乐之。既是如此，又如何自称有知、自称有闻呢？何尝不是一种自欺和诳语？与之相似，子曰："由！知德者鲜矣。"（《卫灵公》）所谓"知德"，也不是对德目概念有知性的了解，而是源于个人德行体验的对德的领会。从此意义上，只有实践的德行，自得

---

[1] 此句不好理解。或断为："何居？为闻者盍日思也夫。"译为："听到这个道理的人为什么不天天认真思考一下呢？"（杨朝明、宋立林主编：《孔子家语通解》，第229页）或断为："何居为闻者，盍日思也夫？"译为："为什么只做一个听众呢？何不每天都好好想一想呢？"（王国轩、王秀梅译注：《孔子家语》，第239页）按，何居即何故，齐鲁之间方言。《礼记·檀弓上》："檀弓曰：'何居？我未之前闻也。'"注："居读为姬姓之姬，齐鲁之间语助也。"参诸《中庸》："子曰：人皆曰'予知'，驱而纳诸罟擭陷阱之中，而莫之知辟也。人皆曰'予知'，择乎中庸，而不能期月守也。"此处"何居为闻者"，或亦是对自诩为闻道者的质疑。

的德行，才可能是真正意义上的知德。孔子是在提醒子路，在对德的一般了解之外，须进一步寻求实践的理解；在知之之外，要有好之的工夫，及至乐之的境界。子曰："人皆曰'予知'，驱而纳诸罟擭陷阱之中，而莫之知辟也。人皆曰'予知'，择乎中庸，而不能期月守也。"（《中庸》）人人自以为知，就如禽兽被驱入网罟、机槛、陷阱之中，却不知躲避；人人自以为知，选择了中庸之道，却不能坚守一月。算什么知呢？可见，知之而不能好之，知之而不能行之，实是成德实践的核心问题，也是学者工夫的最要紧处。

针对这个问题，孔子尤为强调好之。子曰："吾未见好德如好色者也。"（《子罕》）子曰："已矣乎！吾未见好德如好色者也。"（《卫灵公》）孔子说，他没有见到像好色那般好德的人。好色是人的天性，是人之所不学而能者。人之所难，在于好德之诚，能如好色一般自然真切。孔子两次提及，可见是他平素之常言，感慨深矣。上博竹简《孔子诗论》有《关雎》之改"和"《关雎》以色喻于礼"的说法，借《关雎》的阐释，在"好色"与"好礼"之间，搭起自然过渡的桥梁，可以说是对"好德如好色"的一种衍生发挥。子曰："我未见好仁者，恶不仁者。好仁者，无以尚之；恶不仁者，其为仁矣，不使不仁者加乎其身。有能一日用其力于仁矣乎？我未见力不足者。盖有之矣，我未之见也。"（《里仁》）孔子说他没有见到好仁的人，也没有见到恶不仁的人。好仁的人，没有什么东西比仁更重要；恶不仁的人，绝不允许不仁的心思和行为玷污自己。孔子的这一要求，恐怕唯有"其心三月不违仁"（《雍也》）、"得一善，则拳拳服膺而弗失之"（《中庸》）、"有不善未尝不知，知之未尝复行"（《周易·系辞下》）的颜子，庶几可以达到。但颜回的程度，早已不再停留于知之，也不仅是好之，而已与孔子一样达到了乐之的程度。无论"吾未见好德如好色者"，还是"我未见好仁者，恶不仁者"，从孔子的本意，或语用的角度说，目的不是打击他的弟子，而是为了设立一个极高的标准，激励学者不要满足于自以为是的知，要收拾身心，在意愿和实践上都有更高的追求。故孔子同时肯定地说，人人皆可致力于仁，没有人不具备这个能力，只是不去做而已。这一抑一扬之间，孔子的用心昭然可见。在他看来，学者不能用力于仁，不是能力的问题，而是意愿的问题，或者说，是好之之意不诚的结果。

对于孔子来说，知之之后是好之，由好之更有好学。好学既是好德的落实，也是好德之实现与完成的必要途径。子曰："好仁不好学，其蔽也愚；好知不好学，其蔽也荡；好信不好学，其蔽也贼；好直不好学，其蔽也绞；好勇不好学，其蔽也乱；好刚不好学，其蔽也狂。"（《阳货》）若不借由好学的途径，实现自我的开拓与完成，则所谓好德，也可能自我局限，导致相应的毛病。换个角度说，好学的内在动力，又必源于内心的好德。所以我们看到，孔子会从好德来识取学者个人的材质，以为成德生命之始。[1]

《大学》的诚意，正是顺着孔子的好字而来，是诚实其好德之意。故《大学》云：

> 所谓诚其意者，毋自欺也，如恶恶臭，如好好色，此之谓自

---

[1] 从本始材朴来理解好德，则在"知之"、"好之"之前，仍有一个"好之"，首尾衔接构成了一个循环。这样的循环乃是实践的真相。

谦。故君子必慎其独也!小人闲居为不善,无所不至,见君子而后厌然,掩其不善,而著其善。人之视己,如见其肺肝然,则何益矣。此谓诚于中,形于外,故君子必慎其独也。曾子曰:"十目所视,十手所指,其严乎!"富润屋,德润身,心广体胖,故君子必诚其意。

"如恶恶臭,如好好色",要如好好色般好仁、好德,如恶恶臭般恶不仁、不德。"慎其独",《中庸》郑注:"慎独者,慎其闲居之所为。"[1]这是以《大学》语脉解《中庸》。朱子在此基础之上作了更为内向化的了解。他说:"独者,人所不知而己所独知之地也。"[2]朱子认为,独与不独在心,闲居只是其显著者。将郑玄的逻辑推进了一步。这是传统关于慎独的两种代表性解释。随着战国竹简的出土,慎独问题得到了集中的探讨,其古义也逐步浮现。所谓慎独,大致相当于"慎治其心",目的是"生德于中"。独,即心。心之所以谓之独,一来是因为此心在内而有独知之功能;二来是因为此心之于四肢百体有专断之权,是一身之主宰。[3]在《大学》中,由诚其意说到慎其独,是因为好德之意必须落实于内在德行的完成。"小人闲居为不善"一句,是说小人欲自欺而不得。小人虽然费尽心机作表面的文章,但在他人看来,其为人如何、德行如何历历分明。此所谓"诚于中,形于外"。此处的"诚",兼摄诚意的诚,但主要是指德行的内外完成,相当于漆雕开"吾斯之未能信"的"信"(《公冶

---

[1] 郑玄注、孔颖达疏:《礼记正义》,第1987页。
[2] 朱熹:《四书章句集注》,第7页。
[3] 参见后文第四章对慎独的讨论。

长》)。内在的所是、所得，必表现于外在言行举止之间，为人所见，故学者当慎治其心。子曰："已矣乎！吾未见能见其过而内自讼者也。"(《公冶长》) 自讼是在内心设立诉讼的法庭，时时关照、检点自己的行为和念虑。曾子"十目所视，十手所指"之说，语出一脉。[1] 这是曾子自孔子处继承下来的切实的治心工夫。最后，"富润屋，德润身，心广体胖"一句，是说成德所具有的滋养、安顿身心之效，顺此重提"诚其意"的必要。

此下，《大学》引《诗》"有斐君子，终不可諠兮"、"於戏前王不忘"等，敷陈先王、君子至于道德至善之地，而为民人永志不忘，以此托出儒家为学、为政的鹄的，引发学者的向往之情。又引《书》"克明德"、"克明俊德"等，说明为政之道在于彰明己心之明德，即开篇所谓"大学之道，在明明德"。又引汤之盘铭"苟日新，日日新，又日新"，及《书》"作新民"，《诗》"周虽旧邦，其命维新"等，围绕一个"新"字，说明君子为学自新历程之不可懈怠、无有穷尽。恰如孔子自"十有五而志于学"，至于"七十而从心所欲，不逾矩"(《为政》)，步步升进，至于圣人之地。又如颜渊"见其进也，未见其止也"(《子罕》)。君子唯有日新不已，以求造乎其极，才能相契于圣门的生命情态，跻于圣贤之列。又三引《诗》、二引孔子之言，以文王为榜样，重申道德至善之所在，及明德大化之极致。孔子以此为至，以此为志，学者更当如此。这五章大量引用《诗》、《书》、孔子之言，对"明明德"、"止于至善"、"格物致

---

[1] 另如子曰："攻其恶，无攻人之恶，非修慝与？"(《颜渊》)曾子曰："君子攻其恶，求其过，强其所不能，去私欲，从事于义，可谓学矣。"(《大戴礼记·曾子立事》)

知",皆有明确而详尽的发挥;而此发挥,皆系于"诚意"之后,本意是引导、提撕、帮助学者诚实其意,令学者真正着手自成其德、自明其德的生命实践。

诚意作为首出的工夫,是内在意愿和动力的蕴藉,是成德生命的固本培原,是此下一切工夫实践的前提。正如凌廷堪所言,从正心、修身,到治国、平天下,皆不离于好恶之本源,亦即不离于诚意之工夫。

2.2.3 "正心修身"与"修身为本"

诚意之后,便是正心、修身。如果说,诚意还具有总揽的性质,是实践的前奏;那么,正心、修身,则是事上实践的具体工夫。

> 所谓修身在正其心者:身有所忿懥,则不得其正;有所恐惧,则不得其正;有所好乐,则不得其正;有所忧患,则不得其正。心不在焉,视而不见,听而不闻,食而不知其味。此谓修身在正其心。(《大学》)

"身有"的身,伊川曰:"当作心。"[1] 朱子从之:"盖是四者,皆心之用,而人所不能无者。然一有之而不能察,则欲动情胜,而其用之所行,或不能不失其正矣。"[2] 这一改法是有一定道理的,忿懥、恐惧、好乐、忧患确实是指心而言的,故后世多从之。但从《大学》

---

[1] 《伊川先生改正大学》,《二程集》,第1130页。
[2] 朱熹:《四书章句集注》,第8页。

原文来看，此"身"字不须改。"身有所××，则不得其正"四句，是言修身之蔽，正如下章"人之其所××而辟焉"是言"齐家"之蔽。既然是说修身之蔽，当以身为主语。这句话是说，其心若有所忿懥、恐惧、好乐、忧患，则其身必不得其正。原文相当于：（心）有所忿懥，则（身）不得其正；（心）有所恐惧，则（身）不得其正；（心）有所好乐，则（身）不得其正；（心）有所忧患，则（身）不得其正。简言之，其心不正，则其身不正，故修身在正其心。把身字提前，心字省略，就变成了我们看到的样子。

值得注意的是，忿懥、恐惧、好乐、忧患四者，均有正当不正当的问题，如愤怒有正当的愤怒（怒所当怒），恐惧有正当的恐惧（如"临事而惧，好谋而成"），好乐有好的好乐（如好德、好学、与民同乐），忧患有好的忧患（如"德之不修，学之不讲"是孔子之忧，孟子有"终身之忧"）。关键是在什么场合、出于什么原因而有此四者，以及分寸是否合适。[1] 此处，特指有所偏失的忿懥、恐惧、好乐、忧患。心有所偏失，也即此心不存。故下文云："心不在焉，视而不见，听而不闻，食而不知其味。"在与不在，不是客

---

[1] 明道所谓"圣人之常，以其情顺万物而无情"，"圣人之喜以物之当喜，圣人之怒以物之当怒，是圣人之喜怒，不系于心而系于物也"（《定性书》，《二程集》，第460–461页）。这是情的理想的发用状态，也是情的理学正当性。故就《大学》而言，问题不在四者本身，四者出于私意而失了感物之真才是问题。故朱子曰："人心本是湛然虚明，事物之来，随感而应，自然见得高下轻重。事过便当依前恁地虚，方得。若事未来，先有一个忿懥、好乐、恐惧、忧患之心在这里，及忿懥、好乐、恐惧、忧患之事到来，又以这心相与滚合，便失其正。事了，又只苦留在这里，如何得正？"（《朱子语类》，《朱子全书》第十四册，第538页）所谓在感物应事之前，先存了一个某心，其实是说：由一个源于其它原因的情绪，主宰或影响了当下的判断活动，从而令当下的情绪表达或具体言行失了轻重之宜。

观的有或没有。心之在，有当下呈现和主宰之意。此心的主宰作用不能呈现，则五官感受皆无所主。由是推之，若其心不正，则其身必失。故曰："此谓修身在正其心。"

《大学》又云：

> 所谓齐其家在修其身者：人之其所亲爱而辟焉，之其所贱恶而辟焉，之其所畏敬而辟焉，之其所哀矜而辟焉，之其所敖惰而辟焉。故好而知其恶，恶而知其美者，天下鲜矣！故谚有之曰："人莫知其子之恶，莫知其苗之硕。"此谓身不修不可以齐其家。

"辟焉"的辟，郑玄作"譬"："之，适也。譬，犹喻也。言适彼而以心度之曰：吾何以亲爱此人？非以其有德美与？吾何以敖惰此人？非以其志行薄与？反以喻己，则身修与否，可自知也。"[1] 如此一来，"人之其所××而譬焉"五句，都是学者反己修身的工夫。朱子曰："之，犹于也。辟，犹偏也。五者，在人本有当然之则；然常人之情，惟其所向而不加审焉，则必陷于一偏而身不修矣。"[2] 此处，读辟更为合适。按文本的思路，"辟焉"乃齐家的通病，病根则在己身的亲爱、贱恶、畏敬、哀矜、敖惰。家之不齐，在于身之不修。如此，便可以突出"齐其家在修其身"的"在"字。在是由于、根据之义。若按郑玄的说法，不是"齐家在修身"，而是"于齐其家之时修其身焉"，与《大学》语脉不符。下文云："故好

---

[1] 郑玄注、孔颖达疏：《礼记正义》，第2250页。
[2] 朱熹：《四书章句集注》，第8页。

而知其恶，恶而知其美者，天下鲜矣！"人之常情，喜欢谁，就认为什么都好；讨厌谁，就觉得什么都不好。很少有人能客观公正，在好的同时知其不足，恶的同时知其美善。这正是顺着由亲爱、贱恶、畏敬、哀矜、敖惰导致的"辟焉"而说的。[1]故又引了一句谚语。朱子曰："溺爱者不明，贪得者无厌，是则偏之为害，而家之所以不齐也。"[2]都是不能修身的结果。故曰："此谓身不修不可以齐其家。"

与诚意不同，正心、修身已是成德工夫的具体实下手处。从根本上说，正心、修身二者，都是自修的工夫。其中，正心是修身之大端，也是最重要的部分。而其完成，则也只是修身。故《大学》所谓"修身"，不是身体的身，而是己身的身，相当于孔子"古之学者为己"的"为己"，是个人身心内外的整体完成。故第二章云："自天子以至于庶人，壹是皆以修身为本。其本乱而末治者否矣，其所厚者薄，而其所薄者厚，未之有也！此谓知本，此谓知之至也。"从天子至于庶人，从平天下至于养父母，皆以修身为根本。根本栽培深厚，则枝叶丰茂。德成于身，则具体的实践活动便有落脚处。孔颖达曰："本乱，谓身不修也。末治，谓国家治也。言己身既不修而望家国治者否矣。"[3]是故，知"壹是皆以修身为本"，便是"知本"，便是知之极至。

历史上，"修身为本"的"本"字的理解，曾是一个难题。宋

---

[1] 即《论语》所谓"惑"。子张问崇德、辨惑。子曰："主忠信，徙义，崇德也。爱之欲其生，恶之欲其死。既欲其生，又欲其死，是惑也。'诚不以富，亦只以异。'"(《颜渊》)
[2] 朱熹：《四书章句集注》，第8页。
[3] 郑玄注、孔颖达疏：《礼记正义》，第2241页。

儒将"格物"到"平天下"的八项，直接视为八条目的工夫，前后之间有本末或先后的递进关系。既如此，则论本，必然要求从格致开始，以格致为所有工夫之本。但这样一来，又不免与《大学》"修身为本"的提法相冲突。为此，相对于"修身为本"，蕺山又提出了"本之本"的说法："欲明明德于天下，而天下之本在国，国之本在家，家之本在身，而心、而意、而知，为至善之地，则本之本也。"[1] 提出"本"与"本之本"的区别，是将"本末"视为相对的概念，如同"先后"一般。但按前文的分析，《大学》八个项目，并非都是前后相继的工夫，相互之间有层次的差别。《大学》原义，格物致知不是"本之本"，而是知本；诚意工夫，是从知之进于好之，可谓"好本"。真正被《大学》称为"本"或"至善"的，从德行来说，是明德；从关怀来说，是修身。故《大学》"壹是皆以修身为本"是一个根本的主张，而不是权宜的说法。与之相互印证的是，孟子曰："人有恒言，皆曰'天下国家'。天下之本在国，国之本在家，家之本在身。"（《离娄上》）孟子以天下-国-家-身，次第为本，但身之下再无所谓身之本，与《大学》是一致的。《大学》的"修身"，即孔子的"为己"，"修身之学"即孔子的"为己之学"，它是一个综括的概念。以"修身"替代孔子的"为己"，成为成德之学的核心关切，正是曾子之学的本质特征。修身一词，也是那个时代的标志性概念。

在修身为本的前提下，《大学》又著明"修身在正其心"，是为了从身心二维展开工夫，以内在的心德总领外在的言行。孔子对学

---

[1]《大学古记约义》,《刘宗周全集》第一册，第644页。

者身心维度的要求，分为两个层次：其一，是言行的一致；其二，是外在言行与内在心行的一致。从言行的要求，进至于对内心的要求，这是一个逐步向内反省、追求的过程，以期达到内外的一体通明。相应地，《大学》正心章的工夫落在心上，端正此心、节制此心；而修身章的五个"辟焉"，则关涉了家庭生活的具体言行。从正心而正言行，可以说是孔子身心二维工夫的明确化。差别只是在于，孔子由言行之修而进求于内心之修，《大学》则先在心上用力，再推之于言行。先后或顺逆的差别，取决于言说的立场和思想的道路。

修身以下，论齐家、治国、平天下，是在不同的实践层面的具体展开。这里有两点值得注意：其一，"所谓治国必先齐其家者"、"所谓平天下在治其国者"的表述方式，强调了两者的内在推展关系；其二，每一部分的具体阐述，仍然可以体现以明德、修身为本的基本立场。"家-国-天下"的推展关系之所以能成立，据于古代社会家国同构的历史事实。这一关系，在文王时代既已明确。如《大雅·思齐》："刑于寡妻，至于兄弟，以御于家邦。"可以刑，是修身；"刑于寡妻，至于兄弟"，是齐家；"以御于家邦"，是治国。文王当时尚未受命，故至此而止。若是已然受命，添一句"以极于天下"，也未尝不可。又《老子》第五十四章："修之身，其德乃真；修之家，其德有余；修之乡，其德乃长；修之邦，其德乃丰；修之天〔下，其德乃溥。以家观〕家，以乡观乡，以邦观邦，以天下观天下。"（郭店竹简）身-家-乡-国-天下的层次关系，已经非常明了了。不过，两者相比，《老子》"以家观家"之类的表述，各个实践领域似是独立的存在；而《大学》的思路，则是强调了由近及远、由小到大的推广关系。这是两者的重要不同。

2.2.4　首句与周文政治理想

七十子后学的作品,多以首句或首章揭示宗旨。《大学》首句"大学之道,在明明德,在亲民,在止于至善",乃全篇体要之所在。[1] 朱子以明明德、亲民、止于至善为"三纲领",与格、致、诚、正、修、齐、治、平"八条目"对举。[2] 此后,"三纲八目"成了《大学》诠释的基本结构。宋以后的儒者,除了在八条目的解释上争论不休之外,对于三纲领的把握也有重要的差别。但差别之外,又有共通之处,源于理学的思想结构。然而,就《大学》古义而言,所谓"三纲领"的提法是不合适的。[3] 首句乃是对周文理想政治的提炼,以之为儒者最高的实践理想。下面,我们就来看一下《大学》首句的问题。

①"明明德"之古义

关于"在明明德",朱子曰:"明,明之也。明德者,人之所得乎天,而虚灵不昧,以具众理而应万事者也。但为气禀所拘,人欲所蔽,则有时而昏;然其本体之明,则有未尝息者。故学者当因

---

[1] 题注孔疏:"此《大学》之篇,论学成之事,能治其国,章明其德于天下,却本明德,所由先从诚意为始。"(孔安国传、孔颖达疏:《尚书正义》,第2236页)除了最后一句,都是在说首句。

[2] 朱熹:《四书章句集注》,第3-4页。

[3] 劳思光指出:"唯'三纲领'乃后人杜撰耳。何以谓之'杜撰'?盖《大学》所谓'明明德'及'亲民',即指'平天下'而言,故说'古之欲明明德于天下者,先治其国',依此语脉与下文对照,可知'明明德于天下'即'平天下',并非在此一'条目'之外作为'纲领'。至于'止于至善',则不过标指一'目的'观念,与'明明德'及'亲民'之语义,亦不是并列者。"(劳思光:《新编中国哲学史》第二卷,第40页)可作参考。

其所发而遂明之,以复其初也。"[1]在朱子看来,明德是天生禀赋的性德,所谓"虚灵不昧,以具众理而应万事者也"。虚灵不昧,指心而言。这句话又相当于说,心具众理而应万事。本体本明,只因气禀遮蔽,有时而昏,故须通过"明之"的工夫以复其本然之明。[2] 朱子认定明德为超越的本体,从理学的角度说,它虽不是现实之真实,却可以说是理性之真实。但这一解释,不合先秦的语脉。

先秦的"明德"概念,源远流长。除了《大学》所引《康诰》"克明德(慎罚)"、《太甲》"顾諟天之明命"、《尧典》"克明峻(俊)德"之外,《尚书》《诗经》直接提到"明德"的,还有《梓材》"勤用明德""既用明德"、《多士》"明德恤祀"、《君奭》"恭明德"、《多方》"明德慎罚"、《君陈》"明德惟馨"、《文侯之命》"克慎明德",以及《大雅·皇矣》"帝迁明德""予怀明德"等。"明德"作为一个理念,可以上溯至《尧典》、《太甲》;但作为一个固定的专词,出现于殷周之际,尤其盛行于周公的典诰。且《康诰》《梓材》《文侯之命》《皇矣》用"明德",都是形容文王(或兼文武)之德;《多士》《多方》追溯商先王之德,以对比纣之不德;《君奭》则是就后人对文王之德的继承而言。我们有理由推测,明德概念的产生,最初可能是周公时代对文王之德的认定或界说。或者说,文王之德,乃是明德这一概念的活水源头;正是文王之德,撑起了明德一词的核心意涵。

在以上文例中,明德有两种用法。第一种,是偏正结构的名

---

[1] 朱熹:《四书章句集注》,第3页。
[2] 将明明德理解为发明自身的性德,几乎是宋明诸家的共识。如阳明曰"'修己'便是'明明德'"(《传习录》,第1条),"穷理即是明明德"(《传习录》,第7条)。

词,指光明之德。《大雅·皇矣》"帝迁明德",毛传:"徙就文王之德也。"[1] "予怀明德",毛传:"我归人君有光明之德。"[2]《梓材》"勤用明德""既用明德"、《君陈》"明德惟馨"等,也都是这个意思。古人常以光明形容圣君或圣君之德。如《尧典》说帝尧"光被四表,格于上下",孔子称叹"焕乎,其有文章"(《公冶长》)。《大雅·大明》毛序:"《大明》,文王有明德,故天复命武王也。"首句"明明在下,赫赫在上",毛传:"明明,察也。文王之德,明明于下,故赫赫然著见于天。"郑笺:"明明者,文王、武王施明德于天下,其征应炤晳见于天,谓三辰效验。"[3] 此中"大明"、"明明",正是形容文王之德光显于下。《明夷·象》:"内文明而外柔顺,以蒙大难,文王以之。""内文明",则是形容文王内有文明之德。第二种,是动宾结构,谓显明其德。其中,德相当于上述的明德,而明是显明义。《康诰》"克明德"、《文侯之命》"克慎明德"、《多士》"明德恤祀"、《多方》"明德慎罚"等,都是这种用例。另如《大雅·皇矣》"其德克明",两字倒置,表达结果的含义。《鲁颂·泮水》"明明鲁侯,克明其德","明明"是形容鲁侯之德,"明其德"是明此明明之德。

在此,所谓"明德",首先是指现实中的德行,而不是指本然的心性之德。诚如牟宗三所说:"《尧典》、《康诰》言'德'或'峻德'皆指德行说,那时似更不能意识到本有之心性也。"[4] 其次,它

---

[1] 毛亨传、郑玄笺、孔颖达疏:《毛诗注疏》,第1469页。
[2] 同上书,第1483页。
[3] 同上书,第1388页。
[4] 牟宗三:《心体与性体》(下),第334页。

也不是指己身私有的德行，更多的是指能够在公共领域中表达为相应的政治举措、造就清明的政治秩序的能力，作为动宾结构的明德尤为如此。[1] 换言之，它是一种"政治德行"，或"政治概念"。[2] 孟琢指出："早期明德是贵族性的政治道德，其行为主体为上古圣王，它以天命为依据，具有理性化的特点。"[3] 这一判断应是合乎实情的。

值得说明的是，在"明德"（作为动词）所蕴含的政治举措中，很重要的一个方面是选贤任能。故传统对动宾结构的明德，多从选贤的角度来解释。《尧典》"克明俊德"，伪孔传："能明俊德之士，任用之。"郑玄亦曰："俊德，贤才兼人者。"[4]《康诰》"克明德"，伪孔传："能显用俊德。"[5]《文侯之命》"克慎明德"，伪孔传："能详慎显用有德。"[6] 皆是如此。诚然，选贤在古代政治举措中居于核心的地位。如《皋陶谟》"知人则哲"，孔子回答樊迟"问知"曰"知人"（《颜渊》），都是对此的强调。统治者最大的明，就是识人、知人。这一理念，源于古代悠久的政治传统。子夏解"举直错诸枉，

---

[1] 徐复观说："明德之德，在周初原系指行为而言；'明德'乃指有明智的行为；峻（俊）德，乃指有才俊的行为。……《大学》此处的明德，大概也只能作明智的行为解释，而不是指的是心；明明德，是推明自己明智的行为，而不是推明自己的心。"（徐复观：《中国人性论史》，第172页）按，徐氏强调"明德"原本的行为意义是正确的。不过，更确切地说，它是关乎政治的行为。

[2] 郑开指出："早期的'明德'一定和'天命'、'天德'概念脱不了干系。……'明德'既是一个宗教术语，同时也是一个政治概念。"（郑开：《德礼之间：前诸子时期的思想史》，第280–281页）

[3] 孟琢：《明德的普遍性——〈大学〉"明德"思想新探》，《中国哲学史》2019年第2期，第64页。

[4] 孔安国传、孔颖达疏：《尚书正义》，第36、37页。

[5] 同上书，第532页。

[6] 同上书，第800页。

能使枉者直"云:"舜有天下,选于众,举皋陶,不仁者远矣;汤有天下,选于众,举伊尹,不仁者远矣。"(《颜渊》)以选贤为其政治的要义。

> 舜有臣五人而天下治。武王曰:"予有乱臣十人。"孔子曰:"才难,不其然乎?唐虞之际,于斯为盛。有妇人焉,九人而已。三分天下有其二,以服事殷。周之德,其可谓至德也已矣。"(《泰伯》)

舜因为得了五个人才,而天下大治。武王因为有了十位治世之臣,而平定天下。孔子感叹,人才难得。所谓"唐虞之际,于斯为盛",意谓:"自唐虞以下,周初为盛。"[1] 盛赞了周初之德。文武周公对人才极度重视,诚为典范。《君奭》周公曰:"惟文王尚克修和我有夏,亦惟有若虢叔,有若闳夭,有若散宜生,有若泰颠,有若南宫括。……武王惟兹四人,尚迪有禄。后暨武王,诞将天威,咸刘厥敌。惟兹四人昭武王,惟冒,丕单称德。"[2] 而周公自道:"我一沐三捉发,一饭三吐哺,起以待士,犹恐失天下之贤人。"(《史记·鲁周公世家》)他们对人才的重视,可以说是周文政治的重要遗产。或许正是因为这个原因,伪孔传、郑玄才会从选贤的角度解释"克明俊德"、"克明德"等。

但从明德概念的一致性来讲,解作先王明己明德更为合适。如《梓材》"先王既勤用明德,怀为夹",伪孔传:"言文、武已勤用明

---

[1] 钱穆:《论语新解》,第217页。
[2] 伪孔传:"虢叔先死,故曰四人。"(孔安国传、孔颖达疏:《尚书正义》,第653页)

德，怀远为近，汝治当法之。"孔疏："先王文、武在于前世，已自勤用明德，招怀远人，使来以为亲近也。以明德怀柔之……"[1] 这里的"明德"，就是指明德之政，孔颖达所谓"为政用明德以怀万国"是也。再比如，《君奭》前引"亦惟有若虢叔"等之后，提到"乃惟时昭文王"，伪孔传："乃惟是五人，明文王之德。"贤臣之重用，最终也归结为昭示、显明文王之德。故从概念上，我们可以说，选贤之义从属于圣王的明德之治，乃是圣王明其德的具体举措之一。既然如此，圣王的"克明德"、"克明俊德"等，就不宜直接理解为明用贤人。

回到《大学》"明明德"，郑注："明明德，谓显明其至德也。"[2] 孔疏："谓身有明德而更章显之。"[3] 应是正解，与作动宾理解的明德古义是一致的。所谓"明明德"，本指圣王显明己身光明之德于天下，故下文云"古之欲明明德于天下者"。从"天下"一词说，明明德的究竟义，是就古代圣王的明德之治而言的，不是从普通人来讲的。当然，《大学》在把它设为大学之道的最高理想的同时，也对之作了一种泛化的理解。结合孔子"修己安人"的设想，明明德可以理解为士人实践活动的一种内在结构，即：在自我方面养成光明的德行（明德），而在不同的实践层面上章而明之（明明德）。换言之，明明德是一个嵌套结构，既包含了明德之成于己，亦包括了明德之向外的显明。

---

1 孔安国传、孔颖达疏：《尚书正义》，第567、568页。
2 郑玄注、孔颖达疏：《礼记正义》，第2232页。
3 同上书，第2240页。

② "亲民"之古义

"亲民"二字,也是一个疑案。伊川定《大学》,改正了两处文字。一是在"身有所忿懥"的"身"字之下注"当作心",一是在"亲民"的"亲"字之下注"当作新"。[1] 朱熹从之:"新者,革其旧之谓也,言既自明其明德,又当推以及人,使之亦有以去其旧染之污也。"[2] 这一解释,无疑是顺着理学对明德的理解而来的。明明德既然是学者自明、自复本有之性德,自明之后,便当推而行之,使天下之人皆能去其染污,而各复明德。此孟子所谓"以先觉觉后觉"(《孟子·万章上》)的过程,也是理学的实践理想。

文字学上,"亲"、"新"二字可以假借。郭店竹简"亲"都写作"新",李学勤据此推论:"《大学》的'亲民'原来也应该是'新民',程朱所说还是有道理的。"[3] 这一推理,在逻辑上是不严格的。郭店简证明了两字可以通用,但此处为何还需讨论。我们甚至可以反问,《大学》既有"新"字,也有"亲"字,若是"亲当作新",古人为何不直接写为"新"呢?若《大学》写本是自觉的,则两字的并存,反而说明"亲"不能直接改为"新"。

当然,以上的分析,还不能得出令人信服的结论。说到底,文字的读法还关涉思想的理解。从文本看,程朱改字,主要依据以下一段:"汤之盘铭曰:'苟日新,日日新,又日新。'《康诰》曰:'作新民。'《诗》曰:'周虽旧邦,其命惟新。'是故君子无所不用

---

[1]《伊川先生改正大学》,《二程集》,第1129页。
[2] 朱熹:《四书章句集注》,第3页。
[3] 李学勤:《郭店竹简与儒家经籍》,《中国哲学》第二十辑,沈阳:辽宁教育出版社,1999年,第21页。

其极。"此处连引五个"新"字，朱子以为即自新新民之旨。其《盘铭》注："言诚能一日有以涤其旧染之污而自新，则当因其已新者，而日日新之，又日新之，不可略有间断也。"其"君子无所不用其极"注："自新新民，皆欲止于至善也。"[1]朱子认为，这几句是专门阐述新民之意，遂将之独立出来，作为"新民"之传。进一步，又将明德、新民对应于八条目："修身以上，明明德之事也。修身以下，新民之事也。"[2]这一说法，建立在己与人的对举格局之上。但按古人传统，齐家也作新民讲，将家人视为民，实难令人接受。

王阳明提倡《大学古本》，不同意改"亲民"为"新民"。他说："'作新民'之'新'，是自新之民，与'在新民'之'新'不同，此岂足为据？'作'字却与'亲'字相对，然非'亲'字义。下面'治国平天下'处，皆于'新'字无发明。如云'君子贤其贤而亲其亲，小人乐其乐而利其利'、'如保赤子'、'民之所好好之，民之所恶恶之，此之谓民之父母'之类，皆是'亲'字意。'亲民'犹《孟子》'亲亲仁民'之谓，亲之即仁之也。百姓不亲，舜使契为司徒，敬敷五教，所以亲之也。《尧典》'克明峻德'便是'明明德'，'以亲九族'至'平章'、'协和'，便是'亲民'，便是'明明德于天下'。又如孔子言'修己以安百姓'，'修己'便是'明明德'，'安百姓'便是'亲民'。说'亲民'便是兼教养意，说'新民'便觉偏了。"(《传习录》，第1条）阳明指出，下文"作新民"

---
[1] 朱熹:《四书章句集注》，第5页。
[2] 同上书，第4页。

自有语脉，与首句"在亲民"不同，程朱据以改《大学》首句，证据不足。又指出，《大学》下文于"新民"无所发挥，而"亲民"之意则在在而是。又指出，只是"亲民"，教养之意已包括其中；但说"新民"，则不见亲睦协和之意，与《尧典》及孔子之意不符。进一步，他还从"万物一体"的角度，发挥了"亲民"之义：

> 曰："然则何以在'亲民'乎？"
> 曰："明明德者，立其天地万物一体之体也。亲民者，达其天地万物一体之用也。故明明德必在于亲民，而亲民乃所以明其明德也。是故亲吾之父，以及人之父，以及天下人之父，而后吾之仁实与吾之父、人之父与天下人之父而为一体矣；实与之为一体，而后孝之明德始明矣！亲吾之兄，以及人之兄，以及天下人之兄，而后吾之仁实与吾之兄、人之兄与天下人之兄而为一体矣；实与之为一体，而后弟之明德始明矣！君臣也，夫妇也，朋友也，以至于山川鬼神鸟兽草木也，莫不实有以亲之，以达吾一体之仁，然后吾之明德始无不明，而真能以天地万物为一体矣。夫是之谓明明德于天下，是之谓家齐国治而天下平，是之谓尽性。"[1]

阳明认为，"明明德"确立了万物一体的本体，"亲民"则是在现实的实践活动之中，真正达到万物一体的境界。从亲我之父兄，而亲天下之父兄，与之一体；以至于亲君臣、夫妇、朋友，及于世间万事万物，以实现一体之仁。只有在这个过程中，才能真正实现以万

---

[1] 王阳明：《大学问》，《王阳明全集》，第1067页。

物为一体的境界,此即"明明德于天下"。

从先秦的思想语脉来说,阳明之说更为可取。诚如阳明所说,孔子"修己以安人"、"修己以安百姓"(《宪问》)的"安",是一个社会理想的完整实现,而不能仅仅理解为教化。再者,先秦所说的民众的教化,是一个自然影响的过程,不强调民众自觉的自我更新和自我完善。君子也不会用对自己的德行要求,来要求民众。子曰:"困而不学,民斯为下矣。"(《季氏》)这不是鄙视民众,只是因为古代民众一般劳碌于生计,没有专门学习的机会。子曰:"君子怀德,小人怀土;君子怀刑,小人怀惠。"(《里仁》)普通民众对于故土和恩惠的关切,出于自身分位的自然要求,乃是社会的事实。子曰:"君子之德风,小人之德草。草上之风,必偃。"(《颜渊》)君子对民众的风化,是在不知不觉间发生的。至于《康诰》所说"作新民",是周公面对故商贵族的申令,并非文王、武王教化民众之道。

③ 周文的政治理想

回到先秦思想的出处,可以发现,"在明明德,在亲民,在至于至善"的语义结构,恰恰反映了古人的政治理想。如《尧典》记载:

> 曰若稽古,帝尧曰放勋,钦明文思安安,允恭克让,光被四表,格于上下。克明俊德,以亲九族。九族既睦,平章百姓。百姓昭明,协和万邦,黎民于变时雍。

第一句"钦明文思安安,允恭克让"是说帝尧之德。"光被四表,格于上下"，伪孔传："故其名闻充溢四外，至于天地。"[1] 四表、四外，若四海、四荒，指极远之地。"至于天地"，孔颖达曰："喻其声闻远耳。《礼运》称'圣人为政，能使天降膏露，地出醴泉'，是名闻远达，使天地效灵。是亦'格于上下'之事。"[2] 总之，"光被四表，格于上下"是说尧帝声名著盛，无远弗届，感格天神、地祇。这实际上也是明德之所谓"明"。

第二句以下，写明德、亲民事。"克明俊德"，郑玄注："俊德，贤才兼人者。"伪孔传："能明俊德之士，任用之。"[3] 前已分析，这个解释是不合适的。且按《尧典》的逻辑，"乃命羲和"是在"协和万邦"之后，再行设立官职制度。此处的"俊德"，"当指一己之俊德"[4]，孙星衍云"自明其德"是也。[5]《尧典》之意，"钦明文思安安，允恭克让"，即尧之"俊德"；"以亲九族"、"平章百姓"、"协和万邦"，即尧之"明俊德"。施己大德于天下，所谓"博施济众"是也。阳明说，此"便是亲民，便是明明德于天下"，实是的见。《尧典》对尧的描述，与《大学》明德、亲民之旨是一致的。

《尧典》虽是今文所传，但所述年代过于久远，今人未必置信。学者更愿意相信，它是后人根据相关史料整理、增窜而成。[6] 除《尧典》之外，《周书》对文王之政的描述，也有相似的结构。典型的，如《康诰》云：

---

1 孔安国传、孔颖达疏：《尚书正义》，第35页。
2 同上书，第36页。
3 同上书，第37、36页。
4 臧克和：《尚书文字校诂》，第28页。
5 孙星衍：《尚书今古文注疏》，第7页。
6 参见刘起釪：《尧典写成时代诸问题》，《尚书研究要论》，第156—173页。

惟乃丕显考文王，克明德慎罚，不敢侮鳏寡，庸庸、祗祗、威威、显民，用肇造我区夏，越我一二邦以修。我西土惟时怙，冒闻于上帝，帝休，天乃大命文王殪戎殷，诞受厥命。越厥邦、厥民，惟时叙。

伪孔传："惟汝大明父文王，能显用俊德，慎去刑罚，以为教首。……惠恤穷民，不慢鳏夫寡妇，用可用，敬可敬，刑可刑，明此道以示民。用此明德慎罚之道，始为政于我区域诸夏，故于我一二邦皆以修治。"[1] 要之，文王治民之道，在"明德"与"慎罚"二者。明德，即显明其盛德，或曰用明德之政。其具体的举措，即以仁恩施及百姓，举用贤人（小德小用、大德大用），所谓"不敢侮鳏寡，庸庸、祗祗"。慎罚，则申明法度，所谓"威威"。德政为主，刑罚辅之，故曰"显民"。故《康诰》所谓"克明德"，实即文王的亲民之道。文王由是而亲虞、芮，以至"三分天下有其二"，孔子叹为"至德"（《泰伯》）。至武王，而殪戎殷、有天下。

类似的，如《梓材》云："先王既勤用明德，怀为夹。庶邦享作，兄弟方来，亦既用明德。"意思是说，文王、武王勤用明德，怀远为近，以至于众多小国皆来朝享，兄弟之邦亦来宾服。又《文侯之命》云："丕显文、武，克慎明德，昭升于上，敷闻在下。惟时，上帝集厥命于文王。亦惟先正，克左右昭事厥辟。越小大谋猷，罔不率从，肆先祖怀在位。"意思是说，文王、武王能戒慎明德，故受命于天；能任用左右贤良之臣，故天下无不顺从。以上说

---

[1] 孔安国传、孔颖达疏：《尚书正义》，第532页。

法，我们可以列一个表格。

	明德之政、亲民之道	其 效
《康诰》	惟乃丕显考文王，克明德慎罚，不敢侮鳏寡，庸庸、祗祗、威威、显民。	用肇造我区夏，越我一二邦以修。我西土惟时怙，冒闻于上帝，帝休，天乃大命文王殪戎殷，诞受厥命。越厥邦、厥民，惟时叙。
《梓材》	先王既勤用明德，怀为夹。	庶邦享作，兄弟方来，亦既用明德。
《文侯之命》	丕显文、武，克慎明德，昭升于上，敷闻在下。	惟时，上帝集厥命于文王。亦惟先正，克左右昭事厥辟。越小大谋猷，罔不率从，肆先祖怀在位。

要之，周人认为，文王之所以能受天大命、武王时代之所以平定天下，原因在于文王能够彰显明德，以"明明德"的方式去治民，去"亲民"。事实上，据史书记载，以及笔者关于《周易》卦爻辞的研究，文王时代从"明明德"到"天下归周"的"亲民"过程，经历了三个步骤或阶段：第一阶段是一批贤人的归附。所谓"太颠、闳夭、散宜生、鬻子、辛甲大夫之徒皆往归之"（《史记·周本纪》），事在文王囚羑里之前。这些人见识非凡，能于文王潜龙勿用之际，看到文王内在的盛德，预见其将来的大业。他们后来成了文王的肱骨之臣。第二阶段是各国诸侯的分批归附。文王决虞芮之讼，两国率先归附，推举文王祭天称王。文王伐黎之后，献千里之地、除炮格之刑，诸侯纷纷归附。文王克崇迁丰，形势更为明朗，诸侯更是鱼贯而来。《左传》襄公四年所谓"文王帅殷之叛国以事纣"，便是指这个时候。第三阶段是各国民众的归心。文王的征伐，目的是征讨有罪诸侯，解民于倒悬。战争之后，文王非常重视被征服国家的秩序重建。诸侯的归附，同时也带来了他国的民

第二章 曾子的修身论

众。民众与贤人或诸侯不同，他们不一定具有政治的远见，但他们对政俗美恶的感受，却非常敏锐。民众直接感受到了文王的德泽，于是归心文王，尽其劳力以事文王（如《大雅·灵台》所描述的）。只有到了民心归附的时候，文王才真正到了"三分天下有其二"、"天下归心"的地步。故《临》上六："敦临。"《复》六五："敦复。"《艮》上九："敦艮。"三爻皆用"敦"字，表现了此时的鼎盛境界。[1] 这三个阶段之中，虞芮之讼是文王从"治国"到"平天下"的转折点。故《大雅·绵》曰："虞芮质厥成，文王蹶厥生。予曰有疏附，予曰有先后，予曰有奔奏，予曰有御侮。"说的正是此事之后，诸侯纷纷归附文王的情景。《康诰》所谓"越我一二邦以修"，《梓材》所谓"庶邦享作，兄弟方来"，便是指虞芮来宾、诸侯来朝之时，属于第二个阶段的亲民成果。

若将《尧典》与《周书》比较，两者有明显的不同。在《周书》的叙述结构中，"明德"与"亲民"是一体的事情。文王的明德，即体现在"不敢侮鳏寡，庸庸、祗祗"等具体的亲民措施之中。民众直接感受到的文王之明，即文王的明德之政。如《井》九三："井渫不食，为我心恻，可用汲，王明，并受其福。"文王允许民众与之共用井水，民众方能感受到文王明德之所以明。而到了《尧典》，"钦明文思安安，允恭克让，光被四表，格于上下"，先是极致描写帝尧的明德之明，此后再有克明俊德之事。显然，后者从"明德"到"明明德"的关系呈现得更为清晰。从思想史发展的一般历程来推断，《尧典》这句话的思想结构，在年代上应是晚于

---

[1] 参见何益鑫：《〈周易〉卦爻辞历史叙事研究》，第283-285页。

《周书》的。它可能是在文王明德的范型之下，东周时人反推三代，对政治理想及古代圣王的重新表述。

要之，以"明明德"、"亲民"为"平天下"的实质，这一思想源于周文王政治实践的历史型范。此型范，在周初时代，通过周公等人的深刻反思而得以确立，故见诸周人典诰之中，也成为了周代商的政权合法性的一种表述。此即《大学》"在明明德，在亲民"思想的历史根源。唐文治指出："《礼记》所载《大学》，乃周文王之教也。……文王之学以明德为主，故成周之教士，亦以明明德为先。"[1] 这一判定，可谓卓识。

孔子以周文为理想，在道德与政治上提出了"修己以安人"的理想。子路问君子。子曰："修己以敬。"曰："如斯而已乎？"曰："修己以安人。"曰："如斯而已乎？"曰："修己以安百姓。修己以安百姓，尧舜其犹病诸！"（《宪问》）孔子先提"修己以敬"，只是成德于己的工夫。到了"修己以安人"，已经明确了以己身的成德，达至政治的实践。"修己以安百姓"，则将范围与程度往极处说，相当于"平天下"。故曰："修己以安百姓，尧舜其犹病诸！"孔子的这一思想，从根源上说，源于周文的政治理想。但这一思想的结构，则近于《尧典》。

曾子的思想，继承自孔子。但《大学》首章所论，却更近于《周书》所见的文王之道。《大学》把它提炼为大学之道，作为儒家

---

[1] 唐文治：《大学大义》，《唐文治经学论著集》第三册，第1741页。又李旭指出："《书》《诗》二经是《大学》重要的思想渊源，《尚书·康诰》一篇所体现的政教传统，尤为《大学》首句之义理原型所在。"（李旭：《〈书〉〈诗〉政教传统下的〈大学〉义理纲维》，《哲学研究》2020年第7期，第90页）也是很正确的。不过，是文具体的分析尚有可商榷之处。

终极的实践理想。其中,"明德"是己身光明之德;"明明德"即"亲民"之道,以"明明德"的方式"亲民",亦以"亲民"为"明明德"的落实。故无论对于文王、周公而言,还是对于《大学》古义来说,明明德与亲民都是一体两面的事情,不是把它们对应于修己、治人两个阶段(如宋明儒者的解释)。

事实上,修己、治人二者,统摄于"明明德"的概念之内,乃是它的内部结构。其区分不在"明明德"与"亲民"之间,而在"明德"与"明明德"及"亲民"之间。前者对应于"修身为本",即以明德的修为为具体实践的基础;后者对应于"齐家、治国、平天下",即在人伦政治的层面彰显明德。《大学》对这两层是有清晰的区分的。诚意章先引《康诰》、《太甲》、《帝典》,而曰:"皆自明也。"郑注:"皆自明明德也。"[1] 接着又引汤之《盘铭》、《康诰》,而曰:"是故君子无所不用其极。"郑注:"君子日新其德,常尽力,不有余也。"[2] 即是由政治上明明德的理想,返回到个人的修身成德,以自身明德的生成作为明明德的基础。此正孔颖达所谓"章明其德于天下,却本明德"之义。当然,对于古人来说,明德的修为与施用,很大程度上统一于具体的实践中。在此意义上,两者又并无绝对的先后之分。关键是在其中识得本末,故曰:"自天子以至于庶人,壹是皆以修身为本。……此谓知本,此谓知之至也。"

最后,"止于至善"的"至善",朱子曰:"至善,则事理当然之极。言明明德、新民,皆当至于至善之地而不迁。盖必其有以尽

---

1 郑玄注、孔颖达疏:《礼记正义》,第2239页。
2 同上。

夫天理之极,而无一毫人欲之私也。"[1] 所谓至善,既是纯粹至善的天理,也是天理流行的极致境界。阳明亦曰:"至善者,明德、亲民之极则也。天命之性,粹然至善,其灵昭不昧者,此其至善之发见,是乃明德之本体,而即所谓良知也。"[2] 至善即良知。朱子、阳明的说法,当为思想的转进与发越,却不是先秦的古义。

若顺着之前的思路,从政治实践的理想来看,这一句不难理解。明明德与亲民,只是实践的活动,还没有说到实践的结果(效验)。止于至善,即指政治实践所要达到的极致目标或理想境界。明明德,而明德明于天下;亲民,而天下之人皆来亲附。实践到了这个程度,便是真正的明明德、亲民,便是现实的至善境界。故下文云"盛德至善,民之不能忘",明明德而民不忘(亲),此即至善之境。又引《诗》云:"邦畿千里,惟民所止。"百姓皆来休止于文明礼乐之邦,即是止于至善。又曰:"《诗》云:'穆穆文王,於缉熙敬止!'为人君,止于仁;为人臣,止于敬;为人子,止于孝;为人父,止于慈;与国人交,止于信。"文王止于敬德,人臣百姓莫不止于人伦之所当止,以至于无讼之境。此诚道德政治之理想境界之极至,即《大学》首章所谓"止于至善"者也。

附:《大学》原文(郑注孔疏本)

大学之道,在明明德,在亲民,在止于至善。知止而后有定,定而后能静,静而后能安,安而后能虑,虑而后能得。物有本末,

---

[1] 朱熹:《四书章句集注》,第3页。
[2] 王阳明:《大学问》,《王阳明全集》中,第1067页。

事有终始，知所先后，则近道矣。

古之欲明明德于天下者，先治其国；欲治其国者，先齐其家；欲齐其家者，先修其身；欲修其身者，先正其心；欲正其心者，先诚其意；欲诚其意者，先致其知，致知在格物。物格而后知至，知至而后意诚，意诚而后心正，心正而后身修，身修而后家齐，家齐而后国治，国治而后天下平。自天子以至于庶人，壹是皆以修身为本。其本乱而末治者否矣。其所厚者薄，而其所薄者厚，未之有也！此谓知本，此谓知之至也。

所谓诚其意者，毋自欺也。如恶恶臭，如好好色，此之谓自谦。故君子必慎其独也。小人闲居为不善，无所不至，见君子而后厌然，掩其不善而著其善。人之视己，如见其肺肝然，则何益矣！此谓诚于中，形于外，故君子必慎其独也。

曾子曰："十目所视，十手所指，其严乎！"富润屋，德润身，心广体胖，故君子必诚其意。

《诗》云："瞻彼淇澳，菉竹猗猗。有斐君子，如切如磋，如琢如磨。瑟兮僩兮，赫兮喧兮。有斐君子，终不可諠兮。""如切如磋"者，道学也；"如琢如磨"者，自修也；"瑟兮僩兮"者，恂栗也；"赫兮喧兮"者，威仪也；"有斐君子，终不可諠兮"者，道盛德至善，民之不能忘也。

《诗》云："於戏前王不忘！"君子贤其贤而亲其亲，小人乐其乐而利其利，此以没世不忘也。

《康诰》曰："克明德。"《太甲》曰："顾諟天之明命。"《帝典》曰："克明峻德。"皆自明也。

汤之《盘铭》曰："苟日新，日日新，又日新。"《康诰》曰：

"作新民。"《诗》曰:"周虽旧邦,其命惟新。"是故君子无所不用其极。《诗》云:"邦畿千里,惟民所止。"《诗》云:"缗蛮黄鸟,止于丘隅。"子曰:"于止,知其所止。可以人而不如鸟乎?"

《诗》云:"穆穆文王,於缉熙敬止!"为人君,止于仁;为人臣,止于敬;为人子,止于孝;为人父,止于慈;与国人交,止于信。

子曰:"听讼,吾犹人也,必也使无讼乎!"无情者不得尽其辞,大畏民志。此谓知本。

所谓修身在正其心者:身有所忿懥,则不得其正;有所恐惧,则不得其正;有所好乐,则不得其正;有所忧患,则不得其正。心不在焉,视而不见,听而不闻,食而不知其味。此谓修身在正其心。

所谓齐其家在修其身者:人之其所亲爱而辟(《礼记》"辟"作"譬",下同)焉,之其所贱恶而辟焉,之其所畏敬而辟焉,之其所哀矜而辟焉,之其所敖惰而辟焉。故好而知其恶,恶而知其美者,天下鲜矣。故谚有之曰:"人莫知其子之恶,莫知其苗之硕。"此谓身不修不可以齐其家。

所谓治国必先齐其家者,其家不可教而能教人者,无之。故君子不出家而成教于国:孝者,所以事君也;弟者,所以事长也;慈者,所以使众也。《康诰》曰:"如保赤子。"心诚求之,虽不中不远矣。未有学养子而后嫁者也!一家仁,一国兴仁;一家让,一国兴让;一人贪戾,一国作乱。其机如此。此谓一言偾事,一人定国。尧舜率天下以仁,而民从之;桀纣率天下以暴,而民从之。其所令反其所好,而民不从。是故君子有诸己而后求诸人,无诸己而后非诸人。所藏乎身不恕,而能喻诸人者,未之有也。故治国在齐其家。《诗》云:"桃之夭夭,其叶蓁蓁。之子于归,宜其家人。"

宜其家人,而后可以教国人。《诗》云:"宜兄宜弟。"宜兄宜弟,而后可以教国人。《诗》云:"其仪不忒,正是四国。"其为父子兄弟足法,而后民法之也。此谓治国在齐其家。

所谓平天下在治其国者:上老老而民兴孝,上长长而民兴弟,上恤孤而民不倍,是以君子有絜矩之道也。所恶于上,毋以使下;所恶于下,毋以事上;所恶于前,毋以先后;所恶于后,毋以从前;所恶于右,毋以交于左;所恶于左,毋以交于右。此之谓絜矩之道。《诗》云:"乐只君子,民之父母。"民之所好好之,民之所恶恶之,此之谓民之父母。《诗》云:"节彼南山,维石岩岩。赫赫师尹,民具尔瞻。"有国者不可以不慎,辟则为天下僇矣。《诗》云:"殷之未丧师,克配上帝。仪监于殷,峻命不易。"道得众则得国,失众则失国。是故君子先慎乎德。有德此有人,有人此有土,有土此有财,有财此有用。德者本也,财者末也。外本内末,争民施夺。是故财聚则民散,财散则民聚。是故言悖而出者,亦悖而入;货悖而入者,亦悖而出。《康诰》曰:"惟命不于常。"道善则得之,不善则失之矣。《楚书》曰:"楚国无以为宝,惟善以为宝。"舅犯曰:"亡人无以为宝,仁亲以为宝。"《秦誓》曰:"若有一介臣,断断兮,无他技,其心休休焉,其如有容焉。人之有技,若己有之,人之彦圣,其心好之,不啻若自其口出,寔能容之,以能保我子孙黎民,尚亦有利哉!人之有技,媢嫉以恶之,人之彦圣,而违之俾不通,寔不能容,以不能保我子孙黎民,亦曰殆哉!"唯仁人放流之,迸诸四夷,不与同中国。此谓唯仁人为能爱人,能恶人。见贤而不能举,举而不能先,命也;见不善而不能退,退而不能远,过也。好人之所恶,恶人之所好,是谓拂人之性,灾必逮夫身。是故君子有大道，必忠信以得之，骄泰以失之。生财有大道。生之者众，食之者寡，为之者疾，用之者舒，则财恒足矣。仁者以财发身，不仁者以身发财。未有上好仁而下不好义者也，未有好义其事不终者也，未有府库财非其财者也。孟献子曰："畜马乘，不察于鸡豚；伐冰之家，不畜牛羊；百乘之家，不畜聚敛之臣。与其有聚敛之臣，宁有盗臣。"此谓国不以利为利，以义为利也。长国家而务财用者，必自小人矣。彼为善之，小人之使为国家，灾害并至。虽有善者，亦无如之何矣！此谓国不以利为利，以义为利也。

第三章 子游的性情论

郭店竹简和上博竹简出土了同一篇文献的两个传本，前者题名《性自命出》，后者题为《性情论》(以下统称《性自命出》)。这篇文献讨论了"天"、"命"、"性"、"情"、"道"、"心"等心性之学的核心概念。考虑到它的著作年代，从现有的资料看，很可能是儒家对这些问题的最早的主题化探讨。因而，它被视为孔子之后、孟子之前儒家讨论心性思想的典型作品，是儒家心性之学的早期形态。

3.1 《性自命出》要论

3.1.1 作者与宗旨

① 子游所作

《性自命出》的作者，有人认为是子思，有人认为是公孙尼子，有人认为是子游。主张子思的学者，看到了《性自命出》与《中庸》前三句的隐括关系。如姜广辉认为："《中庸》一书反映了子思的成熟的思想，其起首言'天命之谓性，率性之谓道，修道之谓教'，此三语隐括了《郭店楚墓竹简》中《性自命出》的内容。"[1] 但从思想史的角度说，两个文本具有内在的隐括关系，不能推出两个文本是同一个作者的作品；更有可能，是时代之演进和思想之提纯的结果，两者具有思想史上的前后承继关系。古人著述不易，如果学者的前后思想有所演进，或对同一命题找到了更为简约或合适的表达，应该会直接体现在最后的定本中。且在《性自命出》中，"情"是连接"性"、"道"的核心概念，具有独立于"性"的意义，在后续的修养工夫中亦为关键；而在《中庸》三句的论述结构中，"情"字似乎隐入了"性"字之中，未获独立的意义，在后续的论述中也未出现。[2] 之所以如此，笔者认为，《性自命出》的作者，深得于礼乐之教尤其是乐教，由乐教对"情"的体认和陶冶，深入人性与人心的作用原理，从而转出"性-情-道"的主张和基于"情"的教化之道。但据现存的子思文献来看，乐教并非子思的得力之处，或者说子思的思想并非源于乐教对情的蕴藉，故其思想越过了"情"这一环节，强调内在之"诚"，这是子思思想之必然的结果。所以说，《性自命出》与《中庸》虽然在大思路上相似，但关键部位的把握却有不同。

---

[1] 姜广辉说："《性自命出》说：'性自命出，命自天降。'《中庸》'天命之谓性'一句隐括之。《性自命出》说：'四海之内，其性一也。其用心各异，教使然也。……道者，群物之道。凡道，心术为主。……教，所以生德于中者也。'《中庸》'率性之谓道，修道之谓教'二语隐括之。"（姜广辉：《郭店楚简与〈子思子〉——兼谈郭店楚简的思想史意义》，《中国哲学》第二十辑《郭店楚简研究》，第84页）

[2] 蒙培元已有此洞见，他说："其中最重要的区别是，《性自命出》明确提出'情'这一范畴，而在《中庸》中这一范畴被隐去了。"（蒙培元：《〈性自命出〉的思想特征及其与思孟学派的关系》，山东师范大学齐鲁文化研究中心、美国哈佛大学燕京学社编：《儒家思孟学派论集》，第17页）

主张公孙尼子的学者，看到了《性自命出》与《乐记》的乐论，在所讨论的议题、所使用的概念上的相通之处。[1]但细致的考察可以发现，两者无论是思想展开的程度，还是篇章主旨的核心关切，都有重要的不同。李天虹曾指出三点差别：其一，《乐记》的乐论，较《性自命出》更为丰富、深刻、明确；其二，《乐记》"知乐，则几于礼矣"，礼的地位高于乐，而《性自命出》"乐，礼之深泽也"，颇有重乐的意味；其三，《乐记》的政教色彩比较重，《性自命出》则更注重个人的修养。[2]从思想主旨或核心关切的差异来看，我们更倾向于将《性自命出》与《乐记》视为不同的人的作品；而从性、情、乐、声等概念或议题的讨论方式的相关性来看，两者应有内在的继承关系；又从相关问题讨论的深入程度，以及两者在礼乐关系的把握和论述上的成熟程度来看，《乐记》应该是在《性自命出》基础之上的进一步的发挥。《汉书·艺文志》注明公孙尼子为"七十子之弟子"，即孔子的再传弟子，与子思同辈。[3]若《乐记》果为公孙尼子的作品，则在它之前，当有另一个文本是其思想的来源。这个作品，很可能是《性自命出》。其作者，则是孔子的直传弟子。

---

[1] 如陈来在《郭店竹简〈性自命出〉篇初探》一文中认为："《性自命出》中有一大段论'乐''声'，还谈到赉、武、韶、夏及郑卫之乐。这与《礼记》中的《乐记》（各篇）最相近，《乐记》之四中论及韶、夏，之九论武。甚至在用语上也相近。……《乐记》以喜怒哀乐论情性，论心，也与《性自命出》相通。""我更多地倾向于认为《性自命出》这一篇是属于《公孙尼子》。"（陈来：《竹帛〈五行〉与简帛研究》，第33、35页）不过，在《史料困境的突破与儒家谱系的重建》一文中，陈来改变了想法，认为《性自命出》属于"子游氏之儒"的作品（陈来：《竹帛〈五行〉与简帛研究》，第11页）。

[2] 参见李天虹：《郭店竹简〈性自命出〉研究》，第119-122页。

[3] 又《隋书·经籍志》认为公孙尼子"似孔子弟子"。

我们认为,《性自命出》的作者更有可能是子游。[1] 从思想上看,作者最得力的地方就在乐教,而孔子弟子尤其后期弟子之中,子游在乐教上的所得最为突出。子游是孔子的弟子,子思和公孙尼子是再传弟子。如果《性自命出》出自子游,便可以理解,它一方面影响了子思《中庸》"性-道-教"的思想格局,一方面也影响了公孙尼子《乐记》的乐论。故陈来推测:"或许公孙尼子就是子游的弟子。"又说:"很可能,子游、公孙尼子、子思就是一系。"[2] 这一判断颇为中肯。

　　子思与公孙尼子同得于子游之学,但取舍不同。子游之下,公孙尼子大概是子游的真传,由乐教的得力,撑开性情的探讨和礼乐教化的主张。至于子思,在受子游影响之余,也受其他弟子尤其是曾子的影响。子思虽然接受了子游性情论的思想进路,但得力之处与子游不同,故修养的核心与思想的形态亦与之相别。正是由于子思与子游的这一段思想渊源,荀子在批评思孟"五行说"的时候讲:"略法先王而不知其统,犹然而材剧志大,闻见杂博。案往旧造说,谓之'五行',甚僻违而无类,幽隐而无说,闭约而无解。案饰其辞而祗敬之曰:'此真先君子之言也。'子思唱之,孟轲和之。世俗之沟犹瞀儒嚾嚾然不知其所非也,遂受而传之,以为仲尼、子游为兹厚于后世,是则子思、孟轲之罪也。"[3] 荀子说,子思

---

[1] 梁涛也认为《性自命出》作者为子游(《郭店竹简与思孟学派》,第28-31页)。
[2] 陈来:《郭店竹简〈性自命出〉篇初探》,《竹帛〈五行〉与简帛研究》,第35页。
[3] 句中的"子游",学者或认为当作"子弓"。荀子向来推举"子弓",在他处有三次"仲尼、子弓"并言,又说"子游氏之贱儒",故此处应是"仲尼、子弓"并称,以表明子思、孟子不得"仲尼、子弓"之真之意(参见王天海:《荀子校释》,第211-212页)。但这一假设不能成立。从语脉上讲,"以为仲尼、子游为兹厚于后世"一句,乃是思孟后学的自我认知,与荀子对正统的认定并不一致。

第三章　子游的性情论

（和孟子）的"五行说"，其实是根据往旧见闻自造新说的结果，却自称是孔子之言，后人也以为是传自于孔子和子游。可见，至少在后世子思之儒的自我认知中，"五行说"与子游有一定的渊源关系。这个渊源，很可能就在子游的性情论，即此篇《性自命出》。

更直接的一个证据是，《礼记》所见的一段子游的论述，与《性自命出》基本相同。《性自命出》云："喜斯陶，陶斯奋，奋斯咏，咏斯犹，犹斯舞。舞，喜之终也。愠斯忧，忧斯戚，戚斯叹，叹斯辟，辟斯踊。踊，愠之终也。"而《礼记·檀弓下》载子游之言："礼有微情者，有以故兴物者；有直情而径行者，戎狄之道也。礼道则不然，人喜则斯陶，陶斯咏，咏斯犹，犹斯舞，舞斯愠，愠斯戚，戚斯叹，叹斯辟，辟斯踊矣。品节斯，斯之谓礼。"两者的主要差别在于，《性自命出》分别论述"喜"、"愠"两种情感的发展变化，以"舞"为前者之终，以"踊"为后者之终。而《檀弓下》缺了"舞，喜之终也"和"踊，愠之终也"两句，又多了"舞斯愠"一句，由"舞"直接过渡到"愠"，两个过程合并为一个。这显然不合逻辑。前人对此已有察觉，以为衍文。不过，这一记载的疏误，应当不是《檀弓下》原本的问题，或许是出于流传的演变或汉人的整理。无论如何，这两段话应是同一段论述。两者之间的关系，不一定是谁引用谁的问题，[1]更可能是一个思想的原始表达与

---

[1] 有学者认为，《性自命出》的表达细致深入、层次分明、语义完整，《礼记》子游之言则比较简省；《性自命出》思想原始、淳朴，子游之言则在此基础之上有所提升，是引述而非首创（参见李天虹：《郭店竹简〈性自命出〉》，第111-112页）。诚然，当我们引用他人思想的时候，往往采用节略的方式。但从思想的发生而言，一个思想的原始发生往往较为粗朴，在后续定型的过程中，才会逐步补足意蕴，形成成熟的表达。且若说子游引用了他人之言，则"子游所可能引述的，就只能是孔子"，而《性自命出》不可能出于孔子（陈来：《郭店竹简〈性自命出〉篇初探》，《竹帛〈五行〉与简帛研究》，第32页）。

成熟表达的关系。我们可以推测，子游先是在与有子的讨论中阐明了此意。后在著入《性自命出》的时候，在"陶"、"咏"之间加入"奋"，"愠"、"戚"之间加入"忧"，以足其意；又加了两个"终"字以示区隔，最终形成了《性自命出》的表达。[1] 后来，《性自命出》失传，《檀弓下》在流传、整理的过程中，或人误在两层隔断之处增入"舞斯愠"，造成了文义的纠葛。

此外还有一个证据，即"有为"的观念。在《檀弓上》中，曾子告诉有子，孔子曾说"丧欲速贫，死欲速朽"。有子认定，这不是孔子的话；如果是，那也是"夫子有为言之"。子游确证了有子的判断，并大为感叹："甚哉，有子之言似夫子也！"与此同时，在《性自命出》中，我们看到了四个"有为"："有为也者之谓故"，"《诗》，有为为之也；《书》，有为言之也；礼乐，有为举之也"。作者以"有为"来解释"故"，来定位《诗》《书》礼乐。但"有为"的这种用法，在那个时代并不多见。[2]《性自命出》不但接受了这个观念，还大加运用和发挥。可以推测，作者是对话在场者的可能性很大；子游又深为赞叹，其可能性最大。

所以，无论是从思想史脉络看，还是从文本的直接证据看，我们都倾向于认为，《性自命出》的作者是子游。子游以情为本的乐教思想，通过公孙尼子的继承和阐扬，在《乐记》中达到了完美的形式，成为先秦乐论的高峰；其"性-情-道-教"的思想格局，被

---

[1] 考虑到上博本没有此段，还有一种可能：《性自命出》最初成文时并无此段，后学在传习中补入了师说。

[2] 在先秦儒家文献中，此种用法还见于《礼记·曾子问》："孔子曰：'吾闻诸老聃曰：昔者鲁公伯禽有为为之也。今以三年之丧，从其利者，吾弗知也！'"（亦见《孔子家语·子贡问》）至于《孟子》等的"有为"，多是"有所作为"之意。

子思吸收、整合进了以"德-行"为核心的思想系统,导出了先秦儒家道德心性论的大传统。故子游的《性自命出》,在儒学发展史上实具有举足轻重的地位。

②"性-道-学"的格局

学者关于《性自命出》的研究,主要关注"性"、"情"等观念,以及它们所体现的早期儒家的人性论主张。

这一点,在文献命名上便可以看出。郭店简命名为《性自命出》,上博简命名为《性情论》。前者"性自命出"一句取自简2,以之为篇题,是为了突出"性"的概念;后者"性情"连称,则是特意拈取了"性"、"情"两个概念,作为本篇的主题。对此,李零认为:"我觉得《性情》当然比《性自命出》好(它是拈篇中之语而不是篇首之语),但不如《性》更好。案此篇内容是围绕于'性',由'性'而上究'天'、'命',由'性'而下穷'情'、'心',并旁涉'物'、'悦'、'势'、'故'和'教'、'习'、'道'、'义'等一系列范畴,古书题篇多拈篇首之语,即使隐括内容,也以话题为主,并非面面俱到,此篇既从'人虽有性'谈起,则以'性'字题篇为宜,似不必舍诸多范畴,单挑'情'字,与'性'联言,作为篇名。"[1]李零一方面反对"性自命出"之名,原因是这一句不出于篇首,有违古书命名的原则;一方面认为与"性"相关的概念很多,不必单独突出一个"情"字。其实,前一个说法也不具有必然性,我们且看与此篇同一时期或稍晚的《中庸》,篇题便是取自第二章所引孔子之言,可见当时篇名并不一定取自首章首句。而后一说

---

[1] 李零:《上博楚简三篇校读记》,第51—52页。

165

法，确有一定的道理。"性"与"情"是重要的概念，却不是唯二的主题。以"性情"为名，也未必能揭示全篇宗旨。这种情况下，因为约定俗成的缘故，我们不妨仍以《性自命出》为篇名。

此篇的文本结构，也是一个问题。此篇原分上下。郭店简《性自命出》在35简与67简之后有勾形标识。李学勤认为，分为两篇，上篇论乐，下篇论性情；[1] 周凤五、林素清也主张分两篇，前一篇重"性"，后一篇重"情"。[2] 当然，郭店简《性自命出》分为上下，不是没有可能，但视为独立的两篇则是有问题的。这个上下，应理解为一篇之内的上下两个部分。上博简公布之后，从其抄写的方式上，便可以看出这一点。[3] 进一步，廖名春将一般认为的下篇再析分为二，认为《性自命出》分为上（1-35简）、中（36-49简）、下（50-67简）三篇。[4] 这一方面以墨点为依据，[5] 一方面也是出于内容的划分。金谷治则将上篇析分为二："可以将第十五号简到第三十五号简定为中篇，视其为'礼乐论'，与上篇的'性情论'、下篇的'杂论'相对应，总共分为三个部分。"[6] 这是完全出于内容的考量。之前讨论上下篇的划分，是试图确立论述的主题概

---

[1] 李学勤：《郭店简与〈乐记〉》，载北京大学哲学系编《中国哲学的诠释和发展——张岱年先生90寿庆纪念文集》，第23、27页。
[2] 周凤五：《郭店竹简编序复原研究》，《古文字与古文献》试刊号，第56页。
[3] 李零说："此本（引者注，上博本）则是以墨钉为隔，分成六章，最后标以篇号，章与章连写接抄。……可见郭店本的上下篇，并不是各自独立的两篇。"（李零：《上博楚简三篇校读记》，第51页）
[4] 廖名春：《郭店简〈性自命出〉的编连与分合问题》，《中国哲学史》2004年第4期，第14页。
[5] 诚然，第49简"信矣"之下、第55简"知道者也"之下有黑点，但它们或只是区隔、句读之用，与勾形符号作用不同。
[6] 金谷治：《楚简〈性自命出〉的考察》，《儒林》第2辑，第50页。

第三章 子游的性情论

念；之后的进一步划分，则是试图从内容方面揭示简文的论述主题。这一转变，在一定意义上反映了思想探讨的逐步深入。主题概念与论述主题不完全相同，两者相比，从内容方面把握文本更为直接且有效；但也不可否认，相关主题内容的论述，一般是围绕相关的主题概念或命题进行的。因而，根本问题不在于究竟是从概念还是内容来划分文本，而在于能否恰当地依据文本自身的思想脉络对文本作必要的离析和重构。

从儒家的实践立场来看，客观理论式地讨论性情问题，不会是文本的最终目的。今人之所以重视《性自命出》有关"性"、"情"的论述，自然是希望借此重新理解思孟学派心性论的形成，或者说，重新梳理先秦儒家心性论的发展脉络。但这是今人兴趣之所在，而不是子游的实践关切，或《性自命出》的内在意识。《性自命出》的理解，应回归其历史和思想的语脉。

自孔子以来，先秦儒学必以"修己安人"为宗旨。《性自命出》没有提到"安人"，其归趣在于"修己"。故《性自命出》下篇第一句："凡学者，求其心为难。"《论语》开篇是《学而》，第一章是"学而时习之"；《荀子》开篇是《劝学》，第一句是"君子曰，学不可以已"。可以说，对学的强调，乃是先秦儒学的本质特征之一。《性自命出》下篇以"凡学者"为始，明确提示了下篇的主题。且在学中，作者又特为提出"求其心为难"，这一句更是下篇的眼目。下篇所述，无论是"求其心"、"用心"，还是"人情"、"人伪"，莫不从人的内心揭示为学的工夫。[1] 最后一句"君子身以为主心"，则

---

[1] 学者称下篇为"杂论"，是不见于此。

是下篇乃至全篇的旨归,既呼应了"凡学者,求其心为难",也回应了上篇的内容。上篇云:"教,所以生德于中者也。"教化的目的,乃是为了在内心生成美德。可以说,上篇的"教"与下篇的"学",是同一个过程的两个维度;上篇的"生德于心",便是下篇"主心"的真实所指。

上篇的内容,以简14"凡道,心术为主"为界,可以析分为两个部分。从简1"凡人虽有性"到简14"道者,群物之道"为第一部分。学者说是"性情论"。但章首"凡人虽有性"、"凡性为主"、"凡心有志"、"凡物"、"凡性"、"凡动性者"、"凡见者之谓物",都是以"性"或"性-物"关系为主题。故更确切地说,这一部分以"性"为核心,讨论了"性"的作用原理。从人性的存在与发生而言,基本的骨架是"天-命-性-情-道-义";物、悦、势、故、教、习、道等,则是人性发生与定型过程中的影响因素。

从简14"凡道,心术为主"至简35是第二部分。这一部分,学者认为是"礼乐论",近之。但在这里,"礼乐"是一个二级概念,为"道"所摄。第二部分第一句"凡道,心术为主",上接第一部分"长性者,道也"以及"道者,群物之道",具有承上启下的作用。接下来说:"道四术,唯人道为可道也。其三术者,道之而已。《诗》、《书》、礼乐,其始皆出于人。《诗》,有为为之也;《书》,有为言之也;礼乐,有为举之也。"所谓"四术",学者有不同的说法。笔者认为,"四术"指《诗》、《书》、礼乐,以及心术(详后)。作者以"心术"为"人道",为"可道"者;以《诗》、《书》、"礼乐"为"三术",为"道之"者。前者为学者内生的道路;后者虽然也"出于人",但已经呈现为外在的途径,对学者具有引导的作用。当然,"三术"不离"心术","三术"的深入,必然归于"心术";而"心术"亦不离"三术","心术"须在"三术"中完成。故上篇第二部分先论"三术",统于"生德于中"。下篇继之,专论"心术",曰"凡学者,求其心为难"。"求心"即"心术"。若以教、学二字区分,则"三术"是先王、孔子之教,"心术"是学者自身之学。《性自命出》先论教,后论学。在"三术"之教中,作者又特为注重"礼乐",便给人造成了上篇第二部分是"礼乐论"的印象。

总的来看,《性自命出》三部分的结构,第一部分以"性"为核心,阐述人性的作用原理,以"长性者,道也"为归趣;第二部分以"道"为核心,论述孔门《诗》、《书》、礼乐之道,尤以"情"为中心重建了礼乐之道;第三部分以"学"为主题,以"心术"为关键,以"主心"为宗旨。[1]这三个部分,可谓前后相因、层层推进,构成一个不可分割的整体。《中庸》开篇云:"天命之谓性,率性之谓道,修道之谓教。"两者相较,"率性之谓道",相当于《性自命出》性情发生学语境中的道(即"道始于情,情生于性"的道);"修道之谓教",相当于《性自命出》的《诗》、《书》、礼乐"三术"之道。[2]《中庸》至此,还没有讲到"学"。此下"戒慎、恐

---

[1] 陈群认为:"其主旨应当是'教'或'教化',其讨论的核心是如何通过教来使心产生定志,从而生德于心。教以产生'定志'的方式,以礼乐为内容,以道、义为准则。以'教'为简文的主旨,则简1至简14前半部分主要是讨论教化的心性论基础;简14后半部分至简35主要是讨论教化如何以礼乐的方式落实人道;简36至简67主要是对教化的具体展开及其规范作出说明。"(陈群:《教而生德于心——以"教"为中心的〈性自命出〉研究》,《人文杂志》2015年第6期,第65页)
[2]《性自命出》云:"圣人比其类而论会之,观其先后而顺逆之,体其义而节文之,理其情而出入之,然后复以教。"即《中庸》首章"修道之谓教"。

惧"及"慎独"之说,相当于《性自命出》的"心术"之道,即学者为学用心之法。可见,《中庸》与《性自命出》表述上稍有差别,但基本思路或义理结构是大体一致的。从这里,我们更可以了解子思《中庸》之于子游《性自命出》的内在继承关系。

3.1.2 "性"的作用与结构

① 性论六句之具体分析

我们先来讨论第一部分的内容。探讨这一部分,首先要面对的是"性"概念的理解问题。孔子对"性"的探讨不多,而《性自命出》开篇即谈"性"。

> 凡人虽有性,心无定志,待物而后作,待悦而后行,待习而后定。喜怒哀悲之气,性也。及其见于外,则物取之也。性自命出,命自天降。道始于情,情生于性。始者近情,终者近义。知情者能出之,知义者能入之。好恶,性也。所好所恶,物也。善不善,性也。所善所不善,势也。

这段话字数不多,但汇集了与"性"相关的众多概念,形成了一个"天-命-性-情-道-义"的思想骨架。

首先,"性自命出,命自天降"。许多学者指出,此句与《中庸》"天命之谓性"相似,后者是对前者的提炼和归纳。[1] 也有学者反对,认为《中庸》"天命之谓性"是指义理之性,《性自命出》"性

---

1 如裘锡圭、廖名春说,参见陈伟、彭浩主编:《楚地出土战国简册合集(一):郭店楚墓竹书》(以下简称《郭店楚墓竹书》),第102页。

自命出，命自天降"则是指气质之性。[1] 但天命之性、气质之性的区分，源于理学的思想脉络，不符合先秦的思维图景。另有学者从性命关系着眼，注意到两者的不同。如吕绍纲认为："《中庸》合性命为一，天命善，故性必也善。《性自命出》分性命为二，故言性善，显得理论乏力。"[2]《中庸》开篇是否意味着性善论，我们暂且不论；但性命合一、性命二分的差别确实是存在的。故陈来指出："在《中庸》，'天命之谓性'的命是命令，不是一独立的存在论环节，而是天的一种活动和表达方式……《性自命出》的'命'本身是由天命令与赋予来的，具有一定的独立的存在意义……'性自命出，命自天降'的意思是：性根于生命躯体，而生命是天所赋予的。"[3] 简言之，《中庸》的"命"表示命令活动，"性"表示活动结果；前者是过程性的论述，后者具有存在论的独立意义。对比于简文"命自天降"，前者相当于"降"，后者相当于"命"。简文的"命"，表示个体生命之全体存在；[4] 简文的"性"，从前后文看，主要指先天因素中与人心相关的部分，此一部分从属于作为生命之全体存在的命。此即《性自命出》的"性命为二"之说。

第二句，"喜怒哀悲之气，性也；及其见于外，则物取之也"。意思是说，喜怒哀悲之气，属于性；表现为喜怒哀悲之情，是外物感动的结果。合而言之，即下文"情生于性"。"喜怒哀悲"与"喜怒哀悲之气"不同。前者是表现在外的情感现象，后者则是这一

---

[1] 参见郭沂：《〈性自命出〉校释》，载《管子学刊》2014年第4期，第99页。
[2] 吕绍纲：《性命说——由孔子到思孟》，载《孔子研究》1999年第3期，第23页。
[3] 陈来：《郭店楚简〈性自命出〉与儒学人性论》，《竹帛〈五行〉与简帛研究》，第87-88页。
[4] 陈伟、李天虹也提到了《性自命出》的命是指生命（参见《郭店楚墓竹书》，第102页）。

现象背后的根据。春秋时代，哲人对现象背后的根据的了解，往往诉诸气。大到天地，小到人身，莫不如此。[1] 如子曰："君子有三戒：少之时，血气未定，戒之在色；及其壮也，血气方刚，戒之在斗；及其老也，血气既衰，戒之在得。"（《论语·季氏》）孔子从血气的角度，对人生的阶段性特征给出了解释。以气为现象的根据，具有一定的描述性特征。不同的现象背后，大体都可以对应于相应的气。如《性自命出》有"喜怒哀悲之气"的"情气说"；《乐记》以"阳气"、"阴气"、"刚气"、"柔气"讲性情；帛书《五行说》（或为孟子作品）提出了"仁气"、"义气"、"礼气"等"德气说"；汉儒又提出了"五常之气"的"体气说"。[2] 所谓描述性，也可说是指涉性或指示性。它的主要功能，是指示现象背后的内容或状态，以便对现象作一定程度的解释，但不是严格的规定或论证。

《性自命出》的情气说，在先秦并非独见。《大戴礼记·文王官人》有五性五情五气之说："民有五性，喜、怒、欲、惧、忧也。喜气内畜，虽欲隐之，阳喜必见。怒气内畜，虽欲隐之，阳怒必见。欲气内畜，虽欲隐之，阳欲必见。惧气内畜，虽欲隐之，阳惧必见。忧悲之气内畜，虽欲隐之，阳忧必见。五气诚于中，发形于外，民情不隐也。"（并见《逸周书·官人解》）其中，五气即喜

---

1 参见陈来：《古代思想文化的世界》，第89-94页。先秦论根据，除了"气"之外，还有"五行"。大体而言，"水火木金土"五行，主要指物质性和构造性的根据；而"阴阳"、"六气"等气，主要指功能性或动能性的根据。它们之间的关系也甚为复杂。五行因其性质（水曰润下，火曰炎上），也可以成为运动的原因；而气也可以成为物质性的基础。
2 丁四新认为："'五常之气'则连带着五脏、五行而曰仁之气、义之气、礼之气、智之气、信之气，属于体气的概念。"（丁四新：《"人性有善有恶"辩——王充、世硕的人性论思想研究》，《玄圃畜艾》，第16页）

气、怒气、欲气、惧气及忧悲之气。《文王官人》认为，五气内畜于中，必阳见于外。我们知道，《周易》有《小畜》《大畜》，"畜"字"兼有'畜聚'、'畜养'、'畜止'诸义"。[1]此处，所谓五气内畜，就是指气的运动、畜聚作用。五气蕴积于内，到了一定程度，便会宣发为五情，故曰"民情不隐"。《文王官人》没有对情、性作出区分。五性即五情，五气内畜则是五情生发的内在机制。对比之下，《性自命出》明确区分了性、情。性专指气的层面。作为情的内在根据，它是未发之前的一种实存状态。物来相感而动，见于外则为情。其中所包含的动静二阶段的意味，更为清晰。其后《中庸》云："喜怒哀乐之未发，谓之中；发而皆中节，谓之和。"《乐记》云："人生而静，天之性也；感于物而动，性之欲也。"《系辞上》云："寂然不动，感而遂通天下之故。"以动静、已发未发论性情，或许与《性自命出》的性情之分有一定的渊源关系。

第三句，"好恶，性也；所好所恶，物也"。此处单提好恶，显示了对好恶的重视。按道理说，《性自命出》提出"情生于性"，对性情关系已有清晰的界定。且一般而言，好恶是情的一种。但此处又指好恶为性，不免令人费解。为此，学者指出，在先秦时代，性、情的区分并不自觉，"好恶性也"只是说"好恶之情是出于本性的"。[2]诚然，性情不分，甚至以情作性，是先秦的常态。如荀子曰："情者，性之质也。"（《荀子·正名》）性的质体、实质，就是情。即便如此，还是不能解决问题。一来，简文"情生于性"既已

---

[1] 黄寿祺、张善文：《周易译注》，第83页。
[2] 陈来：《郭店楚简〈性自命出〉与儒学人性论》,《竹帛〈五行〉与简帛研究》，第78页。

表明性、情各有所指，在此前提下，指情为性何以可能？二来，既然"好恶"与"喜怒哀悲"都是情，简文为何要区别论述？为何不说或不能说"好恶之气"、"喜怒哀悲，性也"？

实际上，我们可以对"好恶"与"喜怒哀悲"在层次上作一个区分。如凌廷堪云："（子大叔）又曰：'民有好恶喜怒哀乐，生于六气，是故审则宜类，以制六志，哀有哭泣，乐有歌舞，喜有施舍，怒有战斗，喜生于好，怒生于恶。'此言喜怒生于好恶也。又云：'是故审行信令，祸福赏罚，以制死生，生，好物也，死，恶物也，好物乐也，恶物哀也，哀乐不失，乃能协于天地之性，是以长久。'此言哀乐亦生于好恶也。盖喜怒哀乐皆由好恶而生，好恶正则协于天地之性矣。"[1] 说喜怒哀悲或喜怒哀乐，意义是一样的，都是作为情感的代表，指涉人的情感。根据子大叔的说法，好恶是比喜怒哀乐更为基本或初级的东西，由好恶可以生出喜怒哀乐。此处，好恶的初级性或基础性，还可以有两种理解：要么是在划分上更为基础，[2] 要么是在发生机制中更为初级。我们倾向于后一种。

好恶与喜怒哀乐相比，前者的意向性味道很重，而后者则可以专指某种被激发的情绪状态，它可以脱离于激发源而独存。简文云"及其见于外，则物取之也"，似乎是说，物来相取则情见于外。但具体说到情物关系，又只是说"所好所恶，物也"。物只是好恶的对象，而不是喜怒哀悲的对象。相似地，《乐记》云："人生而静，天之性也；感于物而动，性之欲也。物至知知，然后好恶形焉。"

---

[1] 凌廷堪：《校礼堂文集》，第142页。
[2] 如生物学上"界-门-纲-目-科-属-种"的划分，前者就比后者更初级和基本。

它认为，人性感动的第一步是"物至知知"，即外物到来而发生感知；第二步是"好恶形焉"，即对外物产生意向性的反应。可见，在性物感动的初级阶段，只有好恶，没有喜怒哀乐。接下来，才会因不同的好，生出喜或乐；因不同的恶，生出怒或哀。且从好恶到喜怒哀乐，还需要一个情气运动、蓄积的过程。只有达到一定的阈值，才会发生这一转变。而到了喜怒哀乐的阶段，作为感物的结果，情感的渲染可以脱离于原初的对象，具有独立自存的意义。总之，好恶与喜怒哀乐相比，前者强调意向性的过程及其对象，后者强调情感的被激发状态及其结果，两者在发生机制上的层次或阶段是不同的。在此意义上，前者可以生出后者，前者是后者的前提。[1] 当然，从前者到后者的过渡，还要考虑心的主宰或理性的影响作用（修养所致）。

所以，在《性自命出》中，好恶不同于一般情感，它是人性发动的最初阶段所呈现的意向、趋向、倾向。其进一步的发酵，才会表现为喜怒哀悲等具体的情感反应。换言之，从发生机制上讲，好恶是介于喜怒哀悲之气与喜怒哀悲之情之间的一个特殊阶段。这样一来，我们便无法简单地以未发为性、以已发为情了。因为好恶显然是已发，用《乐记》的话说，它是"性之欲"，即人性感物之后的意向活动。但正是这个作为已发的"好恶"，简文曰"性也"。实际上，简文的意思是，人性的最初发动中所表现的意向、趋向、倾向，还是属于天性的范畴。这一点，若联系下文，就更为清楚了。

---

[1]《申鉴·杂言下》："好恶者，性之取舍也，实见于外，故谓之情尔，必本乎性矣。"所谓"性之取舍"，也是先于"情"的一种先动状态，与此处的分析相近。

简文云："凡性，或动之，或逆之，或交之，或厉之，或出之，或养之，或长之。"动之，指人性感物而动。后面的逆之、交之、厉之、出之、养之、长之，是说人性可以逢迎它、交合它、砥砺它、引出它、涵养它、增益它。如果此处的"性"还是未发的状态，则无所谓违逆、逢迎、砥砺、长养；它必是已经发动，而有了一定的端绪或方向，才可以通过这些后天的方式而加以影响。此间作为已发端绪的"性"，从简文看，只能是指"好恶"，即人所具有的天生倾向在最初的情感意向或实践意向上的表现。

好恶的特殊之处在于，它既是已发，又是人的天生性向的原初表达。就前者而言，好恶是情的重要代表。故《礼记·礼运》以"喜怒哀惧爱恶欲"为"七情"，《荀子·天论》以"好恶喜怒哀乐"为"天情"，《白虎通·性情》以"喜怒哀乐爱恶"为"六情"（爱恶欲、爱恶，即好恶），都是视好恶为情。就后者来说，好恶属于性，是性的直接表现。这个方面，除了《性自命出》直接提出"好恶，性也"之外，我们还可以通过荀子看得更清楚。荀子以情为"性之质"，往往"情性"或"性情"并称，以论证人性之恶。但其所谓的"情性"，并不是喜怒哀乐之性，而是如"生而有好利焉"、"生而有疾恶焉"、"生而有耳目之欲，有好声色焉"，或"目好色，耳好听，口好味，心好利，骨体肤理好愉佚"（《荀子·性恶》）之类，实际上都是指"好恶"。所以说，荀子所谓"情性"，指的是人生而具有的好恶，本质上是人的"好恶之性"。[1]

第四句，"善不善，性也；所善所不善，势也"。这句话有不同

---

[1] 孟子也是即情言性，尤其"恻隐之心"、"羞恶之心"实是好恶的两种形态。

的解释。"善"或作动词解，指肯定、否定或判断是非善恶之能力。这样一来，在形式上可以与前一句"好恶，性也"很好对应，但下半句的意义却模糊不清。[1] "善"或作名词解，指性有善、有不善，或具有善、不善的本能。这是着眼于人性善恶之论。此外，有学者虽不作名词解，但也着眼于人性论。如梁涛认为："'善不善，性也'，是说性可以善，可以不善。"[2]

回到《性自命出》，下文有"未教而民恒，性善者也"一句。意思是说，若没有施予教化而百姓已有恒心，这是因为主政者资性良善。其中"性善"相当于有善性。从概念使用的前后一致性说，此处简文"善不善"可以理解为：善性与不善之性。既可以就个体差异来说，有善、不善的区分；也可以就个体之内的成分构成来说，有善的部分、不善的部分。这在简文，并不明确。至于"势"，后文所谓"物之设者之谓势"，指具体事物所构成的情势、态势、境况、条件。如孟子曰："今夫水，搏而跃之，可使过颡；激而行之，可使在山。是岂水之性哉？其势则然也。人之可使为不善，其性亦犹是也。"（《孟子·告子上》）孟子认为，人虽有善性，但现实善恶的表现，很大程度上取决于具体环境的限制，此之谓势。反观简文，"所善所不善，势也"是说，善或不善的人性的具体实现，取决于外在的情势。与下文"出性者，势也"是一致的。

善性与不善之性，到底又意味着什么呢？其实，这一提法有其自身的思想线索。为了理解它，就要回归孔门后学的思想语境之

---

[1] 若"善不善"作肯定、否定解，则"势"便是判断的具体对象。对情势作出好坏的判断，在兵家或有重要的意义，但置于人性论的思想脉络中，未免不知所云。
[2] 梁涛：《郭店竹简与思孟学派》，第145-146页。

中。孔子对人的了解，注重其天生不同的资质。最著名的，如颜子之仁、子贡之知、子路之勇。因其固有之质，予以差别的引导和造就，这是孔子因材施教之方。简文即顺此而来。"善不善，性也"是说，个人的生质本来就有很大的差异：有的人质朴很好，有的人质朴不好；有的人长于此，有的人长于彼，都是天之所就、生而然者。相应的，"所善所不善，势也"是说，让好的或不好的质朴实现或无法实现出来的，是外在情势的引导和限制。且个人资质的不同，经常是通过个人的好恶而表现出来的。故孔子往往从弟子的好恶，认取弟子的资性。如孔子讲"六言六弊"（《论语·阳货》）。好仁、好知、好信、好直、好勇、好刚，与好学相对，就可以理解为弟子的不同天性。孔子之意，既然有了不同的天性，若能加之好学之功，则可以成就为相应的德行。又如竹简《五行》最后一章："闻道而悦者，好仁者也。闻道而畏者，好义者也。闻道而恭者，好礼者也。闻道而乐者，好德者也。"学者不了解此章的用意。其实，此章是说，可以依据闻道之后的不同反应，判断一个人究竟是好仁、好义、好礼，还是好德。以这种方式，在弟子入学之初，便可以了解其资性之所长。这是沿袭了孔子教人之法。

据此而言，简文"善不善"不一定强调对人性善恶的道德价值的评价，更有可能是对人性材质之美或不美的一个经验评价。顺此思路，前面"好恶，性也"一句，还可以有另一种理解。它可能是说，个人天生就有不同的好恶，是谓资性。这种理解并不构成对之前解释的挑战，恰恰可以视为一种有力的补充。它表明，简文以好恶为性，不是一个无内容的形式判断，似乎好恶只是一种环节性的、功能性的存在；而是自带具体内容的，既可以包含人类共通的东西，也可以包含个体之间的差异。

第五句，"四海之内，其性一也；其用心各异，教使然也"。这句话是一个全称判断。但绝不是说，简文认定个体人性的方方面面都是一样的。最基本的，孔子肯定"生知"（《论语·季氏》）的存在，子贡以孔子为"天纵之圣"（《论语·子罕》）。则对七十子后学来说，圣与凡在生质上的差别，无论如何都是不能抹杀的，这应该是他们的一个底线。[1] 所以关键是要理解，简文"其性一也"究竟是在什么意义上说的。学者注意到了此句与孔子"性相近也"的联系。[2] 但我们认为，两者的意义并不完全相同。"性相近"作为一个关于人性的全称判断，它之所以能够成立，在于"相近"而非"相同"。但"其性一也"是一个无差别的主张，若要成立，必不能是关于人性之全体的判断。

这句话的用意，要结合上下文来理解。它之前，还有一句："凡物无不异也者。刚之树也，刚取之也；柔之约，柔取之也。"此句解释很多。一说，刚物易折，是因为其性太刚；柔物易捲，是因为其性太柔，皆物性使然。[3] 此说"取之"二字难以落实。一说，刚性挺立，为刚类事物所利用；柔性屈曲，为柔类事物所利用。[4] 此说表达了"取之"二字，但整体语义不甚清晰。一说，"坚硬之物自己招致被树立（作柱子）；柔软之物自己招致被用以束物，是

---

[1] 这也是汉代学者普遍主张善恶混的原因。在汉代，圣凡的区分也是无法逾越的。
[2] 廖名春说，参见《郭店楚墓竹书》，第104页；陈来说，参见《郭店楚简〈性自命出〉与儒学人性论》，《竹帛〈五行〉与简帛研究》，第83页。
[3] 李零：《郭店楚简校读记》（增订本），第144-145页。
[4] 《郭店楚墓竹书》，第104页。

因为性柔"。[1] 相较而言，此说更为可取。其实，简文的意思是：刚物（如直木）之用为柱子，是因为我们取其刚性而用；柔物（如藤蔓）之用以束物，是因为我们取其柔性而用。在先秦的农业社会，这是最为朴实平常的经验。与之相关，学者注意到了《荀子·劝学》的"强自取柱，柔自取束"。其前后文是："物类之起，必有所始；荣辱之来，必象其德。肉腐出虫，鱼枯生蠹。怠慢忘身，祸灾乃作。强自取柱，柔自取束。邪秽在身，怨之所构。施薪若一，火就燥也；平地若一，水就湿也。草木畴生，禽兽群焉，物各从其类也。"后面的内容都是作为经验的例子，证明开头"物类之起，必有所始；荣辱之来，必象其德"的道理。始，本始、原因。荀子认为，其德是荣辱之始，怠慢是灾祸之始，邪秽是构怨之始，腐是虫之始，枯是蠹之始。同样，（树）强是人取以为柱的原因，（藤）柔是人取以束物的原因。故杨倞曰："凡物强，则以为柱而任劳，柔则见束而约急，皆其自取也。"[2] 得荀子之旨。后来，王引之读"柱"为"祝"，久保爱改"柱"为"折"，皆不可取。至于《大戴礼记·劝学》"强自取折，柔自取束"，一折、一束，义不相类，可能有误。[3]《淮南子》"大刚则折，大柔则卷"，则另有语脉，不可牵合。其实，因植物之性而取之为用，孟子时代亦是如此。告子曰："性，犹杞柳也；义，犹桮棬也。以人性为仁义，犹以杞柳为桮棬。"（《孟子·告子上》）告子之意，因杞柳之性而取以为桮棬，与

---

1 《郭店楚墓竹书》，第104页。
2 王天海：《荀子校释》，第16页。
3 钟泰曰："王训'柱'为'祝'，谓之断，断与束义岂相称乎？"（王天海：《荀子校释》，第16页）

第三章 子游的性情论

此处是一致的。

顺着这一经验的事实，作者提出了"四海之内，其性一也；其用心各异，教使然也"。意思是说，四海之内人性是一样的，之所以现实用心有很大的差异，是后天教化不同所导致的。此前"凡物无不异也者"，是就物类之别而言的，并不考虑同一物类的个体差异。此处"其性一也"，也是指人类的共通性而言。物因其性而得物之用，人因其性而得人心之实现，两者相似。但同时，人物又有不同。刚物只能取其刚以为柱而不能使其柔，柔物只能取其柔以为束而不能使其刚；人却具有很多的可能性，能因受教的不同，呈现或实现为不同的用心状态。换句话说，作为人，既能从中取出刚，又能从中取出柔；既能从中取出善，又能从中取出不善。关键在于后天的教与学。人物之不同，亦犹上章所言："牛生而牴，雁生而阵，其性然也。人而学或使之也。"牛天生就会抵触，雁天生就会列阵飞翔。对于牛与雁来说，性与现实高度一致。但对于人来说，人具有丰富的可能性，具体实现什么、如何实现，皆有待于为学。此可谓人物之性的同中之异。

所以说，"四海之内，其性一也"，不是指人性完全相同，也不是指某种具体确定的人性内容。从简文看，它是指：一，人性之功能及作用原理；二，人性所包含的可能性，皆有待于后天为学、受教的过程才能实现出来。后者尤为人物分判之处，即人之所以为人的特有之性。这一主张，是孔子重学的思想在七十子后学人性问题讨论中的表现。

第六句，"未教而民恒，性善者也"。这句话直接提出了"性善"二字，不免让人联想到孟子的"道性善"。许多学者正是这样理解的。[1] 也有学者指出，这句话"当是强调了人性中善的一面，并不是说人性整体上都是善的"。[2] 其实，所谓"性善者也"，并不是一个关于人性的普遍判断，而是专就某人或某类人的评语，相当于说"质美者也"。正如季旭昇所言："此处的'性善'，指君子的质性美好，不是人民，更不能扩大为普遍的人性本善。"[3] 何以呢？我们来看它的前后文："苟有其情，虽未之为，斯人信之矣。未言而信，有美情者也；未教而民恒，性善者也；未赏而民劝，含福者也；未刑而民畏，有心畏者也；贱而民贵之，有德者也；贫而民聚焉，有道者也。"这段话目的是为了说明君子内在德行与外在效验的关系。具体而言，己不言而人信之，是君子有内在美情之故；不赏而民能加劝，是君子一心惠民之故；[4] 不用刑罚而民不犯禁，是君子心存敬畏之故；自己出生低贱而百姓贵之，是君子有德之故；自己生活贫困而百姓从而聚之，是君子有道之故。同样，还没有施以教化而民能有恒，是君子"性善"之故。所以说，"性善"不是对民性的断语，而是对君子的评价，是说此人天生质朴很好。其原型，则是孔子所谓的"善人"。子张问善人之道，子曰："不践迹，

---

1 参见梁涛：《郭店竹简与思孟学派》，第147页。
2 王中江：《简帛文明与古代思想世界》，第188页。
3 转引自郭沂：《〈性自命出〉校释（续）》，第107页。季氏进一步指出："既然说'其性一也'，当然不会指性有善有恶……加上本简'未教而民恒，性善者也'，则'其性一也'的'一'应该是比较倾向性有善的可能。简本《性自命出》、《性情论》有关'性'的主张，虽然还没有达到像孟子主张'性善'那么明确的地步，但应该已经具有类似的倾向了。"此一推论，殊难成立。
4 "含福"一词难解，异说纷呈（参见《郭店楚墓竹书》，第118页）。按，子曰："惠则足以使人。"（《阳货》）又曰："因民之所利而利之，斯不亦惠而不费乎？"（《尧曰》）简文"未赏而民劝"与《论语》"使人"相当。据此，我们推测，"含福"是心怀惠民之意。之所以言"福"者，《尚书·洪范》："五福：一曰寿，二曰富，三曰康宁，四曰攸好德，五曰考终命。"

第三章 子游的性情论

亦不入于室。"(《论语·先进》)善人不依成法行事,也可以为善,但难窥圣门之奥。《论语》中的"善人",指的是那种天生品性很好,却未经后天为学造就的人。孔子对他们其实有很高的评价,认为善人主政七年,可以使百姓从戎(《论语·子路》);主政百年,可以去除残暴、杀戮(《论语·子路》)。简文"未教而民恒,性善者也",就是顺着孔子的思想,指出"性善"之人的为政之功。但说到底,"性善者也"是"善不善,性也"的一个特例,是就人的差别质性而言的,不是关于人性善恶的普遍判断。

② "性"概念的基本格局

以上我们讨论了《性自命出》中与"性"概念直接相关的六句话:第一句"性自命出,命自天降";第二句"喜怒哀悲之气,性也,及其见于外,则物取之也";第三句"好恶,性也,所好所恶,物也";第四句"善不善,性也,所善所不善,势也";第五句"四海之内,其性一也,其用心各异,教使然也";第六句"未教而民恒,性善者也"。这六句话,给我们勾勒出了一个多层次的"性"概念。在此,可以作一个总结。

首先,性命关系。简文明确区分了性、命。在简文中,"性"不是指一切生而具有的东西,而主要是指心之性,即先天因素中与心相关的那个部分,包括作为情的内在根据的气的实存状态,以及作为性向之原初呈现的好恶。简文从心言性,人性论遂归于心性论。[1] 后世儒家突出人性的价值层面,而不是生理功能层面,与原

---

[1] 赵法生认为,《性自命出》是"心术论"而不是"心性论"(赵法生:《心术还是心性?——〈性自命出〉心术观辩证》,《哲学研究》2017年第11期)。这是源于其对"心性论"(以孟子为范本)的特定理解。我们此处所说的心性论,只是为了界定它是与心相关的人性论,乃是一种宽泛的说法。

始儒家的论学倾向不无相关。人的完整存在，简文用"命"指代。命即今人所谓的生命，包括人的生理特征、感官功能、自然欲求，以及死生、夭寿、福禄、遭际之类。这种意义的命，涵盖了更早时期的"生"的意义。[1] 与人心、人情相关的人性，从属于生命的完整存在，是其中的一个部分，故简文说"性自命出"。

其次，性情关系。一方面，简文以性情相对而言。"情"指喜怒哀悲，"性"指喜怒哀悲之气。性是情的内在的实存性的、动能性的根据，情是性的感物而动之后的外在表现。性在先，情在后，故曰"情生于性"。另一方面，简文认为，好恶作为已动者，作为感物而动的最初阶段，本质上是人的天生性向的原初表现，是人性的直接呈露。在此意义上，好恶就是性。故曰"好恶，性也"。需要注意的是，这里的好恶，是包含具体内容的好恶，它可以同时容纳人类共通的部分，也可以包含个体资质的差异。所以，就性情之分而言，性是情的先在的根据；就性情之同而言，好恶有时也可以说是性。前者是先秦儒家以动静论性情、以已发未发论性情的一个思想渊源；后者则合于先秦儒家以情论性或性情不分的传统。

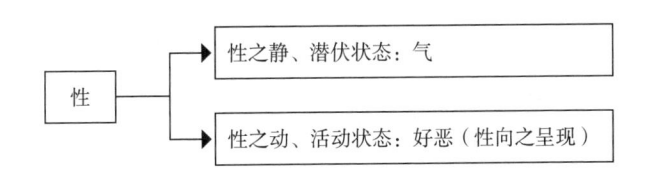

性	性之静、潜伏状态：气
	性之动、活动状态：好恶（性向之呈现）

---

[1] 唐君毅说："一具体之生命在生长变化发展中，而其生长变化发展必有所向。此所向之所在，即其生命之性之所在。此盖即中国古代之生字所以能涵具性之义，而进一步更有单独之性字之原始。"（唐君毅：《中国哲学原论·原性篇》，第6页）

第三章 子游的性情论

再者，人性的同异，及其善恶问题。简文肯定人性具有相同的功能、作用原理以及可能性，有待于后天为学与教化的实现。故曰"四海之内，其性一也"。与此同时，又承认人与人之间天生资质的差异，有的人生而质美，有的人生而不美；有的人长于此，有的人长于彼。故曰"善不善，性也"。换言之，人性既有同的一面，又有异的一面。同在于形式，即人性的功能特征与可能性；异在于内容，即具体资性禀赋之别。既承认个体资质的差异，又通过人性作用机制的了解强调后天修学的决定意义，这是孔子重学思想在七十子后学人性论上的具体落实。

总的来说，《性自命出》对人性的了解，是顺着孔子"性相近也，习相远也"等经验判断而来的；其对人性之共通性及个体差异性的了解，源于孔门的教学实践，而又归于现实的为学与成德进程。另外，在七十子的时代，对人性善恶之价值作一普遍的判断，还不是思想内在的自觉要求。故《性自命出》没有直接讨论人性的善恶问题。但它对人性的直接源于生命经验的、一体混然的了解方式，反而是人生之最大真实，也是一切思考的立身之处。

《性自命出》的人性论，在它的时代具有典型的意义。据王充《论衡·本性》记载："周人世硕以为人性有善有恶，举人之善性，养而致之则善长；性恶，养而致之则恶长。如此，则性各有阴阳，善恶在所养焉。故世子作《养（性）书》一篇。宓子贱、漆雕开、公孙尼子之徒，亦论情性，与世子相出入，皆言性有善有恶。"大意是说，人的资质有好有坏，实现在于后天的教养。所谓"人性有善有恶"，既可以理解为个体之内的部分区分（善的部分，恶的部分），也可以理解为人际之间的个体差别（有的人善，有的人恶）。

前者为"中人"的可移之性，后者为"上知"或"下愚"的不可移之性。此间包含了一个纵向与横向的二维结构。[1]由此可见，《性自命出》"善不善，性也；所善所不善，势也"，并非其一家之言，而是代表了孔门七十子后学在人性问题上的共通见解。[2]之所以如此，是因为他们内在拥有一个共同的思想源头，即孔子。

到了孟子乃至荀子时代，人性论的主张更趋分化，但仍然大体逃不出《性自命出》的范围。

> 公都子曰："告子曰：'性无善无不善也。'或曰：'性可以为善，可以为不善；是故文武兴，则民好善；幽厉兴，则民好暴。'或曰：'有性善，有性不善。是故以尧为君而有象，以瞽瞍为父而有舜，以纣为兄之子，且以为君，而有微子启、王子比干。'今曰'性善'，然则彼皆非与？"（《孟子·告子上》）

公都子列举了孟子时代三种代表性的人性论观点。告子认为，人性本身无所谓善不善，善或不善都是后天塑造的结果，正如湍水决诸东则东流，决诸西则西流；或人一以为，人性在后天环境的塑造下，可以为善，也可以为不善，处文武的时代则好善，处幽厉的时代则好暴；或人二以为，有的人性善，有的人性恶，是确定不可移的，如尧之为君而有恶臣象，瞽瞍为父而有圣王舜。其中，告子

---

[1] 丁四新说："世硕'人性有善有恶'的观点，只可能属于王充有善、有恶以及善恶混的人性三品论。"（丁四新：《"人性有善有恶"辩》，《玄圃畜艾》，第31页）
[2] 王中江认为，王充的说法应该已经包括了孔子弟子中讨论人性问题的主要人物（参见王中江：《简帛文明与古代思想世界》，第183页）。

与或人一相近，告子是说性之本然不以善恶言，或人一是说性之作用或实现可善可恶，两者层面不同，但并无矛盾。[1] 公都子之所以将它们别为二者，我们推测，或人一的说法是当时既有的说法，告子之说则是在此基础之上的进一步推论，是告子自己的主张。或人一只就作用言，告子则论性之本然，两者自宜有别。倘若我们以《性自命出》的人性论结构衡之，告子之所以说人性不以善恶言，或人一之所以说人性可善可恶，皆是就人性之功能、作用原理及其可能性而言的，是论其形式；或人二之所以说有性善、有性不善，则是就人性禀赋的个体差异而言的，是论其内容。诚可谓各得一偏。

至于孟子以"四端"论性善，荀子以"情性"论性恶，本质上都是"即情言性"，是就人性发动的最初阶段所呈现的好恶或取舍之意，以言人性。这又与《性自命出》"好恶，性也"同属一个脉络。可以说，《性自命出》作为孔子人性观念忠实而全面的继承者和阐发者，已经奠定了先秦儒家人性论大传统的基本格局。

3.1.3 "情"与礼乐之道的重释

① 第一部分归于"道"

性之动为情，情之发又呈现为道。故《性自命出》曰："道始于情，情生于性。始者近情，终者近义。知情者能出之，知义者能入之。"人之情，源于人性之感物而动；人之道，源于人情之自然表达。人道之始，源于人情；人道之终，衡于事义。知人情之为本

---

[1] 故赵岐于或人一下注曰："亦由告子之意也。"（焦循：《孟子正义》，第748页）朱子直曰："此即湍水之说也。"（朱熹：《四书章句集注》，第328页）

源，则能由中心之情发出以为道；知义行之为标准，则能由义行之规范切入以为道。

在这里，我们需要注意几点。其一，"道始于情，情生于性"一句。《语丛二》曰："情生于性，礼生于情。"学者据此认为，这里的"道"即"礼"或"礼道"。诚然，礼是道的主要方面，且作为礼乐文明的代名词，有时可以指代礼乐文明之全体。但下文云"道四术"，包括《诗》、《书》、礼乐三者，固不止于"礼"；[1] 且包括"心术"之道，不止于《诗》、《书》、礼乐之教。[2] 简言之，对于《性自命出》来说，道之为道，具有贯穿心性内外、统摄一切活动之意。因此，这里的"道"不宜直接对应为礼。其二，"始者近情，终者近义"一句。"近"一般指两者之间的相对关系。但此处不是这个意思。从情与道关系说，情本身就是发动，发动不会是抽象的，必有轨辙或途径，后者便是道。从道与义的关系来说，义本身是道之一种，所谓"义道"也。与义相关，礼则谓之"礼道"。情感的表达合乎礼，则至于义。故而，"始者近情，终者近义"，更像是以情、义为道之始、终两端，是道的内部关系，而不是道与道之外的东西的关系。《中庸》曰："发而皆中节，谓之和……和也者，天下之达道也。"发出来而能中事物自然之节，则是天下之达道。可见，此"道"是一个大全的概念。其三，"知情者能出之，知义者能入之"一句。一出一入，我们很容易联想到《乐记》

---

[1] 刘昕岚、梁涛等以道为礼道，不确。刘说，参见《郭店楚墓竹书》，第102页；梁说，参见《郭店竹简与思孟学派》，第151页。
[2] 郭沂以道为道德规范之综合，李天虹以道为"《诗》《书》礼乐"的礼乐制度，亦不确（参见《郭店楚墓竹书》，第102页）。

"乐由中出，礼自外作"的说法。后者揭示了礼乐作用于人心的不同原理。类似的，这里是指明了从"道"的两端分别入道的不同途径。

第一部分以"性"为核心，论述性的作用原理，旁及与之相关的各个概念。在具体敷陈性之作用的时候，简文说：

> 凡性，或动之，或逆之，或交之，或厉之，或出之，或养之，或长之。
>
> 凡动性者，物也。逆性者，悦也。交性者，故也。厉性者，义也。出性者，势也。养性者，习也。长性者，道也。
>
> 凡见者之谓物，快于己者之谓悦，物之设者之谓势，有为也者之谓故。义也者，群善之蕝也。习也者，有以习其性也。道者，群物之道。(《性自命出》)

在此，简文从三个层次说了一个事情。其中，"有为也者之谓故"一句较难解。下文云"《诗》，有为为之也；《书》，有为言之也；礼乐，有为举之也"。此处的"故"，即指《诗》、《书》、礼乐而言。《诗》、《书》、礼乐与性之间的关系，正如之前所说，"亦出亦入"，故曰"交"。交者，往来出入之谓。交性者，出之、入之，更易其性也。郭店简《六德》云："仁，内也。义，外也。礼乐，共也。"此之谓也。这三段话是说，事物能够感动性，喜好能够逢迎性，《诗》《书》礼乐能够熏陶性，义能够磨砺性，时势能够引发性，习惯能够养成性，道能够增益性。这一系列的论述，以"道者，群物之道"结尾，并作为第一部分的结束，显然是有意的安排。作者论述这一系列的作用，表面上是阐明性的作用原理，真实的目的则是为了提出"性-道"关系。若以道为宗旨，则"物"、"悦"、"故"、"势"、"习"皆可以成为道的环节与助益，亦皆可以为"长物之道"所涵摄。物可以是合道之事物，悦可以是悦道，故是礼乐文章之道，势可以是礼乐之境，习可以是习于道。

② "道四术"

以这种方式，《性自命出》从第一部分论性，很自然地过渡到了第二部分论道。第二部分开头便说：

> 凡道，心术为主。道四术，唯人道为可道也。其三术者，道之而已。《诗》、《书》、礼乐，其始出皆生于人。《诗》，有为为之也。《书》，有为言之也。礼乐，有为举之也。圣人比其类而论会之，观其先后而顺逆之，体其义而节文之，理其情而出入之，然后复以教。教，所以生德于中者也。（《性自命出》）

此中"四术"与"三术"的理解，有很大的争议。道与术意思差不多。[1] 若要区分，道大而术小，术是道的分脉。关于"四术"的所指，学者有不同的猜想。有人认为，能与"人道"在一个层次的，应是天、地、人及鬼神（或神）之道；[2] 有人认为，指天、地、人及群物之道；[3] 有人认为，即《尊德义》所言民、水、马、地之道，或

---

1 《乐记》"心术"郑注："术，所由也。"又曰："术，犹道也。"
2 赵建伟说，参见《郭店楚墓竹书》，第106页；郭沂说，参见《〈性自命出〉校释》，第104页。
3 陈伟说，见《郭店楚墓竹书》，第106页。

第三章　子游的性情论

者说治民之道、行水之道、御马之道、艺地之道。[1] 上博本注释者认为,"四术"指《诗》《书》、礼、乐"四种"经术",并引《礼记·王制》"乐正崇四术、立四教,顺先王《诗》《书》礼乐以造士"及其郑注、孔疏为证;又认为,四者之中乐比较特殊(孔子曰"成于乐"),故别出乐,以《诗》、《书》、礼为"三术"。[2] 也有人别出礼,以《诗》、《书》、乐为"三术"。[3]

其实,理解"四术"、"三术",要根据上下文。简文说:"道四术,唯人道为可道也。其三术者,道之而已。"可知,"四术"之中,"人道"是一术,除此之外还有"三术"。简文接着"三术",分别讲了《诗》、《书》与"礼乐"。可见,"礼乐"在作者看来是一体的,只是一术。简文的三分,是从它们不同的缘起来说的:"《诗》,有为为之也。《书》,有为言之也。礼乐,有为举之也。"作者认为,《诗经》以记事为主,《尚书》以文诰为主。记言、记事,正是古人历史概念的基本内涵。[4] 与这两种被记录的历史不同,"礼乐"是人为有意施设出来的制度文章。礼乐皆源于施设,在实践中

---

[1] 陈来说、刘昕岚说,见《郭店楚墓竹书》,第106页。
[2] 参见《郭店楚墓竹书》,第106页。
[3] 参见陈丽桂:《〈性情说〉说"道"》,《近四十年出土简帛文献思想研究》,第292-295页。
[4] 《礼记·玉藻》:"左史记动,右史记言。"(《汉书·艺文志》:"左史记言,右史记事。")孔颖达《尚书正义序》:"夫《书》者,人君辞诰之典,右史记言之策。"又《春秋左传正义序》:"夫《春秋》者,纪人君动作之务,是左史所职之书。"按,《春秋》为春秋时代记动之书。商周时期与《尚书》相对者,应为《诗经》。今观《诗经》,尤其《雅》、《颂》所载,确为历史故事。但若认定《诗》言事,是否与春秋以降《诗》言志"矛盾?不会。后一说法,大致有两个含义:一是指,《诗》表达了情志,但作者并非空抒其志,其对情志的传达,主要通过具体的叙事,即事而发;二是指,后人通过读《诗》、诵《诗》、用《诗》,借《诗》中的故事与情志,表达自己的心志和用意。这两重含义,与《诗》具有的叙事面貌不相矛盾。

又不可分离，故简文合为一术。如此，《诗》、《书》及"礼乐"，正合"三术"之名。

此"三术"与"人道"的不同之处，在于人道"可道"，三术则只是"道之而已"。"道之"的道，即导，引导义。简文云："《诗》、《书》、礼乐，其始出皆生于人。""三术"虽然只是"道之"，最初也是源于人的实践活动，是人"有为为之"、"有为言之"、"有为举之"的结果。此"有为"之结果，便是上章所谓的"故"，即具体的礼乐文章。至于"人道"，特征是"可道"。"可道"，即可行。人道是可以直接走出来的现实生存。所谓"人道"，最根本的是"心术"，故曰"凡道，心术为主"。心术，不但是"道四术"之主，更是"人道"之所指。[1] 因此，简文的"人道"应理解为一个特殊概念，而与宽泛意义上的"属人的道"不同。后者意义上的人道，相当于简文"道四术"的道。总之，"人道"与"三术"的区别，是"人"或"出于人"的差别。前者是现实之人的活动之道（真实生存），后者是人道客观化了的礼乐文章。前者是人之所行，后者则可以引导人去行。故李零说："道有四术，其中第一术是'心术'，即心理感化的方法，而'心术'属于'人道'；其他三术，即'诗'、'书'、'礼乐'，它们都是从心术派生，并受心术指导。"[2] 这一说法是正确的。

其中，"有为"一词值得注意。前引《礼记·檀弓上》的记载

---

[1] 但丁四新认为，"人道"包括《诗》、《书》、礼乐，他指出"唯人道"的"唯"只是语助词，"人道"并不与"三术"直接相对（参见丁四新：《论郭店楚简"情"的内涵》，《玄圃畜艾》，第50页）。其说未注意及简文"可道"与"道之"的区别。
[2] 李零：《郭店楚简校读记》（增订本），第153-154页。

第三章 子游的性情论

中，有子听了曾子转述的"丧欲速贫，死欲速朽"，断言它是"夫子有为言之"，后来得到了子游的印证，子游于是感叹"有子之言似夫子"。彼处，"有为言之"指夫子在特定条件下、有所针对而说，所说固非一般的通理。到了《性自命出》，子游连续用了三个"有为"，认为《诗》、《书》、礼乐都是"有为"的结果。王博指出，"《诗》、《书》等原来就是在某个时空中某些具体的人为应付具体的需要而作的东西，换言之，它们是具体和特殊的，而不是抽象和普遍的。"[1] 既然是出于特定的时空条件和特殊的实践目的，那么其具体内容未必直接适用于当下的情境和实践；需要通过重新整理，揭示或凸显这些具体的历史内容背后的圣人的用心或内在的道理，对先王之道作出新的理解和诠释，对具体规范作出适当的变革与取舍，才能符合当下实践之需要。当然，这并不是以其历史性否定《诗》、《书》、礼乐的永恒价值，而是以明确的历史意识，通过对《诗》、《书》、礼乐的历史性的自我认知，引导当下具有历史感和现实感的历史实践。

故接下来简文说："圣人比其类而论会之，观其先后而顺逆之，体其义而节文之，理其情而出入之，然后复以教。"圣人，实指孔子。这一句是说孔子对《诗》、《书》、礼乐的删定、整理和讨论。据《史记》的记载，子曰："吾自卫反鲁，然后乐正，《雅》、《颂》各得其所。"又载：

> 古者《诗》三千余篇，及至孔子，去其重，取可施于礼义，

---

[1] 王博：《中国儒学史·先秦卷》，第453–454页。

上采契后稷，中述殷周之盛，至幽厉之缺，始于衽席，故曰："《关雎》之乱以为《风》始，《鹿鸣》为《小雅》始，《文王》为《大雅》始，《清庙》为《颂》始。"三百五篇孔子皆弦歌之，以求合《韶》《武》《雅》《颂》之音。礼乐自此可得而述，以备王道，成六艺。(《史记·孔子世家》)

以上是司马迁对孔子晚年删《诗》《书》、定礼乐的记载，重点讲述了《诗》和乐。对于《诗》，孔子出于文献整理，特别是施于教化的目的，从原来的三千余篇中选择了三百五篇，奠定了现在的规模。同时，根据时代和主题的不同，对《诗》进行了系统的编排，使之既符合历史年代的顺序，又突出不同时代的精神特征。进而将这些诗篇入乐，使能抚琴弹唱。从《史记》的记载，我们可以看到，孔子晚年在文献的整理和传习上确实下了很大的工夫。不过，与《性自命出》对比，司马迁的这一论述还不是很贴合。

简文这四句话分别对应于孔子对《诗》《书》礼乐的整理、讨论和教授方式。"圣人比其类而论会之"是说《诗》。比，排比、比较。论，犹"论语"的"论"。会，汇集、综会。这一句是说，按类排比而综论之。这是孔子平日论诗的方式。上博简《孔子诗论》"《关雎》组"云：

《关雎》之改，《樛木》之时，《汉广》之智，《鹊巢》之归，《甘棠》之保，《绿衣》之思，《燕燕》之情，曷曰动而皆贤于其初者也？《关雎》以色喻于礼……好，反纳于礼，不亦能改乎？《樛木》福斯在君子，不……可得，不攻不可能，不亦知恒乎？

第三章 子游的性情论

《鹊巢》出以百两,不亦有离乎?甘……两矣。其四章则喻矣。以琴瑟之悦,凝好色之愿。以钟鼓之乐……及其人,敬爱其树,其保厚矣。《甘棠》之爱,以邵公……《关雎》之改,则其思益矣。《樛木》之时,则以其禄也。《汉广》之智,则知不可得也。《鹊巢》之归,则离者[也。《甘棠》之报,美]邵公也。《绿衣》之忧,思古人也。《燕燕》之情,以其独也。(《孔子诗论》)[1]

《孔子诗论》"民性固然组"云:

孔子曰:吾以《葛覃》得氏初之诗。民性固然……吾以《甘棠》得宗庙之敬。民性固然……[吾以《木瓜》得]币帛之不可去也。民性固然……吾以《杕杜》得雀……(《孔子诗论》)

以及"《宛丘》组"云:

孔子曰:《宛丘》吾善之,《猗嗟》吾喜之,《鸤鸠》吾信之,《文王》吾美之,《清[庙]》吾敬之,《烈文》吾[悦之,《昊天有成命》吾□]之。《宛丘》曰:洵有情,而亡望,吾善之。《猗嗟》曰:四矢反,以御乱,吾喜之。《鸤鸠》曰:其仪一兮,心如结也,吾信之。《文王》曰:文王在上,於昭于天,吾美之。[《清庙》曰:肃雍显相,济济]多士,秉文之德,吾敬之。《烈文》曰:亡竞维人,不显维德。於乎前王不忘,吾悦之。《昊天

---

[1] 王博:《中国儒学史·先秦卷》,第459–460页。本书遇出土文献缺文补足,用"[ ]"表示。

有成命》，二后受之，贵且显矣。讼……（《孔子诗论》）

从以上记载可以看到，孔子对《诗》的理解和讲授，是一组一组进行的。具体来说，"《关雎》组"，提一字以为单篇主旨，将相关的诗篇放在一起讨论；"民性固然组"，以对民性的了解为主题，组织相关诗篇的讨论；"《宛丘》组"，择取单篇中的一句，又以一字表达孔子的感受。具体的组织和呈现方式，因对象的不同而不同，不一定只有这几种。但以"成组"的方式讨论，以揭示诗篇的主旨，讲明其中的德义因素，这可能是孔子论《诗》的一般特征，也是孔子论《诗》的本质精神。此即《性自命出》所谓"圣人比其类而论会之"。[1]

"观其先后而顺逆之"是说《书》。孔子与《尚书》的关系更为复杂。孔安国《尚书序》："（先君孔子）讨论《坟》、《典》，断自唐、虞以下，讫于周。芟夷烦乱，翦截浮辞，举其宏纲，撮其机要，足以垂世立教，典、谟、训、诰、誓、命之文，凡百篇。"[2]就是说孔子删《书》之事。《尚书序》不一定出自孔安国之手，但所论未必不是当时的实情。孔颖达说："郑作《书论》，依《尚书纬》云：'孔子求《书》，得皇帝玄孙帝魁之书，迄于秦穆公，凡三千二百四十篇。断远取近，定可以为世法者百二十篇，以百二篇为《尚书》，十八篇为《中侯》。"[3]《尚书纬》及郑玄的说法，言之凿

---

[1] 孔子这种探讨方式，不止用在《诗》上，还用在了《易》上。《系辞下》"三陈九德"，与此处"《关雎》组"的"四陈七诗"，具有相似的形式（参见王博：《中国儒学史·先秦卷》，第461页）。
[2] 孔安国传、孔颖达疏：《尚书正义》，第11页。
[3] 同上书，第12页。

第三章　子游的性情论

凿。依此，则孔子删《书》在规模上堪比删《诗》，不免有所夸大。

《史记·孔子世家》："（孔子）追迹三代之礼，序《书传》，上纪唐虞之际，下至秦缪，编次其事。"不但编次了《尚书》，还作了《书传》。汉代以来，《尚书》（无论今文、古文）与百篇《书序》并行。此百篇《序》，主要是交代单篇的人物背景。现在看来，很可能源自先秦，郑玄、马融、王肃等并认为是孔子所作。[1] 简文的说法，或可以提供有益的参考。"顺"者，合于时序，则从之；"逆"者，悖于时序，则改之。故"顺逆"者，重定篇次先后之序也。这里没有提到《尚书》单篇的取舍问题，而只是提到了编序的问题。诚然，我们不能据此认为，孔子对《尚书》没有删减的过程，但与之相比，作者更重视孔子对篇章次序的排定。篇章次序的排定，涉及《尚书》文献之人物、内容或时代的断代。从这个角度说，先秦百篇《书序》的产生，最初可能就是源于排定《尚书》文献之先后次序的需要；排定之后，《书序》又承当了提示历史背景和篇章宗旨的任务。故此，《书序》得以与《尚书》一并流传而不废。至于今传《书序》，究竟是出于孔子手定，还是出于七十子的整理，则已无法确证。

"体其义而节文之，理其情而出入之"是说礼乐的损益。礼之损益，基于礼背后的义。以义为依据，因时损益具体的礼制节文。乐的重定，基于情的表达与陶冶。出，即由中出；入，即由外入。一出一入，条理人情。

孔子删《诗》《书》、定礼乐，以授弟子。史迁云："孔子以

---

[1] 孔安国传、孔颖达疏：《尚书正义》，第31页。

《诗》、《书》、礼乐教,弟子盖三千焉,身通六艺者七十有二人。"(《史记·孔子世家》)本来,《诗》《书》礼乐是贵族社会的传统科目。但孔子以经过自己整理、改编和增损的内容为教,以传达统一的精神旨趣,则是其学的纯粹之处。故子思曰:"夫子之教,必始于《诗》、《书》,而终于礼、乐,杂说不与焉。"(《孔丛子·杂训》)所谓"杂说不与",不仅是三者之外的内容,也包括被孔子所剔除的部分。当然,以四者为教,最终是为了学者的成德。故《性自命出》曰:"教,所以生德于中者也。"生德于中,即生德于心。

《诗》《书》礼乐,作为人的历史实践的结果,经孔子的删定,用于学者的教化,其最终目的,是导归学者内心的成德。由此,我们就不难理解"可道"与"道之"的区别了。

③ 情与礼乐之道的重释

"三术"之中,从成德的目的出发,作者最为重视礼乐。故第二部分此下便是对礼乐之道的阐释。首先是礼,简文云:

> 礼作于情,或兴之也,当事因方而制之。其先后之序,则义道也。又序为之节,则文也。致容貌,所以文节也。君子美其情,贵[其义],善其节,好其容,乐其道,悦其教,是以敬焉。拜,所以[致敬也];其[数],文也。币帛,所以为信与征也;其辞,义道也。笑,礼之浅泽也。乐,礼之深泽也。(《性自命出》)

作者认为,礼的最初制作,源于人情的表达。这一点,承自孔子。林放问礼之本,子曰:"大哉问! 礼,与其奢也,宁俭。丧,与其易也,宁戚。"(《八佾》)孔子认为,礼背后所表达的人情才是礼之

第三章 子游的性情论

本，至于所用的钟鼓、玉帛则是礼之末。孔子探讨三年之丧，也明确以人情为依归。孔子重情，这一点为七十子所继承。其中，子游尤致力于通过情与礼的合一，以情来重新诠释礼。之前，我们在《檀弓上》已经看到。这一思路同样体现在《性自命出》。"礼作于情"，礼源于人情。"或兴之也，当事因方而制之。"先王作礼，即其事之所在、因其类之所属而制之。[1] 具体来说，尊卑上下先后之序，即礼之义；对秩序加以节制，即礼之文；修饰容止外貌，所以达于节文。君子美其情，贵其义，善其仪节，好其礼容，乐礼之道，悦礼之教，如是，则达于诚敬。礼必情文皆尽。拜是为了表达内心的敬意，次数的规定则是具体的节文；币帛是征信之物，其说辞则见尊卑之义。至于学者是否真的"乐其道，悦其教"，程度如何，亦有征验。形于外在的言笑，说明润泽尚浅；发于衷心之乐，说明润泽很深。可见，在《性自命出》中，子游以情为本，以义为质，从之以仪节、容貌，行之以诚敬，对礼之道、礼之教及其征验进行了全面的阐述。

接下来，子游以四章的篇幅阐述了乐之道，分为两个方面：第九、十章是说乐的教化作用；第十一、十二章，是说乐的表达作用。乐的教化作用，源于声音对人心的感化。

> 凡声，其出于情也信，然后其入拨人之心也够。闻笑声，则鲜如也斯喜。闻歌谣，则陶如也斯奋。听琴瑟之声，则悸如也斯

---

[1]《语丛一》："礼因人之情而为之节文者也。"《礼记·坊记》："礼者，因人之情而为之节文。"

叹。观《赉》、《武》，则齐如也斯作。观《韶》、《夏》，则勉如也斯俭。咏思而动心，喟如也。其居节也久，其反善复始也慎，其出入也顺，始其德也。(《性自命出》)

拔，裘锡圭等疑读为拨。拔人之心，即拨动人心。够，裘锡圭疑读厚，李零读够。[1] 第一句的意思是，声音若是出于内在的真情，便可以深刻地感动人心，引起人的共鸣。具体而言，听到了笑声，使人心情愉悦；听到了歌谣，使人心情振作；听到琴瑟之声，使人悸然心动，兴发感叹。听声犹然，观乐更是如此。《赉》、《武》，见于《周颂》，是《大武》之乐的歌辞。此处，以《赉》、《武》指代《大武》之乐。《韶》是大舜之乐，《夏》是大禹之乐。《大武》和《韶》、《夏》是最经典的先王之乐。齐如，庄敬之貌。勉如，勤力之貌。观《大武》之乐，可以使人心情庄敬而心志振作；观《韶》乐和《夏》乐，可以使人内心勤勉而崇尚谦德。之所以能如此，与《韶》、《夏》、《大武》乐所承载或表现的精神特质有关。简文又说："郑卫之乐，则非其声，而从之也。"从，读为"纵"，放也。这句话是说，郑卫之乐非此善类，有淫逸之弊，无教化之功，故应放之而不用。这其实是孔子"放郑声"的用意。"咏思而动心，喟如也"是说，观此等乐，(人会) 情不自已地跟着长歌之、思念之，感动人心；感动之至，喟然而嗟叹之。"其居节也久"，不易理解。刘钊指出，"居节"即"蹲节"，是行动有节奏的意思。[2] 郭沂认为，"居

---

1 参见《郭店楚墓竹书》，第 109 页。
2 刘钊：《郭店楚简校释》，第 97 页。

节"即《中庸》"发而皆中节"的"中节"。[1]我们认为,"节"是节奏之意,"居"有停留的意思。顺着观乐的叙述背景,"居节"是说停留在乐的节奏之中,或者说沉湎于乐的韵律中。具体而言,即前句所说"咏之"、"思之"、"动心"、"喟如"的状态。孔子在齐,观《韶》乐,正是"居节"的典范。《论语》说:子在齐闻《韶》,三月不知肉味。曰:"不图为乐之至于斯也!"(《述而》)而《孔子世家》的记载,"三月"之前多了"学之"二字,[2]似乎孔子"三月不知肉味",是因为一直在用心学《韶》乐。这一说法不可信。孔子"三月不知肉味",应从观乐体验的角度来了解。指的是,孔子观《韶》之后,"咏之"、"思之"、"动心"、"喟如"而不能忘怀,一度沉浸、沉醉于《韶》乐所打开、所呈现出来的盛大的音乐境界和道德境界中。这种境界又以"勉如也斯俭"为精神特质,使孔子的内心趋于富足而收敛,而其品味归于极致的素朴和寡淡。在饮食上,便体现为无心,乃至一度拒斥浓重的口味。孔子的状态,用《性自命出》的话说,便是"其居节也久"。当然,孔子的观乐体验极为特殊,不可一例求人。对于一般人来说,"其居节也久",也可以简单理解为受到乐的长期熏陶。顺此,"其反善复始也慎,其出入也顺,始其德也",是说长期浸淫于乐的教化意义。"反善复始也慎",是说乐能够感发人的善心、回复原初的真情。《乐记》云:"致乐以治心,则易直子谅之心油然生矣。"正是此义。"其出入也顺","出入"是相对于人心或人情来讲的,所谓"知情者能出之,知义者能

---

[1] 郭沂:《〈性自命出〉校释》,第108页。
[2] 《史记·孔子世家》:"与齐太师语乐,闻《韶》音,学之,三月不知肉味,齐人称之。"

入之"。"出入也顺"，是说内在的蕴藉与外在的发见，达到完全的一致。《中庸》"未发之中"与"发而中节"，便是"出入也顺"的极致。故曰："始其德也。"到了这个程度，便可以称为"德"了。这是由乐教而成德的途径。

下一章，作者对《韶》、《夏》和《大武》作了进一步的区分。这种意图，也源于孔子。子谓《韶》，"尽美矣，又尽善也"。谓《武》，"尽美矣，未尽善也"。(《八佾》)孔子认为，舜的《韶》乐，尽善尽美；武王的《大武》，尽美而未能尽善。对于孔子这一评价，后世学者有不同的解释。有人认为，《韶》、《武》的差别，源于舜、武取天下的不同方式。舜以禅让得天下，不但合于当时人心，还于事理不爽；武王以征伐得天下，虽是当时人心所向，但毕竟于事理不合。有人认为，两者"尽美"，是从两者的艺术性来说；或尽善或不尽善，则是由于二人在德行上的差距。我们认为，孔子的评价，都首先应当从观乐者的观乐体验上来了解。孔子的判断，体现了"乐德合一"的理想。[1] 显然，《性自命出》继承了孔子的思想。简文云：

> 凡古乐龙心，益乐龙指，皆教其人者也。《赉》、《武》乐取，《韶》、《夏》乐情。(《性自命出》)

古乐与益乐相对，古乐指《韶》、《夏》，益乐指《大武》。前者称

---

[1] 参见何益鑫：《孔子的"乐德合一"——〈论语〉"子谓〈韶〉〈武〉章"疏义》，《孔子研究》2016年第4期。

"古乐"，与"新乐"（《乐记》）相对。后者称"益乐"，或许是因为它的年代不能称古（同是周代），又别于一般的今乐，而有类似于古乐的教化作用。龙，或读为隆，或读为弄，应训为"和"。《周颂·酌》"我龙受之"、《商颂·长发》"何天之龙"毛传："龙，和也。"指，廖名春读为"旨"，可从。[1] 旨，志意也。"古乐龙心，益乐龙指"是说，《韶》、《夏》之乐，可以和人心、平好恶；《大武》之乐，可以振作人的精神，激发人的志意。这与上章所说"观《赉》、《武》，则齐如也斯作；观《韶》、《夏》，则勉如也斯俭"，是一致的。作者认为，古乐、益乐虽有不同的功用，但都可以教人。"《赉》、《武》乐取，《韶》、《夏》乐情。"取，一般认为指武王之取天下。从乐的内容来说，这是没有问题的。但从观乐感受的角度说，这里的"取"可以宽泛地理解为振作与进取。与之相对，"情"可以理解为美好社会的和乐之情。

至于乐的表达作用，简文云："凡至乐必悲，哭亦悲，皆至其情也。哀、乐，其性相近也，是故其心不远。"意思是说，极致的快乐到最后也是悲情，哀伤到最后也是悲伤。哀、乐作为情感的两极，表现出来的心理变化过程却非常相近。接下来几句，描述了人心在这两种情感影响下，从"开始→高潮→终结"的变化过程。[2] 对心理变化之过程的了解，是为了说明人心表达的过程。故下章云："凡忧思而后悲，凡乐思而后忻。凡思之用心为甚。叹，思之方也。"作者将"忧"、"乐"之情，进一步归结为"思"，以"思"

---

[1] 郭沂：《〈性自命出〉校释》，第110页。
[2] 参见李天虹：《郭店竹简〈性自命出〉研究》，第165页。

为情的原初状态或基础状态。"叹"是表达"思"的方法。又云："其声变,则〔心从之〕。其心变,则其声亦然。"这是说声与心的往来相应关系。声变而心从,即之前所说以声乐为教的基础;心变而声从,则是人心表达的途径,亦即此下要说的内容。又云:"吟,游哀也。噪,游乐也。啾,游声〔也〕。呕,游心也。"吟,浅叹。噪,喧呼。啾,众声杂沓。呕,动情讴歌。游,犹行也,宣露之义。浅唱,是为了宣发哀情;喧闹,是为了表达快乐;众声杂沓,只表现了声音;讴歌,表达了内在的心志。

至于更为强烈的情感,则有更为复杂的表现形式。简文云:

> 喜斯陶,陶斯奋,奋斯咏,咏斯犹,犹斯舞。舞,喜之终也。愠斯忧,忧斯戚,戚斯叹,叹斯辟,辟斯踊。踊,愠之终也。(《性自命出》)

这一句话亦见于《礼记》所记子游之言。彼处,曰:"礼道则不然,人喜则斯陶,陶斯咏,咏斯犹,犹斯舞,舞斯愠,愠斯戚,戚斯叹,叹斯辟,辟斯踊矣。品节斯,斯之谓礼。"(《檀弓下》)对比之下,我们可以看到两个差别:其一,彼处以这个过程来说礼,此处则置于论乐(或礼乐)的脉络中;其二,与《性自命出》相比,《檀弓》少了"咏"和"忧"两个环节,少了"舞,喜之终也"及"踊,愠之终也"两句,多了"舞斯愠"一句。关于第一点,这句话所呈现的是人情的表达,而表达必涉于节制,故两个脉络皆可。关于第二点,《檀弓》少的内容无伤大雅,多出的"舞斯愠"一句则使两个层次意义混淆,前人对此已有察觉,以为

第三章 子游的性情论

衍文。[1] 郑注："陶，郁陶也。咏，讴也。'犹'，当为'摇'，声之误也。摇，谓身动摇也。秦人'犹'、'摇'声相近。舞，手舞之。愠，犹怒也。戚，愤恚。叹，吟息。辟，拊心。踊，跃。"[2] 孙希旦曰："喜者，外境顺心而喜也。陶者，喜心鼓荡于内而欲发也。咏者，喜发于外而为咏歌也。咏歌不已，则至于身体动摇；动摇不已，则至于起舞也。愠，怒意也。……愠怒不已，则至于悲戚；悲戚不已，则发为叹息；叹息不已，则至于拊心；拊心不已，则起而跳踊。"[3] 在上述情感的发展和表达的过程中，既有歌咏、叹息，也有手舞、足蹈。通过习乐，便可以得到情感的表达。

《性自命出》的乐教思想，为《乐记》所继承和发挥。[4]《乐记》的结构，大致可分为五个部分：一，论乐本人心；二，论乐法天地；三，论乐之德；四，论古乐；五，论君子乐教。当然，《乐记》论乐往往与论礼并行。从论述顺序看，《性自命出》先言乐教，再论乐之表达作用；与之不同，《乐记》先是从乐的源起（逻辑或本体论的源起，而非历史的源起）说乐，后来才由乐与心的相感而讨论乐德与乐教。前者如"凡音之起，由人心生也"，"其本在人心之感于物也"，"情动于中，故形于声"等；后者如"乐也者，圣人之所乐也，而可以善民心，其感人深，其移风易俗，故先王著其教焉"，"君子反情以和其志，广乐以成其教"等。从逻辑的顺序

---

1 参见《释文》、孔疏及孙希旦说（孙希旦：《礼记集解》，第271-272页）。
2 郑玄注、孔颖达疏：《礼记正义》，第385页。
3 孙希旦：《礼记集解》，第271页。
4 关于《乐记》作者，及《礼记》本《乐记》的内容，学者有不同的看法。我们认为，《乐记》大体为公孙尼子所作，且《礼记》本《乐记》自有内在的义理结构。这一问题，我们将另行探讨。

说,《乐记》的叙述次第,较《性自命出》更为自然。但逻辑的顺序,不一定是历史的顺序。从实践的角度说,《性自命出》源于当下的习乐与观乐的体验,进一步论证乐在表达情志方面的作用,或许更符合思想之原始发生的过程和特质。就此而言,我们可以确认,《性自命出》与《乐记》代表了两种不同的思维形态(阶段),前者比后者更为天然、质朴;故《性自命出》与《乐记》不是同一作者。

总之,《性自命出》在"三术"之中,更重视"礼乐"之教,又以乐教为重中之重。子游依托自己对乐教的深切体认,继承和发挥了孔子对本的指认,以情为核心,对礼乐之道作出了全新而系统的阐释。这一思想深刻地影响了后世的礼论和乐论。

3.1.4 "心术"与"情"

"四术"以"心术"为主,故又称之为"人道",意思是人所必由之途。故《性自命出》的第三部分专论"心术"之道。所谓"心术",《乐记》"心术形焉"、"不接心术"郑玄注:"术,所由也。""术,犹道也。"事实上,"心术"有两方面的意义:一是客观地指涉心之经历,强调其过程义;一是指用心之道,或用心的具体方法。《乐记》的"心术",偏向于前一种;此处的"心术",属于修养工夫的范围,故取后者为宜。

此下四章,首句分别为"凡学者,求其心为难"、"凡用心之躁者,思为甚"、"凡人伪为可恶也"、"凡人情为可悦也";再下四章篇幅较短,内容是论教人之道、交友之道、事父兄之道、泛论修身之道。可见,此一部分的关键概念是"心"与"情"。

① "心"的意义结构

在《性自命出》中,"心"的概念看上去不像性、情、道那么突出,但这些概念与"心"都有千丝万缕的联系,甚至以之为前提。

开篇云:"凡人虽有性,心无定志,待物而后作,待悦而后行,待习而后定。"结合下一句"及其见于外,则物取之也",可知,"待物而后作"包含了"性待物取"或"物以取性"的"性-物"关系。而在"人虽有性"与"待物而后作"之间,尚有一句"心无定志"。这句话与"人虽有性"并列,是说人生的自然状态,同时也是义理逻辑之一环。更确切地说,是作为"待物而后作"的另一条件。《性自命出》认为,"取性"或者"动性"者,不只是物而已;除了物,还有心志。心志在一定程度上参与了性的表现过程。[1] 这一点,也为下文所证实。第二章云:"凡性为主,物取之也。金石之有声[也,弗扣不鸣。人]虽有性,心弗取不出。"最后一句"[人]虽有性,心弗取不出","性心"二字连用,学者多歧解。有人认为,"心"字为衍文;有人认为,"心"字为"也"字之讹;[2] 李零独以"性心"连读。[3] 此处的心字之所以不得其解,主要是因为学者都已先行认定"以物取性"的基本结构。"性"是被取,"物"是来取,结构已然完整;而"心"与"性"不同,又似不可"取"

---

[1] 只要反观自心的体验,这一点不难理解。尤其是当人心的运用积累到一定程度,内心的活动还会具有无限的创发意义,"心志"对"性"的"取",便是极为自然的事情。后世儒者对心性的体认,往往采取了内向的道路,一方面是自我的批检和澄清,一方面是心性的呈露和流行。这也未尝不是通过心志的内在活动而"取性"的结果。
[2] 参见《郭店楚墓竹书》,第103页。
[3] 李零:《郭店楚简校读记》(增订本),第136页。

之。[1] 心的作用，在此被忽略或曲解了。在"以物取性"的结构中，人们看到了物、性两端，却看不到这个过程离不了心。

其实，"物来取性"与其说是"性物"关系，还不如说是"心物"关系。从名义来看，"性"是指生而然者。它是对所指之物的规定，而非所指之物本身。对《性自命出》而言，"性"的具体内容（所指），根据之前的讨论，主要是指"喜怒哀悲之气"，以及"好恶"之功能。从前者来说，"喜怒哀悲之气"必有其存在的空间，心便是其所臧之处。从后者而言，"好恶"亦必有其发生之处及发生的依托。我们说，性情对举，是一静一动，一未发一已发。顺此而言，由性静至于情动，由未发至于已发，都是在心这个处所，依托心的作用、功能而实现的。[2] 反过来说，除了以"喜怒哀悲之气"为主的"血气"，以及以"好恶"为主的"心知"之外，别无一个所谓的"心"。由此，我们可以说，在心性论的视角下，"性"与"心"至少在原初的意义上，实具有相同的外延。这个过程完全在内心中进行，故必受此心的主宰。故对"以物取性"这个自然人性的发生过程而言，还有一个力量左右乃至主宰了这个过程的发生。这股主宰力量，最初因为没有确定的宗旨和归趣（心无定志），并没有凸显自身。一旦通过后天的教化和熏习，心的主宰地位得到了确立，那么，它就将成为自然人性发生过程，乃至一切心

---

[1] 郭沂说："如果'心'字属上读，则'有性心'和'有声'就不对应了，况且'性'乃内在之物，故可'取'之，而'心'为能动之物，似不可'取'之。"（郭沂：《〈性自命出〉校释》，第101页）
[2] 故王中江说："'性'对'物'的好恶和'物'对'性'的感动和刺激，其具体的机制则是'心'的机能和活动。人性与外物的关系，从过程和发生的机制说，实是'心物关系'。"（王中江：《简帛文明与古代思想世界》，第199页）

第三章　子游的性情论

性活动的核心，也将成为一切心术工夫的关键。

顺着"心弗取不出"，下一章讨论了"心志"。第三章云："凡心有志也，无与不[可。性之不可]独行，犹口之不可独言也。牛生而柣，雁生而阵，其性[然也。人]而学或使之也。"关于"[ ]"之内的缺文该怎么补，学者有不同的意见，分歧主要在于是"志"、是"心"，还是"人"。笔者认为，此处为了强调心志对于性的发生过程的意义，故补"性"。意思是说，人性离开心志，不能自足地发挥作用；就像光有嘴巴，没有心志的参与，不能说话一样。人性与物性又是不同的。牛生来就会用牛角抵触，大雁生来就会列阵飞翔，它们的性与它们的现实是同一的。但人性的可能性，只有通过学习才能施展出来。顺此，下章云："四海之内，其性一也。其用心各异，教使然也。"说的是，天下人性的存在、功能及作用原理是完全相同的，之所以会呈现出不同的用心方式或状态，是后天教化或学习的结果。

至此，我们就可以看清第一部分的思路了。一开始，作者论述了人性自然的发生过程。这个过程，就其内容来说是"性物关系"，就其发生的处所和平台来说是"心物关系"，其中暗含了心志的主宰意义。进而，又从心志的主宰意义，逐步引出"教"、"学"两个成德之学的核心概念。同时将人的现实的不同，归结为后天教化对人性可能性之表达的结果。在此前提之下，自然人性的发生和作用过程，便不仅仅是客观的事实，而是被认定为后天教化的前提和依据。其现实的发生过程，已经被纳入后天的教化实践之中，并由此具有了修养的意义。故下面三章围绕性的具体作用展开。这种"作用"，已经不再是人性的抽象的作用原理，而是在教化的实践语脉下人性发生的具体方式。所谓"逆性者，悦也；交性者，故也；厉性者，义也；出性者，势也；养性者，习也；长性者，道也"，都在成德之学的思想背景下，成为了"定性"的具体环节。如果说，前面的"凡性为主，物取之也"，是说自然人性的发生过程；那么，后面的"人虽有性，心弗取不出"，则是真正具有道德和实践意义的"取性"。这才是《性自命出》讨论"人性"问题的根本宗旨之所在。

值得注意的是，简文说"用心各异，教使然也"。显然，作者是将"用心"的不同，视为人之现实状态之不同的主要方面。或者说，作者是以"用心"指认人的现实性。而人的现实性，即是实践的目的性。故下文云："教，所以生德于中者也。"此处的中，指心而言。作者指出，孔子以《诗》《书》礼乐为教，最终的目的，是为了使学者在内心中成德。此所谓"德"，回归到内容或本质，便是上文的"用心"。"用心"实为一切之归宗。由此，我们便可以理解"凡道，心术为主"这句话，"心术"不但是达到"德"的途径（方法），更是"德"的本质或"德"本身（过程或状态）。

全篇的最后，作者以一句"君子身以为主心"为结。这句话句式奇特，学者颇为费解。有人认为，可能抄写有误，应作"君子身以心为主"，[1] 或"君子以为身主心"，或"君子以身为主于心"。[2] 此句的意义，也有不同理解，或突出心对身的主宰义，或突出身对

---

[1] 刘钊：《读郭店楚简字词札记》，武汉大学中国文化研究院编：《郭店楚简国际学术研讨会论文集》，第89页。后在《郭店楚简校释》中，刘氏未提及于此，只说："意为君子的身体是体现其心的。"（刘钊：《郭店楚简校释》，第106页）

[2] 郭沂说，参见《郭店楚墓竹书》，第122页。

第三章　子游的性情论

心的体现义，或突出身对心的守护义。[1] 其实，简文并无脱误。此句应断为："君子身，以为主心。"这里的"身"，不是名词而是动词。身字的这种用法，我们在《孟子》中也看到了。孟子曰："尧舜，性之也；汤武，身之也；五霸，假之也。"(《尽心上》)"性之"、"身之"、"假之"都是动词，也是尧舜、汤武及五霸的分判之处。赵岐注："性之，性好仁，自然也。身之，体之行仁，视之若身也。假之，假仁以正诸侯也。"[2] 朱子注："尧舜天性浑全，不假修习。汤武修身体道，以复其性。五霸则假借仁义之名，以求济其贪欲之私耳。"[3] "假之"且不论。"身之"与"性之"相比，后者是天性自然的结果，不假修为；前者则是依靠后天的修为，通过身体力行达到的。《孟子》身、性对举的思想背景，与《性自命出》不同。但"身"的动词义，却可以相通。"君子身"的"身"，相当于"修身"，指君子的具体修为。"主心"的"主"，不但有主宰义，更有目的义。[4] 这句话意思是说，君子以道修身，是为了回归心术；或者说，君子修身，是为了内心的成德。实即上文所谓："教，所以生德于中者也。"简文在篇末再次揭示君子修身归于主心之旨，彰

---

[1] 主宰义，如上引刘钊、郭沂的改写，又王中江认为此句是说"君子让身接受心的引导和主导"；体现义，如廖名春认为，此句是说君子认为一个人外在的仪容行止反映了他的内心；守护义，如刘昕岚说君子着意于自己的仪容行止以端正其心，陈伟说君子的肢体容貌围绕心来运行，李天虹说此句很可能是讲仪容举止对心的影响和作用，郭沂说指礼仪中的各种身姿是用来守护内心情感的。王中江说，见《简帛文明与古代思想世界》，第199页；郭沂说，见《〈性自命出〉校释（续）》，第111页；余说，见《郭店楚墓竹书》，第122页。

[2] 焦循：《孟子正义》，第924页。

[3] 朱熹：《四书章句集注》，第358页。

[4] "主心"，相当于《大学》、《五行》、《中庸》的"慎独"，慎治其心之义。

显了"心"的目的义。

综上所述,《性自命出》的"心",大体有以下三方面的含义:一是"主宰义",或"功能义"。指人心对人性的发生过程有制约和主宰的作用,这是引入后天教化的根本,也是作者强调"心志"的原因。二是"处所义",或"平台义"。[1] 即,心是气性的蕴藏之所,也是情(性之动)的发动之处。从其广延说,心的概念包含性与情、静与动、未发与已发,可以涵摄性情之全体。三是"现实义",或"目的义"。即,一切修养的完成,都归结为一种理想的"用心"状态(德)的实现。它既是人性之实现(长养和完成),也体现为人情之出入而顺的状态。故《中庸》以"喜怒哀乐之未发"为"中"、为"大本",以"发而皆中节"为"和"、为"达道",完全以"情"的"未发"、"已发"表述"德-行"的状态。这三方面含义,前两者与宋儒所说"心统性情"有相通之处。这也是古今思想"心同理同"之一证。

② "情"的双重意涵

《性自命出》第三部分另一个核心概念是"情"。在第二部分,作者以"情"为基础(本),建立了对礼乐之道的重新理解。第三部分又以"情"为核心,阐述了心术之道。

关于"情"的真实意义及具体所指,学者有不同的意见。据丁四新所说:"目前关于郭店楚简《性自命出》篇的'情'大概有三种意见,第一种意见说此'情'是情感义;第二种看法认为它既有情实义,又有情感义;第三种观点认为'情'属于此性与外在世

---

[1]《黄帝内经》:"心者,神之舍也。"

界相联接的有倾向的反应,并具有强烈的情感意味。"[1]这三者之间,前两者的差异可以归结为"情感"与"情实"的区分。第三种是从普鸣(Michael Puett)的论述中概括而来,似乎是一种现象学的还原,是对"情感"作更为初级的理解,[2]与前两种不在一个层面上。因此,理解"情"的关键,还是澄清"情感"与"情实"的分际和关联。

大体而言,《性自命出》第一部分所说"道始于情,情生于性"、"知情者能出之"中的"情",都是指"喜怒哀悲"的情感而言。第二部分"理其情而出入之"、"美其情"、"其出于情也信"、《韶》、《夏》乐情"、"皆至其情也"中的"情",或者是说礼乐的缘起,或者是说乐与人心的互动,也都是指"喜怒哀悲"或"好恶"的情感。这些都没有疑义。问题在于第三部分。这一部分不但以"人情"与"人伪"相对,更提出了带有"唯情主义"(庞朴语)味道的观点。简文云:

> 凡人情为可悦也。苟以其情,虽过不恶。不以其情,虽难不贵。苟有其情,虽未之为,斯人信之矣。未言而信,有美情者也。未教而民恒,性善者也。未赏而民劝,含福者也。未刑而民畏,有心畏者也。贱而民贵之,有德者也。贫而民聚焉,有道者也。独处而乐,有内动者也。恶之而不可非者,达于义者也。非之而不可恶者,笃于仁者也。行之不过,知道者也。(《性自命出》)

---

[1] 参见丁四新:《论郭店楚简"情"的内涵》,《玄圃畜艾》,第50页。
[2] 这就好比在计算机领域中,机器语言与人工语言之间的还原关系。

首句"凡人情为可悦也"与上章首句"凡人伪为可恶也"直接相对,这里的"人情"强调的是其"真"的一面,但所指不仅仅是人的感情。同样,"苟以其情,虽过不恶;不以其情,虽难不贵",大意是说,如果出于内在之真,即便是有所过失,也不会遭人厌恶;如果不是出于真心,即便做了很难的好事,也不值得赞赏。其中的"情",也是强调"真"的意义。此处"情",虽然不是与"情感"毫无关系,却也不只是"喜怒哀乐"等情感而已。其具体所指,需要从下文来了解。

"苟有其情,虽未之为,斯人信之矣"一句,有总领下文的意义。此处的"情"与"信"相对,指内在的情实,意义接近于漆雕开"吾斯之未能信"(《公冶长》)的"信",亦即后来孟子所说"有诸己之谓信"(《尽心下》)的"信"。简文是说,苟有诚信于中,即便没有见之于行,人皆信之。此下则是对这一命题的具体发挥:己未尝言而人皆信之,是君子有内在美情之故;尚未施教而民能有恒,是君子天性良善之故;不加奖赏而民能加劝,是君子"体顺"之故;不用刑罚而民不犯禁,是君子心存敬畏之故;出身低贱而民贵重之,是君子有德之故;生活贫困而百姓归之,是君子有道之故。至于"独处而乐,有内动者也",这里的"内动",犹《五行》所谓的"形于内"。意思是说,独处而能自足于己、自得其乐,是君子动于内在德行之故。作者这样说的时候,很可能想到了颜子独居陋巷而不改其乐(《雍也》)的状态。至此为止,"美情"、"性善"、"含福"、"心畏"、"有德"、"有道"、"内动",相当于"苟有其情";而"未言而信"、"未教而民恒"、"未赏而民劝"、"未刑而民畏"、"贱而民贵之"、"贫而民聚焉",则相当于"人信之"。故这里的"情"即情实,指人的内在真实的状态;更确切地说,是指人内心的道德状态。

再下,"恶之而不可非者,达于义者也。非之而不可恶者,笃于仁者也。行之不过,知道者也。"这几句可以视为对"苟以其情,虽过不恶"的解说。在此,作者明确区分了是非与好恶二者,指出:如果一个行为符合于义的规范,则其行为虽然有时而不近人情、惹人厌恶,却不可以非议(不可指责);如果一个行为出于内在的仁的道德情感,则其行为虽然有时而有过失、可非议之,却不可厌恶之(可以同情地理解)。在此,厌恶是从情感而来的,非议是由是非而来的。其实,"情"与"义"虽然为"道"之两端,但讲到具体的实践,两者未必时时一致,有时会发生情与义的冲突。这种伦理的冲突与困境可谓俯拾皆是,乃是人生实践的复杂性之所在。但不是说,两者的冲突,是客观而不可调解的事实。作者认为,"知道"之人,可以做到"行之而不过",亦即:能够既合情又合义地行事。若联系"始者近情,终者近义",亦可以说,唯有"知道者"能够尽道之终始两端,行于中道。总之,"苟以其情,虽过不恶",认为出于道德情感(未完全实现为相应的实践能力,亦即没有完全现实化)的失误可以谅解,确实是出于对道德情感的强调;但最终的理想还是情与义的一致,是能够内外的真实的道德成就。因而,这段话与其说是"唯情主义",还不如说是"唯德主义",归根结底,是对道德情感以及内在的道德状态、道德境界的推崇。

故而,《性自命出》第一、第二部分的"情"指"情感",第三部分的"情"指"情实",或者说内心信实的道德状态,两者确有不同的意义。[1] 之所以如此，从《性自命出》的思想脉络来看，第一部分是从人性之自然变现的过程了解情，此"情"必是"喜怒哀悲"、"好恶"等具体情感；第二部分追求礼乐之道的本源，以及乐的表达作用，故其"情"也必是指具体的情感；第三部分进至于以"求其心"为核心的修养之道，故其"情"所指涉的实是心，是此心的道德状态，固不止于自然情感。

"情感"与"情实"二义，内在相通。"情感"直接指涉内容。"情实"首先是一种规范性的描述，至于所描述的对象或内容，则有待于进一步的确定。在此意义上，"情感"乃是"情实"之一种。从自然状态来说，人的情感正是人心的主要内容。故《荀子·正名》曰："情者，性之质也。"这里的"质"，杨倞曰"质体"。[2] 其实，就是"情实"的"实"。"性"就其真实内容来说，便是"情"，包括情的潜伏状态（气），以及情的运行状态。而从人的实践状态（现实状态）来说，心的真实内容，即具体的"用心"，即心的存在状态和活动方式。此存在状态和活动方式，用规范性的话语说，便是"道德情感"或"道德状态"。故第三部分即此以言"情"。又据之前的分析，对《性自命出》乃至那个时代的儒者来说，此心的道德状态，实可归结为情感的潜伏和运行方式。在此意义上，可以说，从第一、第二部分的自然情感，到第三部分的情实或道德情感，表面上是情字所指涉的内容的变化，本质上却是同一内容的"形式"的变化。儒者的修身、求心，是为了让人心或人的自然情

---

1 王中江强调，先秦"情"的两种用法并行不悖，不可因情有"情实义"而否定"情感义"（参见王中江：《简帛文明与古代思想世界》，第187页）。
2 王天海：《荀子校释》，第923页。

感获得道德的形式。

对《性自命出》来说，自然情感的"情"，是礼乐之道的本源，也是教化所加的对象；而"道德情感"或"道德状态"的"情"，则是教化所达到的目标。后者所谓的"情"，实际上就是"心"，求其"情"正是"求其心"。所谓"诚于中，形于外"（《大学》），所谓"察其见者，情焉失哉"（《性自命出》），此乃客观的道理。儒者修身的理想，是通过对性情的作用方式的了解和运用，以求内在的情、内在的信、内在的成德，以展开内外一致的道德实践。职是之故，成德之学必返于"心术"，必归于"主心"。

3.2 《性自命出》章句[1]

此篇子游发明"长性以道"、"定性以心"之说，以广圣人成德之教也。

性与天道之论，夫子不言。而七十子后学为之，时也。天有命，命而性，性而道，道而教，此其说也。必自天者，以其常也。必著性者，教之本也。名谓不同，不碍为成德之学。夫子不别内外，只言德行。后学身心对举，即心言德，乃有性情之说。性非外

---

[1] 按：竹简原文以《楚地出土战国简册合集（一）：郭店楚墓竹书》为底本，以李零本为主要参校本。此篇《章句》，悉以问题意识与思想脉络，为解读之依据、判断之标准，力求探明纲领旨趣、条顺大义。其间，不论文字、义理，均广参既有成果。或在诸说之间，择善而从；或在诸家之外，另寻途径。唯简明起见，诸说不另具名；独得之愚，亦不特为标注。钱穆作《论语新解》，云："求其为一部人人可读之注，体求简要，辞取明净，乃不得不摆脱旧注格套，务以直明《论语》本义为主。"又云："众说已见，既如水乳之交融，何烦泾渭之再辨。"诚哉斯言，尽予微衷。

也，必以心言，所以成中心之德也。性生而静，感动为情，然后有其质也，道由以始而教有以加也。

本篇以人心不定，故有长性以道之说，而性道之间尤重于情。此其得于乐教之深可见矣。始标宗趣，泛言性、情、道之名，广论性心作用之理。中言《诗》《书》、礼乐之教。终论心术之道、求心之学。皆道之四术也，故曰：长性以道。其三术者，导之于心而已，唯心术为可道也，故曰：定性以心。

1. **凡人虽有性，心无定志，待物而后作，待悦而后行，待习而后定。** 人虽生而有性，然必见之于心。心无定志，则性无定然。其必待物感而后动，喜悦而后行，习养而后定。定，谓性之定。**喜怒哀悲之气，性也。及其见于外，则物取之也。** 喜怒哀悲之未发，而蕴于身者，则气也。此生而然者也，故谓之性。物来相感，则气动于中，而情见乎外。之，谓性也。**性自命出，命自天降。** 天降生命，而性臧焉。**道始于情，情生于性。** 性动而为情，情施则为道。**始者近情，终者近义。** 道之始，源于情之发。道之终，近于事之义。**知[情者能]出之，知义者能入之。** 之，谓道也。道有两端，故入道二途。知情者，由情以出道。知义者，由义以入道。**好恶，性也。所好所恶，物也。** 生而有

第三章 子游的性情论

好恶，是人之性也。此好恶，乃人性本有之倾向，而于感物之时初所发见者。好恶所及，则物也。○《乐记》云："物至知知，然后好恶形焉。"物至知知，而好恶先见。此其性之端而情之源乎！**善[不善，性也。]所善所不善，势也**。善，犹美也。有善质、有不善质，皆生而然也。或为善、或为不善，则因乎外在之势也。○孟子曰："今夫水，搏而跃之，可使过颡；激而行之，可使在山。是岂水之性哉？其势则然也。"

上第一章。言性、情、道、义之名，及人性所禀。首句发明孔子"性相近，习相远"之旨。此下六章广论性心作用之理。

2. 凡性为主，物取之也。性内、物外，性静、物来，固有宾主之别也。**金石之有声[也，弗扣不鸣**。金石不自鸣，必待扣之而后有声。**人]虽有性，心弗取不出**。人虽生而有性，心弗取之，则亦不得出也。言物之感性，必缘心知；此心又主乎性情之动，故云如此。

上第二章。言取性。取有二义，物来动性，曰物取；心主性情，曰心取。

3. 凡心有志也，无与不[可。性之不可]独行，犹口之不可独言也。 心有志意，可为主宰。若心志不与，则一切活动皆不可得。性不可独自表达，犹口不可独自言说，谓皆不离乎心也。与，参与。行，即首句"待悦而后行"之行。此承上章"心取"之义。**牛生而柢，雁生而阵，其性[然也。** 柢，抵触。阵，列阵。言牛生而抵触于物，雁生而列阵飞翔，其性使然。此必然之事也。**人]而学或使之也。** 而，犹则也。或，不定之辞。后也字，犹然也。人与物异。人性必待后天之学，或可使之如此然也。

上第三章。言人性之行，必与乎心志，待学而后可。

4. 凡物无不异也者。刚之树也，刚取之也；柔之约，柔取之也。 物性不同。刚木而用以为柱，是取其刚性也。柔藤而用以束物，是取其柔性也。○《荀子·劝学》曰："强自取柱，柔自取束。"杨倞注："凡物强，则以为柱而任劳，柔则见束而约急，皆其自取也。"**四海之内，其性一也。其用心各异，教使然也。** 人生而有情气、有好恶，是则天下之所同也；此心作用之理，亦无不同。然则贤愚用心各异者，后天

第三章　子游的性情论

教习之所致也。

上第四章。言性一心异,待教而然也。

5. **凡性,或动之,或逆之,或交之,或厉之,或出之,或养之,或长之。**动,感动。逆,逢迎。交,交错、出入。厉,磨砺。出,引而出之。养,滋养。长,增益。

上第五章。

6. **凡动性者,物也。逆性者,悦也。交性者,故也。厉性者,义也。出性者,势也。养性者,习也。长性者,道也。**

上第六章。

7. **凡见者之谓物,快于己者之谓悦,物之设者之谓势,有为也者之谓故。义也者,群善之蕝也。习也者,有以习其性也。道者,群物之道。**故,即下文《诗》、《书》、礼乐。蕝,表也。言义乃善行之衡准也。群善,即众善。群物,谓万物。

上第七章。以上三章，申论性之作用，及作用因素，而归宗于道。此下五章言《诗》、《书》、礼乐之道。

8. 凡道，心术为主。道四术，唯人道为可道也。四术，谓心术、《诗》、《书》、礼乐也。人之道，以心术为主。故此"人道"，谓心术也。可道，谓可由而行也。**其三术者，道之而已。**《诗》、《书》、礼乐，则所以导人也。**《诗》、《书》、礼乐，其始出皆生于人。《诗》，有为为之也。《书》，有为言之也。礼乐，有为举之也。**有为之为，去声。有为，有所为。《诗》记往古之事，故曰"有为为之"。《书》记圣贤诰命，故曰"有为言之"。礼乐，先王所制，故曰"有为举之"。三者虽为故迹，然其原始，莫不出于人之生存。**圣人比其类而论会之，观其先后而逆顺之，体其义而节文之，理其情而出入之，然后复以教。**圣人，谓孔子。此言孔子删述《诗》、《书》，定礼乐之功。分类排比而综说之，论《诗》也；考其先后而厘定之，序《书》也；据其义理而变易之，理其人情而弦歌之，定礼乐也。圣人修《诗》、《书》，定礼乐，然后以为文教。○子思曰："夫子之教，必始于《诗》、

《书》，而终于礼乐，杂说不与焉。"**教，所以生德于中者也。**中，心也。"生德于中"者，谓于内心凝结成德也。圣人之教，归于心德。**礼作于情，或兴之也，当事因方而制之。**作，犹始也。礼始于情。情，礼之本也。或，谓圣人。方，类也。圣人之作礼，即其事之所宜、因其类之所别而制之。○《语丛一》云："礼因人之情而为之节文者也。"《坊记》云："礼者，因人之情而为之节文。"**其先后之序，则义道也。又序为之节，则文也。致容貌，所以文节也。**先后尊卑之序，礼之义也。从而为之仪节，礼之文也。致其容貌，所以文饰仪节也。**君子美其情，贵[其义]，善其节，好其容，乐其道，悦其教，是以敬焉。**情，礼之本也。义，礼之质也。节文，礼之仪也。礼容，所以饰文也。道，谓礼道。教，谓礼教。君子美之、贵之、善之、好之、乐之、悦之，然后行礼，必有敬焉。**拜，所以[致敬也]；其数，文也。**拜，所以示敬道也。其度数之制，则节文也。**币帛，所以为信与征也；其辞，义道也。**币帛，所以表征信之物。其所说之辞，则见尊卑之义焉。**笑，礼之浅泽也。乐，礼之深泽也。**礼教之泽有浅深，其可见也。浅则笑，深则乐。

上第八章。言道之四术。圣人修《诗》、《书》、礼乐三术以为教，在导人成德也。本章先言礼教，此下四章言乐教。

9. 凡声，其出于情也信，然后其入拨人之心也够。 情，谓真情。拨，动也。够，多也。言声出于情也信，则入感人心也深。**闻笑声，则鲜如也斯喜。** 鲜如，明快貌。**闻歌谣，则陶如也斯奋。** 陶如，犹陶然，喜悦貌。奋，犹作，蠢动之貌。**听琴瑟之声，则悸如也斯叹。** 悸如，心动然也。叹，因喜而吟。**观《赉》、《武》，则齐如也斯作。**《赉》、《武》，《大武》之诗，见《周颂》。齐如，庄恭貌。作，振奋之意。**观《韶》、《夏》，则勉如也斯俭。**《韶》，舜乐。《夏》，禹乐。勉如，勤力貌。俭，谦卑貌。〇季札聘于鲁，请观周乐，见舞《大夏》，曰："美哉，勤而不德！非禹其谁能及之？"按，"勤"犹"勉如"，"不德"犹"俭"。**咏思而动心，喟如也。** 咏，长歌。思，念之。吟咏、思怀而动心，则喟然嗟叹之也。**其居节也久，其反善复始也慎，其出入也顺，始其德也。** 节，谓乐之节。久，言观乐或习乐之久也。善、始，谓初始之善心也。《乐记》所谓"感动人之善心"

是也。慎，犹诚也。出入也者，言出于情而至于乐，观于乐而入于心。内外一，故曰顺。德者，得也，乐教之成也。咏思以下，言学者观乐、习乐以成德也。**郑卫之乐，则非其声，而从之也。**从，纵也。郑卫之声，则非此之类，故纵之而不用。犹子曰"放郑声"。

上第九章。言声入动心。观《韶》、《夏》、《赉》、《武》之乐，可反善复始，教以成德也。

10. 凡古乐龙心，益乐龙指，皆教其人者也。

古乐，谓《韶》、《夏》也。益乐，谓《赉》、《武》也。龙，和也。指，志也。古乐可以和人心，益乐可以和人志，皆所以教人者也。**《赉》、《武》乐取**，武王以兵戈取天下，其乐奋发蹈厉，故曰乐取。**《韶》、《夏》乐情。**舜、禹以禅让得天下，其乐和美，故曰乐情。○子谓《韶》，"尽美矣，又尽善也。"谓《武》，"尽美矣，未尽善也"。

上第十章。古乐乐和美之情，益乐兴进取之志，皆可教人。

11. 凡至乐必悲，哭亦悲，皆至其情也。哀、

乐，其性相近也，是故其心不远。后至字，犹致也。性，谓哀乐之气。心，谓哀乐之情。**哭之动心也，浸杀；其烈，恋恋如也；戚然以终。**浸杀，犹浸渍渐深也。烈，甚也。恋恋，不绝之貌。戚然，悲伤貌。**乐之动心也，濬深郁陶；其烈，则流如也，以悲；悠然以思。**濬，亦深也。郁陶，积也。流如，犹淫放也。悠然，忧思貌。思，犹息，终也。

上第十一章。言哀乐至情，任其自流，必入于悲。

12. **凡忧思而后悲，凡乐思而后忻。凡思之用心为甚。** 忧思而后生悲伤之情，乐思而后生喜悦之情。故用心之甚，莫大于思。思，谓情思也。**叹，思之方也。**方，放也。叹，思之形于外也。**其声变，则[心从之]。其心变，则其声亦然。**言声心之应也。**吟，游哀也。噪，游乐也。啾，游声[也]。呕，游心也。**吟，浅叹。噪，喧呼。啾，众声杂沓。呕，动情讴歌。游，犹行也，宣露之意。哀乐不同，故吟、噪有别。讴歌，足以达其心意。若发不由衷，则仅有其声而已。**喜斯陶，陶斯奋，奋斯咏，咏**

斯犹，犹斯舞。舞，喜之终也。愠斯忧，忧斯戚，戚斯叹，叹斯辟，辟斯踊。踊，愠之终也。亦见于《礼记·檀弓下》。彼云："人喜则斯陶，陶斯咏，咏斯犹，犹斯舞，舞斯愠，愠斯戚，戚斯叹，叹斯辟，辟斯踊矣。""犹斯舞"后多"舞斯愠"一句，义不可解，先儒以为衍文，是也。彼郑注云："陶，郁陶也。咏，讴也。犹，当为摇，声之误也。摇，谓身动摇也。秦人犹、摇声相近。舞，手舞之。愠，犹怒也。戚，愤恚。叹，吟息。辟，拊心。踊，跃。"

上第十二章。言情思之放，而为礼乐之源也。以下八章言心术之道，即求心之学。

13. 凡学者，求其心为难。学者唯自求其心之德也最难。从其所为，近得之矣，不如以乐之速也。由行而入者，习于礼教，庶几得之。不如化于乐教之速也。虽能其事，不能其心，不贵。事必出于内心，然后为可贵也。求其心有伪也，弗得之矣。若用心有伪，则不可得也。人之不能以伪也，可知也。[不]过十举，其心必在焉。伪者，盖欲以自饰而欺人，然终不可得也。所为不过十

事，其心必可见也。**察其见者，情焉失哉？**见者，所为也。情，中心之实情也。**顺，义之方也。义，敬之方也。敬，物之节也。**顺，序之和也。方，放也。其心敬，则其行义也；其行义，则其事顺也。敬，则感于事之节而生者也。**笃，仁之方也。仁，性之方也，性或生之。**内心仁，则其行笃。《中庸》："力行近乎仁。"力行，笃也。而仁又推性中本有之爱以成者也。故曰，性或可以生之。或者，不定之辞。**忠，信之方也。信，情之方也。情出于性。**尽心待人曰忠，实有诸己曰信。内情真实，故有信，而后与人尽己，乃有忠。**爱类七，唯性爱为近仁。智类五，唯义道为近忠。恶类三，唯恶不仁为近义。**爱，犹好也。爱类七、恶类三、智类五，谓人好恶心知之性也。性爱，生而有者，谓孝悌之情也。养而致之，可以成仁。义道，事物之所宜。忠，敬也。知义而行义，乃以求己之忠也。恶不仁，则可以守义。皆发于好恶心知之性，而求所以成德也。**所为道者四，唯人道为可道也。**同前"道四术"之说。

上第十三章。言学者贵在求心，又据好恶心知之性以说求心之道。

第三章　子游的性情论

14. 凡用心之躁者，思为甚。躁，急躁。思，情思。用心急躁，莫大于情思。**用智之疾者，患为甚。**疾，急切。用智急切，莫大于忧患。○《成之闻之》："智而求之不疾，其去人弗远矣。"《五行》："君子无中心之忧，则无中心之智。"**用情之至者，哀乐为甚。**用情至极，莫大于哀乐。**用身之忭者，悦为甚。**忭，忭急。用身忭急，莫大于喜悦。**用力之尽者，利为甚。**用力务尽，莫大于求利。**目之好色，耳之乐声，郁陶之气也，人不难为之死。**好色、乐声，皆本人性好乐之气，人或可为之死。**有其为人之节节如也，不有夫柬柬之心则采。有其为人之柬柬如也，不有夫恒怡之志则缦。**节节如，犹节节然，节制貌。柬柬，犹謇謇，诚信貌。怡，乐也。缦，同慢，怠惰。言若其人长于礼仪度数，而无诚实之心，则徒为浮文。若其人已怀诚实之心，而无安定之志，则亦将怠惰。**人之巧言利辞者，不有夫诎诎之心则流。**诎，即屈，收敛。巧言利辞之人，若不反求诸心，则其言散荡而无据。**人之悦然可与和安者，不有夫奋作之情则侮。**其人喜悦而可与和乐共处，若不能有奋进振作之意，则必至于轻侮。**有其为人之快如也，弗牧不**

可。有其为人之㦔如也，弗辅不足。快，犹狂简也。牧，治也。㦔，愿也，谨实貌。言狂简进取之人，若非裁而治之则不可；谨愿心实之人，若非辅以助之则不足。○子曰："不得中行而与之，必也狂狷乎？狂者进取，狷者有所不为也。"狂狷，如此处"快如"、"㦔如"之人也。

上第十四章。此章申言内情为本，求心为要。以下两章言情。

15. 凡人伪为可恶也。伪斯隐矣，隐斯虑矣，虑斯莫与之结矣。隐，闭藏。虑，思谋以饰于外也。如此，则人莫与之交矣。○《大学》云："小人闲居为不善，无所不至，见君子而后厌然，掩其不善而著其善。人之视己，如见其肺肝然，则何益矣。"慎，仁之方也，然而其过不恶。速，谋之方也，有过则咎。慎，犹笃也。速，疾也。仁者惟欲慎，虽或有过，而人不厌之。谋者不致其情而惟欲速，及其有过，人皆咎之。"人不慎，斯有过"，信矣。

上第十五章。言人伪之可恶。出于谋虑者多伪，故有过则咎。

16. 凡人情为可悦也。苟以其情，虽过不恶。

第三章 子游的性情论

不以其情，虽难不贵。 情，谓内在情实。**苟有其情，虽未之为，斯人信之矣。** 苟内有情实，虽未见于行，而人亦信之。**未言而信，有美情者也。** 口未言而人已信之，则其人是内有美情之人也。**未教而民恒，性善者也。** 教化未施而民既有恒，则其人是质性美善之人也。性善者，犹《论语》所谓"善人"。**未赏而民劝，含福者也。** 赏赐未加而民已劝勉，则其人是体顺之人也。《礼记·祭统》"百顺"谓之福。尽于己，则顺于道，故以得于内为含福者也。**未刑而民畏，有心畏者也。** 刑罚未用而民乃知畏，则其人是心存敬畏之人也。**贱而民贵之，有德者也。** 己身低贱而民敬重之，则其人是有德之人也。**贫而民聚焉，有道者也。** 身贫而民从归之，则其人是有道之人也。**独处而乐，有内动者也。** 独处而乐，则其人是内情活跃、德有所形之人也。《说苑·修文》所谓"独居乐德，内悦而形"。**恶之而不可非者，达于义者也。非之而不可恶者，笃于仁者也。行之不过，知道者也。** 达于义者，或不近人情，故可恶之。然其得是非之正也，固不可非。笃于仁者，或失之厚。然其合于人情也，固不可恶。惟知道之人，笃于仁而达于义，行之不过于物而中其节也。**闻道**

反上，上交者也。闻道反下，下交者也。闻道反己，修身者也。反，犹求也。闻道而求事上，是欲上交者。闻道而求治下，是欲下交者。闻道而反求诸己，则修身者也。**上交近事君，下交得众近从政，修身近至仁。**近，庶几。上交者几于事君，下交者几于从政，修身者近于至仁。至仁者，仁之至也，然后可以事君从政，夫子之学也。**同方而交，以道者也。不同方而[交，以故者也。]**方，向也。故，有所为。同方而交，共志于道也。不同方而交，各有所图也。**同悦而交，以德者也。不同悦而交，以猷者也。**猷，谋也。德，得也。有得于道，则同乐而交也。所乐不同，则各有所谋。**门内之治，欲其逸也。门外之治，欲其制也。**逸，和顺。制，裁断也。

上第十六章。言人情之可悦。情，实也，此谓心德。

17. 凡悦人勿隐也，身必从之。言及，则明举之而毋伪。悦，通说，教也。从之，犹行之。言为师者教人务尽而无隐，所传于人者必先行之于己。○子曰："二三子以我为隐乎？吾无隐乎尔。吾无行而不与二三子者，是丘也。"

上第十七章。言教人之方。

18. 凡交勿烈，必使有末。烈，极也。末，终也。狎昵过甚，则不保其久。

上第十八章。言交友之方。

19. 凡于路毋思，毋独言。独处，则习父兄之所乐。行于道路，不可致思，不可自语。义与夫子"车中不内顾、不疾言、不亲指"同。闲居独处，暂无父兄亲教之，则习父兄所乐之道。**苟无大害，少枉，内之可也。已，则勿复言也。**少，稍。枉，不正。内，同纳。苟有小过而无大害，则受而谅之，可也。事过，则不复言及。

上第十九章。泛言居处之方。

20. 凡忧患之事欲任，乐事欲后。任，犹劳也。子曰："仁者先难而后获。"**身欲静而毋滞。**滞，止也。**虑欲渊而毋伪。**渊，深也。**行欲勇而必至。**至，达也。**貌欲庄而毋伐，欲柔齐而泊。**伐，自矜。柔齐而泊者，温和齐恭而淡泊也。**喜欲智而无末。**有所喜,则自察之而不流于浅薄。**乐欲绎而有志。**绎,思绎。有所乐,则复思绎己之所志。**忧欲敛而毋昏。**若有忧,则知收敛而不至于昏沉。**怒欲盈而毋暴。**若有怒,虽充盈而不至于暴。**进欲逊而毋巧,退欲肃而毋轻,欲皆文而毋伪。**逊,让也。巧,谄言。肃,端肃。轻,慢也。文,尽礼也。言进则逊让而不谄媚,退则端肃而不轻浮,皆尽礼文而无诈伪。**君子执志必有夫皇皇之心,出言必有夫柬柬之信。**皇皇,如有求而弗得之意。柬柬,诚实貌。言君子心志恳切,而言语忠信。**宾客之礼,必有夫齐齐之容。**齐齐,庄敬貌。容,仪容。**祭祀之礼,必有夫齐齐之敬。居丧,必有夫恋恋之哀。**恋恋,不绝貌。**君子身,以为主心。**身,即《孟子·尽心上》"汤武身之"之"身",朱子曰"修身体道"是也。主心,使心为主也。言君子修之于身,乃所以治心成德也。

上第二十章。广及修身之方。"君子身,以为主心",结全文。

2016 年 2 月 5 日初拟于孙家田向阳山房
2017 年 10 月 9 日改于海淀路十方寓
2019 年 5 月 16 日再订于海上十方寓

第四章 子思的五行论

4.1 《五行》要论

4.1.1 作者与文本结构

①《五行》的作者

《五行》出于马王堆帛书和郭店竹简。马王堆帛书有"经"有"说",郭店竹简有"经"无"说"。可见,两部分具有相对独立的意义。

马王堆帛书出土之后,庞朴最先意识到,文中所论"仁义礼智圣",即是《荀子·非十二子》批判子思所谓"案往旧造说,谓之五行"的"五行"。[1] 但马王堆帛书为汉代抄本,据此还无法区分经、说,也无法断定其著作年代。故许多学者认为,《五行》出于思孟后学之手,不一定是《荀子》所称的思孟"五行"说。郭店竹简出土之后,学者开始明确肯定《五行》的经文为子思

---

[1] 庞朴:《马王堆帛书解开了思孟五行说之谜——帛书〈老子〉甲本卷后古佚书之一的初步研究》,《文物》1977年第10期。

所作。[1]陈来认为，既然荀子指名批评子思、孟轲，必有二人明确倡导五行说的作品为之根据；只有认定经部为子思所作、说部为孟子所作，才可以顺理成章地坐实《荀子·非十二子》"子思唱之，孟轲和之"之说。又指出，荀子所谓"无类"、"无说"、"无解"的批评，是针对子思的经文而言的；孟子作说，当在学于"子思之门人"的中年，故与《孟子》一书所反映的晚年思想有一定的差异。[2]关于经、说作者的这一判定，可谓要约不烦，宜为学界所采用。

与此同时，还有竹简本和帛书本经文的差异问题。此前，学者试图通过比较研究，论证二者的优劣。[3]文本的优劣，固有一定的标准。不过，从思想史的角度说，具有渊源关系的前后两个文本，形态的变化表现了思想的变化，由此还可以有另一个标准。前者可以说是理论的标准，以文本义理的融贯性或结构的合理性为依据；

---

[1] 如饶宗颐说："现在郭店简亦出现与此文字相同的简册，在竹简开头标记着'五行'二字，大家无异议地承认它正是子思的作品。"（饶宗颐：《从郭店楚简谈古代乐教》，武汉大学中国文化研究院编：《郭店楚简国际学术研讨会论文集》，第3页）李学勤说："《五行》出自子思。"（李学勤：《郭店楚简与儒家经籍》，姜广辉主编：《中国哲学》第二十辑，第19页）又说："《五行》的经文部分，据《荀子·非十二子》，亦出于子思。"（李学勤：《郭店楚简〈六德〉的文献学意义》，《郭店楚简国际学术研讨会论文集》，第18页）姜广辉说："《郭店楚墓竹简》中《五行》篇出土，我们可以进一步推定《五行》为子思所作。"（姜广辉：《郭店楚简与〈子思子〉——兼谈郭店楚简的思想史意义》，《中国哲学》第二十辑，第19页）又说："帛书《五行》篇过去人们多认为子思孟轲学派的门徒之作，郭店简的写作年代早于孟子，它应该是子思作品，当无疑义。"（姜广辉：《郭店楚简与原典儒学》，《中国哲学》第二十一辑，第270页）
[2] 陈来：《竹帛〈五行〉为子思、孟子所作论》，《竹帛〈五行〉与简帛研究》，第106-108页。
[3] 有人主张帛本优于简本，如庞朴（《竹帛〈五行〉篇比较》，《中国哲学》第二十辑）、梁涛（《郭店竹简与思孟学派》第四章第二节）等；有人主张简本更优，如邢文（《〈孟子·万章〉与楚简〈五行〉》，《中国哲学》第二十辑）；有人则认为两者大同小异，如池田知久（《池田知久简帛研究论集》，第55-56页）、丁四新（《郭店楚墓竹简思想研究》，第133页）等。

后者则可以称之为历史的视角,以思想史与文本的互动为文本理解的基础或目标。

学者注意到,《五行》从竹简本到帛书本,不仅仅是文字和篇幅的差异,更根本的是思想观念的差别。换言之,帛书本通过文字的增减和结构的重编,表达或凸显了不同的思想观念。大体而言,竹简本突出圣智,帛书本重视仁义。[1] 陈来指出:

> 总结学者已经指出的竹简《五行》与帛书《五行》经部的差别,主要有三点:第一,在一开始的一段论述中,竹简《五行》论述的次序是仁、义、礼、智、圣,而帛书本的次序则改为仁、智、礼、义、圣,使得圣智的固定联结被破坏了。第二,简本17章的"圣智,礼乐之所由生也",在帛本改为"仁义,礼乐所由生也"。这样,简本所强调的作为礼乐根源的圣智,就在帛本中变成了仁义,其说部更明说"言礼乐之生于仁义"。第三,简本18章的"仁,义礼所由生也",在帛本改为"仁义,礼智所由生也",既强调了仁义联结的重要,又把智置于礼的后面,使得简本中圣智对仁义礼的优先性完全消失。可以说,帛书总的倾向,是突出仁义说在全篇的优先地位。以此取代或覆盖圣智说在竹简本中地位。[2]

---

[1] 如陈丽桂(《从郭店竹简〈五行〉检视帛书〈五行〉说文对经文的依违情况》、《再论帛书〈五行〉经、说文之歧异》,氏著《近四十年出土简帛文献思想研究》)以及李存山(《从简本〈五行〉到帛书〈五行〉》,《郭店楚简国际学术研讨会论文集》,第244-245页)等。
[2] 陈来:《竹简〈五行〉与子思思想研究》,《竹帛〈五行〉与简帛研究》,第143页。

其实，两个本子的差别不止于此。[1]但仅仅以上三点，就足以说明二者在思想倾向上"重圣智"与"重仁义"的差异。子思《中庸》云："苟不固聪明圣智达天德者，其孰能知之？"聪明、圣智并提，与简本同。郭店竹简《六德》云："何谓六德？圣智也，仁义也，忠信也。"也是以圣智并举。可见，圣智并举是那个时代的基本观念。[2]到了孟子，则不见"圣智"之说，开口便是"仁义"，且有"仁义"为"礼乐"之所本的说法。[3]可见，从思想形态上看，竹简本可能更接近于子思的原貌，帛书本则更接近于孟子，应是孟子或其后学对子思思想的诠释和改造的结果。因此，我们考察子思的思想，以竹简本为依据。

② 关于《五行》篇章结构的不同意见

竹简本与帛书本之争，折射出了《五行》结构的复杂性。最著名的案例，如庞朴认为，帛书本第十至十三章谈仁、义、礼、圣、智之所以，第十四至十七章再作进一步论述，第十八、十九章总说

---

[1] 如，首章"圣形于内，谓之德之行；不形于内，谓之德之行"，帛书本为"圣形于内，谓之德之行；不形于内，谓之行"；帛书本第二章在"不乐无德"之后，有"君子无中心之忧则无中心之圣，无中心之圣则无中心之悦，无中心之悦则不安，不安则不乐，不乐在无德"一句，以与前一句"忧-智-悦-安-乐-德"相对，竹简本无；竹简本以"不聪不明"章、"不变不悦"章、"不直不肆"章、"不远不敬"章为序，帛书本将"不聪不明"章置于余三章之后，等等。这些差异也关乎义理。

[2] 陈来说："孔子以后，以子思为代表，早期儒家重视提倡圣智仁义说，这不仅影响了墨子及其学派，也使得道家的庄子一派在'绝仁去义'之前，必须先举起'绝圣去智'的旗帜来，以与儒家大唱其反调。"（陈来：《竹简〈五行〉与子思思想研究》，《竹帛〈五行〉与简帛研究》，第148-149页）

[3] 孟子曰："仁之实，事亲是也。义之实，从兄是也。智之实，知斯二者弗去是也；礼之实，节文斯二者是也；乐之实，乐斯二者，乐则生矣，生则恶可已也，恶可已，则不知足之蹈之、手之舞之。"（《孟子·离娄上》）

第四章 子思的五行论

五行、四行；而到了竹简本，先谈圣智，再谈仁义礼，再谈圣智，接着谈五行四行，再谈仁义礼。庞朴由此得出结论："帛书按仁义礼智圣的次序谈，循序而进"，而竹简"接着圣智连带谈了五行四行，把一个总结性的论断提到了不前不后的中间位置，便未免进退失据，露出马脚了"。[1] 以此证明帛书本优于竹简本。其实，这一论断的基础，是认定讨论五行四行的帛书第十八、十九章是一个总结性的论断。但这一点并非确定无疑。在郭沂看来，它们便不是一个总结性的论断，而只是贯通前后的过渡环节，"真正'露出马脚'的，倒是帛本"。[2] 可见，这一问题关乎对文本结构的基本了解，不能仅仅通过表面逻辑的顺或不顺，作出是非、优劣的裁定。竹简本的编排顺序，或许还有尚未被学者充分认知的内在理绪。这一问题的解答，还要回到对《五行》篇章结构的整体理解上。

在结构上，《五行》的一个显著特征，是中间的一部分与其后一部分存在着解释关系。特别是，从第十五章（按：若引用或转述他人，章节划分及序号一仍所引之旧；在笔者的论述中，章节编号依据下文《章句》，下同）"未尝闻君子道，谓之不聪"，到第二十三章"'不强不絿，不刚不柔'，此之谓也"，都是对第十一至十四章的反复解说。据此，陈来提出，对竹简《五行》作出"经"、"解"的区分。他说："这篇文献有不少章节号，据整理者分析，有28章，可以分为上下，前14章是经，后14章是解。前一部分正面铺陈主要观点，后一部分甚至会逐句解释前一部分的内容，这种

---

[1] 庞朴：《竹帛〈五行〉篇比较》，《中国哲学》第二十辑，第222-223页。
[2] 郭沂：《郭店竹简与先秦学术思想》，第462页。

结构在先秦属于经解讲法,也有人叫经传。比如朱熹认为《大学》就分成经传,'大学之道,在明明德,在亲民,在止于至善',这就是经,传的部分会对此逐条解释。"[1]至于划分经、解的理由,当然是出于义理的裁断。故又说:"此《五行》篇章句之定,大抵以朱子为法,分别经解,次其简编。其意固非复古本之旧,亦非循汉学训诂之涂,盖以求见其纲领旨趣,而知古人精神所在。此性理学之旧途径,诠释学之新伎俩,今世学者所多不措意者也。"[2]对《五行》作出"经-解"的区分,反映了论者对《五行》文本的义理结构的基本了解,固有自身的诠释意义。但通篇而言,"被解释"与"解释"的关系,限于第十一至二十三章;除此之外,前面十章在后面没有解说,最后五章在前面也找不到所针对的章节。换句话说,这一结构只是《五行》文本某一部分的结构,相对于全篇来说,它只是一个"嵌套结构",是某一部分内容的层层推进的论述,[3]而不反映《五行》全篇的整体风貌。因此,我们认为,竹简《五行》不存在严格意义的"经解"结构。

关于《五行》的结构,邢文有一个明确的分析。为了便于后面的讨论,我们不妨整体援引:

> 郭店楚简《五行》是可以分为两个部分的。第一部分,从一号简"五行:仁形于内谓之德之行",到二十号简"唯有德者,

---

[1] 陈来:《竹简〈五行〉篇讲稿》,第9页。
[2] 陈来:《竹简〈五行〉分经解论:〈五行〉章句简注》,《竹帛〈五行〉与简帛研究》,第99页。
[3] 与之相似,《性自命出》第五、六、七章,也存在"解释-被解释"的关系,其目的是为了展开论述,或推进论述。

然后能金声而玉振之"。第二部分，从二十号简"不聪不明，不圣不智"到篇末"闻道而乐者，好德者也"。

楚简《五行》的第一部分又可以分为三个层次：第一层，从篇首至六号简"不乐则亡德"，总论仁、义、礼、智、圣五行及其"善"、"德"的两个层义，并由"中心之智"与"中心之圣"提出"智"、"圣"；第二层，从六号简"五行皆形于内而时行（之）"至十六号简"（形）则圣"，以"仁"为起点，分论"智"、"圣"；第三层，从十六号简"淑人君子"至二十号简"然后能金声而玉振之"，由君子慎独而申论并呼应第一层的"善"、"德"之论。

这三个层次实际上贯穿着"智"、"圣"之说：第一层提出"中心之智"与"中心之圣"，第二层往复论述"智"、"圣"，第三层则从前文的具体之论回归到篇首的"善"、"德"之论，并以金声玉振加以喻论。

楚简《五行》的第二部分又可分为四层：第一层，从二十号简"不聪不明，不圣不智"，到二十二号简"不尊不恭，不恭亡礼"；第二层，从二十二至二十三号简"未尝闻君子道，谓之不聪"，到三十一至三十二号简"和则同，同则善"；第三层，从三十二号简"颜色容貌温，变也"，到四十九号简"其人施诸人，狎也"；第四层，从四十九号简"闻道而悦者，好仁者也"，到篇末。

楚简《五行》第二部分的展开，仍然依循着"圣智"的线索。

第二部分第一层的首句即提出"圣智"的问题："不聪不明，不圣不智……"；第二层即逐一解释何谓不聪、何谓不明、何谓不圣、何谓不智，进而详论"见而知之，智也；闻而知之，圣也"的"圣智"之说;第三层则分论仁、义、礼;第四层以仁、义、礼、德之序总说,"德"即包含了"圣智"。

楚简《五行》这两个部分,正是其"圣"、"智"之论的两个阶段。[1]

以上结构,若以列表的方式,则可以表达为(章号依据笔者《章句》):

第一部分	第一层	1-2	总论仁、义、礼、智、圣五行及其"善"、"德"的两层义,并由"中心之智"与"中心之圣"提出"智"、"圣"。
	第二层	3-7	以"仁"为起点,分论"智"、"圣"。
	第三层	8-10	由君子慎独而申论并呼应第一层的"善"、"德"之论。
第二部分	第一层	11-14	首句即提出"圣智"的问题。
	第二层	15-18	逐一解释何谓不聪、何谓不明、何谓不圣、何谓不智,进而详论"见而知之,智也;闻而知之,圣也"的"圣智"之说。
	第三层	19-27	分论仁、义、礼。
	第四层	28	以仁、义、礼、德之序总说,"德"即包含了"圣智"。

按此意见,竹简《五行》有两个部分、七个层次。以此衡量,陈来指出的"经解"的部分,只存在于第二部分的第一层与第二层之间的嵌套结构,不反映竹简《五行》的整体结构。

---

1 邢文:《〈孟子·万章〉与楚简〈五行〉》,《中国哲学》第二十辑,第229-230页。

邢文的结构划分，另一个突出的特点是，凸显"圣智"之说。凡是涉及"智"与"圣"的部分，他的提要几乎完全围绕"智"、"圣"或"圣"、"智"展开。例如，他将首章与第二章并为一层，首章对"五行"与"四行"的纲要性阐述，似乎也归结为第二章"中心之智"与"中心之圣"的论述；他注意到第二层以"仁"为起点，但还是认为，简文目的是为了分别论述"智"、"圣"。这些明显牵强的处理，只是为了迁就"圣智"之说的主线。他甚至指出："楚简《五行》这两个部分，正是其'圣'、'智'之论的两个阶段。"圣智之说的线索，既是邢文离析竹简《五行》结构的把手，也是他认定竹简本优于帛书本的依据。[1]

邢文以"圣智"为线索对《五行》的理解，有几个显著的问题。其一，首章总论"五行"、"四行"，对全篇无疑具有纲领性的意义，邢文为了突出"圣智"，遂合第一、二章为一层，未免不类；其二，第三到七章，论"仁之思"、"智之思"、"圣之思"，且明说"不仁不智"、"不仁不圣"，突出了"仁"的重要性，但邢文略过此处"仁"说，还是强调"智"、"圣"之说，未免不公；其三，第十九到二十七章只论仁、义、礼，若只以圣智为线索和中心，则此内容如何安顿成为一个问题，未免不周。另外，《五行》以"德"、"善"为中心，若再提出"圣智"的线索，则两者的关系如何处理，

---

[1] 邢文在比较第二部分第三层的文本次序的时候，批评说："帛书作者未知此义，不仅割裂了'颜色容貌温，变也'与'不简，不行'段之间的关联，而且支离了《五行》全篇的'圣智'之说。"（邢文：《〈孟子·万章〉与楚简〈五行〉》，《中国哲学》第二十辑，第239页）

也是一个问题。[1] 总之，邢文对《五行》结构的理解，也不能令人十分满意。[2] 不过，他对《五行》的划分，还是具有重要的参考价值的。

③《五行》的内在结构

为了理解《五行》的义理结构，我们再来看《五行》的文本。

首先可以肯定的是，首章先有"德之行"与"行"的区分，再有"五行"之"德"与"四行"之"善"的区分，点明了此篇论述的核心概念和主题，为此篇的纲领，故应单独成一部分。此处或有疑问的是，整理者根据竹简墨钉的标识，将"德之行五和，谓之德。四行和，谓之善。善，人道也。德，天道也"几句，与第二章"君子无中心之忧"合为一章。[3] 但从义理的角度说，"德之行五和，谓之德"几句，是结首章之义；"君子无中心之忧"一句，则有提示下章"志"的作用。两者接在一起，于义未安。故陈来主张，前几句独立成章，[4] 似可从。若将此句划归首章，则首章的纲领意义更为完整。今合为一章，作为第一部分。

第二章前半部分从"中心之忧"到"中心之智"到"中心之

---

[1] 邢文的处理是："'善'与'德'之论是《五行》的中心，是全篇的主线，是抽象的、高层次的，而'智'、'圣'只是用以具体说明的例子。"（邢文：《〈孟子·万章〉与楚简〈五行〉》，《中国哲学》第二十辑，第233页）如此说不免有点简单。

[2] 梁涛对邢说有批评，并表达了自己对《五行》篇章结构的理解（梁涛：《郭店竹简与思孟学派》，第211-214页）。其他学者也表达了对《五行》结构的理解，如苟东锋《郭店楚简〈五行〉释义》（《古籍整理研究学刊》2011年第4期，第36页）。

[3] 参见李零：《郭店楚简校读记》（增订本），第100页。

[4] 参见陈来：《竹简〈五行〉分经解论：〈五行〉章句简注》，《竹帛〈五行〉与简帛研究》，第111页。

悦",再到"安"到"乐",最后到"德",是一个以"中心之忧"为发端的成德历程。后半部分讲"君子"、讲"志士",并非岔开去讲,还都是在第二章所陈述的脉络之下。所谓"德弗志不成,智弗思不得","志"的地位对应于"中心之忧","智"则即是"中心之智"。又由"智弗思不得"一句,引出了下文关于"仁之思"、"智之思"、"圣之思"的详细探讨。中间又讲"为一"与"慎独"。直到第九、十章,以"唯有德者,然后能金声而玉振之"的比喻,作为这一部分的总结,也回应了第二章的"德"。因此,这一部分从第二章到第十章,具有严整的"总分总"的逻辑结构。值得注意的是,这一部分论述的显著特征是:或者,以"中心之忧"为始,以"德"为终;或者,以"志"为始,以"德"为终;或者,以"仁"为始,以"圣"为终。这三者内在又是一致的。此为第二部分。

接下来,第十一章"不聪不明,不圣不智,不智不仁,不仁不安,不安不乐,不乐无德",论述了一个从"圣"、"智"到"仁"到"安"到"乐",最后到"德"的历程。这一论述,与第二章的论述形成了对比。此章也同样具有总领下文的意义。第十二、十三、十四章分论仁、义、礼。第十五、十六章,解释"圣"、"智"。第十七章从"圣智"开始论述"五行"之"德"。第十八章从"智"开始论述"四行"之"善"。这两章既非总结,也非过渡,而是为进一步申论"圣"之与"德"、"智"之与"善"的生发关系。第十九、二十、二十一章分别解释第十二、十三、十四章。第二十二、二十三章进一步申论仁义之和。第二十四、二十五、二十六章论"君子集大成",及"进之"之道。可见,这一部分从第十一章到第二十六章,也具有一个完整的"总分总"的逻辑结构。但与上一部分不同,此一部分的论述,不是以"仁"为始,而是以"圣智"或"智"为始:或者以"圣智"为始,以"德"为终;或者以"智"为始,以"善"为终。而"圣"、"智",皆可视为广义的智。此为第二部分。

最后,第二十七章见"天-人(即'狎')之分",第二十八章"好仁"、"好义"、"好礼"、"好德"是从不同的表现区分学者的资禀,皆具有通论的性质,可以别为一部分。

故据笔者所见,《五行》全篇四个部分具有"总分总"的结构;作为主体的第二、第三部分,内部又分别具有"总分总"的结构。这样一个复杂的嵌套结构,是《五行》文本的秘密所在。

《五行》虽以理论的表述为多,但无疑继承了孔门成德实践之学的宗旨。就第二部分与第三部分的关系来说,第二部分的历程,以"仁"为始,经过"智"、"圣",最终成"德";第三部分的历程,以"圣智"(或"智")为始,经过"仁"、"义"、"礼",最终成"德"(或"善")。前者以"仁"为始,后者以"智"(广义)为始,最终都指向了成德(成善)。故从成德之学的角度,这两部分可以视为成就"五行之德"或"四行之善"的两条进路。就此而言,《五行》的行文思路以及各部分的论述内容,可以更明确地厘定为:第一部分,以"五行"、"四行"总论"德"与"善";第二部分,论以"仁"(仁之思)为始的成德(包括成善)进路;第三部分,论以"智"(广义)为始的成德(包括成善)进路;第四部分,通论天人之分,及学者资性之别,以为儒家教学之始。若以表格的形式,《五行》的结构和内容可以表达为:

第四章　子思的五行论

第一部分	第1章	以"五行"、"四行"总论"德"与"善"。
第二部分	第 2—10 章	论以"仁"为始的成德进路。
第三部分	第 11—26 章	论以"智"为始的成德进路。
第四部分	第 27、28 章	通论天人之分,及学者资性之别,以为儒者教学之始。

4.1.2 问题意识与思想宗旨

从出土文献与传世文献看,七十子后学的著述仍多采用《论语》的方式,以散章所构成的意义群为单位推进行文,故在形式上未能像后来著述般起转分明。但若贴近其内部看,它们都有严整的义理结构和明确的问题意识。

子思作品,除了出土的《五行》与传世的《中庸》,还有《表记》、《坊记》及《缁衣》。据南朝沈约所说:"《中庸》、《表记》、《坊记》、《缁衣》,皆取《子思子》。"(《隋书·音乐志》)《五行》出土的同时,郭店简和上博简也出土了《缁衣》,使学者对这一说法更为确信。[1] 从著述形式看,五篇文献可以分为两组:《表记》、《坊

---

[1] 关于《缁衣》作者,还有另一种有影响力的说法。据《经典释文》:"《缁衣》,刘瓛云:公孙尼子作也。"刘瓛,南齐时人,略早于沈约。两说不同,《缁衣》到底出于《子思子》,还是《公孙尼子》,遂成悬案。或是此非彼,或从中调停。李零认为:"前人的两种说法,它们都可信,也都不可信。我们说可信,是说当时的《子思子》或《公孙尼子》,它们可能都有这一篇,而且沈约、刘瓛也完全可能看到它;不可信,是说子思子和公孙尼子,他们都不是该篇真正的'作者'或直接的'作者'。……我个人认为,也许更稳妥的说法倒是,《缁衣》是记孔子之言,子思子和公孙尼子都是传述者。"(李零:《郭店楚简校读记》(增订本),第90页)这一推测,大体合理。按我们的说法,子思、公孙尼子同学于子游,二人本有亲密关系。后来两家有共同传习的文本,也在情理之中。但《缁衣》"作者问题"并不会由此消解。诚然,《缁衣》的内容,都是记孔子之言,加上引《诗》、《书》,没有子思、公孙尼子自己的话。但是一来,在(转下页)

记》、《缁衣》为一组，主要是通过引述和组织孔子之言，以表达思想；《五行》与《中庸》为一组。《五行》没有引孔子之言，而是系统地论述自己的理论；《中庸》前半部分多引孔子之言，为的是从中引出和论证后半部分自己的系统思考。一般而言，个体的思想总有一个习得与发越的过程。故从这种著述风格的差异，我们有理由猜测，第一组可能是子思前期的作品，第二组则是子思后期，也就是成熟时期的作品。

从内容看，《表记》讨论"仁"，所谓"仁者，天下之表也"；《坊记》讨论"礼"，所谓"礼者，因人之情而为之节文，以为民坊者也"；至于《缁衣》，表面是在谈君臣之道、君民之道，[1] 实际上是以"好恶"为中心，所谓"好美如《缁衣》，恶恶如《巷伯》"，

（接上页）孔子之言的记录过程中如何取舍，包含了编者的意图；二来，记录下来的孔子之言如何作为一个完整的结构、表达一个系统的思想，也体现了编者的意志。故《缁衣》仍然需要一个"作者"。

我们认为，《缁衣》作者更可能是子思，而不是公孙尼子。从动机来看，《缁衣》以记录夫子之言的方式表达自己的思想，推尊夫子之意甚浓，作为夫子之孙的子思更有可能。据《孔丛子·公仪》："穆公谓子思曰：'子之书所记夫子之言，或者以谓子之辞。'子思曰：'臣所记臣祖之言，或亲闻之者，有闻之于人者。'"《荀子·非十二子》批评子思："案饰其辞而祇敬之曰：此真先君子之言也。"可见，子思确曾专力于搜罗夫子之言以为著述，又或借夫子之名表达自己的思想。又《礼记》本《表记》、《坊记》、《缁衣》三篇开头皆作"子言之曰"，与下文"子曰"（当然，文中也有"子言之"）相区别。出土的《缁衣》开头作"夫子曰"，亦与下文"子曰"相区分。这在当时可能已经确立为一种固定的著述格式，具有"标明身份的作用"（梁涛：《郭店竹简与思孟学派》，第234页）。它可能代表了子思某一时期（前期）的著述风格。若《缁衣》为子思所作，由于其中内容全用孔子之言，则其完成之后，亦当为孔门所共享。且其所论多以"好恶"为中心，与公孙尼子重视性情的主张相合。故公孙尼子及其弟子以之为传习的思想资料而收入《公孙尼子》，也很自然。

1 梁涛：《郭店竹简与思孟学派》，第239、250—254页。

"有国者章好章恶,以示民厚,则民情不忒"等。[1]三篇文献围绕孔门成德之学的宗旨,分别探讨"仁"、"礼",及与之密切相关的"好恶",主题单一而明确。与此不同,《五行》与《中庸》则具有综合的性质。《五行》综论仁、义、礼、智、圣,以其"和"、其"一"为"德",作为成德之学的最终归宿;《中庸》以"中和"之说为核心,以"大本"与"达道"为基本格局,以一个"诚"字贯通天人。据此亦可证明,前一组与后一组,应出于不同的思想阶段。从思想发展的连续性看,各部分内容的分别考察,应是全面的大综合的前提。子思前一阶段的思考,乃是后一阶段的思想基础。

当下,学界对《五行》的关注,落脚于"德之行"与"行"之别,并由此建立"德"与"善"的区分。诚然,"德之行"与"行","德"与"善"的区分在文本中最为明显,也很重要。但这些区分之于《五行》,还只是前提性的讨论。子思作《五行》的根本的问题意识,体现在"和"字(五行和、四行和)或"一"字(能为一)上。子思试图通过《五行》的讨论,对此前所作的具体讨论,作一个系统的、综合的理解;以一个德目的结构充实"德"与"善"的内涵,而此结构的核心秘密,就是"和"或"一"。事实上,这个问题意识,源自于、继承自孔子。

① 夫子"一以贯之"的遗产

在孔门,如何理解孔子之人格一直是一个问题。叶公问孔子于

---

[1] 李零:《郭店楚简校读记》(增订本),第77页。王博指出:"郭店本的安排表现出编者更重视'好恶'问题,包括君主的好恶和民的好恶。"又指出:"郭店本《缁衣》对'好恶'问题的重视,实质上乃是对'性'的问题的重视。"(王博:《中国儒学史·先秦卷》,第221、222页)论断甚为恰切。

子路，子路不对。子曰："女奚不曰，其为人也，发愤忘食，乐以忘忧，不知老之将至云尔。"(《述而》)孔子的自道，提示了自身之所以如是乃出于好学，这是揭示生命生机之所在。但这一揭示，与一般意义上的定位和了解方式有很大的不同。且这一说法，出自孔子之口可以兴味无穷，却不可成为弟子对夫子的评价。故如何从客观的角度恰切地了解和评价孔子，对他人来说，仍然是一个问题。夫子之难以评价，在于夫子得道之全。达巷党人曰："大哉孔子！博学而无所成名。"(《子罕》)达巷党人的极尽称美之言，实是不得已而为之。他人的成就总有偏向，如令尹子文之"忠"、陈文子之"清"(《公冶长》)、子产之"惠"(《宪问》)，举其一德，庶几可以尽之。但孔子的成就，已经无法以某一德行加以指呈，任何具体德目的称颂皆会失于片面。时人以最高的德行"仁"与"圣"称孔子，孔子又辞之。孔子辞而不受，在旁人看来或许是谦虚；但从孔子来看，却是生命状态与境界之必然。

不但自己的成就不偏于一曲，孔子教人也不落于一面。除了颜回之外，弟子皆没有才力对孔子之学作整体的承当。夫子也不强求，只是就着学者资禀之所近、志趣之所在，加以应机的指点，以成就各自不同的人生道路。孔子的应机指点，源于夫子义理的渊府，具有内在的一致性，亦可以切于学者的个体特殊性，包括个人的资性、特殊的生存处境、具体的修为阶段等。但也因其针对性（所谓"有为"），相互之间不一定直接相通，不能成为固定的通义。若是不明背后的针对性，说法之间甚至还会相互矛盾。此外，孔子的言说，点到即止，若不是弟子接着追问，大多不会主动论述其中的逻辑环节。一般弟子，限于自身的学力与境界，没有能力深入夫

第四章　子思的五行论

子的用心。只知夫子说出来的，不足以真正同情地了解孔子。

孔子之学、孔子之道、孔子之德的特征，既给弟子带来了很多困惑，也造成了孔子在思想上的无限寂寞。这一点，在孔子晚年特别是颜子去世之后，尤为明显。子曰："由！知德者鲜矣。"(《卫灵公》)孔子感叹，能够真切体会德的味道的人，实在太过稀少了。子曰："莫我知也夫！"子贡曰："何为其莫知子也？"子曰："不怨天，不尤人。下学而上达。知我者，其天乎！"(《宪问》)孔子感叹，世上再无人能知我了，能知我者大概也只有天了。贤如子贡，[1]尚不明孔子之所以感慨之故，诚令夫子倍增寂寥。子曰："予欲无言。"子贡曰："子如不言，则小子何述焉？"子曰："天何言哉？四时行焉，百物生焉，天何言哉？"(《阳货》)夫子不愿多说，实是因为道德学问的真精神，不可仅仅求之于言表。贤如子贡，虽有劝发之意，但也正好印证了夫子的忧心。

其实，夫子晚年对其人其道自有一番表白。这一说法，在《论语》中两次出现，可见不是一时兴起之说，而是夫子的"定论"。

子曰："赐也，女以予为多学而识之者与？"对曰："然，非与？"曰："非也，予一以贯之。"(《卫灵公》)

据孔子所问和子贡所答可以看出，子贡倾向于认为，孔子之所以博学乃是出于多学、多记。后者当然也是为学的一部分，孔子曾说

---

[1] 孟子曰："宰我、子贡、有若智足以知圣人。"(《孟子·公孙丑上》)说子贡等知圣人，也只是相对而言。若真论生命之相契，则子贡等亦未必知孔子。

"好古敏求"、"默而识之"(《述而》)。但严格来说，这只是为学的外在形式，却不是学者的真实用心，更不是境界之所由与所在。孔子为学，由"多学而识"的途径，但"多学而识"是为了体之于己、得之于己，最终化为自己的道用。故孔子之为孔子，其人、其道、其德，不在外在的形式，而在内在的用心，以及道德境界之所至。若仅仅是"多学而识"，所识与己身终为二物，涉猎庞杂（博学）终不能得一贯之绪。孔子见子贡未彻，主动告之，"非也，予一以贯之"。顺着上述的语脉，此处"予一以贯之"是说，我之所学、所识于我并非外在支离之物，早已内在融释，有特定的精神旨意贯于其中。再进一步说，所以"贯之"者，不是一个概念或思想，而是孔子自身的实践生命；不是理论的贯彻，而是实践的完成。就此而言，"予一以贯之"可以说是孔子对己身境界与状态的自道。

关于"一以贯之"更为著名的提法，发生在孔子与曾子之间。后世学者甚至以之为孔子与曾子之间传道的标志。

> 子曰："参乎！吾道一以贯之。"曾子曰："唯。"子出。门人问曰："何谓也？"曾子曰："夫子之道，忠恕而已矣。"(《里仁》)

众人在场，孔子特意呼曾子而告之："参乎！吾道一以贯之。"曾子似乎直下承当，只说了一个"唯"字。等门人追问，曾子才说出了自己的理解："夫子之道，忠恕而已矣。"既然曾子如此自信，后人便多认为，曾子之言得了夫子的真义。诚然，曾子所说的忠恕之道，可以说"一以贯之"；但夫子"一以贯之"，是否直指"忠恕"而言，则不尽然。若夫子"一以贯之"即是"忠恕之道"，夫子何以不直言"忠恕",而要在弟子面前故弄玄虚?这显然不是夫子的风格。且以"忠恕"解"一以贯之",亦无法解释孔子告子贡"一以贯之"之义。因此,我们说,曾子"夫子之道,忠恕而已矣",是就"吾道一以贯之"下的一个转语,却不是"吾道一以贯之"的等价命题;是建构性的理解,却不是对孔子之意的直接领悟。

夫子之意,在"吾道一以贯之"中,而不必在此之外,另寻所以贯之之道。夫子之道,从为学的工夫,到为学的境界,皆是一个内在融贯的整体。夫子之德,不是独立自为的各种德目的集合体,而是一个内在关联的结构整体。任何具体的德目,皆从此整体中得到其现实的规定性。夫子其人是"一",其道是"一",其德是"一"。夫子之"一",源出于具体的生命实践,而归宗于具体的生命实践,乃是包含无限具体性和差异性的同一。"吾道一以贯之",无疑是夫子晚年终极教诲之一。[1]

孔子自道"一以贯之"的问题,并没有因曾子之转语而得以解决。孔子之后,应当如何理解孔子言论的统一性、德行生命的统一性,成了七十子后学的理论议题。为了解释"应机性"而来的言语上的矛盾,有若率先提出了"有为"之说(《檀弓上》),而为子游所吸收和发挥(《性自命出》)。但"有为"之说,也不能解决所有问题。因为很多矛盾并不仅仅是"应机性"的结果,而是源于内部的德目的穿梭和义理的紧张。既包含了德行问题之整体理解的困难,又包含了具体义理在实践中的紧张。曾子作《大学》,厘定儒家之学的"修己安人"的规模,重申儒家以修身为本的宗旨;子游

---

[1] 参见何益鑫:《"一以贯之":孔子仁道的开显与言说》,《云南大学学报》2016年第5期。

作《性自命出》，以"性-情-道"统摄"礼乐"，都是这方面的统和之努力。但直至子思之前，尚没有直接统和"德行"的尝试。而后者，才是夫子"一以贯之"之教的终极旨趣之所在。

② "五行"之"和"与"四行"之"和"

根据先前所论，子思早年致力于具体德行及相关问题的探讨。这一时期，子思力求德行的具体性与确定性；如何从德行之整体来理解夫子之"一贯"，尚不是子思的核心关切。随着思想的进一步推进，子思逐步明确了这一问题意识，为之寻找解决之途径。竹简《五行》篇，便是子思在这方面的思考结果。《五行》开门见山，提出了所谓"五行"：

> 仁形于内谓之德之行，不形于内谓之行。义形于内谓之德之行，不形于内谓之行。礼形于内谓之德之行，不形于内谓之行。智形于内谓之德之行，不形于内谓之行。圣形于内谓之德之行，不形于内谓之德之行。德之行五和，谓之德。四行和，谓之善。善，人道也。德，天道也。(《五行》)

这里的"五行"，实际上是指五种德行，与《洪范》"一曰水，二曰火，三曰木，四曰金，五曰土"的"五行"没有直接关系。[1] 与此

---

[1] 李学勤说："子思创其五行说，所依据的思想资料是《尚书·洪范》。《洪范》有五行、五事，然而未明言二者的联系。子思的五行说则将作为元素的五行与道德范畴的五行结合为一，将《洪范》的神秘理论导入儒家学说，为术数与儒家的融合开了先河。"（李学勤：《帛书〈五行〉与〈尚书·洪范〉》，《学术月刊》1986年第11期，第40页）这一说法，现已知不可信。五常与五行（水火木金土）的对应，是汉代的思想；《荀子·非十二子》所谓"案往旧造说，谓之五行"，或只是批评子思借用《洪范》"五行"之名，并未明言五常与术数的结合。

第四章　子思的五行论

处"五行"意义相当的,不是《洪范》之"五行",反而是《洪范》之"三德"或《周礼》之"三行"。[1] 这短短的一段话,以"五行"为基础,作出了许多区分:"形于内"与"不形于内";"德之行"与"行";"德"与"善";"人道"与"天道"。

关于"形于内"、"不形于内"。内,指内心。至于"形",有人说是"成形"(如庞朴),有人说是"形成"(如魏启鹏、郭沂),有人认为"型"读本字为型铸之义(刘信芳)。陈来认为:"从古代文字的用法看,'形'一般是指向外发显的动向,如形于外(《礼记·大学》)、形于色(《公羊传·桓公》)、形于声、形于动静(《礼记·乐记》)、发形于外(《礼记·文王世子》)、兆形于民心(《管子·君臣下》)等。所以,形于某,即朝向某方向的一种形著动向。而'仁形于内',在这个意义上,这里的'形于内'似乎是'向内'的一种动向。……这样的理解等于说,德性是由行为自外向内而化成。这与此篇强调仁之思动于内而发于外的观点正好相反。所以,这里的'仁形于内',应是指'形自于内'或'形动于内'。古书亦有此种用例,如'戒心形于内,则容貌动于外'(《管子·君臣下》),'好恶形于心'(《管子·立政》),以及郭店楚简'形于中,发于外'(《尊德义》)。这里的'形'即是动,'形于'二字后面的心不是指形著的动向和结果,而是指发动的场所和起点。因此,形于内谓之德之行,实际是说仁自内发动而形于外,才是德之行,才

---

[1] 魏启鹏云:"《书·洪范》有'三德'之言,《逸周书·宝典解》有'九德'之备,《周礼·地官·师氏》有以'三德'、'三行'教国子之法。儒学既兴,'德行'列为孔门四科之首。战国以还,子思、孟轲一派复以'仁、义、礼、智、圣'五者概括德之行,说王公,勉士人,以正人心而济天下也。"(魏启鹏:《简帛〈五行〉笺释》,第9—10页)

是由德性发出的德行。"[1] 陈来的解释，尤为强调"形"概念所具有的"动向"义。所谓"动向"，指有方向性的形著。纯从逻辑上说，德行内外之动向关系，有顺、逆两种可能。而从《五行》立场来说，动向之方向只能是由内而外。由此，他区别了"形于某"这一表达所具有的两种含义，一是"朝向某的形著动向"，一是"形著的场所和起点"。《五行》"形于内"与"不形于内"取后一种意义。故又说："形于内，即发于中心，亦宋儒所谓'心之德'之意"；[2] "德行的自内而形于外，是《五行》篇的主题"。[3]

笔者认为，"形于内"的"形"，主要是"形成义"。"×形于内"，即"×"的内在生成。下文云"形则仁"、"形则智"、"形则圣"，"形"作为三思三形的过程的终点，都具有完成的含义。又《淮南子·要略》云："德形于内，治之大本。"这里的"形"，也只能理解为心德之形成。而"形成义"的形，一定意义上可以涵摄"形著义"的形。所谓"成形"、"形成"或"形铸"，无非是指德的内在生成、稳定品质的内在完成，亦即"心德"之实现。若进一步追究此"德"之实际，则可以说，此所谓"德"，实指内心特定的存在状态与活动方式。而存在状态与活动方式，又皆可以还原或落实为此心的内在形著，或德的内在流行。因此，"形于内"既可以指涉"×"得于心之结果，又可以指涉"×"于内心形著、流行之理象。换言之，"形"字可兼"形成"与"形著"而言。不过，此

---

[1] 陈来：《竹简〈五行〉与子思思想研究》，《竹帛〈五行〉与简帛研究》，第120-121页。
[2] 陈来：《竹简〈五行〉分经解论：〈五行〉章句简注》，《竹帛〈五行〉与简帛研究》，第111页。
[3] 陈来：《竹简〈五行〉与子思思想研究》，《竹帛〈五行〉与简帛研究》，第121-122页。

处所说的形著,不强调动向义。后者在《五行》有另外的表达方式。下文云:"五行皆形于内而时行之,谓之君子。"从"形于内"到"时行之",才表达一个以前者为始、后者为终的"动向义"。

复次,关于"德之行"与"行"的区分。一般认为,前者是出于内心的道德行为,后者是没有内心基础的纯粹行为。前者是作者提倡的,后者是作者反对的。[1] 但这样一来,"×形于内,谓之德之行","×形于内"言心德,"德之行"落脚于行为,两者似乎存在错位。实际上,我们认为,"德之行"与"行"不是一个层面的东西。"行"是外在的行为;但"德之行",不是外在的行为,而是指内在的心行。《庄子·天下》提到宋钘、尹文的时候说:"语心之容,命之曰心之行。"郭沫若认为:"'心之行'其实就是'心术',行与术都是道路的意思。《汉书·礼乐志》:'夫民有血气心知之性,而无哀乐喜怒之常,应感而动,然后心术形焉。'颜师古注:'术,道径也。心术,心之所由也。'可见'心术'二字的解释也不外乎是'心之行'。而《心术下》篇言'心之形'如何如何,《内业》则言'心之刑',或言'心之情',刑与形字通,情与形义近,故'心之刑'、'心之形'、'心之情',其实也就是'心之容'了。"[2] 又高亨说:"心之行,盖宋尹书一篇之名。此篇专论内心之理象,故名之曰心之行也。宋钘之立说,独重内心之现象,其教人亦独重内心之改革。……故情欲寡与见侮不辱,皆心之行也。然则心之行

---

[1] 也有学者认为,作为外在规范的行也是有意义的,"《五行》的'德之行'与'行'实际是一种双重道德律,前者是内在道德律,是主体自觉,后者是外在道德律,是客观规范"(梁涛:《郭店竹简与思孟学派》,第 187 页)。
[2] 郭沫若:《宋钘、尹文遗著考》,《郭沫若全集·历史编》第一卷,第 553 页。

乃宋子思想特点之一。"[1] 这些说法，我们认为可取。有学者据《韩非子·显学》"宋荣之宽"，认为"语心之容"的"容"是宽容。实则，宽容是一种表现，根源在于心术，两者不是一个层面的东西。容，谓状貌。《老子》"孔德之容"陆德明《释文》引简云："容，状也。"《左传·昭公九年》"物有其容"杜预注："容，貌也。"心之容，即心之状貌、形态。这句话是说，宋尹二人喜欢描述、喜欢说心的状貌和形态，给了它一个专门的称呼，叫"心之行"（顾实、高亨等以为"心之行"是篇名，非也）。心之行，如高亨说，即心之理象，心理活动的样子，与心之容同义。

反观《五行》，"德之行"是"心之行"层面的表述。"德之行"从属于"心之行"，但又不是一般的"心之行"。它不是一般的心之理象，而是用来指涉德的内在流行的理象。所谓"×形于内"，指"×"这种德在内心形成了相应的理象，具有了相应的"心德之容"，如此，则谓之"德之行"。所以，"德之行"本质上不是"行为"而是"心行"。相反，外在的行为，没有形诸内心，则谓之"行"。[2] 这个行是纯粹的行为。故而，《五行》区分"德之行"与"行"，实质上是区分了"心行"与"行为"两种"行"的含义。《五行》的核心关切，在于五种心术层面的"德之行"，而不在于具体的行为。具体的行为，实际上是收摄于心行的。所谓"五行皆形

---

[1] 高亨：《〈庄子·天下篇〉笺证》，张丰乾编：《〈庄子·天下篇〉注疏四种》，第194页。
[2] 作者没有说明"行"是否是规范性的行为，但从"时行之"、"知而行之"、"安而行之"，及"爱人"、"贵贵"、"尊贤"等上下文语境看，本篇的"行"似乎更多是指合规范的行为。另有学者认为，"德之行"与"行"的关系，就是内在的前者表现为外在的后者。这实际上是一种理想状况，对应于第二章的"五行皆形于内而时行之，谓之君子"，却不是第一章的意义。

第四章　子思的五行论

于内而时行之","时行之"的"行"即"行为"的行,它是取决于"形于内"的"心行"的。因此,《五行》区分"德之行"与"行",目的不是为了肯定"德之行"同时否定"行",而是为了划定本文讨论的对象是"德之行"。

值得注意的是,竹简本对仁、义、礼、智的论述句式,都是"×形于内谓之德之行,不形于内谓之行"。唯独对圣的表述是:"圣形于内谓之德之行,不形于内谓之德之行。"[1] 庞朴认为:"盖'圣'乃一种德行(héng),而不是善行(xíng);只能形于内,不能'不形于内'。纵或有众不能形圣德于内,亦无损其为'德之行'。"[2] 刘信芳也说:"'圣'既为'通'、为'备',则圣无论是型于内还是不型于内,皆是德之行。"[3] 相比于其它四者,圣的特殊性,约可从两方面来了解:其一,圣是对"天道"的"知",必见于心德,而不可能仅仅是外在的行为。换句话说,圣之"德"与圣之"行"必然一致、必然同在。其二,下文云:"金声而玉振之,有德者也。金声,善也。玉音,圣也。"圣的实现即德的完成,两者作为"为德"的终端,乃是二而一的关系。

此章首先从"形于内"与否,区分了"德之行"与"行";顺此,进一步建立了对"德"、"善"的理解。这里有一个"五行"和"四行"的问题。五毫无疑问是指五种"德之行",关键是"四行"。庞朴认为:"四行(sì xíng),即上列的不形于内的仁义礼智四

---

[1] 帛书本作:"圣形于内谓之德之行,不形于内谓之行。"则五者完全相同。整理者及魏启鹏等认为,竹简本的"德之"二字为衍文。但更多学者认为,区分表述是重要的。
[2] 庞朴:《竹帛〈五行〉篇校注与研究》,第30页。
[3] 刘信芳:《简帛五行解诂》,第15页。

者。"[1] 从之者众。这一说法的最大好处是，根据竹简本，仁义礼智圣正好是五行之数，去圣正合"四行"之数。五行、四行的理解，还牵涉到"德"与"善"的理解。从上面的说法出发，还有一个好处，首章"德之行"与"行"的区分，可以直接对应到"德"与"善"的区分。如陈来说："所以在作者的观念中'德'和'善'有分别，'善'更多的是一种道德行为，而'德'是一个内在的德性。"[2]

但这样一种对"善"的理解，与下文"四行"的意义是不相应的。其一，第十八章云："见而知之，智也。知而安之，仁也。安而行之，义也。行而敬之，礼也。仁义礼所由生也，四行之所和也。和则同，同则善。"此处有四行之和言善，与首章相同。所谓"安之"、"敬之"，显然不能仅仅从外在行为去说，而必牵涉内心状况。帛书说文云："和者，有犹［五］声之和也。同者，囗约也，与心若一也。言舍夫四也，而四者同于善心也。"所谓"与心若一"、"同于善心"，显然也不仅仅是指外在行为而已，而是根于内心之和的。其二，第二十五章云："耳目鼻口手足六者，心之役也。心曰唯，莫敢不唯。……和则同，同则善。"此处的和、同与善，也是并心而言，不是仅仅指外在的行为。其三，首章及第十章谓"善，人道也"，第九章谓"君子之为善也"、"君子之为德也"，显然，"善"也是君子所当为之道。则此道也当是人的应然之道，而不能是仅仅见于行为，更不能是"表面做作"。其四，帛书《五行》之后另有一篇文字曰《德圣》(或称《四行》)，整理者视之为

---

[1] 庞朴：《竹帛〈五行〉篇校注及研究》，第30页。
[2] 陈来：《竹简〈五行〉篇讲稿》，第16页。

"后叙"。它的开头说:"四行成,善心起;四行形,圣气作。五行形,德心起。和谓之德。"其包含的思想虽与《五行》有所不同,但同样是从四种德之行来理解"四行"。

所以,无论从《五行》文本中"四行"的具体意义看,还是从《五行》言善的旨趣说,"四行"都应该理解为仁义礼智四种德之行。进一步,若从"德之行"与"行"的区分看,我们说,这一区分不是为了区分德与善,而是要为全篇思想划定一个讨论的主题:《五行》关注的是五种"德之行",而不是外在的行为。如果了解了这一语脉,就自然明白,"德之行五和,谓之德;四行和,谓之善",必是顺着"德之行"而言的。故李零讲:"从上下文看,这两句的结构是'德之行/五和/谓之/德,四行和/谓之/善',意思是说'德之行'有五种,其中五种全和叫'德',只有四种和叫'善'。"[1] 这一判断,无疑是正确的。杨儒宾说:"'德'与'善'同样是指'德行于内'的状态,只是一个需勉强以赴,有明确的自觉意识;一个从容中道,行所无事。因此,前者以'人道'称呼之,后者则称呼之以'天道'。"[2] 两者差别是否只在自觉或从容,尚可斟酌,但同为"行于内"的状态是没有问题的。

插一句,若按照一般的说法,"德之行"还是一种"行为"(虽然是发自于内心的),则"德之行五和"与"谓之德",一外一内不相应。这反过来证明,"德之行"是一种"心行",五种德之行之"和"的结果是心德,故曰"德之行五和,谓之德"。

---

[1] 李零:《郭店楚简校读记》(增订本),第104页。
[2] 杨儒宾:《儒家身体观》,第302页。

回过来，五行之和谓之德，四行之和谓之善。两者的差别，在于"圣"。从下文看，善是可以完全属人的，故谓之"人道也"；德必包含圣，圣则是与天道相关的，故谓之"天道也"。第九章又指出，为善是"有与始也，有与终也"，因为它是完全取决于人的；而为德则是"有与始也，无与终也"，因为最终能否成德不是完全取决于人的。圣与天道的关系，一般可以从两个角度说：一是境界上的相契。如《中庸》说："诚者，天之道也；诚之者，人之道也。诚者，不勉而中，不思而得，从容中道，圣人也。诚之者，择善而固执之者也。"天道至诚，圣人也是至诚，故有"天之道-诚-圣人"的逻辑联系。二是认知关系，圣人是知天道的。由下文"闻而知之，圣也"，"圣人知天道也"的表述看，《五行》主要从后者了解圣的特殊之处。善与德虽有不同，但两者实是相承的关系。第九章说"金声而玉振之，有德者也"，第十章又说"金声，善也；玉音，圣也"，在这一脉络中，善是德之前的一个阶段。由善开始，直至达到圣的境地，即是"金声而玉振之"，即是"有德者也"。

当然，《五行》这种"德"与"善"的区分，是比较特殊的。在此区分之下，严格来说，五行和合之德只能是圣人之德；贤人只要还没有达到圣，都只是拥有了部分的德，可以谓之善，却不能谓之德。在此意义下，文中"见贤人而知其有德"之类的说法，其中的"德"只能说是部分的德，而不是"五行之和"的充分实现。

此处还有一个关键，即"和"的理解。一般认为，这里的"和"是和谐、协调的意思。这个字，学者大多一笔带过。其实，这个"和"字，正是子思五行之说的核心关节，也是子思回答孔子"一以贯之"问题的落脚处。欧阳祯人说："德性的超越，关键在'和'字上。四行、五行之'和',就是各种道德层面在修身的过程中彼此激发、牵制的机制,就是融会贯通的结果。它的思维方式是阴阳五行式的'综合、中和、提升'。因为'和',所以能'独'(第16简),所以能混而为'一'(第16简),所以能'集大成'(第42简),最后'金声而玉振之'(第19简),达到'舍体'而出,与天道合而为一的境界。"[1] 类似的,常森说:"'仁''知(智)''义''礼''圣'五种德之行超越其独立存在而合同,并且跟大体(即心)合一,叫作德。……五种德之行若只是'和谐、协调',则仍为五种个体存在,并无'为一'、舍五慎一之类可言。《五行》之'和'实为'和五味''和羹''和五声'之'和',各种德之行不是简单相加,也不是和谐协调,而是达成超越性的合一;而且这同时意味着与心合一,且耳目鼻口手足诸小体对此'一'、此'心'丝毫不背离。"[2] 具体表述或可商榷,但强调"和"不是五者的相加,而是结构性的和合为一,无疑是切中肯綮的。

从生存实践的一般处境来看,之所以要强调德之行的和,是因为德乃是一个整体性的成就,而具体德目原则与其它原则,在理论和实践上,并不必然是无矛盾的。孔子"六言六弊"(《阳货》)之说,就揭示了这一点。这六种弊病,又散见于《论语》。子曰:"人之过也,各于其党。观过,斯知仁矣。"(《里仁》)从"失于厚、过于爱",可以看出君子之仁,但这种仁毕竟不是道德的状态,不是作为德行的仁。子曰:"孰谓微生高直?或乞醯焉,乞诸其邻而与

---

[1] 欧阳祯人:《郭店儒简的宗教诠释》,《中国哲学史》2001年第3期,第83页。
[2] 常森:《简帛〈诗论〉〈五行〉疏证》,第138-139页。

之。"(《公冶长》)世人皆称尾生（微生高）信，孔子却认为，他是"曲意殉物，掠美市恩"，所谓"德之贼"也。叶公语孔子曰："吾党有直躬者，其父攘羊，而子证之。"孔子曰："吾党之直者异于是。父为子隐，子为父隐，直在其中矣。"(《子路》)叶公以直躬自豪，孔子却指出，"不直之直"才是真的"直"。如此等等，都是在德行问题上只知其一、不知其二之蔽，或者说是德行割裂之病。孔子认为，要使仁而不至于愚、知而不至于荡、信而不至于贼、直而不至于绞、勇而不至于乱、刚而不至于狂，只有借助好学的途径。只有好学，才可以从对德目的欲求出发，逐步展开为整体德行的实现。当然，孔子给出的解决方式是实践的。

德目或德性原则之间的差异甚至矛盾，也是七十子思考的重要方面。其中尤为重要的，是所谓"仁义之辨"。竹简《性自命出》云："恶之而不可非者，达于义者也；非之而不可恶者，笃于仁者也。行之不过，知道者也。"这几句话，除了表达"唯情"的主张之外，更揭示了仁、义之间的紧张。仁出于内在情感，即便有所疏误，也不应厌恶；义在于外在的规范，即便不合人情，也不应非议。这就肯定了仁义在现实实践中难以两全的事实。但作者又说"行之不过，知道者也"。既然可以做到"行之不过"，说明"仁义"的冲突并非（出于原则之本性而）不可避免的，能不能协调此二者，说到底还是实践判断力和实践能力的问题。这一解决方式，也体现了孔门实践哲学的基本特征。

故子思《五行》论德行之"和"，从正面说，是为了重构孔子"一以贯之"之旨；从反面说，也是为了回应德目割裂之蔽。下文第二十二、二十三章对简匿两种原则的讨论，也是为了回应相关的问题。

③ "以五为一"

关于"和"的概念，西周末期的史伯(《国语·郑语》)、春秋时代的晏子(《左传》昭公二十年)都曾有过著名的"和同之辨"。大意是说，"和"是生物之本，"同"是弃物之因；"和"是众多因素相互成就，"同"是单一因素的量的堆积；"和"是有差异的同一，"同"是无差别的同一。"和"的境界，包含了丰富的差异性和秩序性，整体上又表现出一致性与同一性。故在《五行》中，"和"的另一种说法就是"一"。

> "淑人君子，其仪一也。"能为一，然后能为君子，(君子)慎其独也。"瞻望弗及，泣涕如雨。"能"差池其羽"，然后能至哀，君子慎其独也。(《五行》)

与竹简相比，帛书本引《诗》力求完整，这也是帛书本后出的一个证据。[1] 作者从《诗》中引出"为一"，再谈到"慎独"。"淑人君子，其仪一也"，出自《曹风·鸤鸠》。前后文是："鸤鸠在桑，其子七兮。淑人君子，其仪一兮。其仪一兮，心如结兮。"毛传："鸤鸠之

---

[1] 邢文认为，"楚简《五行》语言省简，帛书则多予补足"，其中一条便是："楚简《五行》引《诗》皆不注明，帛书则多补出《诗》曰'二字，有的引《诗》更为完整：十六至十七号简分别引《诗·曹风·鸤鸠》、《邶风·燕燕》两句，帛书则分别引出四或六句。"(邢文：《〈孟子·万章〉与楚简〈五行〉》，《中国哲学》第二十辑，第237页) 此说可取，理由有三：其一，加入"《诗》曰"二字，是后来文本写作方式规范化的表现；其二，竹简本引《诗》是赋诗断章，帛书本增加是为了补足文意，便于理解；其三，若倒过来，将既已规范化的表达随意化，将意义全面的表达省略化，不但其意图难以理解，其操作亦难实现。

养其子,朝从上下,莫从下上,均平如一。"[1] 言鸤鸠鸟养子,均平如一。故"其仪一兮",似也当是均一之义。

但从《鸤鸠》的文脉看,与"淑人君子,其仪一兮"直接相关的,是此下"其仪一兮,心如结兮"。结,固结。朱子引陈氏曰:"盖'和顺积中,而英华发外',是以由其威仪一于外,而心如结于内者,从可知也。"[2] 很有道理。"其仪一兮",指外在威仪文章的一致性;"心如结兮",指内在心德的坚固。"一"与"结",分别指"行为"与"心德"而言。再看原诗,与其说《鸤鸠》是从鸤鸠养子之"均一",引出淑人君子之"一",还不如说是从"鸤鸠在桑"一句引出了这个"一"。全诗四章,皆以"鸤鸠在桑,其子七兮/在梅/在棘/在榛"开头。鸤鸠一直"在桑",其子或则"在梅"、或则"在棘"、或则"在榛"。不难看出,"在桑"有"居中不变"、常行的意思,从中引出君子德行常固之意,即所谓"一"。这是我们的猜想。《荀子·劝学》、《淮南子·诠言训》都曾引用此诗,且都以"君子(其)结于一"的说法,强调用心专一之意。[3] 可以印证我们的分析。

---

[1] 毛亨传、郑玄笺、孔颖达疏:《毛诗注疏》,第683页。
[2] 朱熹:《诗集传》,第102页。
[3] 《荀子·劝学》:"目不能两视而明,耳不能两听而聪。螣蛇无足而飞,鼫鼠五技而穷。《诗》曰:'尸鸠在桑,其子七兮。淑人君子,其仪一兮。其仪一兮,心如结兮!'故君子结于一也。"(亦见《大戴礼记·劝学》)荀子为了说明用心之单纯与专一,引用了全章,并归结于"君子结于一"。又《淮南子·诠言训》:"故木之大者害其条,水之大者害其深。有智而无术,虽钻之不通;有百技而无一道,虽得之弗能守。故《诗》曰:'淑人君子,其仪一也。其仪一也,心如结也。'君子其结于一乎!"此是在道技之别的脉络下,引《诗》来说明用心之专一与一贯。值得注意的是,它只引了后四句,但意义已经明确。由此反观帛书本引《诗》,增补了前两句,意义并不见得更为明确,或许只是因为引前两句便于提示诗句的出处。

第四章 子思的五行论

《五行》从"其仪一也"引出"能为一，然后能为君子"。古人有"赋诗断章"的传统。在原诗中，"其仪一"与"心如结"，分属威仪与心德。但在《五行》的脉络中，"为一"的"一"，不能仅仅理解为外在威仪的一，而应指君子德行内外的完整成就。至于"为一"，竹简没有给出进一步的说法。所幸，帛书说文对此有明确的解释。

"鸤鸠在桑"，直也。"其子七兮"，鸤鸠二子耳，曰七也，兴言也。□□□□□□□□□□（引者补："淑人君子，其仪一兮。"一者心也，仪）者义也。言其所以行之义之一心也。"能为一，然后能为君子。""能为一"者，言能以多为一。以多为一也者，言能以夫五为一也。"君子慎其独。""慎其独"也者，言舍夫五而慎其心之谓□□（庞朴补：也。独）然后一。一也者，夫五夫为□（魏启鹏补：一）心也，然后德。之一也，乃德已。德犹天也，天乃德已。（帛书《五行说》）

在此，说文对诗句的解释是："□□□□□者义也，言其所以行之义之一心也。"后半句谈到行，又谈到心。故缺文可补为"一者心也，仪"。作者认为，《五行》引此是为了说明外在威仪源于一心之德。这就相当于将原诗"其仪一兮"与"心如结兮"两句的含义，并作一句来讲。

说文对"一"的解释，最核心的表述是"以多为一"、"以夫五为一"。同时，以"舍夫五而慎其心"解释"慎其独"。这里的

"五"，有学者认为是指"五官"，[1] 更多学者认为是指五行。如庞朴云："'夫五'，即仁义礼智圣五行，'为一'，即五行和而为德之谓，故有'一也，乃德已'。"[2] 魏启鹏云："《说》解'能为一'，当为'德之行五和谓之德'的又一种表述方式，与'好德者之闻君子道而以夫五为一也'同意，正如帛书《德圣》篇所概括：'五行形，德心起。和谓之德，其要谓之一。'"[3] 二说可从。"为一"，若就其状态而言，相当于首章的"和"；若指其内容而言，则相当于"德"。

至于"舍夫五"的"舍"字，也是一个难题。魏启鹏云："舍谓置、安置。……言仁、义、礼、智、圣五者既形于内，当各安置其位，而顺从于心。"[4] 此说不可从。若舍是安置，则"舍夫五"是说安置此五者于内心之中。但这五者本来就是"形于内"者，本在其内，故无所谓另行安置。且与"舍夫五而慎其心"相似，说文还有"舍其体而独其心"的讲法。后者的"舍"是舍弃，意即舍去身体感官而顺从于内心。相似的表达在同一篇中出现，宜从相近的意义方向去理解。故此处的"舍"，仍应解作舍去。但我们也没有必要认定，"舍夫五而慎其心"与"舍其体而独其心"必须是相同的

---

[1] 陈来反复申明此意："根据舍体的说法，可知舍夫五的五当指身体的五官，五官为小体，故称舍体，这种'舍夫五而慎其心'的功夫就是舍去五官的各自悦好而专顺其心"；"故以多为一即'以夫五为一'。'五'指五官，心之所用者五官，'能为一'就是使五官所用专于一"（陈来：《竹简〈五行〉与子思思想研究》，《竹帛〈五行〉与简帛研究》，第175、179页）。此说的出发点，是诗句包含的"用心专一"义，并由此对将"一"解为"和"的说法提出了批评。而孟庆楠指出，《五行》讲身体官能是说"耳目鼻口手足"六者，而没有以五为数（参见孟庆楠：《德行内外——以简帛〈五行〉篇为中心》，《中国哲学史》2012年第2期）。

[2] 庞朴：《竹帛〈五行〉篇校注及研究》，第41页。

[3] 魏启鹏：《简帛〈五行〉笺释》，第22页。

[4] 同上。

意思。[1]同样是舍去,所舍的对象(五与体)可以不同。所谓"舍夫五而慎其心",意思是说,舍五行之分而慎一心之和。这里的"舍"不是真的抛弃,而是试图通过五行的融合为一,舍去五者割裂、相分甚至有时矛盾的关系,以成就一个(五行)相互关联、相互制约、相互规定的结构化的德。在这个过程中,五行各自作为德之行的具体性与丰富性,同时被这个整体所包纳,成为后者的结构性的组成部分。换句话说,此所谓"舍",不是抛弃,而是"扬弃"。总之,"舍夫五"即"以五为一",是以五行之和成就一心之德。

接下来,《五行》再引《诗》,说明慎独之义。"瞻望弗及,泣涕如雨"及"差池其羽",出自《邶风·燕燕》。原诗第一章作:"燕燕于飞,差池其羽。之子于归,远送于野。瞻望弗及,泣涕如雨。"毛序以为这是"卫庄姜送归妾"之诗。郑笺:"庄姜无子,陈女戴妫生子名完,庄姜以为己子。庄公薨,完立,而州吁杀之。戴妫于是大归,庄姜远送之于野,作诗见己志。"[2]据此,这首送行诗同时还饱含了丧子之痛。这正是《五行》引诗的原因。差池,朱子曰:"不齐之貌。"[3]庄姜以燕燕差池之貌起兴,表明自己内心至哀至痛。《五行》引之,曰"能'差池其羽',然后能至哀"。又因"至哀"之意,引出了"君子慎其独也"。关于这一部分,帛书说文有详细的解释。

"燕燕于飞,差池其羽。"燕燕,兴也。言其相送海也,方

---

1 陈来:《帛书〈五行〉说部与孟子思想探论》,《竹帛〈五行〉与简帛研究》,第175页。
2 毛亨传、郑玄笺、孔颖达疏:《毛诗注疏》,第164页。
3 朱熹:《诗集传》,第20页。

其化，不在其羽矣。"'之子于归，远送于野。瞻望弗及，泣涕如雨。'能'差池其羽'，然后能至哀。"言至也。差池者，言不在衰绖也。"然后能至哀。"夫丧，正绖修领而哀杀矣。言至内者之不在外也，是之谓独。独也者，舍体也。（帛书《五行说》）

帛书《五行》全引了原诗第一章，说文顺此而来，故在解释的过程中，尤为注重结合此诗的创作背景。"差池者，言不在衰绖也。"这里的"差池"，已不是燕燕之貌，而是形容戴妫。"不在"，不在意、不顾及，心不在此。这句是说，戴妫哀伤至极，全然不顾及、不在意外在的丧服穿戴。之所以如此，说云："夫丧，正绖修领而哀杀矣。"如果还能分心注意丧服穿戴，必不是至极之哀。此中凸显了一个"至"字。顺此，说文又对"慎独"给出了解释。

在此，"至内者之不在外"，可作狭义与广义两种理解。若作狭义的理解，这句话顺着"至哀"来说，至哀之情只在内心，故可称之为"至内"；内心至哀而无意于外，故曰"至内者之不在外也"。若作广义的理解，"至哀"是"至内"，而"至内"者不仅仅是"至哀"，此"心"即是"至内"，为己所独知、独感，故曰"不在外也"。两者相较，狭义的理解贴合文本的叙述语脉。但它所包含的内容，与广义的理解具有相同的逻辑结构，甚至说，前者可以视为后者的一个特殊情况。关于"舍体"，也有不同理解。有人认为"体"是指外在的身体仪行，有人认为是指耳目鼻口手足六者，或与"慎心"相对的感官。[1] 各有依据。其实，前者就实践活动来说，

---

[1] 魏启鹏：《简帛〈五行〉笺释》，第89页；陈来：《帛书〈五行〉说部与孟子思想探论》，《竹帛〈五行〉与简帛研究》，第175-176页。

后者就实践所依托的身体官能来说，属于一个层次的东西。

④ "慎其独"

《五行》第八章展开了两层论述，皆以"君子慎其独也"结尾。可见，"慎独"与"为一"一样，是此中的核心概念。

"慎独"是传统儒学的重要概念，它出现于《礼记》的《大学》、《中庸》、《礼器》，以及《荀子·不苟》等先秦典籍。尤其到了宋明，成为一项极为重要的修身工夫。历史上对"慎独"的解释，有两种代表性的观点。一是郑玄。其《中庸》注："慎独者，慎其闲居之所为。小人于隐者，动作言语自以为不见睹，不见闻，则必肆尽其情也。"[1] 独即闲居，慎独即慎其闲居之所为，这是贴着《大学》的"闲居"来讲的。一是朱子。其《大学章句》云："独者，人所不知而己所独知之地也。"[2] 《中庸章句》亦云："独者，人所不知而己所独知之地也。言幽暗之中，细微之事，迹虽未形而几则已动，人虽不知而己独知之，则是天下之事无有著见明显而过于此者。是以君子既常戒惧，而于此尤加谨焉，所以遏人欲于将萌，而不使其滋长于隐微之中，以至离道之远也。"[3] 将"独"解为"独知之地"，这样一来，"闲居"反而成了"独知"的一个特殊场景。从义理上说，朱子的解释可以包纳郑玄的解释。

简帛《五行》出土之后，其"慎独"的意义似与传统理解不同，引起了学界的极大关注，学者们纷纷提出新说，以求"慎独"

---

[1] 郑玄注、孔颖达疏：《礼记正义》，第1987页。
[2] 朱熹：《四书章句集注》，第7页。
[3] 同上书，第18页。

的古义。[1] 这里的"慎",约有三种理解:一是"顺",如《荀子·仲尼》"慎行此道"杨注:"慎读为顺。"二是"诚",《诗》毛传:"慎,诚也。"《尔雅·释诂》同。三是"谨",《说文》:"慎,谨也。"段注:"未有不诚而能谨者,故其字从真。"第一种解法,"慎独"作"顺独",可以解释《五行》,却无法解释《大学》和《中庸》,故不取。

第二种解法,历史上也曾有学者提出过。如明代王栋认为:"诚意功夫在慎独。独即意之别名,慎即诚之用力者耳。"[2] 这是一个义理的判断。清人则从考据的方法说,如郝懿行解《荀子·不苟》云:"'慎'字古义训诚,《诗》凡四见,毛、郑俱依《尔雅》为释。《大学》两言'慎独',皆在《诚意篇》中,其义亦与《诗》相同。唯《中庸》以'戒慎''慎独'为言,此别义,乃今义也。"[3] 认为慎字训诚为古义,《荀子·不苟》与《大学》的"慎独"即"诚独"。王念孙指出:"凡经典中'慎'字,与'谨'同义者多,与'诚'同义者少。训谨训诚,原无古今之异(慎之为谨,不烦训释,故传

---

[1] 如魏启鹏认为,"慎独"即"顺独",即耳目鼻口手足六者"顺其心专任为一"(魏启鹏:《简帛〈五行〉笺释》,第23、69页);丁四新认为,简帛所谓"慎独"谓"慎心","独"指心君对身体的绝对主宰(丁四新:《郭店楚墓竹简思想研究》,第141-142页)等,皆与传统理解不同,且同时认为《五行》的"慎独"自成一义,与《大学》、《中庸》的"慎独"不同。而梁涛认为,同是子思作品,所用的"慎独"意义不应不同。他认为,《大学》、《中庸》以及《五行》的慎独均指内心的专一;尤指在一人独处、无人监督时,仍能坚持不苟(梁涛:《郭店楚简与"君子慎独"》,梁涛、斯云龙编:《出土文献与君子慎独——慎独问题讨论集》,第40页)。另外,廖名春也试图探讨慎独的本义,指出"慎"是"心里珍重"之意(廖名春:《"慎独"本义新证》,《出土文献与君子慎独——慎独问题讨论集》,第147页)。
[2] 黄宗羲:《明儒学案》,第734页。
[3] 王先谦:《荀子集解》,第47页。

注无文，非'诚'为古义而'谨'为今义也），唯'慎独'之'慎'则当训为诚，故曰'君子必慎其独'，又曰'君子必诚其意'。《礼器》、《中庸》、《大学》、《荀子》之'慎独'，其义一而已矣。"[1] 王氏指出，"慎"字经典以谨义为多，诚义为少，传注不训"谨"，只是因为没有必要。在"慎独"问题上，王念孙也主张一概读"诚"。

将"慎"字一律解为"诚"，也有问题。首先是无法贴切地解释《中庸》。其上下文是："是故君子戒慎乎其所不睹，恐惧乎其所不闻。莫见乎隐，莫显乎微。故君子慎其独也。"正如郝懿行所说，"戒慎"与"慎独"先后相承，"戒"之与"诚"，无论是做工夫的方式，还是所体现的气象，皆不相协。解释《大学》，也有问题。其上下文是："此谓诚于中，形于外，故君子必慎其独也。曾子曰：'十目所视，十手所指，其严乎！'富润屋，德润身，心广体胖，故君子必诚其意。"中间所引曾子之言，表达了一种极为严苦凌厉的自讼工夫。这一工夫，从语义上不能与后一句"富润屋，德润身，心广体胖"相承，那么，必是顺前一句"君子必慎其独"来说。两者相承，可知《大学》第二个"慎独"，与《中庸》"慎独"一样，实为一种戒惧的工夫。

其实，"慎独"之为"慎独"，自有其内在的意义结构，不宜以单一的意义训读。首先，"慎独"的"慎"可以训为"谨"，即"谨慎"或"慎重"。谨慎是一种关注或照看的意识（与廖名春"珍重"义相近）。故《大学》"所谓诚其意者，毋自欺也，如恶恶臭，如好好色，此之谓自谦，故君子必慎其独也"，这里的"慎其独"，相当

---

[1] 王先谦：《荀子集解》，第47页。

于对内心好恶之情、自慊之感的关注。同样,《五行》"能为一,然后能为君子,君子慎其独也",及说文"'慎其独'也者,言舍夫五而慎其心",其中的"慎其心"大致也是关照或专注的意思,相当于《性自命出》的"求其心";《五行》"能'差池其羽'然后能至哀,君子慎其独也",说文不解"慎"只解"独",此处的"慎独"顺着"至哀"而下,大致也是说对"至内者"的关注。其次,对内心的关注,可以具化为一种特殊的关注方式,故在相应的文本语脉中,又有"诚愨"之说。《礼器》云:"礼之以少为贵者,以其内心者也。德产之致也精微,观天下之物无可以称其德者,如此则得不以少为贵乎?是故君子慎其独也。"此处的"慎其独",郑注:"少其牲物,致诚愨。"[1] 这句话是说,不关注外在之物,而"关注内心"(或内心之德);[2] "致诚愨"是关注内心的具体落实,两者不相矛盾。再次,"谨慎"一词,还具有强烈的戒备意识。故从"内心关切"的具化中,又可引出"戒慎"义。据此,我们便可以理解,《中庸》"戒慎"与"慎独"并提,而《大学》第二个"慎独"与曾子之言相承了。至于《荀子·不苟》"夫此顺命,以慎其独也",与上文"夫此有常,以至其诚者也"相应,先"至其诚"而后"慎其独"。下文云"不诚则不独,不独则不形","操而得之则轻,轻则独行,独行而不舍,则济矣"。其中,"独"是类似于"德"或"诚"的已成状态。相对而言,"慎"字有"慎守"、"慎持"

---

[1] 郑玄注、孔颖达疏:《礼记正义》,第 978 页。
[2] 郑玄解此句"内心"一词:"用心于内,尚其德在内。"

第四章 子思的五行论

之义。[1]

要之，先秦儒家所说的"慎独"，虽有内在一贯的旨意，但具体意义并非完全相同。据上下文的思想语脉，可分别了解为"谨慎"、"诚慎"、"戒慎"、"慎守"等含义。前者可以说是一种"稀薄的一致性"（弱的同一性），后者则是"具体的差异性"。后者以前者为基础，亦为前者所笼罩，共同构成一个旨趣相近、层次分明的意义结构。因而，我们没有必要，也不可能找另一个字或一个词能在所有思想语境中完美替代"慎独"。换个角度看，这也正是"慎独"概念之特殊性或不可替代性的一个明证。

其实，"慎"的意思在《论语》中多次出现，如子曰"敏于事而慎于言"（《学而》）、"慎言其余"、"慎行其余"（《为政》）、"言不可不慎"（《子张》）等，是指言行之谨慎；"子之所慎"（《述而》）、曾子"慎终追远"（《学而》），则是慎重之义。子曰："暴虎冯河，死而无悔者，吾不与也。必也临事而惧，好谋而成者也。"（《述而》）虽无"慎"字，同样是行事谨慎的意思。曾子有疾，召门弟子而告曰："《诗》云'战战兢兢，如临深渊，如履薄冰'。而今而后，吾知免夫！"（《泰伯》）显示出曾子一生戒慎的心态。可见，谨慎、慎重、戒慎，向为孔门所重视。这种用心，大约可以追溯到《周书》的"敬德"观念。七十子后学将"慎"字用在内心上，乃有"慎独"之说，乃是水到渠成之事。

---

[1] 张丰乾认为，"慎其独"即"慎其诚"，"'慎其独'就是在'致其诚'的前提下'顺应'那个独，'看重'那个独，'守住'那个独，'操心'那个独——总而言之，要认真对待自己的个性"（张丰乾：《"慎独"之说再考察——以训诂哲学的方法》，《出土文献与君子慎独——慎独问题讨论集》，第155页）。按，"守住"、"操心"用得好。但将"独"直作"个性"解，未合儒家语脉。

至于"慎独"的"独",帛书说文以"慎其心"解"慎其独","独"之所指即是"心"。这一点几无疑义。[1]但《五行》何以不直接说"慎其心",偏偏要说"慎其独"呢?其实,一个概念有自身的规范义,同时也有特别的指涉义。规范义是指概念内部的义理结构,指涉义是指概念所具有的指涉特定对象的功能。两者可以分开来看。比如,"那个人"或"你爸爸",可以指涉同一个谈论对象,故其指涉义是一样的;但两个表达的规范意义却是完全不同的,后者还包含了一种特殊的人伦关系的规定。由于这个原因,在日常的使用中,这两种表述可以传达非常不同的意义。同样,"独"的指涉对象就是"心",区别在于两个概念呈现的规范意义。

心之称为"独",约有两方面的含义。其一,"独知",即此心在内,只有自知而不为人知。帛书说文云:"言至内者之不在外也,是之谓独。独也者,舍体也。""至内"即至哀之情,在宽泛的意义上可以指内心。外是指外在的仪文穿戴。说文因心之至内与仪文之外相对而曰"独",意在强调:仪文在外而与人所共知;至哀在至内,不与人共,唯有自己内心的觉知和承受。且在说文作者看来,"独"之谓"独",其规定性就在于"舍体",即舍弃外在的身体仪行。在此意义上,朱子将"独"解作"人所不知而己所独知之地",颇中肯綮。如此,我们便可以理解,《大学》何以要顺着"小人闲居为不善"讲"慎独",又何以要接着"慎独"引曾子"十目所视,十手所指"为证了。如果说,"闲居"是为了凸显"不与人共"之

---

[1] 刘贡南认为,"慎独"的"独"指"德"更为合适,"慎独"即"慎德";并举《尚书》、《诗经》、金文中有关"慎德"、"敬德"的材料加以说明(刘贡南:《慎独即慎德》,《出土文献与君子慎独——慎独问题讨论集》,第129-140页)。

第四章 子思的五行论

义；那么，"十目、十手"则是为了凸显"己所独知"之义。前者是君子慎独之所以必要，后者是君子慎独之具体方法，可谓一气通贯。如此，我们亦可以理解，《中庸》何以要接着"莫见乎隐，莫显乎微"说"慎独"，又何以要接着慎独讲未发之中与已发之和。所谓"微"者、"隐"者，即此至内之心；至内之隐微，必著见于外，便是由未发之中而至于已发之和。前者是慎独之所以必要，后者是慎独之效，亦可谓一气通贯。

其二，"独"有"专独"或"主宰"义。"独"有专行义，如《夬》九三："夬夬独行。"《庄子·人间世》："回闻卫君，其年壮，其行独。""独"的主宰义，见于《五行》第二十五章："耳目鼻口手足六者，心之役也。心曰唯，莫敢不唯。诺，莫敢不诺。进，莫敢不进。后，莫敢不后。深，莫敢不深。浅，莫敢不浅。"心与百体的关系，是主宰与被主宰的关系。这一点通过六个"莫敢不"凸显了出来。后来，孟子有"大体"、"小体"之辨。荀子亦云："耳目鼻口形能各有接而不相能也，夫是之谓天官。心居中虚，以治五官，夫是之谓天君。"（《荀子·天论》）以心为天君，与百体天官对举，也凸显了心的主宰意义。正是因为看到了这一层，有人主张"慎其独"即"顺其心"，"舍体"即舍去五官而专顺其心。当然，这种直接的对应关系，并不合适。笔者认为，在"慎独"的意义结构中，"独"的主宰义，具有两方面的意义：一方面，客观地说，用心之道以心之主宰为前提；另一方面，慎独工夫终是为了心的挺立与德的完成，即《性自命出》所谓"君子身，以为主心"。前者为前提义，后者为目的义。此二义贯彻"慎独"工夫之终始。

⑤ 小结

无论是"为一",还是"慎独",都强调其同一性或统一性;此同一性,即仁义礼智圣五行皆形于内,在心中融合为一,与首章的"和"相应。最终的旨趣,乃是归于此一心的完成。这是子思对孔子"一以贯之"的重新建构,是对儒家成德之学的最终目标的重新论定。于是,"德行"的概念,乃从《诗》、《书》时期的"以行论德",经由孔子时代的"德行并举"、"身心并重",最终收归为"以德摄行"、"以内统外",落在了人内在心德之成就上。子思以此确立了七十子后学,直至孟子时期的心性之学的讨论范式;作为基本的思想资源,又滋生了宋明时代的心性之学的理学形态。当然,从思想史的角度看,这是孔子之后儒门思想发展的内在线索,并非子思的独到之处。[1] 但子思以五行融摄诸德、以心德统摄诸行的思考,无疑是这一历史进程的关键环节。

五行之"和"、为"一"、慎"独",指认了儒者为学的目标。进一步则需要回答:此"和"、此"一"、此"独",究竟是怎样的状态?如何才能实现此"和"、此"一"、此"独"?这就涉及了子思对成德之学的两种道路的思考,后者也是《五行》着重阐述的内容。

4.1.3 始于仁(仁之思)的成德途径

关于如何达到"五行之和"或"四行之和",《五行》给出了两条道路。一条是以仁为始,一条是以智为始。这两条进路的阐述,

---

[1] 如子游《性自命出》云"教,所以生德于中者也",已将成德落在心上。

也就构成了《五行》的核心内容,即文本的第二、第三部分。现在,我们来看第二部分,从第二章到第十章。

① "中心之忧"

首章论述五行之德与四行之善后,第二章开始扼要地论述以"中心之忧"为发端的成德历程。

> 君子无中心之忧,则无中心之智。无中心之智,则无中心之悦。无中心之悦则不安,不安则不乐,不乐则无德。五行皆形于内而时行之,谓之君子。士有志于君子道,谓之志士。善弗为无近,德弗志不成,智弗思不得。(《五行》)

值得注意的是,帛书《五行》在"不乐则无德"之下多了几句:"君子无中心之忧,则无中心之圣。无中心之圣,则无中心之悦。无中心之悦则不安,不安则不乐,不乐则无德。"提到了圣,看上去更加完整。对此,有人认为是简本误夺,有人认为是帛本续貂。当从简本。《五行》好用否定的方式表达先后的逻辑关系。"无 A 则无 B",逻辑上讲是"必要不充分条件":没有前者必无后者,有了前者也未必有后者。换从正面说,即:有 A,可能有 B;无 A,必无 B。《五行》不说"A 则 B",而选择以否定形式加以表达,显然是看到了其中的差别。此处,作者并没有想要在文本逻辑中提到五行的全部,而只是拎出几个环节作发生学的关联。显然,否定式的表达就能合乎这一目的。且"中心之悦",从下文看,实对应于"仁"的体认。若说它以"圣"为前提,在义理上也是说不通的。在现实中,能体认到"中心之悦",而尚未达到"圣",应是常见的一个道德阶段。

这一章先论三个"中心":"中心之忧"、"中心之智"、"中心之悦";进而由"中心之悦",至"安"而"乐"而"德"。"中心"一词,在《诗经》中常见,毛传训作"心中"。心在身之中、身之内,"中心"便突出了"至内"之意。"中心之忧",是最内在、最基础、最原始、最根本、最真实的忧;有了"中心之忧",才会有内在、真实的"智";有了"中心之智",才会有内在、真实的"悦",进而才会通过"安"、"乐"而达到"德"。在此,"中心之忧"作为"中心之智"的前提,也成了整个成德过程的出发点。

这里的"忧",该如何理解?陈来指出:"注家诸读似皆可疑,当近仁之端也。中心之忧、中心之悦,其忧、悦之义,盖取自经6章(引者注,即本书《章句》第四章)所引之诗。"[1]"这里的'中心之忧'被说成是圣、智的前提和基础,等于说不忧不圣,不忧不智,这和简文第4章'不仁不圣','不仁不智'的结构相当,故这个忧字只能按仁的方向去理解和解释。"[2]又承认:"从文本看,'忧'怎么展开到'安、乐、悦'好像不是很清楚,也许我们还没有真正理解它的意义。"[3]将第二章的"忧"与下文"不仁不智"的"仁",以及引《诗》联系起来,富有启发性。这里的忧,确当与仁相关,但与《孟子》所说的"仁之端"无疑又有理论图景的差别。

以"忧"为成德之始,确不常见。从孔门传统来看,能作为

---

[1] 陈来:《竹简〈五行〉分经解论:〈五行〉章句简注》,《竹帛〈五行〉与简帛研究》,第111页。
[2] 陈来:《竹简〈五行〉与子思思想研究》,《竹帛〈五行〉与简帛研究》,第150页。
[3] 陈来:《竹简〈五行〉篇讲稿》,第21页。

为学之始的应是"志"。孔子以"志"为初始之教,让学者"立志"、"存志",让弟子"各言尔志"。自道一生为学,也以立志为始。子曰:"吾十有五而志于学,三十而立,四十而不惑,五十而知天命,六十而耳顺,七十而从心所欲,不逾矩。"(《为政》)孔子十五岁开始有志于成德之学,乃有后来的步步升进。皇侃曰:"志者,在心之谓也。孔子言我年十五而学在心也。"[1] 志是深藏于内心者。所谓"在心",去《五行》"中心"不远。朱子曰:"志者,心之所之也。"[2] 志是人诚心向往之所在。所谓"志于学",是就学的活动或学业来说的。学有内容,故志有所向。在《论语》中,所志为道。子曰:"志于道,据于德,依于仁,游于艺。"(《述而》)孔子要求弟子以道为宗旨和目标,以德为自身的依据。《五行》第二章云:"五行皆形于内而时行之,谓之君子。士有志于君子道,谓之志士。""五行皆形于内而时行之",即"德"。这句话相当于说,有德谓之"君子"。志于君子道谓之"志士",突出了一个"志"字。又云:"善弗为无近,德弗志不成,智弗思不得。""德弗志不成",由"志"而"德",承上文而来,可谓"忧–智–悦–安–乐–德"的终始两端。足见,第二章"中心之忧"与"志"有相似的地位。

其实,"志"与"忧",乃是一体两面的关系。若说志是指向理想人格或理想愿景的目标意识,那么,忧则是在与理想的对照之下产生的自觉不足的意识。古人的"忧",根据所忧对象的不同,有不同的意义指向。孔子所提倡和践行的,是为学之忧与道德之忧。

---

[1] 皇侃:《论语义疏》,第25页。
[2] 朱熹:《四书章句集注》,第70页。

子曰："德之不修，学之不讲，闻义不能徙，不善不能改，是吾忧也。"(《述而》)孔子以不能修德进学、改过迁善为忧，这是从反面说。若从正面说，孔子之忧是道德之忧。子曰："君子谋道不谋食。耕也，馁在其中矣；学也，禄在其中矣。君子忧道不忧贫。"(《卫灵公》)君子之为君子，以道为忧，而不以个人的荣辱得失为忧。孔子所谓"忧道"，是"志于道"落实于成德实践中的一种积极的心境。

对"中心之忧"，第四章以引《诗》的方式，作了专门的阐述。

> 不仁，思不能精。不智，思不能长。不仁不智，"未见君子"，忧心不能惙惙；"既见君子"，心不能悦。"亦既见之，亦既觏之，我心则悦。"此之谓也。不仁，思不能精。不圣，思不能轻。不仁不圣，"未见君子"，忧心不能忡忡；"既见君子"，心不能降。(《五行》)

文中引用了《召南·草虫》及《小雅·出车》的诗句。《草虫》原作："未见君子，忧心忡忡。亦既见止，亦既觏止，我心则降。"及："未见君子，忧心惙惙。亦既见止，亦既觏止，我心则说。"《出车》原作："未见君子，忧心忡忡。既见君子，我心则降。"据《诗序》所言："《草虫》，大夫妻能以礼自防也。"[1] 用今人的说法，全诗描写的是独居妻子对在外役夫的思念。不过，古人引用此诗，

---

[1] 毛亨传、郑玄笺、孔颖达疏：《毛诗注疏》，第92页。据笔者研究，两诗描绘了文王遇南仲之事。且《草虫》是对《出车》的部分的发挥（参见《〈周易〉卦爻辞历史叙事研究》，第99-105页）。不过，从效果史来说，仍应以《诗序》为据。

多是为了表现好善之诚。如《说苑·君道》："《诗》云：'未见君子，忧心惙惙。亦既见止，亦既觏止，我心则说。'诗之好善道之甚也如此。"（亦见《孔子家语·五仪解》）其中的君子，乃是善道的象征。

《五行》作者没有完整引诗，而是反用其意，表现"不仁不智"或"不仁不圣"的结果。要注意的是，在《五行》的语脉中，"智"、"圣"具体是指对有德之人或君子道的认知与识别，所谓"闻君子道而不知其君子道也，谓之不圣；见贤人而不知其有德也，谓之不智"。《五行》引《诗》，正是为了顺着"不仁不智"、"不仁不圣"作进一步的阐释。引《诗》的部分，大意是说，在"未见君子"的时候，对君子没有那么热切的盼望，故不能有"惙惙"（毛传：忧也）的忧心；由于没有这种忧心，即便君子出现在面前，也无法识别他，无法引起由衷的喜悦。同样，对君子没有那么热切的盼望的时候，心里不会有"忡忡"（毛传：犹冲冲也）的忧心；由于没有这种忧心，即便见到了君子，也不能识别他，从而使自己内心安顿下来。[1] 从《五行》对"智"、"圣"二者的对象的区分说，前所谓君子，指有德之人；后所谓君子，相当于君子道（即《说苑》、《孔子家语》所谓"善道"）。作者认为，学者不能识别贤人与君子道，不能喜悦或归心于道，其最初的源头是志愿不足、忧心不足之故。

这正是在阐明第二章"君子无中心之忧，则无中心之智；无中

---

[1] "'亦既见之，亦既觏之，我心则悦'，此之谓也"，没有反用。引此是说明"仁则智"的情况。

心之智，则无中心之悦"的意思。"忧心"，即"忧道之心"。"心不能悦"、"心不能降"，是"不智"与"不圣"的表现；相应地，"忧心不能惙惙"、"忧心不能忡忡"，当是"不仁"的表现。事实上，仁与忧的关系十分复杂。孔子说"仁者不忧"（《子罕》），表明仁与忧具有相反的取向；但从孔子的实践说，两者又达到了辩证的统一（忧乐一体）。有人主张，这里的忧包含了对他人的关切，因而与仁相关。这一说法，与此处语脉不很贴切。

这里涉及了忧的产生机制的问题。从性情角度看，无论是忧还是志，都还不是内在最原初的东西；与之相比，更内在、更原始的，是人性或人心的好恶意向。竹简《性自命出》云："人虽有性，心无定志。"又云："好恶，性也。"据此，志以及由志而来的忧，都不是性的内容，而是性之好恶的具体化的呈现。这是子游的说法。若追溯到《论语》，孔子除了说"志"与"忧"之外，还有"欲"的说法。欲的概念，既可以指已然表露的心意，也可以指一个人最内在的动因。最能说明问题的是，子曰："仁远乎哉？我欲仁，斯仁至矣。"（《述而》）"仁"在孔门是极高的德行，孔子不常以仁许人，也推却了他人对自己"仁"的评价。但在此处，又似乎是一件极简单的事。只要想要，人人都可以去做，人人都可以实现。其实，孔子并没有说这是容易之事。因为"欲仁"，不是呈现在意识活动中的取舍，而是源于内心最深层的、最基础的好恶，它决定了人生的基本趋向。在实践中，很少有人真能做到。故孔子在此，只是做了一个转嫁，从境界之难，转为了欲仁之难。境界之高，常人难以企及；欲仁虽难，却可以当下提撕，人人践行。这是孔子此言的深切用意。与之类似，孔子也有"好仁"的说法。子曰："我未见好仁者,恶不仁者。好仁者,无以尚之;恶不仁者,其为仁矣,不使不仁者加乎其身。有能一日用其力于仁矣乎?我未见力不足者。盖有之矣,我未之见也。"(《里仁》)孔子一面说,自己从来没有见到过"好仁者、恶不仁者";一面又肯定说,每个人都可以用力于仁。两者之间的张力,也是因为孔子所谓"好恶",是如此深刻而基础。与这个意义上的作为源发性动能的"欲"或"好恶"相比,"志"与"忧"无疑是次一级的心理状态。"志"是"欲"或"好"的明确、恒定的发生,"忧"更是"志"衍生出来的实践心境。

② "三思三形"

《五行》的"仁",是对内心原始发生的好恶、欲求的意向或倾向的明确的自我意识。故曰:"不仁,思不能精。"又曰:

> 仁之思也精,精则察,察则安,安则温,温则悦,悦则戚,戚则亲,亲则爱,爱则玉色,玉色则形,形则仁。(《五行》)

这里的"思"不是思考或反思,"仁之思"不等于"思仁"。"思仁"是一种主动的意识行为。而"仁之思"的表述,指示了仁的内在的发端与流行,作为仁德在意识层面的承载者,贯穿了整个发生、变化与表现的全过程。相似的,"智之思"、"圣之思",也是指"智"、"圣"二德在内心层面的发端与流行,是其在意识层面的承载者。这个意义上的"思",是一种实质性的指认,与思绪、情思的思相近,而区别于作为活动的思考、反思。"仁之思"、"智之思"、"圣之思"三章,构成了所谓"三思三形"。

这里的"精",与第三章"思不精不察"、第四章"不仁,思不能精"的"精"字同。竹简原作"清",帛书作"晴"。庞朴、魏启鹏、李零等作"精";刘信芳、廖名春等作"清"。作"精",意为专精、精细。作"清",意为清明。两者都有文本的依据,[1] 故亦有两取之者。

这段话不能仅从文字上解释,也应结合内容来理解。这一章所展现的心理活动的各个阶段,都与仁相关。"安"以下的"温"、"悦"、"戚"、"亲"、"爱"没什么问题,但"精"与"察",如何与仁相关?陈来指出:"就仁之思来说,其最初的意向状态是精察,这应当是指一种细微的体察对方的意识活动趋向。"[2] 又说:"根据梁漱溟先生对儒家伦理的解释(梁先生很了不起,他用自己的话来表达对儒家的思想体会),儒家伦理就是希望你能够体察对方的要求,以对方为重,以至把自己都忘掉、牺牲和不顾了。"[3] 这一解释立足于儒家伦理的基本关切,不失为一种可行的途径。但以上解释,总是笼统地说"精察",对"精"、"察"二字不作区分。在这一解释中,作为"关切"的"察"首出,而"精"作为"察"的修饰语,

---

1 前者,如《孔丛子·说义》:"且君子之虑多,多虑则意不精。以不精之意,察难知之人,宜其有失也。"《礼记·缁衣》"精知,略而行之",郑注:"精知,孰虑于众也。精,或为清。"孔疏:"谓精细而知,孰虑于众,要略而行之。"(郑玄注、孔颖达疏:《礼记正义》,第 2123、2124 页)后者,如《荀子·解蔽》:"故人心譬如盘水,正错而勿动,则湛浊在下,而清明在上,则足以见须眉而察理矣。微风过之,湛浊动乎下,清明乱于上,则不可以得大形之正也。心亦如是矣。故导之以理,养之以清,物莫之倾,则足以定是非、决嫌疑矣。"及:"凡观物有疑,中心不定,则外物不清。吾虑不清,则未可定然否也。"又《吕氏春秋·有度》:"正则静,静则清明,清明则虚,虚则无为而无不为也。"
2 陈来:《竹简〈五行〉与子思思想研究》,《竹帛〈五行〉与简帛研究》,第 128 页。
3 陈来:《竹简〈五行〉篇讲稿》,第 25–26 页。

不具有独立的意义。但从文本来看,"思不精不察"、"精则察","精"是首出的,"察"是继此而有的阶段。故此句的解释,必先确立"精"的独立意义。

从文本脉络看,第五章"仁之思",顺着第四章而来。根据之前的分析,第四章"不仁"与"忧心"有关,"忧心"由于"心志","心志"又源于更为深切的、源发性的"好恶"或"欲求"。顺此思路,则"仁之思",正是指这种深切的、源发性的"好恶"或"欲求"的倾向。就内容而言,它是以"仁"为对象或目标的。在此意义上,亦可以称之为"仁"或"欲仁"的原初发动。[1] 然而,就人的现实存在而言,此方向的"好恶"、"欲求"虽深根于内,但未必是独一无二的、决定性的、主宰性的意向。除此之外,尚有许多来自生理存在的欲求。这正是人的存在的复杂性所在。故从道德工夫的层面讲,就会存在诸种意向与欲求之间的斗阵,所谓天人交战。如《韩诗外传》卷二记载,"闵子骞始见于夫子,有菜色,后有刍豢之色",始有"菜色",是因为夫子道德之乐与世俗之乐,"二者相攻胸中,而不能任";后有"刍豢之色",则是因为前者终于胜出,后者被视如坛土。大贤犹且如此,况常人乎?因此,若"仁之思"是仁德在意识层面的存在形式,其要有进一步的贞定、发生,必有赖于精一的工夫。在这个意义上,"精"相当于仁的道德欲求,在无限可能的欲求与好恶之中突围而出,成为内心主宰性的意向倾向。顺此,第四章"不仁,思不能精"一句,也便不难理解。若内在仁心不足,或者说,其欲仁、求仁之心不足以力压其它

---

[1] "对他人的关切"云云,可视为"欲仁"的结构性组成部分。

好恶，不足以确立为一心之所向，则心思固不能精纯。要之，"仁之思也精"，即孔子所说"欲仁"、"好仁"之诚。它是"志"的根据，也是《五行》"中心之忧"、"忧心惙惙"、"忧心忡忡"的来源。精一于仁之思，则诚于欲仁、求仁。故《五行》的"清"字宜都为"精"，下同。

《荀子·解蔽》有一段话："空石之中有人焉，其名曰觙。其为人也，善射以好思。耳目之欲接，则败其思；蚊虻之声闻，则挫其精。是以辟耳目之欲，而远蚊虻之声，闲居静思则通。思仁若是，可谓微乎？"郭沫若指出，荀子这里的"空石之中有人焉，其名曰觙"，是影射了子思，[1] 很有道理。从这段话来看，荀子认为子思的特征是"好思"，且"败其思"与"挫其精"的对举，似又是说子思的思的工夫是以"精"为要义的，与《五行》合。又《解蔽》此段之前，引了"道经"："人心之危，道心之微。"这句话，今见于伪古文《尚书·大禹谟》："人心惟危，道心惟微。惟精惟一，允执厥中。"伪孔传："危则难安，微则难明，故戒以精一，信执其中。"[2] 以精一涵养道心，与子思以"精"为仁之思的要义，是一致的。

"精则察"，察是明察的意思。心志精一，乃以明察。察什么呢？《礼记·礼器》云："君子曰：无节于内者，观物弗之察矣。欲察物而不由礼，弗之得矣。"孔疏："察，犹分辨也。"[3] 反过来似可说：节于内，则观物察矣。"节于内"，即好恶有节于内。《礼

---

[1] 郭沫若：《儒家八派的批判》，《十批判书》，第112页。
[2] 孔安国传、孔颖达疏：《尚书正义》，第132页。
[3] 郑玄注、孔颖达疏：《礼记正义》，第1000页。

第四章 子思的五行论

器》的"察"指"察物",察物必以礼,礼为物之则,所谓"礼也者,物之致也"。类似的用法,也见于《荀子·解蔽》:"故君子壹于道,而以赞稽物。壹于道则正,以赞稽物则察;以正志行察论,则万物官矣。""壹于道",即精一于道,而后可以考察、参赞万物。所谓"以正志行察论",内在的正志是察论的条件,而正志又来源于"壹"。又说:"故人心譬如盘水,正错而勿动,则湛浊在下,而清明在上,则足以见须眉而察理矣。"盘水的譬喻,也是为了讲"察"。学者多引用这条来证明"清"字当如字读。而实际上,"清"与"察"是一体之两面,并无阶段的区分。在《解蔽》中,它们都属于"壹于道"之后的阶段。这与《五行》是相似的。那么,《五行》的察,是不是如《解蔽》那样,是对物理的鉴察呢?这种可能性不是很大。很明显,《解蔽》的"察",是就"知道"而言的(知道察);从德行论来说,它应理解为智的效验。"以正志行察论",也是从结果处说。而简文此处,尚还处于仁的发生的早期阶段。

在道德意识发生的早期,所谓的"察",也可能是内心的自我鉴察或自我认知。这是儒家的传统。孔子所谓责己、自讼,曾子所谓三省,都是自察。子曰:"颜氏之子,其殆庶几乎?有不善未尝不知,知之未尝复行也。易曰:'不远复,无祗悔,元吉。'"(《系辞下》)凡有不善必能知之,知之则不再行之。程子曰:"又如颜子地位,岂有不善?所谓不善,只是微有差失。才差失便能知之,才知之便更不萌作。"张载曰:"慊于己者,不使萌于再。"[1]颜子善与不善之念,但有所发动,便可以知而察之,分而辨之。这种自察之

---

[1] 朱熹:《四书章句集注》,第84页。

能力，用颜子的话说，便是"自知"(《荀子·子道》)。然而，"精"的前提是分，其实质是"择一而壹焉"。从这个角度说，"察"反而成了"精"的条件，逻辑上颠倒了。要之，"精"字已然包含了道德意识之自觉与贞定的工夫。

回到上下文，"察"之后是"安"。而"安"在第二章是"中心之悦"之后的环节，在第三章是"形"之后的阶段，第十七、十八章更直接说："见而知之，智也；知而安之，仁也。"仁是在见了贤人、识得贤人之后，身心得以安顿。如果《五行》"安"字的意义是一贯的，那么此章的"安"字，也应理解为因为知贤人之德或者君子之道，而获得了道德上的安定。由此反推，则所谓"精则察"，不是对一般物理的察，或一般意义上的对他人的体察，而是对贤人之为贤人，或者君子道之为君子道的察，它是一种道德上的敏感。这种敏感，来自内心的切望，亦即来自内心精一的欲仁求仁之思。这个意思，与上章引《诗》的意思，可谓一脉相传。要之，"仁之思也精，精则察，察则安"，实是一个源发的仁心渐渐安顿于仁道的过程。孟子曰："君子深造之以道，欲其自得之也。自得之，则居之安；居之安，则资之深；资之深，则取之左右逢其原，故君子欲其自得之也。"(《孟子·离娄下》)自得于道，乃有所谓安，可为印证。

值得注意的是，从概念的区分看，这个意义上的"察"也还是一种"知"，"见而知之"、"闻而知之"的"知"，故属于"智"的范畴。如此一来，这里的解释是不是有所混淆呢？其实，仁与智并非不相关的两种德行。在仁的生成过程中，出现了"知"的环节，恰好说明它们互为结构性的生成环节。这种本源上的内在关联，决

第四章　子思的五行论

定了五行之和乃是道德生存的必然归宿。

"安则温",第十九章说:"颜色容貌温,变也。"可见,"温"已经不再是心理层面的状态,而是体现在外的仪容风貌。孔子曰:"色思温。"(《季氏》)子夏问孝。子曰:"色难。有事弟子服其劳,有酒食先生馔,曾是以为孝乎?"(《为政》)"色难"相对于"服劳"来说。孔子认为,为父母做具体的事不难,难的是心甘情愿、和颜悦色。色之难,是因为它源于内在的真情。《礼记·祭义》云:"孝子有深爱者,必有和气;有和气者,必有愉色;有愉色者,必有婉容。""仁之思"至于"安",仁道的生命已获安顿,自然流露出温和的颜色容貌,故曰"安则温"。

此下,"温则悦,悦则戚,戚则亲,亲则爱",第十九章说:"以其中心与人交,悦也。中心悦旃,迁于兄弟,戚也。戚而信之,亲(也)。亲而笃之,爱也。爱父,其继爱人,仁也。"喜悦,发自于内,故曰"中心悦旃"。旃,为语助词。迁,或读为"播",犹"施"。"中心悦旃,迁于兄弟",相当于孟子所说"言举斯心加诸彼而已"(《孟子·梁惠王上》)。戚,近也,指与兄弟相亲近。信,帛书说文云:"剖而(尔)四体,予女天下,弗为也;剖如(汝)兄弟,予女天下,弗迷也。是信之已。信其□而后能相亲也。"指相互之间达成"兄弟为手足"的确信。爱,是比亲更重的情感。厚,是通过情感的交互、言行的交往而实现的,故曰"笃"。说文云:"笃之者厚,厚亲然后能相爱也。"继,说文本作"杀"。爱父亲,是爱的极致;减杀之以爱人,则是爱人之仁。

仁的实质,乃是人与人相互亲善的意识和价值,儒家德行以此为核心。了解这一点,则上述过程以"温"为界,大体可分为两个阶段。"清-察-安",是仁的内在发生、觉察与安顿;"温",是安顿之自然表现;"悦-戚-亲-爱",则是其对象化的表达与扩充。当然,要注意的是,这里描述的是一个有意识的修为过程。若从自然情感的发生来说,对象性的情感活动或许是更为直接和本源的。亲与爱的情感,以及人与人之间的亲善,总在对象关系中获得存在与自觉。

"爱则玉色,玉色则形,形则仁。"玉色,与"色思温"的"色"不同。"温色"是"仁之思"由内而外表达的一个阶段,但"玉色"是"仁之思"的最终结果和完成形态。同样,下文"智之思"的最终完成,也称为"玉色"。其实,这个意思,亦见于《中庸》和《孟子》。《中庸》有"富润屋,德润身"的说法。而孟子曰:"君子所性,仁义礼智根于心。其生色也,睟然见于面,盎于背,施于四体,四体不言而喻。"(《孟子·尽心上》)与《五行》相比,所谓"仁义礼智根于心",对应于"仁之思"、"智之思";所谓"其生色也"至于"睟面盎背"、"施于四体",对应于"玉色"。程子曰:"睟面盎背,皆积盛致然。四体不言而喻,惟有德者能之。"[1] 是也。《五行》的"玉色",借用宋儒说法,可称之为"仁者气象"、"智者气象",或统称"有德者气象"。

"玉色"是"仁之思"的变化历程的最后阶段,也是仁德完成的外在表征,故曰"玉色则形"。"形",即首章所言"仁形于内",

---

[1] 朱熹:《四书章句集注》,第355页。此外,孟子曰:"形色,天性也;惟圣人,然后可以践形。"(《孟子·尽心上》)据此,人的"形色"具有内在的规范性,唯圣人才能完全实现。若顺着我们的思路,"形色"的规范性或即与圣人之"玉色"、"玉音"相关,因为"玉色"与"玉音"才是人之"色"与"音"的实现。

第四章 子思的五行论

亦即仁德的生成、形成与成形,故曰"形则仁"。[1]

接着"仁之思",是讲"智之思"与"圣之思"。

> 智之思也长,长则得,得则不忘,不忘则明,明则见贤人,见贤人则玉色,玉色则形,形则智。
>
> 圣之思也轻,轻则形,形则不忘,不忘则聪,聪则闻君子道,闻君子道则玉音,玉音则形,形则圣。(《五行》)

"智之思"的特征是"长"。简文没有对"长"作解释。我们只能试作理解。在一般的意义上,"智"体现为一种能力,即能在一般人理解不了的地方作出理解,能在一般人看不出关联的地方看到关联。所谓的"理解",实际上就是面对一个新的对象,能够与既有的、既知的东西建立关联;或者说,能够根据既有的、既知的东西,对新对象给出适宜的判断。之所以如此,是因为智之思的深刻性与连贯性。由于深刻,故不为事物差别的外表所惑;由于连贯,故能发现事物之间本质的关联。故《洪范》曰:"思曰睿。"《说文》:"思,睿也。"段注:"凡深通皆曰睿。……谓之思者,以其能深通也。"《洪范》的"思",专指思虑之思,其基本的特质是深通。深者,达其本质;通者,融贯为一。深通,则能"周流无滞",故孔子曰"智者乐水"(《雍也》)。要做到这一点,一般来说,需要有一个足够大的知识库,以作为咀嚼、反思的对象,也作为关

---

[1] 陈来说:"这里所说形则仁、形则智、形则圣的'形'应当指形于外的形,实际上就是篇首所说的'形于内'的具体化。"(陈来:《竹简〈五行〉与子思思想研究》,《竹帛〈五行〉与简帛研究》,第128页)

联未知的前提。故《系辞上》曰:"神以知来,知以藏往。"智恰恰以对既往人事与道理的记忆和调适为特征。这是"智"的概念的基本结构。

在这里,《五行》对智之为智作了描述式的解释。"智之思也长",长即深长而连贯。[1]连贯,故能在事物之间建立起意义的关联,此即事物之得以理解,故曰"长则得"。事物得以理解,则容易记忆而不会遗忘,故曰"得则不忘"。如此,则有"明"。这个明是指明见或明识,包含一种识别的意味。有了这种明识,见到贤人便能够知道贤人之所以贤,亦即知贤人之有德,故曰"明则见贤人"。由"明"而"见贤人",即下文所云:"见贤人,明也。"这也是子贡所谓"贤者识其大者,不贤者识其小者"(《子张》)的意思。到了"玉色",则已然有了"智者"的气象。这是"智之思"的完成,也是"智"德的成形,故曰"玉色则形,形则智"。

"圣之思"的基本特征是"轻"。一般而言,轻有迅捷、轻易的意思。庞朴说:"《礼记·中庸》所谓的'诚者,不勉而中,不思而得,从容中道,圣人也'及《荀子·不苟》:'夫诚者,君子之所守也,而政事之本也。唯所居以其类至,操之则得之,舍之则失之。操而得之则轻,轻则独行;独行而不舍,则济矣。'可作'圣之思也轻'之解。"[2]此说是也。不过,《中庸》"不勉而中,不思而得"乃是圣人境界,也即圣的完成状态。此处"圣之思",则是圣德的初始阶段。这样来看,《不苟》的"操而得之则轻",或许更符

---

[1] 学者多把长解释为长久,意谓思虑久远之事,不确。思虑久远之事,则长久是指所思之对象,而不是思本身的特质。
[2] 庞朴:《竹帛〈五行〉篇校注与研究》,第37页。

第四章 子思的五行论

合此处的意思。从本质上说,"圣"还是一种"智",可以视为后者的深化版。故"圣之思也轻"与"智之思也长",首先不是对象的不同,而是程度的不同。如果说,智之思是一个努力专注而费心思量的过程;那么,圣之思则可能是一个倏忽而至、瞬间呈现的状态。前者是过程性的,后者几乎是无过程的,或感觉不到明显的思维过程。前者是重的,后者是轻的。之所以轻,除了天生的敏慧,还因为"操之熟"而"得之深"。其结果,既反应神速,也洞见敏锐。其次,也表现为对象的不同。故下文云:"见而知之,智也。闻而知之,圣也。"见而知之者易,闻而知之者难。这是官能的不同,也是对象的差异。至于圣之思之极,则能辨识常人无法辨识的隐微深奥的内容,如"天道"。"上天之载,无声无臭"(《大雅·文王》),常人难以理解和识别。故帛书说文云:"思也者,思天也。轻者尚矣。"圣之思不一定仅仅限于天道之思,但天道之思无疑是"圣之思"的核心和特别之处。

"轻则形","形"与《不苟》"轻则独行"的"行"相近,指圣之思的流行、表现。活动即存有,在这个意义上,"形"相当于"智之思"的"得"。说文云:"轻则形,形者,形其所思也。酉(柳)下子轻思于翟,路人如斩。酉(柳)下子见其如斩也,路人如流。言其思之形也。"所谓"形思",即"行思"。帛书说文举了柳下惠的例子。柳下惠见路上行人如静止一般,这是因为他的圣之思达到了出神入化的地步,能瞬时把握一切事态而作平铺的呈现。"形则不忘",相当于"得则不忘"。古人对"圣"的理解,往往与"聪"联系在一起。陈来指出:"圣就是对声音有敏感的听觉的人,圣表示对再轻细的声音都能听到。"[1] 圣与聪之间的关联,源于古代巫觋的特殊能力。也可能与周人对文王的想象有关。如《大雅·皇矣》所谓"帝谓文王",似乎就是"谆谆然命之"。这一问题不宜在此申论。要之,圣在感官上的表现,即是"聪"。故说文云:"聪者,圣之臧于耳者也,犹孔子之闻轻者之击而得夏之庐也。"典故不详。魏启鹏推测:"此夏禹以五声治天下,击鼓闻道之典故。孔子得夏之庐,殆寄其向往有夏,推崇大禹之意。佚书则以喻圣者听,虽轻击之声亦得闻天道也。"[2] 孔子闻声知乐、闻声知德的典故很多。如子在齐闻韶,三月不知肉味,曰:"不图为乐之至于斯也!"(《述而》)又如,孔子习乐而见文王之状,知作乐之人必为文王。[3] 此处所说,可能是另一个类似的典故。

"聪则闻君子道,闻君子道则玉音。"这里的聪,不是感官的灵敏,而是对"君子道"的识别能力;或者说,是以灵敏的感官为基础的卓越的理解和判断力。下文云:"未尝闻君子道,谓之不聪。……闻君子道而不知其君子道也,谓之不圣。"是从反面说。又云:"闻君子道,聪也。闻而知之,圣也。圣人知天道也。"是从正面说。意思是一样的。聪不聪,在于能不能"闻道"。能不能"闻道",不是指生理上能否听到物理的声音;而是说,能不能从众多的学说和思想之间独见此道,亦即子贡所谓"贤者识其大者"的"识"。识别包含了一定的先在的认知和理解,但这个认知或理解不一定是充分的。故识别之后,还有知或不知的差别。说文云:"同

---

[1] 陈来:《竹简〈五行〉与子思思想研究》,《竹帛〈五行〉与简帛研究》,第129页。
[2] 魏启鹏:《简帛〈五行〉笺释》,第85页。
[3] 见于《孔子世家》、《韩诗外传》、《孔子家语》等。

之（此）闻也，独不色然于君子道，故谓之不聪。……闻君子道而不色然，而不知其天之道也，谓之不圣。……闻之而遂知其天之道也，圣也。"所谓"色然于君子道"，即在"同之闻也"之中，有意无意地倾向于或关注于"君子道"，表现出艳羡、向往的容色，此之谓"聪"。在关注、识别出君子道之后，又能够理解从而确认其为君子道、确认其为天之道，此之谓"圣"。由"闻"而"知"而"圣"，实际上是一个"识别"—"理解"—"确证（指认）"的过程。

值得注意的是，根据这一说法，简文所谓"圣人知天道也"，并不是在"君子道"之外，去知一个"自在的天道"；而是"知其天之道"，即在对君子道的认知和理解之后，将之指认为、确证为天之道。正如孔子由《周易》来理解文王之德，由《坤乾》来理解殷商之道，由击鼓之声来理解大夏之德，由《韶》乐来理解大舜之德。孔子之所行，即闻君子道而知其天之道也。孔子不脱离人道而谈所谓的天道，孔子对天道的指认皆来自对人道的确证。故子贡曰："夫子之言性与天道，不可得而闻也。"（《公冶长》）

"玉音"是"知之"的表征。学者指出，"玉音"犹"德音"。庞朴引《小雅·白驹》"毋金玉尔音"陈奂疏："言贤者德音，如金如玉。"[1] 之所以用"玉"来形容，应与它的特质有关。孔子答子贡"君子何以贵玉"之问，曰："扣之，其声清扬而远闻，其止辍然，辞也。"（《荀子·法行》）[2] 玉声的特点，与人的言辞相似。故魏

---

[1] 庞朴：《竹帛〈五行〉篇校注与研究》，第37页。
[2] 另《礼记·聘义》："叩之，其声越以长，其终诎然，乐也。"《管子·谁地》："叩之，其音清搏彻远，纯而不殺，辞也。"

启鹏云:"玉音乃象征知天道者、有德者之音。"[1] 大体是妥帖的。至于"玉音"所指的内容,还可以有不同层次的了解。若能识别、确认君子道,当此之际,自然会发出无限的感慨和兴叹,如孔子闻《韶》而叹"不图为乐之至于斯也"。在此意义上,陈来说:"玉音在这里是指对君子之道的一种仰慕的声音。"[2] 但这还是悟入阶段的表现。若从完成的意义上说,圣之所以为圣,在识取和理解了天道之后,还能进一步以自己的语言阐发天道。这种被道说出的君子道或天道,或者说君子道或天道的道说,是真正的"德音"。子曰:"天何言哉?四时行焉,百物生焉,天何言哉?"(《阳货》)如果说,两叹"天何言哉",是对天道的指认;那么,"四时行焉,百物生焉",便是孔子对天道之为天道的道说,此则所谓"德音"。

至此,始于"圣之思"的修为到了极处,亦即"圣德"之完成或成形,故曰"玉音则形,形则圣"。

③ "金声而玉振之"

以上"三思三形",描绘了"仁"、"知"、"圣"各自从发端到完成的过程。在三者之间,还有一层先后的关系。在后者的意义上,才有所谓的五行之和与"德"。此即由"中心之忧"而"中心之智"而"德"的过程。或者:"思不精不察,思不长不形,不形不安,不安不乐,不乐无德。"[3] 思不够精一,则不能体察仁道;思

---

[1] 魏启鹏:《简帛〈五行〉笺释》,第21页。
[2] 陈来:《竹简〈五行〉与子思思想研究》,《竹帛〈五行〉与简帛研究》,第129页。
[3] 帛书本在"思不精不察"下有"思不长不得,思不轻不形"。学者多以为简本误合两句为一句,故据帛书本补。其实,当从简本。"思不长不形"的"形"字,犹第六章"长则得"的"得"字,谓获得道德理解。此处所论是仁与智的生成关系,与第二章"中心之忧"与"中心之智"对应;至于圣,据第十章所说,是四行和合之后的下一阶段,按逻辑应在安后出现,不应在此。

第四章 子思的五行论

不够深长，则不能条畅有得；不能条畅有得，则不能获得真正的心安；不能心安，则不能生发由衷的乐感；不能乐，则不能成德。从这个逻辑来看，"仁之思"是价值上的主脑，"知之思"则是前者在思虑上的实现。由仁而智，进而安之、乐之，才能成德。

接着"三思三形"，《五行》提出了"为一"与"慎独"之说："能为一，然后能为君子，（君子）慎其独也。""慎独"是工夫的要旨，"为一"是工夫的目标。此"一"，便是"德"。顺此，《五行》又用"金声玉振"的比喻来说明这个问题。

> 君子之为善也，有与始也，有与终也。君子之为德也，有与始也，无与终也。金声而玉振之，有德者也。
>
> 金声，善也。玉音，圣也。善，人道也。德，天道也。唯有德者，然后能金声而玉振之。（《五行》）

简文从有无终始的角度，区分了"善"与"德"：为善是有始有终，为德是有始而无终。看上去，善是从行为上讲，德是从德行上讲的。故学者多把这句话理解为，行为总有开始和结束，德性修为却没有止境。帛书说文的解释，突出了一个"与"字："'君子之为善也，有与始有与终'，言与其体始，与其体终也。'君子之为德也，有与始无与终。''有与始'者，言与其体始；'无与终'者，言舍其体而独其心也。"这里的"体"，显然是指与心相对的身体。与、不与，似乎是指身体的参与、不参与。顺此可说，做一个具体的善的行为，依赖于身体的活动，随着身体活动的开始而开始，也随着身体活动的结束而结束；而德行的修为，纵然也开始于具体的实践行为,最终却要扬弃或超越身体方面的活动,归于内心的成德。为善,因事之终始而终始;为德,始于为善而终于内心的成德。但实际上,这一解说是有问题的。根据我们之前的讨论,"善"与"德"的差别不是行为与德行的差别。"善"仍然关涉内心的活动,其与"德"的区别,只是还没有融合"圣"。具体论证不再重复,但可就此章稍加说明。若只是从外在行为上讲,何以此章要说"善,人道也"?难道人道只是外在行为,而没有内心基础吗?且此章以"善"与"圣"为"始"和"终"两个阶段,"善"若只是行为,则它经由"圣"而成"德"的跃迁,是不可想象的。

如果善不能理解为行为,则"与始"、"与终"的问题,就不能这样来了解了。常森说:"所谓'无与终',是说超越诸小体,而独任五种德之行内化和合、与心同一之心。此处'舍其体而独其心'与第七章经文之'慎其独'、第七章说文之'舍体'同义。"[1] 此说是比较合理的。但"超越"一词,不是很精确。从说文的解释看,"舍其体"不是抛开了小体,而是扬弃或取消了小体之存在与活动的独立性。说文云:"和也者,小体变变(便便)然不围于心也。……与心若一也。"小体不患(或释困)于心,不再与心相异,也就是与心若一。与心若一,则小体之存在与活动的独立性消失了,完全受心的支配。原先小体与心之间是"非独"、"有与"的关系,而现在由于小体的独立性的消失,对立的存在没有了,再次变成了融合大小体在内的"一"。"一"即"无与",这是德的境界。

接下来,简文提出了"金声而玉振之"的比喻。振,收也。所

---

[1] 常森:《简帛〈诗论〉〈五行〉疏证》,第155页。

谓"金声玉振",是古乐的一种章法或规制。古乐大合奏,始于钟声,终于玉磬。故"金声玉振"代表了整个过程的终始。《五行》用这个比喻,是说"为德"的过程,始于为善,终于成德。故云:"金声而玉振之,有德者也。"又云:"金声,善也。玉音,圣也。善,人道也。德,天道也。唯有德者,然后能金声而玉振之。"简文明确以"金声"喻善,以"玉音"比圣。此处,"善"与"圣"的对举,比较特殊。《五行》常见的是"善"与"德"的对举。故有学者认为,"圣"字当作"德"。这完全是误解了简文的意思。原文是说,君子为善之后,若能进一步拥有圣的德行,则完成了始于为善,经由圣,而最终成德的终始过程。此处"善"与"圣"的对举,是从"成德"的过程性(善为始,圣为终)来说的;它处"善"与"德"的对举,则是从各自的完成性来说的(善为四行之和,德为五行之和)。两者并不矛盾。

关于"金声玉振"的比喻,说文云:"善也者,有事焉可以刚柔多铪为。故[曰]'善[,人道也。''德,天道]也,者,己有弗为而美者也。'唯有德者,然后能金声而玉振之。''金声而玉振之'者,动[内]而[后能]形善于外,有德者之[谓]。"这段话相当重要。"金声"象征"善"。"善"意味着"有事"时,可以达到事的和谐。此处出现了"有事焉"的说法,孟子也有这一说法。这又是帛书说部为孟子所作之一证。孟子曰:"是集义所生者,非义袭而取之也。行有不慊于心,则馁矣。我故曰,告子未尝知义,以其外之也。必有事焉而勿正,心勿忘,勿助长也。"(《孟子·公孙丑上》)其中,"必有事焉而勿正,心勿忘,勿助长也"一句,在宋明时代多有讨论。朱子曰:"此言养气者,必以集义为事,而勿预期其效。其或未充，则但当勿忘其所有事，而不可作为以助其长，乃集义养气之节度也。"[1] 此解得之。有事，即有为，有意识、有用心的主动作为，与下文"弗为"相对。前者是"有与"的阶段，后者是"无与"的境界。"玉振"象征"德"。"德"意味着"己有弗为而美者也"。梁涛认为，"［天道］也者，己有弗为而美者也"一句，是说生而具有的仁义礼智圣的自发的和谐状态就是天道，这意味着天与人的真正的统一。[2] 似不合说文的实际。说文的意思是，若是德成于中，则即便没有有意的作为，由内在德心的发动，便自然可以达到事为之善。所谓"动［内］而［后能］形善于外"，此之谓也。此处，"动［内］而［后能］形善于外"的义理结构，与第二章"五行皆形于内而时行之"相似。五行形于内，指成于内，也可以指"动于内"；时行之，指不时而表现于事为之中，即"形善于外"。当然，要注意的是，此处说文"善"字的用法，是指代外在行为之善。这与《五行》其它地方与德相对的善，含义不同。

"金声玉振"之说，亦见于《孟子》。孟子曰："孔子之谓集大成。集大成也者，金声而玉振之也。金声也者，始条理也；玉振之也者，终条理也。始条理者，智之事也；终条理者，圣之事也。智，譬则巧也；圣，譬则力也。由射于百步之外也，其至，尔力也；其中，非尔力也。"(《孟子·万章下》) 在这里，孟子将"金声玉振"视为"条理"之终始。"条理"二字，指完整的成德过程而言。孟子又以"智之事"、"圣之事"分别对应于"始条理"与"终

---

1 朱熹：《四书章句集注》，第232页。
2 梁涛：《郭店竹简与思孟学派》，第405页。

条理"。换句话说，孟子认为，孔子集大成的过程，始于智而终于圣。由此，庞朴认为，《孟子》的"智之事"即《五行》的"为善"；《孟子》的"圣之事"即《五行》的"为德"。[1] 其实，孟子在这里所说，只是围绕智圣关系而言，而《五行》的"为善"不仅仅涉及智，两者的义理脉络不全相同。若真要对应，孟子所说，相当于"三思三形"中从"智之思也长"到"圣之思也轻"的阶段。

我们说，第二部分论述的是以仁为始，经由智、圣而成德的进路。这里又用"金声玉振"的比喻，说"君子之为德"，始于为善，经由圣，而终于成德。两者是否矛盾？如我们之前所说，所谓的"始于仁"，不是始于既成的"仁"的德行，而是始于"欲仁"、"求仁"的道德意向。虽然内心之中有深切的心志，但单凭志意的内部运动，绝不可能真正成德。"为德"的过程，建基于自觉的为学与实践活动。后者即是"为善"的过程。"为善"可以到达"四行之和"，若能进一步获得圣的德行，实现"五行之和"，则意味着从"善"到"德"的跃迁的完成。在此意义上，"为善"可以视为"为德"的一个阶段。

至于"善，人道也；德，天道也"，与首章相同，我们将在下文讨论。

4.1.4　始于智（圣、智）的成德途径

"金声玉振"的比喻，是第二部分内容的总结。自此以下，转而论述以智为始的为德路径。这个"智"是一个广义的概念，实际

---

[1] 庞朴：《竹帛〈五行〉篇校注与研究》，第44页。

上包含了圣、智二者。

这一部分是总分总的结构。第十一章总述由"圣智"而"仁"而"德"的道路,中间是分说,第二十四、二十五、二十六章总论"集大成"之道。分说的过程中,前后又有一一相对的解释关系。按照顺序,第十五、十六章解释第十一章的"圣"、"智",第十七、十八章解释第十一章由"圣"、"智"而成"德"、"善"的过程,第十九章解释第十二章,第二十章解释第十三章,第二十一章解释第十四章。我们先来看这一部分的首章:

> 不聪不明、不圣不智,不智不仁,不仁不安,不安不乐,不乐无德。(《五行》第十一章)[1]

从地位说,此章之于第三部分,犹第二章之于第二部分。也同样采取了否定的表述形式。这一成德路径的逻辑起点,是"聪明"与"圣智"。由"聪明"、"圣智",而"仁"而"安"而"乐"而"德";或者说,从"聪明"、"圣智"出发,达到"五行之和"、"四行之和",是这一部分的核心思路。当然,这一过程的分析,要以"五行"为基础。为此,我们先来看这一部分对"五行"的

---

[1] "不聪不明"一句,帛书本作"□□不圣",裘锡圭认为,也有可能作"[不聪不明,不明]不圣"。李零本从之。如此,则"不某不某"都是顶真句,与它处论述形式相似。但问题是"不明不圣"的意义讲不通。从原文的内在逻辑看,"不聪"与"不圣"相应,"不明"与"不智"相应,这句话不是一一相承,而是两两相承。故帛书说文云:"不聪明则不圣智,圣智必由聪明。"意思很明白。竹简原文的逻辑是:"不聪、不明,(则)不圣、不智。"在"不聪不明"与"不圣不智"之间,实容不下"不明不圣"一句。且从第十七、十八章看,仁自智而生,故接着又说"不智不仁"。

第四章　子思的五行论

分论。

① 五行分释

根据第十五、十六章的解释，所谓的"聪"、"明"与"圣"、"智"，虽源于敏锐的听觉和视觉的感官，但要义却在理性的道德判断力。"聪"是专指能在众多学说中辨识出君子道，然后又能深刻理解其所以然，能确证和指认其为君子道、天之道，如是方可谓之"圣"；"明"是专指能在众人中辨识出贤人，然后又能深刻理解贤人之所以贤，亦即理解贤人之有德，如是方可谓之"智"。两者的不同，既是程度的不同，也是对象的不同。故第十六章云："明明，智也。赫赫，圣也。'明明在下，赫赫在上'，此之谓也。"所引诗句，出自《大雅·大明》。毛传："文王之德，明明于下，故赫赫然著见于天。"郑笺："明明者，文王、武王施明德于天下，其征应炤晢见于天，谓三辰效验。"[1] 朱子更直接说："在下者有明明之德，在上者有赫赫之命。"[2]《五行》引诗，未必与诗的本义完全一致，主要是为了区分明、智与聪、圣。前者就人道而言，是知人；后者就天道而言，是知天。即帛书说文云："圣始天，智始人。圣为崇，智为广。"赫赫在上，故其道崇；明明在下，故其用广。之所以引这句诗，还应与下章引《大雅·文王》"文王在上，於昭于天"一样，是为了突出文王的典范意义（所谓"文王之示"）。

不变不悦，不悦不戚，不戚不亲，不亲不爱，不爱不仁。

---

[1] 毛亨传、郑玄笺、孔颖达疏：《毛诗注疏》，第1388页。
[2] 朱熹：《诗集传》，第207页。

(第十二章)

不直不肆，不肆不果，不果不简，不简不行，不行不义。(第十三章)

不远不敬，不敬不严，不严不尊，不尊不恭，不恭无礼。(第十四章)

以下三章，对这三章的内容作了详细的解释：

颜色容貌温，变也。以其中心与人交，悦也。中心悦旃，迁于兄弟，戚也。戚而信之，亲（也）。亲而笃之，爱也。爱父，其继爱人，仁也。(第十九章)

中心辩然而正行之，直也。直而遂之，肆也。肆而不畏强御，果也。不以小道害大道，简也。有大罪而大诛之，行也。贵贵其等尊贤，义也。(第二十章)

以其外心与人交，远也。远而庄之，敬也。敬而不懈，严也。严而畏之，尊也。尊而不骄，恭也。恭而博交，礼也。(第二十一章)

关于仁的两章，我们之前已经作了讨论。这里要说明的是这个"变"字。庞朴认为，变字出现在仁的序列中于义无解，或可作恋、娈、孪。[1] 其实，变字宜如字读。此章的逻辑环节是：变-悦-戚-亲-爱-仁。第五章的逻辑环节是：精-察-安-温-悦-戚-亲-爱-

---

[1] 庞朴：《竹帛〈五行〉篇校注及研究》，第46页。

玉色-形-仁。两者相较，除了仁具体呈现为玉色-形-仁之外，"悦"之后的各个环节可谓完全一致。此章的"变"，大体对应于第五章的"温"。[1] 故第十九章云："颜色容貌温，变也。"意思是说，温是指颜色容貌之温，颜色容貌之温即所谓变。

"温"何以谓之"变"？实际上，两者所指的内容或所属的阶段虽然相同，但包含的意味却有很大不同。第五章的"温"，是内在的"仁之思"，通过"精"、"察"、"安"等阶段的蕴藉，自然显露于颜色容貌之间；这里的"变"，则是在没有之前几个阶段和基础的前提下，直接从这个阶段切入仁的形著过程的一种工夫。简单说，前者出于内在的"仁之思"的演变，后者不是。后者的根基，一方是"智"的认知和理解，一方是在此基础之上的心的自觉能力。故第十九章所述的仁的形著历程，实际上是特指第十七、十八章所谓"见而知之，智也；知而安之，仁也"的"仁"。借《中庸》的话说，这个仁是"力行近乎仁"的"仁"，也是"诚之者，择善而固执之"的"固执"。在此，"变"乃是"由智而仁"的成德进路的关键环节。

"变"字的工夫意味，在帛书说文的解释中得到了很好的体现。说文云："变也者，勉勉也，逊逊也，能行变者也。能行变者，□□心说，心□然后颜色容貌温以悦，变也。"魏启鹏指出，勉勉，通亹亹；逊逊，通恂恂。《礼记·礼器》"君子达亹亹焉"，郑

---

[1] 陈来说："变应当是在悦之前，相当于'仁之思'初始阶段的精察安温的心理活动趋向，很可能略当于温。但'仁之思'的温不是颜色外貌，而是一种思之发动。所以这里所谓'颜色容貌温变也'，应当是说颜色容温出于内心之变。"（陈来：《竹简〈五行〉与子思思想研究》，《竹帛〈五行〉与简帛研究》，第136页）

注："亹亹，勉勉也。"孔疏："勉勉，劝乐之貌也。"《论语·乡党》"孔子于乡党，恂恂如也"，或引作"逊逊如也"。《释文》："恂恂，温恭之貌。"[1] 无论是勉勉，还是逊逊，都包含了自觉、自为的意思。它不同于自然的"颜色容貌温"，却是"颜色容貌温"的条件，故称之为"能行变者"。

相对而言，义和礼的形成过程比较清楚。义最初源于内心的"直"。若说"仁之思"是内容性的、价值性的，而"智之思"、"圣之思"是"思"的功能与特质，那么，作为"义"的内心基础的"直"，则是一种当下的存心状态。"中心辩然而正行之，直也。"这句话包含了两方面的意思。辩即辨，分别、辨别。"中心辩然"，指内心于义理是非了然分明的状态。正行，指行此已知之义。如《荀子·正名》："正义而为谓之行。"《说苑·立节》："危不忘义，必将正行以求之耳。""直而遂之，肆也。"遂、肆，都是完成的意思。知义而行义，便要去完成它，此之谓"肆"。"肆而不畏强御，果也。"强御，《周本纪》集解引《牧誓》郑注："强御，谓强暴也。"能够正行其义而不畏强暴，此之谓"果敢"。"不以小道害大道，简也。"说文云："简也者，不以小［爱害大］爱，不以小义害大义也。"看到大的道理，不为小道理所遮蔽，不以小道理妨碍大道理，谓之"简"。"有大罪而大诛之，行也。"若犯了大罪，以严罚处之，此之谓"行"。从"简"到"行"，即仲弓所云"行简"（《雍也》）。"贵贵其等尊贤，义也。"庞朴据《中庸》"尊贤之等"，读作"等尊

---

[1] 参见魏启鹏：《简帛〈五行〉笺释》，第37页。

贤"。[1]魏启鹏指出,"等尊贤"于义难通:"简文之意,'贵贵'与'尊贤'同列为治天下的要术。"[2]说是。

礼源于"远"的内心状态。"以其外心与人交,远也。"《礼器》:"礼之以多为贵者,以其外心者也。"郑注:"外心,用心于外,其德在表也。"孔疏:"用心于外,谓起自朝廷,广及九州四海也。"[3]这是从对象来说的。在《五行》中,"外心"大体是指内心与对象的距离感。其对象是外在的人,不是内心的体验,故有天然的隔阂和距离,体现在内心状态上,便是"疏远"。与人保持适当的距离,保持庄重的心态,便会产生"敬意"。敬意持续不断,便会产生对人而言的"严肃"之感。严肃而令人敬畏,便会有"尊严"。有尊严而不骄慢,便有"谦恭"之态。谦恭而交际广博,就是礼的实现。

② 圣智与五行之和,智与四行之和

第十七、十八章详解第十一章由"圣"、"智"出发达到"德"、"善"的具体过程。其文云:

闻君子道,聪也。闻而知之,圣也。圣人知天道也。知而行之,义也。行之而时,德也。见而知之,智也。知而安之,仁也。安而敬之,礼也。圣智,礼乐之所由生也,五行之所和也。和则乐,乐则有德,有德则邦家兴。文王之示也如此。"文王在上,於昭于天",此之谓也。

---

1 庞朴:《竹帛〈五行〉篇校注与研究》,第57页。
2 魏启鹏:《简帛〈五行〉笺释》,第41页。
3 郑玄注、孔颖达疏:《礼记正义》,第977页。

见而知之，智也。知而安之，仁也。安而行之，义也。行而敬之，礼也。仁义礼所由生也，四行之所和也。和则同，同则善。（《五行》）

第十七章从圣智开始，衍生出义、仁、礼，而谈五行之和；第十八章从智开始，衍生出仁、义、礼，而谈四行之和。前者是德，后者是善。

我们先来看第十七章。"闻君子道，聪也。闻而知之，圣也。"这个意思，第十六章已经表达，此是重申。值得注意的是，紧随其后的"圣人知天道也"，是对"闻而知之"的"知"从对象上作出了明确的界定。圣人之为圣人的本质规定，或者说，圣的最高境界，乃是天道之知。当然，所谓天道，不是指天道的运行和变化的客观规律。何谓天道之知，其与人道的关系如何等等，是七十子后学着力探讨的问题。子思在这方面的思考，主要见于《中庸》。从《五行》来看，对君子道的认知、理解中，已然包含了对天道的指认。"天道"既是一种道，固可以遵而循之。知了天道而正行之，便是义。这也符合《五行》对义的规定。"行之而时，德也。"这个说法，相应于第二章"五行皆形于内而时行之"。"五行皆形于内"即"德"，"时行之"即"行之而时"。第十七章从德的界定来说，第二章从德的发用来说，意义是相通的。这里的"时行"，是随时应变的意思，其中包含了规范性的具体化实现。《中庸》云："发而皆中节，谓之和。""时行"，是发出来能时时中节，相当于"时中"，其结果是"和"。故说文云："时者和也。和也者，惠也。"《国语·周语中》："惠，所以和民也。"至此，由圣而有了义、德。"见而知之，智也。"也是从正面重申第十六章的意思。"知而安之，仁也。"一般而言，孔子说"仁者安仁"(《里仁》)，是以自身为依据的安。但这里以知为基础谈仁，将仁视为安于所知的状态或德行。[1] 与第十二章论仁一样，这是这一部分的特殊之处。原因是这一部分讨论的是从智开始发展出其它德行的成德路径。仁要在智之后才能得到安顿。"安而敬之，礼也。"安之又能敬之，则为礼。这就由智而有了仁、礼。

故曰："圣智，礼乐之所由生也，五行之所和也。"[2] 从圣而义、德，从智而仁、礼，此之谓"五行之所和也"。但在此之前，简文说："圣智，礼乐之所由生也。"这里先提礼乐，不是直接顺着以上的讨论而来的。自此而下，此章不再是一个纯粹的理论论述，而是围绕"文王之示"，也就是以文王为典范的论述。

谈到礼乐，我们一般会想到周公制礼作乐。其实，周公虽是制礼作乐的人，但周公制作的根据，却是文王之德或文王之文。子曰："周监于二代，郁郁乎文哉！吾从周。"(《八佾》)郁郁乎文，即周代礼乐。子畏于匡，曰："文王既没，文不在兹乎？天之将丧斯文也，后死者不得与于斯文也；天之未丧斯文也，匡人其如予何？"(《子罕》)孔子临危之叹，不提周公，而将文王视为周代斯文的源泉和代表。《五行》此处正是继承了孔子的这一思想，以文王之圣与文王之智为周代礼乐之所由生。具体而言，文王之圣，在于文王与天帝之间的交通，尤指文王受天大命。所谓"帝谓文王"(《大雅·皇矣》)、"有命自天，命此文王"(《大明》)，是说文王有生

---

[1] 若顺着"见而知之"看，"安之"的"之"指"见贤人而知其有德也"。但这样说未免胶柱鼓瑟。安之，似当引申指涉贤人所代表的德与道。下文"行之"的之，也是如此。
[2] 整理者、李零、陈丽桂等读为："圣、知、礼、乐之所由生也，五行之所和也。"这是不对的。圣智分别起头才有了五行；且礼乐与五行是两套话语，不可混淆。

之年受天之命；所谓"文王在上，於昭于天"、"文王陟降，在帝左右"(《文王》)，是说文王升登之后在帝左右。此则文王之圣。至于文王之智，体现于文王之知贤与任贤。据《史记·周本纪》记载："西伯曰文王，遵后稷、公刘之业，则古公、公季之法，笃仁，敬老，慈少。礼下贤者，日中不暇食以待士，士以此多归之。伯夷、叔齐在孤竹，闻西伯善养老，盍往归之。太颠、闳夭、散宜生、鬻子、辛甲大夫之徒皆往归之。"太颠、闳夭、散宜生、鬻子、辛甲大夫等，皆是文王治下的股肱之臣。据《尚书·君奭》，周公曰："君奭！在昔上帝割申劝宁王之德，其集大命于厥躬？惟文王尚克修和我有夏；亦惟有若虢叔，有若闳夭，有若散宜生，有若泰颠，有若南宫括。"在周公看来，文王之治主要依赖于虢叔、闳夭、散宜生、泰颠、南宫括等五位大臣。文王之尊贤而用贤，亦为武王和周公所继承。武王曰："予有乱臣十人，同心同德。虽有周亲，不如仁人。"(伪古文《泰誓中》)周公曰："我一沐三捉发，一饭三吐哺，起以待士，犹恐失天下之贤人。"(《史记·鲁周公世家》)总之，文王是圣智兼备的典型。文王因圣智而有德，因圣智而兴周邦，故《五行》曰："和则乐，乐则有德，有德则邦家兴。"武王、周公因文王之德、继文王之志而制礼作乐，故曰："圣智，礼乐之所由兴也。"[1]

---

[1] 据《中庸》，子曰："武王、周公，其达孝矣乎！夫孝者：善继人之志，善述人之事者也。春秋修其祖庙，陈其宗器，设其裳衣，荐其时食。宗庙之礼，所以序昭穆也；序爵，所以辨贵贱也；序事，所以辨贤也；旅酬下为上，所以逮贱也；燕毛，所以序齿也。践其位，行其礼，奏其乐，敬其所尊，爱其所亲，事死如事生，事亡如事存，孝之至也。郊社之礼，所以事上帝也；宗庙之礼，所以祀乎其先也。明乎郊社之礼，禘尝之义，治国其如示诸掌乎！"按，其"春秋修其祖庙"以下，敷言武王、周公制礼作乐之义，此正继志述事之达孝也，适与《五行》相证。

第四章　子思的五行论

如果说，《五行》始于圣智而成德的历程，取了文王为典范；那么，始于仁之思而成德的历程，则可说暗取了孔子为典范。前者为"文王之示"，后者为"孔子之示"。除了"中心之忧"、"仁之思也精"，源于孔子对"欲仁"、"好仁"及以之为基础的"志"的强调之外，孔子自身的为学经历，也完美印证了这一进路的各个阶段。子曰："吾十有五而志于学，三十而立，四十而不惑，五十而知天命，六十而耳顺，七十而从心所欲，不逾矩。"（《为政》）孔子十五岁便立志为学。这里的学是学道，以其实质言，是学为仁道。此即孔子的"中心之忧"或"仁之思也精"。三十而立，是立于礼。"四十而不惑"，是孔子对人道世界的智。"五十而知天命"，是孔子对天道的理解和天命的承当，是圣的开端。"六十而耳顺"，所谓"声入心通"，是圣的进一步发展。"七十而从心所欲，不逾矩"，体现了"圣之思也轻"的特质，达到了"不勉而中，不思而得"的自在境界，是圣的最终完成。至于义，既与礼相表里，又与智、圣相关，故三十而立、四十而不惑、五十而知天命的同时，也是义的完成。孔子之为德历程，始于仁，经由智，终于圣。可见，孔子实是《五行》第一条成德进路的实践典范。子思在创作这一部分时，或许已自觉、不自觉地以孔子为思想的原型。故孟子曰："孔子之谓集大成。集大成也者，金声而玉振之也。"《五行》以"金声玉振"总结第一条为德进路，孟子直谓孔子为此集大成者，其中不无暗合。

第十八章讨论从智开始的四行之和。与上章不同的是，作者在仁与礼之间插入了义。或者说，在智与义，知与行之间插入了以安为特质的仁。由此，构成了"知-仁-义-礼"的历程。简文云："仁义礼所由生也，四行之所和也。"学者往往据帛书说文断为："仁义，礼之所由生也。"或："仁，义礼所由生也。"陈来指出了此句的可疑之处。[1] 从义理来说，上章云"圣智，礼乐之所由生也"，不但以圣智为德之所由生，且以圣智为礼乐之所由生；那么，与之相对，此章当作"智，仁义礼之所由生也"，以智为人道修为之善的源泉。原文作"仁义礼所由生也"，我们认为，只是从前（即章首"见而知之，智也"一句）省略而已。[2] 其意义，还是以智为仁、义、礼的根据。意谓，从智开始可以达到四行之和而为善。值得注意的是，此章虽然说"四行"，但从前后文来说，作者并未指明或区分这一章的仁、义、礼、智与上一章的仁、义、礼、智有本质的不同。第十五、十六章所论的智，第十二、十三、十四章或第十九、二十、二十一章所论的仁、义、礼，同样适合于此。故此所谓"四行"，不只就具体行为而说，也是源于内心的认知、认可，才最终落实为具体行动。

简文第二十二、二十三章，进一步以简、匿关系为核心，论述了仁义之和，以作为"五行之和"或"四行之和"的一个补充。

不简不行。不匿，不辩于道。有大罪而大诛之，简也。有

---

[1] 陈来说："……从而，智自身便成为仁义礼的根源。但其最后一句不说'智，仁义礼所由生也'，却说'仁，义礼所由生也'，所以，这一章是有点奇怪的。而且，这一段不提'圣'，应该是讲'四行'的，但却不说'仁，义礼智所由生也'，结尾的结论中把'智'丢掉了，这也是不合理的。"（陈来：《竹简〈五行〉与子思思想研究》，《竹帛〈五行〉与简帛研究》，第133页）

[2] 此外，一作"礼乐之所由生也，五行之所和也"，一作"仁义礼所由生也"，前一句有"之"没"之"，似也考虑了字数的对应。

小罪而赦之，匿也。有大罪而弗大诛也，不行也。有小罪而弗赦也，不辩于道也。

简之为言，犹练也，大而晏者也。匿之为言也，犹匿匿也，小而轸者也。简，义之方也。匿，仁之方也。强，义之方也。柔，仁之方也。"不强不絿，不刚不柔"，此之谓也。(《五行》)

仁与义的关系，是七十子后学持续关注的重要问题。[1]如《性自命出》云："恶之而不可非者，达于义者也。非之而不可恶者，笃于仁者也。行之不过，知道者也。"不可非，是因为合理；不可恶，是因为合情。可见，仁与义已然确立为两个不同的价值原则，并以此为基础来解释情理不可兼得的情形。即便如此，两个价值原则之间的冲突，在《性自命出》看来，还是一个实践的问题。若能"知道"，自然可以达到两者之间的和谐。同样，在《五行》中，仁义具体化为刑狱的两个原则，其目的不是为了强调冲突之不可解，而是以此为例，说明仁义在实践中调和的可能性。

简、匿两个刑狱原则，前者是对大原则的把握，后者则是出于人情的宽宥。"简之为言，犹练也，大而晏者也。"练，魏启鹏读为谏。《广雅·释诂一》："谏，正也。"正有诛杀之义。[2]晏，帛书作罕，少也。"匿之为言也，犹匿匿也，小而轸者也。""匿匿"，第一个匿，隐匿。第二个匿，魏启鹏读为昵，《尔雅·释诂》："昵，近也。"《左传》襄公十五年"匿其昵"杜注："昵亲也。"[3]轸，多也。

---

[1] 参见王博《中国儒学史·先秦卷》第四章第五节"早期儒家的仁义说"。
[2] 魏启鹏：《简帛〈五行〉笺释》，第44-45页。
[3] 同上书，第45页。

大罪罕见，小罪繁多。简是犯了大罪而不得不诛杀的情况；匿是犯了小过而可以宽宥和赦免的情况。犯了大罪而施以严刑，才能令行禁止；只是小过则加以宽宥，才能尽人道之情。前者为正义的原则，故曰"义之方"；后者为仁爱的原则，故曰"仁之方"。能据小大之分，而行此二者，便是仁义之方在刑狱中达到了和谐。"不强不絿，不刚不柔"，出自《商颂·长发》。原诗作："不竞不絿，不刚不柔。"是对商汤之德的赞颂。简匿之道，便是刚柔相辅、宽猛相济之道，便是仁义之和的一种表现。故说文云："'此之谓'者，言仁义之和也。"

③ "君子集大成"及其他

此下，第二十四、二十五、二十六章以"君子集大成"总结第三部分的论述，并申论"进之"之道。

君子集大成。能进之，为君子。不能进也，各止于其里。大而晏者，能有取焉。小而轸者，能有取焉。胥儃儃达诸君子道，谓之贤。君子知而举之，谓之尊贤。知而事之，谓之尊贤者也。后，士之尊贤者也。(《五行》第二十四章)

君子集大成，按照帛书说文及《孟子》的说法，与"金声玉振"意义相同。但原文似还是就着仁义之和来讲的。

这里的"进之"，乃就"进德"而言。第二十六章则就"知"而言："目而知之，谓之进之。喻而知之，谓之进之。譬而知之，谓之进之。几而知之，天也。'上帝临汝，无贰尔心'，此之谓也。"据帛书说的解释，目而知之，有比照的意思。喻，晓谕。譬，比

第四章　子思的五行论

方。几,细微的征兆。《周易·系辞下》:"知几其神乎?"又云:"几者动之微,吉之先见者也。"《易传》的"知几",即《中庸》:"至诚之道,可以前知。国家将兴,必有祯祥;国家将亡,必有妖孽。见乎蓍龟,动乎四体。祸福将至:善,必先知之;不善,必先知之。故至诚如神。"简文引《大雅·大明》"上帝临女,无贰尔心",便是为了说明"几而知之"。无论是比照而知、晓谕而知、比方而知,还是察几而知,最终都是为了"知道",此之谓"进之"。只有进之,才能不止于所居之地(里,居也,止也)。

进之的工夫,必以心的主宰能力为前提。故第二十五章云:"耳目鼻口手足六者,心之役也。心曰唯,莫敢不唯。诺,莫敢不诺。进,莫敢不进。后,莫敢不后。深,莫敢不深。浅,莫敢不浅。和则同,同则善。"作者以六个"莫敢不",强调了心之于身的主宰意义。"和则同,同则善"一句,或以为衍文。其实,若说此章前半是确立心的主宰作用,是用心的工夫;那么,最后一句正是用心所达到的境界。用心,是为了达到身行与心行的一致(包含了四行之和),此之谓善。

"胥儃儃达诸君子道,谓之贤。""胥儃儃",或曰不费力貌(整理者),或曰显盛昭明貌(魏启鹏),或曰"非常通达"(廖名春)。顺着文义说,这里应体现出仁义之和的意思,故解作盛大或周全较为合适。如《中庸》曰:"万物并育而不相害,道并行而不相悖,小德川流,大德敦化,此天地之所以为大也。"天地之大,也是圣人之道之大。此下三句说"尊贤",君子有位,其尊贤表现为举贤人而用之;士人无位,其尊贤表现为知贤人而事之。前者是王公之尊贤,后者是士人之尊贤。此章尊贤之意,既与之前对"圣智"的理解内在相契，也与子思的一贯主张相通。

至于第二十七、二十八章，与第三部分的脉络不同，在全篇的结构上具有通论的意义。"天施诸其人，天也"，相当于是天生的圣人或天生之德，故帛书说文举文王为例。"其人施诸人，狎也。"狎，习也。李零曰："'狎'与'习'音义相近（'狎'是匣母叶部字，'习'是邪母缉部字，读音相近），古人常以二字互训。"[1]《礼记·曲礼上》"贤者狎而敬之"，郑注："狎，习也，近也，谓附而近之，习其所行也。"[2] 荀子说："学莫便乎近其人。礼乐法而不说，《诗》《书》故而不切，《春秋》约而不速。方其人之习君子之说，则尊以遍矣，周于世矣。故曰：学莫便乎近其人。"故所谓狎，是以人为中介，通过亲近他们、效法他们，以习于君子之道。《五行》的"其人"，应是特指圣人。"其人施诸人"，相当于圣人的施教。一是天纵之圣，一是后天修为，两者固然不同。但圣人之教，目的也是为了学者的成德、成善，《性自命出》所谓"教，所以生德于中者也"。故《五行》的本意，只是区分这两条不同的道路。正如《中庸》所说："或生而知之，或学而知之，或困而知之，及其知之一也。或安而行之，或利而行之，或勉强而行之，及其成功一也。"道路虽有不同，及其成功，则一也。

末章云："闻道而悦者，好仁者也。闻道而畏者，好义者也。闻道而恭者，好礼者也。闻道而乐者，好德者也。"如之前所说，

---

[1] 李零：《郭店楚简校读记》（增订本），第105页。
[2] 郑玄注、孔颖达疏：《礼记正义》，第8页。

"好仁"、"好义"、"好礼"、"好德"的提法，源于孔子。孔子以此判定和认取一个人的资性，作为学者成德之基础。篇末铺陈闻道之后的不同反应，据以区分学者内心的不同情实，这是孔子实践成德之学的真传。

4.2 《五行》章句[1]

孔子只言德行，而内外在焉。七十子后学以德摄行，必归诸心德而后已。子思子欲明先祖诸德相生相和为一之旨，乃唱五行之说。

五行者，谓仁义礼智圣也。以其结于中而行于心术，故谓之德之行，实皆心德也。五行之和，则乐而德。夫子"乐在其中"，颜子"不改其乐"是也。四行而不及圣，其和同则善。"德，天道也。"从心而无为，《中庸》所谓"不勉而中，不思而得，从容中道，圣人也"。"善，人道也。"人道不能无意，《中庸》所谓"择善而固执之者也"。德之行五，而仁智圣为要。始于仁，经由智圣可以和五行也；始于圣智，经由仁亦可以和五行也。故成德之途有二，及其成功一也。

本篇首立五行之说，以别德、善；继则分论成德二途；末言圣凡之别及学者资质之异。

1. 仁形于内谓之德之行，不形于内谓之行。

形，成也。仁成于中，谓之德之行。然则，仁之成必见于心术流

---

[1] 竹简原文以《楚地出土战国简册合集（一）：郭店楚墓竹书》为底本，以李零本为主要参校本。

行，故形字亦可兼流行义。见于内谓之德之行，见于外谓之行，内外之别也。或曰，德之行是由德而发，行是无德而为，非也。下皆放此。**义形于内谓之德之行，不形于内谓之行。礼形于内谓之德之行，不形于内谓之[行。智形]于内谓之德之行，不形于内谓之行。圣形于内谓之德之行，不形于内谓之德之行。**圣在内，必以德之行言，不与于行也，故与四者异。**德之行五和，谓之德。四行和，谓之善。**和，和合若一也。仁义礼智圣五行之和，谓之德。仁义礼智四行之和，谓之善。五、四，皆指德之行而言。**善，人道也。德，天道也。**人道也者，人之所由道也。必思而后得，勉而后中，不能无意也。天道也者，天行之常也。德成于己，弗为而美，发必时中，无与于其间也。○《中庸》曰："诚者，天之道也。诚之者，人之道也。诚者，不勉而中，不思而得，从容中道，圣人也。诚之者，择善而固执之者也。"善有为，而德无为也。

上第一章。总论德之行，及德、善之分，为此篇纲领。

2. 君子无中心之忧，中，内也。中心之忧，谓内心道德之深忧也。○子曰："君子忧道不忧贫。"又曰："德之不修，学之不讲，闻义不能徙，不善不能改，是吾忧也。"**则无中心之智，无中心之智，则无中心[之悦]，无中心[之悦则不]安，不安则不乐，不乐则无德。**帛书此下有"君子无中心之忧，则无中心之圣，无中心之圣，则无中心之悦，无中心之悦则不安，不安则不乐，不乐则无德"。然则，"无中心之圣，则无中心之悦"，于义不合，当为后人所增。**五行皆形于内而时行之，谓之君[子]。**形，成也。心德必见于心术之流行。流行不已，德乃成也。时行，谓行必时中也。夫然后谓之君子。○《中庸》曰："溥博渊泉，而时出之。"**士有志于君子道，谓之志士。**志者，心之所之也。所志者不至，则有中心之忧。志正言，忧反之。**善弗为无近，德弗志不成，智弗思不得。**为，谓尽心力而为之，善必为而可近。德有非人力可致者，故可志而不可期。智原于思，思而后得也。志，原作之。之，往也、行也。或曰，德不往之之则不能成。亦通。

上第二章。本章下至第十章，言始于仁思，经智圣而成德之途也。中心之忧、中心之志，皆出于中心之仁。"不×不×"之句，言前为后之不可阙，非谓仁而智，后便是德也。不及义、礼者，五行之和以仁智为本，举要言之也。不及圣者，此兼善与德而言也。故末句云"善弗为无近，德弗志不成"，应之。或曰，本章言智，实兼圣、智，非也。据下第四章，圣或在安、乐之际。又"智弗思不得"启下。

3. 思不精不察，精，原作清，通精，下皆放此。精，精诚、纯一也。思不精诚，则不能体察贤人之德与君子之道。此言仁。**思不长不形。**形，犹得也。得物之条理，孟子所谓始条理、终条理者是也。此言智。帛书作"思不长不得，思不轻不形"，欲兼含智、圣而言。顺此，则"不形不安"，言必圣而后乃安，于义不通，善亦可言安也。故知帛书之非。**不形不安，不安不乐，不乐无德。**思若无得，则不能安；不能安，则不能乐；不能乐，则德不成。乐，如孔颜之乐。

上第三章。本章接上章之意，而以思言之。

4. 不仁，思不能精。不智，思不能长。心不仁，则思不能精诚。心不智，则思不能周长。**不仁不智，**不仁又且不智。**"未见君子"，忧心不能惙惙；"既见君**

子"，心不能悦。"亦既见之，亦既觏之，我心则[悦]。"此之谓[也]。引《召南·草虫》之诗，而反用其义。不仁，则未见君子，不有惙惙之忧；不智，则既见君子，不有中心之悦。唯仁且智，乃能忧、悦也。[不]仁，思不能精。不圣，思不能轻。轻，快也、易也。不仁不圣，不仁又且不圣。"未见君子"，忧心不能忡忡；"既见君子"，心不能降。忡忡，犹冲冲也。不仁，则未见君子，不有忡忡之忧；不圣，则既见君子，不能降其心意。唯仁且圣，乃能如此也。

上第四章。本章引《诗》，分言不仁不智与不仁不圣之状。先言不仁不智则不忧不悦，义与第二章首句相应。复言不仁不圣则不忧不降，又进一层。降是心降，心降则安乐。故此义或在安、乐之际。此下三章，言仁之形、智之形、圣之形，三者相次焉。盖以仁为始、圣为终，至于圣而成德矣。

5. **仁之思也精**，仁之思，谓仁之行于心术者。**精则察，察则安，安则温，温则悦，悦则戚，戚则亲，亲则爱，爱则玉色，玉色则形，形则仁。**精诚纯一，则可体察贤人之德与君子之道。体察德道，则能安。安，谓安于仁道。温，颜色容貌和顺之貌。和顺则与人交而悦，迁于兄弟而戚，戚而相信则亲，亲而厚之则爱。然后见于身，乃有玉色。玉色，仁者润腴之色也。形，成也。至于玉色，则仁德成矣，以其见者占其隐者也。〇《中庸》曰："富润屋，德润身。"孟子曰："其生色也，睟然见于面，盎于背，施于四体，四体不言而喻。"

上第五章。言仁之思也，至于玉色而仁成。

6. 智之思也长，智之思，谓智之行于心术者。**长则得，得则不忘，不忘则明，明则见贤人，见贤人则玉色，玉色则形，形则智。**智思深长，则得物之条理，《大学》"虑而后能得"是也。既得之，则识而不忘，《系辞》"知以藏往"是也。不忘，则明见而洞察，能于众中识别贤人，且知其内在之德也。玉色，心悦诚服之色也。至于玉色，则智德成矣。

上第六章。言智之思也，至于玉色而智成。

7. 圣之思也轻，圣之思，谓圣之行于心术者。圣者，智之极。轻，快也、易也。言神思悠然、倏忽而至，犹"不思而得"也。轻非不长，以其流行之易，不假用力，若无为而然者也。○《荀子·不苟》："操而得之则轻，轻则独行，独行而不舍，则济矣。"言操之熟乃轻耳。**轻则形，形则不忘，不忘则聪，聪则闻君子道，闻君子道则玉音，玉音则形，形则圣。**聪者，圣之藏于耳也。闻君子道，谓能于众中辨识之也。更知其所以为君子道，知其为天之道，则玉音。玉音，犹德音，有德者之言也。至于玉音，则圣德成矣。

上第七章。言圣之思也，至于玉音而圣成。

8. **"淑人君子，其仪一也。"能为一，然后能为君子，[君子]慎其独也。**诗出《曹风·鸤鸠》。原作："淑人君子，其仪一兮。其仪一兮，心如结兮。""其仪一兮"，言威仪之有常；"心如结兮"，言心德之强固，外内应也。一者，和合若一，谓五行之和也。言五行和于中而心德结于内，乃为君子。"慎其独"者，言慎治其心也。慎，犹诚也。独之为言，心也。独知、独见、不与人共，专其意而五体不能尚，故谓之独。**"[瞻望弗及，]泣涕如雨。"能"差池其羽"，然后能**

至哀，君子慎其[独也]。诗出《邶风·燕燕》，卫庄姜送归妾而作，郑曰："庄姜无子，陈女戴妫生子名完，庄姜以为己子。庄公薨，完立，而州吁杀之。戴妫于是大归，庄姜远送之于野，作诗见己志。"原作："燕燕于飞，差池其羽。之子于归，远送于野。瞻望弗及，泣涕如雨。""差池其羽"，毛羽凌乱之状，言戴妫之无心于丧服也。必得如是，而后见其为至哀也。言至哀者深在于内，不与人共。君子知此，当慎治其至内之心也。

上第八章。言"为一"之旨与"慎独"之义。孔子谕以慎言、慎行，言行固所当慎也。心则言行之主，明德所存，尤当慎治，故诸儒屡称慎独也。

9. **[君]子之为善也，有与始，有与终也**。君子之为善，必"择善而固执之"，不能无意也，故谓之"有与"。**君子之为德也，[有与]始，无[与]终也**。君子之为德，始于为善而终于无为，故曰"无与终"。○帛书《说》云："'无与终者'，言舍其体而独其心也。"舍其体，谓小体不困于心。独其心，谓独任心德流行，"弗为而美者也"。子曰："七十而从心所欲，不逾矩。"从心则无为，此之谓也。**金声而玉振之，**

有德者也。

上第九章。言为善与为德之别，以"金声玉振"喻之。

10. **金声，善也。玉音，圣也。**善者，四行之和。进于圣，则五行之和也。圣成则德完矣。**善，人道也。德，天[道也。唯]有德者，然后能金声而玉振之。**古之乐，始于金声而终于玉振。言唯有德者，始乎为善，终于成德，终始完俱也。孟子"金声玉振"之说，始于智而终于圣，以终始之条理为言，与此稍异。

上第十章。释上章"金声玉振"之说，结第二章以下之义。

11. **不聪不明、不圣不智，**言不聪明，则不圣智也。聪与圣对，明与智对。或于"不聪不明"下补"不明不圣"，于义非也。**不智不仁，**据下文"见而知之，智也；知而安之，仁也"，仁生于智也。**不仁不安，不安不乐，不乐无德。**

上第十一章。此章至第二十六章，言始于聪明圣智，经仁而成德之途也。此章为总论。详后第十五至十八章。

12. 不变不悦，不悦不戚，不戚不亲，不亲不爱，不爱不仁。

上第十二章。言仁之形，详第十九章。以其始于智，故与第五章别。

13. 不直不肆，不肆不果，不果不简，不简不行，不行不义。

上第十三章。言义之形，详第二十章。

14. 不远不敬，不敬不严，不严不尊，不尊不恭，不恭无礼。

上第十四章。言礼之形，详第二十一章。

15. 未尝闻君子道，谓之不聪。闻君子道，非听闻之而已，能于众中辨识之也。聪者，聪辨也。未尝见贤人，谓之不明。见贤人，非目见之而已，能于众中辨识之也。闻君子道而不知其君子道也，谓之不圣。知君子道之为君子道之故，知其为天之道也，谓之圣。圣者，聪之体。聪者，圣之用，圣之藏于耳者也。见贤人而不知其有德也，谓之

不智。知贤人之所以为贤人之故，即知其有德也，谓之智。智者，明之体。明者，智之用，智之在于目者也。

上第十五章。释不聪不明不圣不智之义。

16. 见而知之，智也。闻而知之，圣也。明明，智也。赫赫，圣也。"明明在下，赫赫在上"，此之谓也。诗出《大雅·大明》，言文王之明德与显命也。此处引之，以言智、圣之象。帛书《说》云："圣始天，智始人。圣为崇，智为广。"

上第十六章。再释圣、智。

17. 闻君子道，聪也。闻而知之，圣也。闻而有辨，聪也。辨而有知，圣也。**圣人知天道也。**唯圣人能知天道也。"知天道也"者，非谓知星辰日月之行也。约有二义：若文王之知天命，一也；闻君子道而知其为君子道，知其为天之道，二也。后者若《中庸》所言者是也。**知而行之，义也。**知天命、天道而行之，义也。**行之而时，德也。**行必时中，唯有德者能之。**见而知之，智也。知而安之，仁也。**安而敬之，礼也。见贤人而知其有德，智也。知之明则心下而安，仁也。安之而又敬之，礼也。**圣智，礼乐之所由生也，五［行之所和］也。和则乐，乐则有德，有德则邦家兴。文王之示也如此。"文［王在上，於昭］于天"，此之谓也。**诗出《大雅·文王》。此言文王之示也。文王之圣，则受天大命，在帝左右；文王之智，则敬用贤人，敷行教化。文王由圣智而成德，以兴周邦。及武王、周公继述其文，制礼作乐而周文成，故曰"圣智，礼乐之所由生也"。○见于《中庸》，子曰："无忧者其惟文王乎！以王季为父，以武王为子，父作之，子述之。"又曰："武王、周公，其达孝矣乎！夫孝者：善继人之志，善述人之事者也。春秋修其祖庙，陈其宗器，设其裳衣，荐其时食。宗庙之礼，所以序昭穆也；序爵，所以辨贵贱也；序事，所以辨贤也；旅酬下为上，所以逮贱也；燕毛，所以序齿也。践其位，行其礼，奏其乐，敬其所尊，爱其所亲，事死如事生，事亡如事存，孝之至也。郊社之礼，所以事上帝也；宗庙之礼，所以祀乎其先也。明乎郊社之礼、禘尝之义，治国其如示诸掌乎！"此之谓也。

上第十七章。言始以圣智而至于五行之和、礼乐之生也，是文王所示者。

18. 见而知之，智也。知而安之，仁也。安而行之，义也。行而敬之，礼也。 前之字，谓贤人。后三之字，谓贤人之德与道也。故可安之、行之、敬之。**仁义礼所由生也，四行之所和也。** 先之以智，则仁义礼从而生，四行从而和也。智字从前而省。**和则同，同则善。** 和同若一，一则善也。

上第十八章。言始以智而至于四行之和也。以上四章，皆明第十一章之旨。

19. 颜色容貌温，变也。 温者，知之而后改于颜色也。○帛书《说》云："变也者，勉勉也，逊逊也，能行变者也。"勉勉，劝乐之貌。逊逊，温恭之貌。**以其中心与人交，悦也。中心悦旃，迁于兄弟，戚也。** 旃，语助，犹之也。迁，犹及也。《大雅·思齐》"至于兄弟"，同之。**戚而信之，亲[也]。** 信之者，诚以兄弟为手足也。**亲而笃之，爱也。** 笃，厚也。**爱父，其继爱人，仁也。** 继，次也。爱父最隆。爱杀推于人，则仁也。

上第十九章。释第十二章。

20. 中心辩然而正行之，直也。 辩然，分明貌。正行，正义而行。**直而遂之，肆也。** 遂，成也。**肆而不畏强御，果也。** 强御，谓强暴也。**不以小道害大道，简也。** 简者，大而不烦之谓。**有大罪而大诛之，行也。** 罪大不赦，乃能令行禁止。**贵贵其等尊贤，义也。** 等，犹同也。言贵贵与尊贤，皆为义之大者。

上第二十章。释第十三章。

21. 以其外心与人交，远也。 人我有间，故外之。远，疏也。**远而庄之，敬也。** 持之以庄重，则敬也。**敬而不懈，严也。** 谓在己严肃也。**严而畏之，尊也。** 人畏忌之，则己尊也。**尊而不骄，恭也。** 己尊而不骄慢，则恭也。**恭而博交，礼也。** 博交，谓所交接者广也。

上第二十一章。释第十四章。

22. 不简不行。不匿，不辩于道。匿，隐也。辩，犹明也。道者，君子所行道也，此尤指仁道。刑狱之事，曰简与匿。不简则义不能行，不匿则仁道不明。**有大罪而大诛之，简也。有小罪而赦之，匿也。有大罪而弗大诛也，不[行]也。有小罪而弗赦也，不辩于道也。**罪有大小而简匿各适其用，则仁义兼得。直躬之类，可谓简而不辩于道矣。

上第二十二章。

23. 简之为言，犹练也，大而晏者也。练读为谏。谏，正也，诛杀之谓。晏，帛书作罕。大罪为罕见也。**匿之为言也，犹匿匿也，小而轸者也。**前匿，隐也。后匿，读昵，近也。《左传》襄公二十五年"匿其昵"杜预注"匿亲也"。轸，多也。小罪为繁多也。**简，义之方也。匿，仁之方也。**方，犹术也。**强，义之方也。柔，仁之方也。"不强不絿，不刚不柔"，此之谓也。**诗出《商颂·长发》，原作"不竞不絿，不刚不柔"，言汤之德也。

上第二十三章。以上两章借言刑狱简匿之道，申论仁义之和也。

24. 君子集大成。《箫韶》九成，为大成。集大成，喻君子所造之大也。**能进之，为君子。不能进也，各止于其里。**进，谓进德。里，所居止，此言资禀之所有也。**大而晏者，能有取焉。小而轸者，能有取焉。**承上章，言简匿皆取然后仁义两全也。○《中庸》曰："万物并育而不相害，道并行而不相悖，小德川流，大德敦化，此天地之所以为大也。"**胥儳儳达诸君子道，谓之贤。**胥儳儳，盛大显明貌。**君子知而举之，谓之尊贤。知而事之，谓之尊贤者也。后，士之尊贤者也。**知之而举用之，是王公之尊贤也。知之而师事之，是士人之尊贤也。帛书多"前，王公之尊贤者也"，当为衍文。

上第二十四章。言君子当进德修业以达诸君子道，尤当师事贤者。以下两章述"进之"之旨。

25. 耳目鼻口手足六者，心之役也。心曰唯，莫敢不唯。诺，莫敢不诺。唯恭于诺。**进，莫敢不进。后，莫敢不后。深，莫敢不深。浅，莫敢不浅。**唯深诺浅之类也。**和则同，同则善。**

第四章 子思的五行论

上第二十五章。心役六体，可以为善。有与也，故未及德。

26. **目而知之，谓之进之。喻而知之，谓之进之。譬而知之，谓之进之。几而知之，天也。"上帝临汝，无贰尔心"，此之谓也。** 目，比较。喻，晓谕。譬，比方。几，微也。"上天之载，无声无臭"，必几而后可知也。《系辞》云："知几其神乎？"诗出《大雅·大明》。举牧誓之言，言武王之知几也。

上第二十六章。致其知而后可以进乎德也。

27. **天施诸其人，天也。** 言天生圣人以德，不假人为。**其人施诸人，狎也。** 言圣人设教于人也。狎，习也。○孟子曰："尧舜，性之也；汤武，身之也。"又曰："尧舜，性者也；汤武，反之也。"义同。

上第二十七章。或生而德，或习而德，及其有德则一也。

28. **闻道而悦者，好仁者也。** 若闻道而悦，则是中心好仁者也。下同。**闻道而畏者，好义者也。闻道而**

恭者，好礼者也。闻道而乐者，好德者也。

上第二十八章。好恶者，人之性也。学者有中心之好，乃为德之始也。成德之途，亦由是分。好仁，以仁始；好义礼，以智始；好德，共也。故末二章言人资质之异，结全文。

2016年1月26日初稿于海淀路寓所
2017年10月30日再改于海淀路十方寓
2021年3月28日再改于新江湾尚景园

第五章　子思的诚论

5.1 《中庸》文本结构的问题

《中庸》为子思所作（《史记·孔子世家》）。它原为《子思子》中的一篇，汉代编入《礼记》。梁武帝时代开始单独流行，隋唐以后逐步受到关注，有宋一代则备受重视，直到朱熹列入"四书"，完成了由传到经的升格。宋明学术以"四书"为根底，其性理学的思想形态，尤取于《中庸》、《易传》。

宋儒对《中庸》的关注，最重要的是两点。一是首句"天命之谓性，率性之谓道，修道之谓教"。这句话关联了天命与人性，是理学家创构天道性命之学的经典依据。二是首章关于"已发"、"未发"和"中和"问题的讨论。这一问题始于二程，经由所谓"道南指诀"影响了朱子，并成为朱子心性结构论的基础。

① 文本结构的质疑

历史上，有学者对《中庸》的作者与时代，提出了诸多质疑。[1]最著名的，如第二十八章（章节号据朱熹，下同）"今天下车同轨，

---

[1] 参见杨少涵：《中庸原论——儒家情感形上学之创发与潜变》之《附论：〈中庸〉早出的疑点与论断》，第378-408页。

书同文，行同伦"一句，南宋王十朋最先质疑非孔子（子思）之时；俞樾认定，此说与秦始皇二十八年《琅琊刻石》相合，故《中庸》当作于彼时。又如，清人叶酉针对第二十六章"载华岳而不重"的"华岳"，提出古人必就眼前事就近称引，华山远在秦地、近长安，作者当为秦汉士人而不会是远在鲁国的子思。又如，篇中两次提到孔子的字"仲尼"，根据避讳的传统，王十朋认为作者不会是孔子嫡孙子思。这些质疑乍听之下言之凿凿，细究起来并非不能解释，为后人一一化解，至少不再成为否定子思作《中庸》的铁证。

作为一个思想文本，《中庸》面临的最严峻的挑战，来自对文本整体性的质疑。有人提出，《中庸》可分为两个文本；或者说，《中庸》是两个独立文本相结合的产物。这一观念，在历史上影响不大，却在现代学界引起了共鸣。最早提出这一问题的是南宋的王柏。

> 《中庸》者，子思子所著之书，所以开大原、立大本而承圣绪也。义理精微而实难于窥测，规模宏远而实难于会通，众说淆杂而实难于折中。此子朱子以任其责，而后学亦已春融而冰释矣。惟愚滞之见，常觉其文势时有断续，语脉时有交互，思而不敢言也，疑而不敢问也。一日偶见《西汉·艺文志》有曰"《中庸说》二篇"，颜师古注曰"今《礼记》有《中庸》一篇"，而不言亡其一也，惕然有感，然后知班固时尚见其初为二也，合而乱之，其出于小戴氏之手乎？彼不知古人著书未尝自名其篇目，凡题辞皆后人之所分识，徒见两篇之词义不同，遂从而参伍错综成就其总题已。[1]

---

[1] 王柏《鲁斋集》卷十三《古中庸跋》，转引自杨少涵《中庸原论》，第388-389页。

王柏将《中庸》分为两个部分：二十章以前为"中庸"，二十一章以后为"诚明"。他认为，全篇虽以"中庸"为题，核心却在"诚明"。王柏的疑虑，产生于平日的阅读感受（文势和语脉）；立此新说，则是因为见了《汉书·艺文志》"《中庸说》二篇"的颜师古注。颜注曰："今《礼记》有《中庸》一篇，亦非本《礼经》，盖此之流。"徐复观说："颜氏之意，盖以《礼记》中之《中庸》一篇，亦系礼之支裔，而'非本《礼经》'，其性质与此处之《中庸说》二篇相同，故曰'盖此之流'。"[1] 因此，王柏据颜注而认为颜氏以此二者为一。然实是误解。颜注之于王柏说，是个人的机缘而非文献的证据。其实，"某"与"某说"（或某传）不同，后者作为一种特定的文体，应是对前者的诠释性著作。从出土文献看，两者之间的区分更为明显。马王堆帛书《五行》包含经部与说部，后者即是对前者的诠释性著作。学者认为，经部为子思所作，说部为孟子所作。准此，《中庸》与《中庸说》，可能也是这种关系。[2]

王柏之说虽然源于误会，但他揭示的"文势时有断续，语脉时有交互"的问题，却启发了后人。冯友兰在《中国哲学史》中，顺着王柏的"提示"，进一步指出：

> 细观《中庸》所说义理，首段自"天命之谓性"至"天地

---

[1] 徐复观：《中国人性论史》，第65页。徐氏虽然否定了王柏的证据，却同意了王柏的主张，并为此找到了两条新的证据：一是据钱大昕《廿二史考异》之说，推论《中庸说》二篇为《礼记·中庸》的单行本；二是据王应麟《汉书艺文志考证》认定王氏"固以三者为一书"。

[2] 王鸣盛《蛾术编·说录》已指出："《汉志》'《中庸说》二篇'，与上记百三十一篇各为一条，则今之《中庸》，乃百三十一篇之一，而《中庸说》二篇，其解诂也。不知何人所作。"（转引自徐复观：《中国人性论史》，第65页）

位焉，万物育焉"，末段自"在下位不获乎上"，至"无声无臭至矣"，多言人与宇宙之关系，似就孟子哲学中之神秘主义之倾向，加以发挥。其文体亦大概为论著体裁。中段自"仲尼曰，君子中庸"，至"道前定则不穷"，多言人事，似就孔子之学说，加以发挥。其文体亦大概为记言体裁。由此异点推测，则此中段似为子思原来所作之《中庸》，即《汉书·艺文志》儒家中之《子思》二十三篇之类（此亦不过就其大概言之，其实中段中似亦未尝无后人附加之部分，不过有大部分似为子思原来所作之《中庸》耳）。首末二段，乃后来儒者所加，即《汉书·艺文志》"凡礼十三家"中之《中庸说》二篇之类也。[1]

冯友兰对两部分的划分更为细致，首章与第二十章下半至篇末为一部分，第二至二十章前半为一部分。之所以如此划分，是基于思想和文体两方面的理由。从思想上，冯认为，前者以论述人与宇宙之关系为主，推测是对孟子的发挥；后者多言人事，推测是对孔子的发挥。从文体上看，前者以作者议论为主，是论著体裁；后者以引用孔子之言为主，是记言体裁。

既有思想的证据，又有文体的证据，似乎可以成为定论了。故此下学者，多循此二途，尤其是后者，改进、夯实这一观念。如蒋伯潜云："陈氏（引者注，指陈澧）所分三种记言体之区别，[2] 全在繁简质文之间也。持此以衡《中庸》，则全篇文体并不一致。自

---

[1] 冯友兰：《中国哲学史》，上海：商务印书馆，1947，第447-448页。
[2] 陈澧分记言体为闻而记之、传闻而记之、传闻而敷演润色之三种情况。

第五章 子思的诚论

《中庸章句》之第二章至第十一章，尚与《论语》相似，属于第一种记言体；自第十二章至第十九章，则与《坊记》、《表记》、《缁衣》等相似，属于第二种记言体；第二十章之'哀公问政……'，与《哀公问》、《仲尼燕居》、《孔子闲居》、《儒行》等相似，属于第三种记言体。其第一章及第二十一章以后，则已非记言体而为议论体矣。故以文体衡之，《中庸》殆非一人所撰，且各段成书之先后，至不一律也。"[1] 如此，则不仅是记言体与议论体的区别了，同为记言体的部分，亦不免有各个时代的文体特征。若果能据此断定其成书，则不仅仅是区分为两篇的问题了，而应视为一个群体历时长久的创作结果。但反过来说，既然在子思的时代，三种"子曰"的文体同时存在，那么《中庸》包含此三种不同的记言体，也只能证明子思在创作《中庸》时所征引的文献范围具有文体的差别，却不能直接证明《中庸》是不同时期诸篇的杂糅。因此，这一细致的划分，对于论证《中庸》之成书，并无直接的意义。

竹帛文献的出土，在一定程度上为这一探讨提供了背景。梁涛认为，已知的子思文献《缁衣》、《表记》、《坊记》与《五行》从文体上可以分为两类。前三篇"在形式上主要记述孔子的言论，每章皆冠以'子曰'或'子言之'，体例类似《论语》，每篇除了一个基本主题外，涉及内容往往较为广泛，属于杂记的性质"；《五行》则主要阐发论证作者自己的思想和见解，是一篇独立的哲学论文"。[2] 根据文体与内容的差异，他推论说："由此推想，子思的思

---

[1] 蒋伯潜：《诸子通考》，第338-340页。
[2] 梁涛：《郭店竹简与思孟学派》，第267页。

想可能经历了两个阶段：前一个阶段，他主要祖述孔子的言论，同时加以发挥"；"而后一个阶段，他则系统提出自己的观点，与以前相比，具有较高的理论思辨色彩，这一时期可以看作他的成熟时期"。[1] 梁涛将文体与内容的差异，归结为子思思想发展过程中的阶段性特征。这一推论，虽没有实证的证据，却未尝不是同情之了解。但梁涛得出这一推论，还是为了进一步离析《中庸》的文本。他说，《中庸》上半与《缁衣》等相似，下半与《五行》相似，两部分存在着文体的差异。故今本《中庸》确为《中庸》与《诚明》两篇的结合。但事实上，即便可以肯定《中庸》前后内容确实存在着文体上的差异，我们也难以据此作出直接的推论。因为在一个多种文体并行的年代，在一个文体转换的年代，不同文体出现在一篇文献之内，并非不可理解。换个角度看，《中庸》对文体的熟练运用，在两种文体之间的自由转换，恰恰可以视为子思思想成熟乃至集大成的表现。这一点，我们将在后面讨论。

总之，《中庸》文体的复杂性是一个事实，但文体的复杂性是一个有待解释的现象，并不直接代表《中庸》一定是两个独立文本的结合。

对《中庸》来说，更有意义的是从思想出发的质疑或论证。事实上，无论是王柏、冯友兰、钱穆、徐复观、武内义雄，还是梁涛、郭沂，他们之所以主张《中庸》分为两个部分，绝不仅仅是依据文体的差异，更是基于思想的分析和判断。而《中庸》思想的理解，则是一个更为困难的问题。如冯友兰认为，一部分是对孔子

---

[1] 梁涛：《郭店竹简与思孟学派》，第 268 页。

的发挥，一部分发挥了孟子的神秘主义；钱穆认为，《中庸》深受道家思想的影响，是汇通孔孟老庄以别辟新境之作；[1] 徐复观则强调《中庸》对《论语》的继承关系，及其在儒学发展史上的地位。[2] 关于《中庸》的思想性质，已有如此不同的观点。以钱穆与徐复观的争论为例，《中庸》的思想定位，基于对《中庸》文本的成书年代的不同认定：钱穆的说法，以认定《中庸》为秦汉晚出之书为前提；徐复观的说法，以认定《中庸》两部分皆早于《孟子》为前提。如此一来，原先我们试图用以建立年代坐标的思想分析，反而又成了《中庸》年代认定的一个结果。当然，这不是说从思想来判定文本的方法不可行。之所以失效，是因为对文本思想了解之不足；对文本思想了解之不足，又源于对文本的思想背景或先秦思想世界之理解与重构之不足。

因此，无论是回应对《中庸》作者及其年代的质疑，还是回应对《中庸》文本结构的质疑，或是解决《中庸》的思想定位的问题，都归根于《中庸》思想的内部重建。一旦《中庸》文本的内在逻辑及其思想内在的一贯性得到了呈现，对《中庸》文本的质疑便没有了意义；一旦《中庸》思想可以顺理成章地理解为子思思想发展的一个阶段或一个结果，对《中庸》作者的质疑也便不攻自破了。

②《中庸》文本的义理结构

《中庸》虽然使用了"中庸"、"中和"、"诚明"等重要概念，但就实质而言，《中庸》是围绕着两个具有结构性意义的观念展开

---

1 钱穆：《中庸新义申释》，《中国学术思想史论丛》（二），第68-69页。
2 徐复观：《〈中庸〉的地位问题——谨就正于钱宾四先生》，《中国思想史论集》，第55-69页。

的：一个是道，一个是德。德与道的突出地位，只要看一下首章便能明白。"率性之谓道"，说道；"修道之谓教"，说教，但《性自命出》所谓"教，所以成德于中者也"，最终还是说德。"道也者，不可须臾离也，可离非道也"，说道；"是故君子戒慎乎其所不睹，恐惧乎其所不闻，莫见乎隐，莫显乎微，故君子慎其独也"，慎其独即慎其心，所谓不睹、不闻、隐微之物，皆指心而言，慎其心的目的是内心的成德。"喜怒哀乐之未发，谓之中"，"中也者，天下之大本也"，说德；"发而皆中节，谓之和"，"和也者，天下之达道也"，说道。末句"致中和，天地位焉，万物育焉"，兼德道而极言其功。《中庸》首章向称难解。但若看出句句不离"道-德"的对举，则所谓"动刀甚微，謋然已解"（《庄子·养生主》），不烦用力。

此下第二至十五章为一个段落，论君子之道、中庸之道。其中，第二至十一章集中论述"中庸"。第二章"君子之中庸也，君子而时中"，所谓"时中"即"发而皆中节"之道也。《论语·雍也》"中庸之为德也"，乃是"即行言德"。"中庸"的实质，还是道。故第三章只说"中庸其至矣乎"，继而第四章"道之不行也"、"道之不明也"，第五章"道其不行矣夫"，皆明"中庸"是道。以下第六至十章，言修道之要。诚如朱子所说："盖此篇大旨，以知仁勇三达德为入道之门。故于篇首，即以大舜、颜渊、子路之事明之。舜，知也；颜渊，仁也；子路，勇也。三者废其一，则无以造道而成德矣。"[1] 不过，严格来说，《中庸》引三人不是为了说"三达

---

[1] 朱熹：《四书章句集注》，第22页。

德"，而是为了接着三、四、五章所说"道之不行"，讨论行道所需的品质。第十三章"君子依乎中庸，遁世不见知而不悔"，同于孔子"人不知而不愠"的教诲，也是行道所需的品质之一。第十二章首句"君子之道费而隐"，第十三章首句"道不远人"，第十四章首句"君子素其位而行"，第十五章"君子之道，辟如行远必自迩，辟如登高必自卑"，都是直接论述君子之道。第十二、十三章是就道之内容而言。所谓"君子之道费而隐"，道之内容，从夫妇至于父子、君臣、兄弟、朋友，即第二十章所谓"五达道"；行后四者，又有"以人治人"的"忠恕之道"。第十四章是说，行道之要在于反求修身。第十五章说行道之序。

此下第十六至十九章，极言"德之显"，呼应首章"莫见乎隐，莫显乎微"之义。第十六章首句"鬼神之为德"是鬼神之德，"其盛矣乎"至末句"微之显"是鬼神之德之显。第十七章"舜其大孝也与"、"德为圣人"是舜之德，"尊为天子，富有四海之内"以下是舜之德之显。第十八、十九章言文武周公之德，及其德之显。文王之德，武王之受命，周公之制礼作乐，乃有周文之盛。这既是文王之德之显，也是武王、周公继志述事之达孝，亦即武王、周公之德之显。圣王之德之显以斯为极。

第二十章言为政之道。此章很长，可分为四个层次：第一层从章首至"亲亲之杀，尊贤之等，礼所生也"，总论为政之要在于得人，取人之则在于修身。"在下位不获乎上"一句，郑玄以为衍文。第二层从"故君子不可以不修身"至"则知所以治天下国家矣"，言五达道、三达德，以为修身的途径和要领。第三层从"凡为天下国家有九经"至"道前定则不穷"，言治天下的大经大法，即第三十二章所谓"经纶天下之大经"。第四层从"在下位不获乎上"至章末,言士人(在下位者)修身获上之道。这一层又可细分为三个小部分。从"在下位不获乎上"至"不明乎善,不诚乎身矣",言士人获上之道,始于明善诚身;从"诚者,天之道也"至"诚之者,择善而固执之者也",区分天道、人道,圣人、学者的境界与途径;从"博学之"至章末,顺着"择善固执"言学者为学之道。第二十章的四个层次前后相承、环环相扣,将在上位者的修身、治天下,在下位者的修身、获上,最终都归结为一个"诚"字,顺带对"诚者"与"诚之者"作了必要的区分。由此,引出了《中庸》下半部分的思想。

《中庸》的"诚"字,通天人而言,通圣人与学者而言,通工夫与境界而言,亦通德与道而言。故《中庸》此下只论诚,不再着意区别德、道,而德、道在焉。

第二十一至二十六章专论诚。第二十一章说诚明关系,即实现诚的两种途径。第二十二章说至诚可以尽性,赞天地之化育,与天地参,与首章"致中和,天地位焉,万物育焉"呼应。第二十三章说"致曲"之道,可达至诚变化的境界。第二十四章说"至诚之道,可以前知",与第二十章"凡事豫则立,不豫则废"相应。第二十五章说诚包含成己之仁、成人之知,是合内外之道。第二十六章说天道之为天道的本质在于至诚无息,所谓"天地之道,可一言而尽也,其为物不贰,则其生物不测",《周颂·维天之命》所谓"维天之命,於穆不已";而文王之所以为文,亦在于纯亦不已,所谓"於乎不显,文王之德之纯"。此章从天道之本质,讲到文王之德,具有承上启下的作用。

第五章　子思的诚论

此下第二十七至三十二章，言圣人之道。其中，第二十七、二十八、二十九章承上章"文王之德"言文王之道、周文之道。据《五行》第十七章所论，周文之所以文，源于文王之圣智，亦即上章所谓文王之德之纯。故顺承上章末句，第二十七章起首云"大哉圣人之道！洋洋乎！发育万物，峻极于天"，此即文王之道。又云"优优大哉！礼仪三百，威仪三千"，指周代的礼乐文章，即孔子所谓"郁郁乎文哉"之文。"苟不至德，至道不凝焉"，这又是德与道的对举。顺此，乃有"尊德性而道问学，致广大而尽精微，极高明而道中庸。温故而知新，敦厚以崇礼"的君子之学。第二十八章驳斥今人想要制礼作乐的狂妄，指出制礼作乐必须德位兼备乃可，再申孔子"从周"之意。第二十九章再论德位兼备者王天下之"三重"，即议礼、制度、考文。第三十至三十二章，言孔子之道。第三十章"仲尼祖述尧舜，宪章文武"说孔子之学的宗趣。《中庸》言圣王事，必以舜，文、武、周公为例，便是此意。"上律天时，下袭水土"，说孔子法天之道。此下便以天地之大喻孔子之大。第三十一章是说孔子之德，所谓"唯天下至圣，为能聪明睿知，足以有临也；宽裕温柔，足以有容也；发强刚毅，足以有执也；齐庄中正，足以有敬也；文理密察，足以有别也"，是说孔子圣、仁、义、礼、智五行兼备。"溥博渊泉，而时出之"，即《五行》所谓"五行皆形于内而时行之，谓之君子"，有德之谓也。至于"见而民莫不敬，言而民莫不信，行而民莫不说"，"凡有血气者，莫不尊亲，故曰配天"，都是极称孔子盛德影响之大。第三十二章说孔子之道，可以"经纶天下之大经，立天下之大本，知天地之化育"，必聪明圣知达天德者然后知之。第三十一章"唯天下至圣"，第三十二章

"唯天下至诚"，其"至圣"、"至诚"皆指孔子。至圣即至诚，至诚必至圣。

末章统论君子为学之要，及为学之极境。朱子曰："子思因前章极致之言，反求其本，复自下学为己谨独之事，推而言之，以驯致乎笃恭而天下平之盛。又赞其妙，至于无声无臭而后已焉。盖举一篇之要而约言之，其反复丁宁示人之意，至深切矣，学者其可不尽心乎！"[1] 盖是矣。

据此，《中庸》全篇是一个总分总的结构。朱子云："其书始言一理，中散为万事，末复合为一理，'放之则弥六合，卷之则退藏于密'。"[2] 是也。中间的部分，又可分为三层。第二至十九章，论中庸之道与德；第二十章以哀公问政的话头，提出了"诚"的概念；第二十一至三十二章以"诚"为核心，论至诚之道。朱子叹曰："《中庸》一书，枝枝相对，叶叶相当，不知怎生做得一个文字齐整。"[3] 确实如此。当然，《中庸》义理结构的了解，以文本的具体疏解为前提。这是下文的任务。

总之，《中庸》从前半部分到后半部分，核心概念虽有转换，内在却有一贯的思路和线索。后半部分以"诚"为核心，统和天人、圣凡与道德，相较于前半部分，无疑是理论的升华，也是《中庸》全篇的最终归趣。是故，《中庸》原为两篇的观点，是站不住脚的。

---

1 朱熹：《四书章句集注》，第40页。
2 同上书，第17页。
3 朱熹：《朱子语类》，《朱子全书》第十六册，第2003页。

第五章 子思的诚论

③ 朱子与笔者关于文本结构的不同理解的对比

在下表中，我们对《中庸》的结构作了更为直观的呈现。一同展示的，还有朱子《中庸章句》的章后说明，以为对照。

章节	文　本	朱子 （楷体为原小字）	笔　者
1	天命之谓性，率性之谓道，修道之谓教。道也者，不可须臾离也，可离非道也。是故君子戒慎乎其所不睹，恐惧乎其所不闻。莫见乎隐，莫显乎微。故君子慎其独也。喜怒哀乐之未发，谓之中；发而皆中节，谓之和；中也者，天下之大本也；和也者，天下之达道也。致中和，天地位焉，万物育焉。	子思述所传之意以立言：首明道之本原出于天而不可易，其实体备于己而不可离，次言存养省察之要，终言圣神功化之极。盖欲学者于此反求诸身而自得之，以去夫外诱之私，而充其本然之善，杨氏所谓一篇之体要是也。其下十章，盖子思引夫子之言，以终此章之义。	此章蕴含三层德-道对举关系，提出中和之旨。郑玄云"以其记中和之为用也"，是也。
2	仲尼曰："君子中庸，小人反中庸。君子之中庸也，君子而时中；小人之中庸也，小人而无忌惮也。"	此下十章，皆论中庸以释首章之义。文虽不属，而意实相承也。变和言庸者，游氏："以性情言之，则曰中和，以德行言之，则曰中庸。"是也。然中庸之中，实兼中和之义。	此章以下至第十五章，论中庸之道（君子之道）。
3	子曰："中庸其至矣乎！民鲜能久矣！"		
4	子曰："道之不行也，我知之矣：知者过之，愚者不及也。道之不明也，我知之矣：贤者过之，不肖者不及也。人莫不饮食也，鲜能知味也。"		

续表

章节	文　本	朱子 （楷体为原小字）	笔者
5	子曰："道其不行矣夫。"	此章承上章而举其不行之端，以起下章之意。	以上三章言中庸之道之不行。
6	子曰："舜其大知也与！舜好问而好察迩言，隐恶而扬善，执其两端，用其中于民，其斯以为舜乎！"		
7	子曰："人皆曰'予知'，驱而纳诸罟擭陷阱之中，而莫之知辟也。人皆曰'予知'，择乎中庸而不能期月守也。"	承上章大知而言，又举不明之端，以起下章也。	
8	子曰："回之为人也，择乎中庸，得一善，则拳拳服膺而弗失之矣。"		
9	子曰："天下国家可均也，爵禄可辞也，白刃可蹈也，中庸不可能也。"	亦承上章以起下章。	
10	子路问强。子曰："南方之强与？北方之强与？抑而强与？宽柔以教，不报无道，南方之强也，君子居之。衽金革，死而不厌，北方之强也，而强者居之。故君子和而不流，强哉矫！中立而不倚，强哉矫！国有道，不变塞焉，强哉矫！国无道，至死不变，强哉矫！"		以上五章举舜、颜子、子路之事，言行中庸之道，有智仁勇三德。
11	子曰："素隐行怪，后世有述焉，吾弗为之矣。君子遵道而行，半涂而废，吾弗能已矣。君子依乎中庸，遁世不见知而不悔，唯圣者能之。"	子思所引夫子之言，以明首章之义者止此。盖此篇大旨，以知仁勇三达德为入道之门。故于篇首，即以大舜、颜渊、子路之事明之。舜，知也；颜渊，仁也；子路，勇也：三者废其一，则无以造道而成德矣。余见第二十章。	言君子行道不悔，犹孔子所谓"人不知而不愠"。

第五章　子思的诚论

章节	文 本	朱子 （楷体为原小字）	笔 者
12	君子之道费而隐。夫妇之愚，可以与知焉，及其至也，虽圣人亦有所不知焉；夫妇之不肖，可以能行焉，及其至也，虽圣人亦有所不能焉。天地之大也，人犹有所憾。故君子语大，天下莫能载焉；语小，天下莫能破焉。《诗》云：'鸢飞戾天，鱼跃于渊。'言其上下察也。君子之道，造端乎夫妇；及其至也，察乎天地。"	子思之言，盖以申明首章道不可离之意也。其下八章，杂引孔子之言以明之。	
13	子曰："道不远人。人之为道而远人，不可以为道。《诗》云：'伐柯伐柯，其则不远。'执柯以伐柯，睨而视之，犹以为远。故君子以人治人，改而止。忠恕违道不远，施诸己而不愿，亦勿施于人。君子之道四，丘未能一焉：所求乎子以事父，未能也；所求乎臣以事君，未能也；所求乎弟以事兄，未能也；所求乎朋友先施之，未能也。庸德之行，庸言之谨，有所不足，不敢不勉，有余不敢尽；言顾行，行顾言，君子胡不慥慥尔！"	道不远人者，夫妇所能；丘未能一者，圣人所不能，皆费也。而其所以然者，则至隐存焉。下章放此。	以上两章论夫妇、父子、君臣、兄弟、朋友之道，即"五达道"是也。行后四者，又有忠恕之道存焉。
14	君子素其位而行，不愿乎其外。素富贵，行乎富贵；素贫贱，行乎贫贱；素夷狄，行乎夷狄；素患难，行乎患难。君子无入而不自得焉。在上位不陵下，在下位不援上，正己而不求于人则无怨。上不怨天，下不尤人。故君子居易以俟命，小人行险以徼幸。子曰："射有似乎君子，失诸正鹄，反求诸其身。"	子思之言也。凡章首无"子曰"字者放此。	

续表

章节	文　本	朱子 （楷体为原小字）	笔　者
15	君子之道，辟如行远必自迩，辟如登高必自卑。《诗》曰："妻子好合，如鼓瑟琴；兄弟既翕，和乐且耽。宜尔室家，乐尔妻帑。"子曰："父母其顺矣乎！"		以上两章言行道之要，一者正已修身，二者循序而进。
16	子曰："鬼神之为德，其盛矣乎！视之而弗见，听之而弗闻，体物而不可遗。使天下之人齐明盛服，以承祭祀。洋洋乎！如在其上，如在其左右。《诗》曰：'神之格思，不可度思！矧可射思！'夫微之显，诚之不可掩如此夫。"	不见不闻，隐也。体物如在，则亦费矣。此前三章，以其费之小者而言。此后三章，以其费之大者而言。此一章，兼费隐、包大小而言。	此章以下至第十九章，言德之显。修道，乃所以成德，德之显，莫盛于鬼神。
17	子曰："舜其大孝也与！德为圣人，尊为天子，富有四海之内。宗庙飨之，子孙保之。故大德必得其位，必得其禄，必得其名，必得其寿。故天之生物，必因其材而笃焉。故栽者培之，倾者覆之。《诗》曰：'嘉乐君子，宪宪令德！宜民宜人，受禄于天。保佑命之，自天申之！'故大德者必受命。"	此由庸行之常，推之以极其至，见道之用广也。而其所以然者，则为体微矣。后二章亦此意。	言舜之德之显。
18	子曰："无忧者其惟文王乎！以王季为父，以武王为子，父作之，子述之。武王缵大王、王季、文王之绪。壹戎衣而有天下，身不失天下之显名。尊为天子，富有四海之内。宗庙飨之，子孙保之。武王末受命，周公成文、武之德，追王大王、王季、上祀先公以天子之礼。斯礼也，达乎诸侯、大夫，及士、庶人。父为大夫，子为士，葬以大夫，祭以士。父为士，子为大夫，葬以士，祭以大夫。期之丧达乎大夫，三年之丧达乎天子，父母之丧无贵贱一也。"		此章及下章言文王之德之显，亦礼乐之所由作也。

续表

章节	文　本	朱子（楷体为原小字）	笔者
19	子曰："武王、周公，其达孝矣乎！夫孝者：善继人之志，善述人之事者也。春秋修其祖庙，陈其宗器，设其裳衣，荐其时食。宗庙之礼，所以序昭穆也；序爵，所以辨贵贱也；序事，所以辨贤也；旅酬下为上，所以逮贱也；燕毛，所以序齿也。践其位，行其礼，奏其乐，敬其所尊，爱其所亲，事死如事生，事亡如事存，孝之至也。郊社之礼，所以事上帝也；宗庙之礼，所以祀乎其先也。明乎郊社之礼、禘尝之义，治国其如示诸掌乎！"		
20	（1）哀公问政。子曰："文、武之政，布在方策，其人存，则其政举；其人亡，则其政息。人道敏政，地道敏树。夫政也者，蒲卢也。故为政在人，取人以身，修身以道，修道以仁。仁者人也，亲亲为大；义者宜也，尊贤为大。亲亲之杀，尊贤之等，礼所生也。（在下位不获乎上，民不可得而治矣！）（2）故君子不可以不修身；思修身，不可以不事亲；思事亲，不可以不知人；思知人，不可以不知天。"天下之达道五，所以行之者三，曰：君臣也，父子也，夫妇也，昆弟也，朋友之交也，五者天下之达道也。知仁勇三者，天下之达德也，所以行之者一也。或生而知之，或学而知之，或困而知之，及其知之，一也；或安而行之，或利而行之，或勉强而行之，及其成功，一也。子曰："好学近乎知，力行近乎仁，知耻近乎勇。知斯三者，则知所以修身；知所以修身，则知所以治人；知所以治人，则知所以治天下国家矣。"（3）凡为天下国家有九经，曰：修身也，	此引孔子之言，以继大舜、文、武、周公之绪，明其所传之一致，举而措之，亦犹是耳。盖包费隐、兼小大，以终十二章之意。章内语诚始详，而所谓诚者，实此篇之枢纽也。又按《孔子家语》亦载此章，而其文尤详。"成功一也"之下，有"公曰：子之言美矣！至矣！寡人实固，不足以成之也"。故其下复以"子曰"起答辞。今无此问辞，而犹有"子曰"二字；盖子思删其繁	此章由哀公问政孔子之答，引出"诚"，以为下半篇之眉目。章首至于"礼所生也"，总论为政之要在修身得人；下而至于"知所以治天下国家矣"，论五达道、三达德，以为在上位者、在下位者修身之共途；下而至于"道前定则不穷"，论为天下国家之九经，

成性存存：孔门成德之学的演进

续表

章节	文本	朱子（楷体为原小字）	笔者
20	尊贤也，亲亲也，敬大臣也，体群臣也，子庶民也，来百工也，柔远人也，怀诸侯也。修身则道立，尊贤则不惑，亲亲则诸父昆弟不怨，敬大臣则不眩，体群臣则士之报礼重，子庶民则百姓劝，来百工则财用足，柔远人则四方归之，怀诸侯则天下畏之。齐明盛服，非礼不动，所以修身也；去谗远色，贱货而贵德，所以劝贤也；尊其位，重其禄，同其好恶，所以劝亲亲也；官盛任使，所以劝大臣也；忠信重禄，所以劝士也；时使薄敛，所以劝百姓也；日省月试，既廪称事，所以劝百工也；送往迎来，嘉善而矜不能，所以柔远人也；继绝世，举废国，治乱持危，朝聘以时，厚往而薄来，所以怀诸侯也。凡为天下国家有九经，所以行之者一也。凡事豫则立，不豫则废。言前定则不跲，事前定则不困，行前定则不疚，道前定则不穷。（4）在下位不获乎上，民不可得而治矣；获乎上有道：不信乎朋友，不获乎上矣；信乎朋友有道：不顺乎亲，不信乎朋友矣；顺乎亲有道：反诸身不诚，不顺乎亲矣；诚身有道：不明乎善，不诚乎身矣。诚者，天之道也；诚之者，人之道也。诚者，不勉而中，不思而得，从容中道，圣人也。诚之者，择善而固执之者也。博学之，审问之，慎思之，明辨之，笃行之。有弗学，学之弗能弗措也；有弗问，问之弗知弗措也；有弗思，思之弗得弗措也；有弗辨，辨之弗明弗措也；有弗行，行之弗笃弗措也。人一能之己百之，人十能之己千之。果能此道矣，虽愚必明，虽柔必强。	文以附于篇，而所删有不尽者，今当为衍文也。"博学之"以下，《家语》无之，意彼有阙文，抑此或子思所补也欤？	而归于"豫"；下而至于章末，言在下位者修身获上之道，始论"诚"。两言"所以行之者一也"，其实皆诚也。言在上位者修身以治天下，在下位者修身以获乎上，皆由诚也。启下。

第五章 子思的诚论

续表

章节	文 本	朱子（楷体为原小字）	笔 者
21	自诚明，谓之性；自明诚，谓之教。诚则明矣，明则诚矣。	子思承上章夫子天道、人道之意而立言也。自此以下十二章，皆子思之言，以反复推明此章之意。	言两种途径。
22	唯天下至诚，为能尽其性；能尽其性，则能尽人之性；能尽人之性，则能尽物之性；能尽物之性，则可以赞天地之化育；可以赞天地之化育，则可以与天地参矣。	言天道也。	
23	其次致曲。曲能有诚，诚则形，形则著，著则明，明则动，动则变，变则化。唯天下至诚为能化。	言人道也。	
24	至诚之道，可以前知。国家将兴，必有祯祥；国家将亡，必有妖孽。见乎蓍龟，动乎四体。祸福将至：善，必先知之；不善，必先知之。故至诚如神。	言天道也。	至诚可以前知，言圣人之知也，应于第二十章"凡事豫则立，不豫则废"。
25	诚者自成也，而道自道也。诚者物之终始，不诚无物。是故君子诚之为贵。诚者非自成己而已也，所以成物也。成己，仁也；成物，知也。性之德也，合外内之道也，故时措之宜也。	言人道也。	言诚者成己成物，通仁知而言，是性之德，合外内之道也。
26	故至诚无息。不息则久，久则征，征则悠远，悠远则博厚，博厚则高明。博厚，所以载物也；高明，所以覆物也；悠久，所以成物也。博厚配地，高明配天，悠久无疆。如此者，不见而章，不动而变，无为而成。天地之道，可一言而尽也：其为物不贰，则其生物不测。	言天道也。	言天道之为天道在于不息，所谓"天地之道，可一言而尽也，其为物不贰，则其生物不测"，《诗》

续表

章节	文 本	朱子（楷体为原小字）	笔 者
26	天地之道，博也，厚也，高也，明也，悠也，久也。今夫天，斯昭昭之多，及其无穷也，日月星辰系焉，万物覆焉。今夫地，一撮土之多，及其广厚，载华岳而不重，振河海而不泄，万物载焉。今夫山，一卷石之多，及其广大，草木生之，禽兽居之，宝藏兴焉。今夫水，一勺之多，及其不测，鼋鼍、蛟龙、鱼鳖生焉，货财殖焉。《诗》云："维天之命，於穆不已！"盖曰天之所以为天也。"於乎不显！文王之德之纯！"盖曰文王之所以为文也，纯亦不已。		所谓"维天之命，於穆不已"。文王之德，亦犹天道也，故《诗》曰"於乎不显，文王之德之纯"。末句启下。
27	大哉，圣人之道！洋洋乎！发育万物，峻极于天。优优大哉！礼仪三百，威仪三千，待其人然后行。故曰：苟不至德，至道不凝焉。故君子尊德性而道问学，致广大而尽精微，极高明而道中庸。温故而知新，敦厚以崇礼。是故居上不骄，为下不倍。国有道，其言足以兴；国无道，其默足以容。《诗》曰："既明且哲，以保其身。"其此之谓与！	言人道也。	承上句言"文王之德"，言文王之道或周文之道。
28	子曰："愚而好自用，贱而好自专，生乎今之世，反古之道。如此者，灾及其身者也。"非天子，不议礼，不制度，不考文。今天下车同轨，书同文，行同伦。虽有其位，苟无其德，不敢作礼乐焉；虽有其德，苟无其位，亦不敢作礼乐焉。子曰："吾说夏礼，杞不足征也；吾学殷礼，有宋存焉；吾学周礼，今用之，吾从周。"	承上章"为下不倍"而言，亦人道也。	斥愚妄之人制礼作乐之行，申孔子"从周"之意。

第五章 子思的诚论

续表

章节	文 本	朱子 （楷体为原小字）	笔 者
29	王天下有三重焉，其寡过矣乎！上焉者虽善无征，无征不信，不信民弗从；下焉者虽善不尊，不尊不信，不信民弗从。故君子之道，本诸身，征诸庶民，考诸三王而不缪，建诸天地而不悖，质诸鬼神而无疑，百世以俟圣人而不惑。质诸鬼神而无疑，知天也；百世以俟圣人而不惑，知人也。是故君子动而世为天下道，行而世为天下法，言而世为天下则。远之则有望，近之则不厌。《诗》曰："在彼无恶，在此无射；庶几夙夜，以永终誉！"君子未有不如此而蚤有誉于天下者也。	承上章"居上不骄"而言，亦人道也。	言德位兼备之圣王，制作"三重"之要。
30	仲尼祖述尧舜，宪章文武；上律天时，下袭水土。辟如天地之无不持载，无不覆帱，辟如四时之错行，如日月之代明。万物并育而不相害，道并行而不相悖，小德川流，大德敦化，此天地之所以为大也。	言天道也。	此下三章言孔子之道。此章言孔子祖述尧舜、宪章文武、效法天地，乃得与天地同大也。
31	唯天下至圣，为能聪明睿知，足以有临也；宽裕温柔，足以有容也；发强刚毅，足以有执也；齐庄中正，足以有敬也；文理密察，足以有别也。溥博渊泉，而时出之。溥博如天，渊泉如渊。见而民莫不敬，言而民莫不信，行而民莫不说。是以声名洋溢乎中国，施及蛮貊；舟车所至，人力所通；天之所覆，地之所载，日月所照，霜露所队；凡有血气者，莫不尊亲，故曰配天。	承上章而言小德之川流，亦天道也。	言孔子之人也，兼圣、仁、义、礼、智五行。乃得为人所敬信，而莫不尊亲也。

续表

章节	文　　本	朱子 （楷体为原小字）	笔　者
32	唯天下至诚，为能经纶天下之大经，立天下之大本，知天地之化育。夫焉有所倚？肫肫其仁！渊渊其渊！浩浩其天！苟不固聪明圣知达天德者，其孰能知之？	承上章而言大德之敦化，亦天道也。前章言至圣之德，此章言至诚之道。然至诚之道，非至圣不能知；至圣之德，非至诚不能为，则亦非二物矣。此篇言圣人天道之极致，至此而无以加矣。	言孔子之道，得大经大本也。
33	《诗》曰"衣锦尚絅"，恶其文之著也。故君子之道，暗然而日章；小人之道，的然而日亡。君子之道：淡而不厌，简而文，温而理，知远之近，知风之自，知微之显，可与入德矣。《诗》云："潜虽伏矣，亦孔之昭！"故君子内省不疚，无恶于志。君子所不可及者，其唯人之所不见乎！《诗》云："相在尔室，尚不愧于屋漏。"故君子不动而敬，不言而信。《诗》曰："奏假无言，时靡有争。"是故君子不赏而民劝，不怒而民威于铁钺。《诗》曰："不显惟德！百辟其刑之。"是故君子笃恭而天下平。《诗》曰："予怀明德，不大声以色。"子曰："声色之于以化民，末也。"《诗》曰："德輶如毛"，毛犹有伦；"上天之载，无声无臭"，至矣！	子思因前章极致之言，反求其本，复自下学为己谨独之事，推而言之，以驯致乎笃恭而天下平之盛。又赞其妙，至于无声无臭而后已焉。盖举一篇之要而约言之，其反复丁宁示人之意，至深切矣，学者其可不尽心乎！	论君子为学之要，在于成己内在之德，而后可以几于至极之境。结全文。

5.2 《中庸》古义略论

5.2.1 中庸、中和与儒家理想

① 汉宋之说

此篇名为《中庸》，但从文本来看，"中庸"二字非出于首句，

甚至不是出于首章，其命名方式不符合当时一般的命名规则；且"中庸"一词虽然在上篇第二、三、七、八、九、十一章反复出现，但此后仅在第二十七章出现一次，换句话说，这一概念的核心地位并不能贯彻始终。于是，如何理解"中庸"二字的含义，便是《中庸》文本诠释中的首要问题，这一问题关乎文本的内在一贯性的把握。

郑玄《目录》云："名曰《中庸》者，以其记中和之为用也。庸，用也。"[1] 这是对题名的解释。又"君子中庸，小人反中庸"一句，郑玄注："庸，常也，用中为常道也。"[2] 这是对文本中出现的"中庸"的解释。此处，除了庸作常义解为"常道"之外，又倒"中庸"为"用中"，是以"庸"字兼"用"义。"庸德之行，庸言之谨"一句，郑玄注："庸，犹常也。言德常行也，言常谨也。"[3] 也是相似的。那么，什么是"中"呢？在郑玄，"用中为常道"的"中"，乃指礼而言，故曰："过与不及，使道不行，唯礼能为之中。"[4] 又曰："圣人之行，实过于人，有余不敢尽，常为人法，从礼也。"[5] 以礼释中，确是先秦的古义。可见，郑玄对篇题的"中庸"和文中的"中庸"，实有不同的理解。前者兼摄"中和"而言；后者则只说中道或常行，以"中-和"结构而言，属于"和"的层面。

至于"中和"，郑玄曰："中为大本者，以其含喜怒哀乐，礼之

---

[1] 郑玄注、孔颖达疏：《礼记正义》，第1987页。
[2] 同上书，第1990页。
[3] 同上书，第1999页。
[4] 同上书，第1990页。
[5] 同上书，第1999页。

所由生，政教自此出也。"[1] 大本指人性或人情而言。有人性、人情，乃有礼乐政教。这一思路，如刘康公所言："民受天地之中以生，所谓命也。是以有动作礼义威仪之则，以定命也。"(《左传》成公十三年)《中庸》孔疏："喜怒哀乐缘事而生，未发之时，澹然虚静，心无所虑而当于理，故'谓之中'。""不能寂静而有喜怒哀乐之情，虽复动发，皆中节限，犹如盐梅相得，性行和谐，故云'谓之和'。""情欲未发，是人性初本，故曰'天下之大本也'。""情欲虽发，而能和合道理，可通达流行，故曰'天下之达道也'。"[2]

宋儒对"中庸"的理解，亦常与"中和"纠缠。伊川与吕大临、苏季明围绕"已发"、"未发"及"中和"问题有反复的讨论。对于他们来说，这些不仅是文本理解的问题，更是工夫的问题。杨时以下道南学派，以"体验未发"为工夫的途径。朱子受教于李侗，却不理解延平的工夫主张，对这一路工夫也没有切身的体验。后来经过长期的思想摸索，包括与湖湘学派的往复论辩，直到己丑之悟（年四十）形成"中和新说"，才确立了在该问题上的理解。程子曰："中者只是不偏，偏则不是中。庸只是常。犹言中者是大中也，庸者是定理也。定理者，天下不易之理也，是经也。"[3] 朱子《章句》题注："中者，不偏不倚、无过不及之名。庸，平常也。"[4] "君子中庸"注："中庸者，不偏不倚、无过不及，而平常之理，乃天命所当然，精微之极致也。"[5] 与程子相比，朱注有两点明

---

[1] 郑玄注、孔颖达疏：《礼记正义》，第1988页。
[2] 同上书，第1989-1990页。
[3] 程颢、程颐：《二程集》，第160页。
[4] 朱熹：《四书章句集注》，第17页。
[5] 同上书，第18-19页。

显的不同：对中的解释，伊川只说"不偏"，朱子加了"无过不及"；对庸的解释，伊川说"常"、定理，朱子说"平常"。朱子的解法有自己的考虑。他在《或问》中给出了理由。我们先来看他对"中"的说明：

> 或问：名篇之义，程子专以不偏为言，吕氏专以无过不及为说，二者固不同矣，子乃合而言之，何也？曰：中，一名而有二义，程子固言之矣。今以其说推之，"不偏不倚"云者，程子所谓"在中"之义，未发之前无所偏倚之名也；"无过不及"者，程子所谓"中之道"也，见诸行事各得其中之名也。盖不偏不倚，犹立而不近四旁，心之体、地之中也；无过不及，犹行而不先不后，理之当、事之中也。故于未发之大本，则取不偏不倚之名；于已发而时中，则取无过不及之义，语固各有当也。"[1]

朱子所说"中"的二义，即中和之中、时中之中；或未发之中，随时之中；或在心之中，事物之中。[2] 诚如朱子所说，这两层含义伊川已经明言。伊川有"在中"的解法，也有"中道"的解法，还说："只一个中字，但用不同。"[3] 在朱子看来，伊川所谓"用不同"，正是指此二义而言。不过，将这两者相对，指明"中庸"之"中"包此二义，却是伊川所不曾说的。此说与郑玄对《中庸》篇名的解释，实有异曲同工之妙。值得注意的是，朱子虽然认为"中庸"的

---

[1] 朱熹：《四书或问》，《朱子全书》第六册，第548页。
[2] 陈淳：《北溪字义》，第48页。
[3] 程颢、程颐：《二程集》，第200页。

"中"包含二义,但还是以"时中"为主,因"时中"往前推而有"在中"。他说:《中庸》一书,本只是说随时之中。然本其所以有此随时之中,缘是有那未发之中,后面方说'时中'去。""'中庸'之'中',本是无过无不及之中,大旨在时中上。若推其本,则自喜怒哀乐未发之中,而为'时中'之中。'未发之中'是体,'时中'之中是用,'中'字兼中、和言之。"[1]

关于"庸"字。"曰:'庸字之义,程子以不易言之,而子以为平常,何也?'曰:'惟其平常,故可常而不可易。若惊世骇俗之事,则可暂而不得为常矣。二说虽殊,其致一也。但谓之不易,则必要于久而后见,不若谓之平常,则直验于今之无所诡异,而其常久而不可易者可兼举也。'"[2]朱子在常字之前加一个平字,是对传统说法的一个重要补充,与《中庸》"道不可离"、"夫妇之愚可以与知焉"等相互发明,突出了君子"极高明而道中庸"的特征。

② 中庸即道

郑玄对题名的中庸和文中的中庸作了不同的解释,前者"中"兼中和而言,后者"中"专指中道(即礼)。而朱子对两者未作区分,只说"中庸之中,实兼中和之义"。由于朱子未能对两种用法作明确区分,故他的思考或论述,时有杂糅、相左之处。他一方在阅读中体会到"《中庸》一书,本只是随时之中"、"大旨在时中上";一方又因时中推到未发之中,而认定"中庸"的中兼此二者。却不曾想,在文中,"中庸"的中是一回事,"中和"的中是另

---

[1] 朱熹:《朱子语类》,《朱子全书》第十六册,第2004-2005页。
[2] 朱熹:《四书或问》,《朱子全书》第六册,第549页。

第五章 子思的诚论

一回事。关于"变和言庸"的问题,朱子引游氏曰:"以性情言之,则曰中和;以德行言之,则曰中庸。"[1]细究起来,游说不无问题。若以中庸与中和对举,则中庸的中只是在内之中,不兼时中之中。这与朱子自己的主张不符,更与他的阅读体验相左。

从《中庸》的文本脉络来看,"中庸"一词仅仅是指中庸之道而言。故第二章即云"君子之中庸也,君子而时中"。以时中说中庸,时中即时时得中,单指发出来的道而言。而朱子注:"君子之所以为中庸者,以其有君子之德,而又能随时以处中也。"[2]原文只说"时中",朱子在其上冠以"以其有君子之德",便有了"中和"的意思。但这是推论而知,不是原文的旨意。子思对德与行有明确的区分。若他真要表达此义,会用更精确的说法。比如《五行》云:"五行皆形于内而时行之,谓之君子。"五行形于内,即君子之德;时行之而中,即君子之时中。这就完整包含了两方面的意思。此处没有这样说,表明子思只是强调"时中"之义。接下来,《中庸》连引三章孔子的话,感叹中庸之不能行,都是说"道之不行"、"道之不明"、"道其不行",道即中庸之道。第六章言舜"执其两端,用其中于民"。这里的"用中",朱子谓"盖凡物皆有两端,如小大厚薄之类,于善之中又执其两端,而量度以取中,然后用之,则其择之审而行之至矣",[3]这正是时中的具体化。第七章"择乎中庸而不能期月守也",朱子亦以为"即上章好问用中之事也"。[4]第

---

[1] 朱熹:《四书章句集注》,第19页。
[2] 同上。
[3] 朱熹:《四书章句集注》,第20页。
[4] 同上。

八章言颜渊"择乎中庸",亦同。第九章言"中庸不可能也",与"天下国家可均"、"爵禄可辞"、"白刃可蹈"并举,也是指行中庸之道。第十章说君子和而不流、中立而不倚,无论国有道、国无道,不变平生之所守,也是指行道而言。第十一章言君子遵道而行,不求人知,不为素隐行怪之事。中庸之道,即君子之道。前者状其体段特征,后者指其行为主体,其实只是一个。故下文第十二、十三、十四、十五章言君子之道,也是在说中庸之道。除此之外,还有第二十七章提到,君子"极高明而道中庸"。道,由也。道中庸,由乎中庸之道也。可见,从《中庸》文本来看,文中出现的"中庸"皆指中庸之道而言,与"中和"没有直接的关系。

进一步,此"中庸之道"的实指,如郑玄所说,即是礼。梁涛说:"中或中道作为古代先民的实践智慧、实用理性,与古代礼学存在更为密切的联系,或者说就是隶属于古代礼学的。中道所强调的公平、公正,恰当、适当,无过不及,不偏不倚,保持适当的度等等,都是与礼仪实践联系在一起,需要通过具体的礼仪来表达。"[1] 他认为,中庸的本义应为中道或常道,也即日用常行;在子思的时代,能称为日用常行的是礼,故"中庸一词实是由礼转化而来,是礼的理论化和哲学化","所不同的是,礼强调的是制度仪节,而中庸反映的则是制度仪节背后的价值观念和思想方法"。[2] 其说可以参考。

若说,中庸、中道是具有普遍意义的规范或理想;那么,礼

---

[1] 梁涛:《儒家道统说新探》,第62页。
[2] 梁涛:《郭店竹简与思孟学派》,第271、273页。

便是这种普遍理想在先秦时代的现实承载。据《礼记·仲尼燕居》,子曰:"师!尔过,而商也不及。子产犹众人之母也,能食之,不能教也。"子贡越席而对曰:"敢问将何以为此中者也?"子曰:"礼乎礼。夫礼所以制中也。"子贡所问的中,与过、不及相对。孔子回答说,礼正是为了达到中道而设。如此,我们便可以理解,子所雅言,必《诗》《书》而执礼。也能理解,颜渊问仁,子曰:"克己复礼为仁。"请问其目。子曰:"非礼勿视,非礼勿听,非礼勿言,非礼勿动。"(《颜渊》)也可理解,子贡以"夙兴夜寐,讽诵崇礼"为颜渊之行(《大戴礼记·卫将军文子》)。《中庸》说颜回"择乎中庸,得一善,则拳拳服膺而弗失之矣",正是指颜回的"崇礼"而言。后来,荀子说:"先王之道,人之隆也,比中而行之。曷谓中?曰:礼义是也。"(《荀子·儒效》)则直接以礼义为中,礼义与中道完全合一。

既如此,《中庸》何以要用"中庸",为何不直接用"礼"或"礼义"?这其中的差别,同样值得考究。我们可以从两个角度来看。一方面,中庸作为思想实质,相对于礼来说更具有普遍的意义。另一方面,也要看到,两个概念虽有相似的指涉,但因角度不同,突出了不同的意涵。在《中庸》的义理结构中,首要的是"德"与"道"的关系,这是一种"德-行"的对举。在这一结构中,"中庸"作为"时中",指涉的是"道",是德的"时出"之用,是"中-和"之"和"。这一论述角度,固不同于子思在《坊记》中对礼作专门的考察。

③ "中和"与子思的实践理想

与"中庸"指"道"不同,"中和"二字则兼"德"、"道"而言。《中庸》"德-道"格局的最重要的承载，便是"中和"概念。首章言：

> 喜怒哀乐之未发，谓之中；发而皆中节，谓之和。中也者，天下之大本也；和也者，天下之达道也。致中和，天地位焉，万物育焉。（《中庸》第一章）

这里直就"喜怒哀乐"之未发、已发言中和，故学者都从性情关系理解它的意义。如前引郑玄谓："中为大本者，以其含喜怒哀乐，礼之所由生，政教自此出也。"[1] 这里的中，指人性、人情而言，以为政教之所出与所本。但值得注意的是，郑玄没有对"中"的含义作出解释，似乎"中"只是指涉了内在人性，自身不具有特殊的规定性。到了孔颖达，不但指明了未发之中为人性；且指出，其所以谓之中，是因为"澹然虚静，心无所虑而当于理"。[2] 由此，"中"字就从一个纯粹的指涉性概念，转变为了一个描述人性或人心的特定状态的规范性概念。而朱子说："喜怒哀乐，情也。其未发，则性也，无所偏倚，故谓之中。发而皆中节，情之正也，无所乖戾，故谓之和。大本者，天命之性，天下之理皆由此出，道之体也。达道者，循性之谓，天下古今之所共由，道之用也。"[3] 朱子以未发为性、已发为情，这是己丑之悟后的理解。他指出，中之所以谓之中，是因为它无所偏倚。究其实质，是天命之性。此外，朱子还对

---

[1] 郑玄注、孔颖达疏：《礼记正义》，第1988页。
[2] 同上书，第1989页。
[3] 朱熹：《四书章句集注》，第18页。

第五章　子思的诚论

"道之体"、"道之用"作了区分。由此，中和关系，又被界定为道之体用的关系。这与郑孔皆不同，却是宋学的基本推论。

诚然，这句话可以从性情论的角度说。但在先秦，"中"未必是描述"澹然虚静，心无所虑，而当于理"的状态（此描述或已受道家或玄学的影响），也未必是"无所偏倚"的意思。中与外对，是一个表处所的概念，所指即内在人心。心在身之中，故谓之中。清华简《心是谓中》："心，中。处身之中以君之，目、耳、口、肢四者为相，心是谓中。"又《礼记·乐记》云："乐由中出，礼自外作。乐由中出故静，礼自外作故文。"乐由中出，是说乐源于内在情感的流露和表达。这个中不仅可以指自然人性，也可以泛指人的内在的德行状态。郭店简《语丛一》云："由中出者，仁、忠、信。"仁和忠信之德，是源出于内的德行。《尊德义》云："或由中出，或设之外。"指明了修为的两种途径。《性自命出》云："教，所以生德于中者也。"意思是说，教的目的是为了在人的内心中成德。《五行》所谓"中心之忧"、"中心之智"、"中心之悦"，也以中来修饰心。再比如，"诚于中，形于外"的说法，既见于《大学》，又见于《大戴礼记·文王官人》、《逸周书·官人解》及《晏子春秋》等。诚于中，即诚于内心。总之，从先秦的古义看，"喜怒哀乐之未发，谓之中"，"中"只是指涉深藏在内的东西，帛书《五行说》所谓"至内者不在外"是也；"发而皆中节，谓之和"，则指发出之后能中节、中义，达到相互和谐的状态。

这个未发出来的东西，是什么呢？是人性的自然、本然状态？还是人心的某种特殊状态？从未发之中到已发之和的逻辑关联，我们可以确认，此"未发之中"必有内在的规定性，才可以直接推出已发之和。这是孔颖达和宋儒必须将"中"解释为规范性概念的原因。至于这种规定性的来源，一般有两种可能：一是认定人性的自然状态或本然状态是"中"，不加干涉地发出来便能达到时中之和。孔颖达说"澹然虚静，心无所虑而当于理"，大概就是指人性的自然状态；宋儒说"无所偏倚"，则是指认人性的本然状态（前提是天命之性与气质之性的区分）。经过这一指认，可以保证"未发之中"，必然地推出"已发之和"。但这种理解，在子思时代却不能成立。与《中庸》这句话最相近的，是竹简《性自命出》的一句："喜怒哀悲之气，性也；及其见于外，则物取之也。"但以未发为性，以已发为情，这是一个自然状态的描述，而不是规范性的描述。又云："道始于情，情生于性。始者近情，终者近义。"始于不等于同于，这句话也只是说道以情为一个发端。又曰："善不善，性也。"性中有好的方面，也有不好的方面。可见，在时人看来，自然人性不是全善的状态。

有人可能会说，《中庸》思想与《性自命出》不同。正如首句所言，它是主张人性纯善的（实是误解，详后）。但这是说不通的。首先，子思不可能是宋儒的思路。宋儒的说法之所以能够不违于常情，是因为宋儒对现实的人性和作为本质的人性作了区分，故可以单从本然状态来理解"中和"。但这一区分，是经历了魏晋以来长期的思想演进而形成的，不是先秦人的思维方式。其次，指认人性的自然状态为纯善，这是一个比孟子性善论更强的理论主张。对此，子思必然有明确的自我认知，在文本中也应有相应的体现；孟子不可能只字不提，更不可能从这一强的主张倒退回去。而主张"性恶"的荀子，也不会仅仅抓住孟子的性善论作批评。

确立"中"的规范性的另一种可能方式,是认为它指涉了一个已然规范化的德行状态。换句话说,这里的"中和"不是指自然状态、本然状态,而是指一种特殊的实现状态,即《五行》所谓"五行皆形于内而时行之"的"有德者"状态。至于"德"的来源,或是生而然(圣人),或是学而然,并非此中关切。[1]这个理解,放进首章的语脉中非常贴切。首句之后,从"道也者不可须臾离也",到"故君子慎其独也",始于守道而归于慎独,是一个由外而内,由修道而成德的工夫过程。接着讲"喜怒哀乐之未发,谓之中;发而皆中节,谓之和",则是一个由内而外,由心德发为道用的状态。由道而德,是工夫;由德而道,是境界。中-和关系,即德-道关系。在这个意义上,我们才可以说,首章为《中庸》确立了思想宗旨,是所谓"一篇之体要"。

"中和"一词,源于先秦的乐教。《周官·大司乐》:"以乐德教国子,中和、祗庸、孝友。"《礼记·乐记》有所谓"中和之纪",《荀子·劝学》有所谓"乐之中和"。从乐的角度,中和一方面是说乐由中出,一方面是说乐和人情。从境界说,这里的"中"也可以指中心之德。故《乐记》云:"德者,性之端也;乐者,德之华也;金石丝竹,乐之器也。诗言其志也,歌咏其声也,舞动其容也。三者本于心,然后乐气从之。是故情深而文明,气盛而化神,和顺积中而英华发外,唯乐不可以为伪。"中心之德,顺着性情的发端

---

[1] 还有一个问题,《中庸》为何用"喜怒哀乐"的未发、已发区分内外,也是宋儒要面对的问题。按照理学,"喜怒哀乐"属于"七情",与"四端"不同。前者是自然情感,后者是道德情感,朱子所谓:"四端是理之发,七情是气之发。"(《朱子语类》,《朱子全书》第十五册,第1776页)而《中庸》以喜怒哀乐说,程朱曾指出,所谓已发、未发不限于情,也是指思虑的萌与未萌。

而成就，乐则是中心之德在乐器、声容上的绽放。"和顺积中"与"英华发外"，即"德"与"德之华"的关系。故可以说，子思在《中庸》中，是借用了乐论的"中和"概念，来表达实践成德的极致理想。对既有概念的借用和改造，似是子思思想的一个特色。[1]

这个理想本身，贯穿了子思的思考。在《五行》中，子思区分了德之行与行，又说："五行皆形于内而时行之，谓之君子。"所谓"五行皆形于内"，即五种德之行在内心中和合为一而成德；"而时出之"，指德成于中之后，随事而发、时时中节。德成于中，而发必时中，即此理想。它的终极形态是无为。故《五行》云："德，天道也。"帛书说文云："'[德，天道]也'者，己有弗为而美者也。"德成于己、随时而中的状态，不出于勉强，而出于无为。子思故以德为天道。正如孔子晚年"七十而从心所欲，不逾矩"，只是顺从心之所发，而条理、节度自在其中。《中庸》所谓"不勉而中，不思而得，从容中道"，此之谓也。可见，从《五行》到《中庸》，成德的理想是一贯的。所不同的是，具体概念的使用。如《五行》的"和"，指五行之和或四行之和。五行皆形于内而和合若一（能为一），然后谓之德。《中庸》的"和"，则是对发出来的时中而言的。五行和合于内的德，则用"中"字来指涉了。

这个理想，作为《中庸》的核心精神，渗透在义理结构之中，获得了不同的表述。最经典的，是第三十一章："唯天下至圣，为能聪明睿知，足以有临也；宽裕温柔，足以有容也；发强刚毅，足

---

[1] 乐的中和，既可指声律之中和，也可指人心之中和，但没有如《中庸》的用法。荀子批评思孟五行说，指出子思是"案往旧造说"，也有这个意思。

以有执也；齐庄中正，足以有敬也；文理密察，足以有别也。溥博渊泉，而时出之。溥博如天，渊泉如渊。"诚如庞朴所说，此处包含了子思的五行。溥谓周遍，博谓广远。郑玄曰："言其临下普遍，思虑深重，非得其时，不出政教。""如天，取其运照不已也。如渊，取其清深不测也。"[1]"溥博"象天，赫赫在上，遍照不已；"渊泉"象渊，清深不测，润泽无方。[2]"溥博渊泉"，形容孔子圣德在内；"而时出之"，指孔子动出言行与政教。若与第一句合看，"溥博渊泉而时出之"，即由"中"而"和"之义，与《五行》所谓"五行皆形于内而时行之"，亦具有相同的结构。

　　子思的这一理想，实质是在德行相分的基础之上，以德摄行。这是七十子后学的理论诉求和思想趋势。在《中庸》后半部分，子思又进一步将之统摄到"诚"的概念之中，重构了对夫子"吾道一以贯之"的理解。

5.2.2　集大成的"诚"

　　① 诚的观念与诚的概念的渊源

　　《中庸》后半部分以"诚"为论述中心。与前半部分引孔子之言阐述中庸之道、德相似，后半部分关于诚的探讨，是从孔子答哀公问政引申出来的。这种做法，显示了推尊孔子之意，也表明此处所论的思想其来有自，合于圣人之旨，并非作者的私见，所谓"犹

---

[1] 郑玄注、孔颖达疏：《礼记正义》，第 2044 页。
[2]《五行》云："明明，智也；赫赫，圣也。'明明在下，赫赫在上'，此之谓也。"可与《中庸》相证。"溥博渊泉"要在说圣智。下文云："肫肫其仁！渊渊其渊！浩浩其天！"则分别说仁、智、圣。

不失其意"(《孔丛子·公仪》)者也。

在第二十章，子思为引出"诚"字，作了很多的铺垫。首先，"天下之达道五，所以行之者三，曰：君臣也，父子也，夫妇也，昆弟也，朋友之交也，五者天下之达道也。知仁勇三者，天下之达德也，所以行之者一也。或生而知之，或学而知之，或困而知之，及其知之，一也；或安而行之，或利而行之，或勉强而行之，及其成功，一也。"子思将天下之道归为五达道，即五伦；又从践行的角度，将五达道归于三达德；再进一步，将三达德之所以行，归于一。至于此"一"所指为何，置而不论，转而去说知与行的不同层次，强调"及其成功一也"。这个"一"，从内容上讲，是作为结果或境界的一。《中庸》接着说"九经"，说完"九经"，接着说："凡为天下国家有九经，所以行之者一也。凡事豫则立，不豫则废。言前定则不跆，事前定则不困，行前定则不疚，道前定则不穷。"九经之所以行，又归结为"一"。最后，论述了在下位者（士人）"获上"的途径："获乎上有道，不信乎朋友，不获乎上矣；信乎朋友有道，不顺乎亲，不信乎朋友矣；顺乎亲有道，反诸身不诚，不顺乎亲矣；诚身有道，不明乎善，不诚乎身矣。"到了这里，才最终提出了"诚身"的问题。之前所设置的悬念，随之涣然冰释。所以行三德者，诚也；成功一也者，诚也；所以行九经者，诚也；士君子之修身者，亦诚也。诚之一字，通在上位者与在下位者而言，通修身与为政而言，通工夫与境界而言。《中庸》由此开启了下半部对诚的论述。

老实说，第二十章所论的"诚"，究竟是出于孔子的原话，还是子思根据孔子之意的演绎，我们很难判断。至少在《论语》中，这个意义的"诚"的概念，还没有出现。[1]但诚作为一个观念，则已渗透于夫子之学的方方面面。孔子自己就是此中典范。祭如在，祭神如神在。子曰："吾不与祭，如不祭。"(《八佾》)祭如在，是弟子状孔子之行。孔子之所以有如是的表现，源于孔子祭祀之时内心的至诚。祭祀之礼，对象是无形的。祭祀者需通过至诚的思慕，想象其在场的情境，方能"事死如事生，事亡如事存"。故此"如在"，"乃是一种由至诚的心境而来的情境创构能力"。[2]又如，孔子习《文王操》而见文王形象，在梦中见周公，都是因其内心的至诚。颜子身上，也可以看到类似的至诚。颜渊喟然叹曰："仰之弥高，钻之弥坚；瞻之在前，忽焉在后。夫子循循然善诱人，博我以文，约我以礼。欲罢不能，既竭吾才，如有所立卓尔。虽欲从之，末由也已。"(《子罕》)仰之、钻之，在前、在后，欲罢不能、既竭吾才，虽欲从之、末由也已，颜渊的喟然一叹，寄托了多少对孔子其人其道的至诚向往。

孔子对好恶之诚尤为强调。子曰："仁远乎哉？我欲仁，斯仁至矣。"(《述而》)若诚心欲仁、求仁，仁就近在跟前，哪里遥不可及。子曰："我未见好仁者，恶不仁者。好仁者，无以尚之；恶不仁者，其为仁矣，不使不仁者加乎其身。"(《里仁》)孔子说，他没有见到真的好仁者、恶不仁者。真正好仁的人，没有什么东西能看得比仁更重要；真正恶不仁的人，绝不会沾染一丝的不仁。孔子是希望学者能够真心实意地好仁、欲仁、求仁。

---

[1] 诚字两见，但都作副词用。
[2] 何益鑫：《成之不已：孔子的成德之学》，第206页。

当然，诚的观念不等于诚的概念。作为修身概念的"诚"，要到七十子后学时代才提揭出来。"诚"被用以描述行丧祭之礼的内心状态，[1]也与敬一起作为行礼的一般状态，[2]或与信一道诠释敬的意涵。[3]诚的要义是真。《乐记》云："穷本知变，乐之情也；著诚去伪，礼之经也。"诚与伪对，实其真情之谓。不过，最重要的发明，还是来自曾子和子思。曾子继承了孔子对好德之意的强调，以为学者志道之始，故《大学》言工夫，以"诚意"为首出："所谓诚其意者，毋自欺也，如恶恶臭，如好好色，此之谓自谦。"又以"诚"来描述内在的德行状态，所谓"诚于中，形于外"。到了《中庸》，后面将会看到，"诚"字除了以上含义之外，还具有更为复杂而丰满的意义。

要之，子思的诚论，虽有历史的渊源，但在观念转进中的创发之功同样不可磨灭。据此而言，《中庸》第二十章关于"诚"的讲法，应是子思基于孔子思想而作的提炼，不太可能是孔子自己的原话。

② 至诚的两条进路

《中庸》在"在下位不获乎上"一段中指出了明善与诚身的问题。接着说：

诚者，天之道也；诚之者，人之道也。诚者，不勉而中，不

---

[1] 如："祷祠祭祀，供给鬼神，非礼不诚不庄。"(《曲礼上》)子思曰："丧三日而殡，凡附于身者，必诚必信，勿之有悔焉耳矣。三月而葬，凡附于棺者，必诚必信，勿之有悔焉耳矣。"(《檀弓上》)
[2] 如："君子之于礼也，有所竭情尽慎，致其敬而诚若，有美而文而诚若。"(《礼器》)
[3] 如："诚信之谓尽，尽之谓敬，敬尽然后可以事神明，此祭之道也。"(《祭统》)

思而得,从容中道,圣人也。诚之者,择善而固执之者也。(《中庸》第二十章)

子思所说的"诚者",就天道之实然或本质而言。对应于人,是"不思而得,不勉而中,从容中道"的圣人。在这个意义上,"诚"是人的完满的成德境界。"诚者"的"诚"虽是一个形容词,表一种状态,但这个状态必源于背后的实质内容。诚背后的内容,便是德。《五行》云:"德,天道也。"显然,这句话与"诚者,天之道也"是对应的。在此,我们看到了天道之本质与人道之终极境界的一致性。相对这一理想境界而言,"诚之"则是学者的现实工夫,是人所当由以成德的道路。"诚之",即"择善而固执之"。下文"博学之,审问之,慎思之,明辨之,笃行之"以下至章末,即在敷陈"择善固执"之义。

朱子注:"诚者,真实无妄之谓,天理之本然也。诚之者,未能真实无妄而欲其真实无妄之谓,人事之当然也。圣人之德,浑然天理,真实无妄,不待思勉而从容中道,则亦天之道也。未至于圣,则不能无人欲之私,而其为德不能皆实。故未能不思而得,则必择善,然后可以明善;未能不勉而中,则必固执,然后可以诚身,此则所谓人之道也。不思而得,生知也。不勉而中,安行也。择善,学知以下之事。固执,利行以下之事也。"[1]此注可以反映理学的一般观点。这里面有几点值得注意:其一,对于子思来说,作为境界的诚,意义与"信"相近,是实有诸己、德成于中之谓。朱

---

[1] 朱熹:《四书章句集注》,第31页。

子之所以用"真实无妄"解诚，是因为理学对人的本然状态有一个基本的设定，即天命之性纯粹至善，只要去除气质的遮蔽，便可以复其本然之性，浑然天理而流行无方。因此，理学的"真实无妄"，是依靠着天命之性来讲的。若离开了这一前提，"真实无妄"至多只是"诚"的形式表征，不能反映其真实之所指。其二，朱子认为，"不思而得、不勉而中"是指"生知、安行"而言，"择善固执"是指"学知、利行"以下而言。然而，前文"生知安行"、"学知利行"、"困知勉行"的区分，是基于不同的生质而作的为学途径的区分。从生质说，生知安行的是圣人，学知利行以下是一般的学者。途径虽然不同，旨归却在"及其成功一也"。但此处主要是境界与工夫对着讲，并不着眼于人的生质。从境界来说，不论资质，不论起点，不论具体的途径，只论结果。在这一点上，子思从未否认学者由为学而成德、成圣的可能性。故这里所说"不勉而中，不思而得"的圣人，既可以是生知安行的天纵之圣，也可以是通过艰苦修为逐步成德的人。朱子为求前后枝叶相当，乃有此失。[1]

第二十章，子思通过一系列的悬念，引出了"诚"这个概念，并初步讨论了诚所具有的通境界与工夫而言的意义。接下来，第二十一章云：

> 自诚明，谓之性；自明诚，谓之教。诚则明矣，明则诚矣。（《中庸》第二十一章）

---

[1] 朱子的理解，或受了郑玄的影响："言诚者，天性也。诚之者，学而诚之者也。"（郑玄注、孔颖达疏：《礼记正义》，第2021页）但郑玄解法基于汉代的圣人观，不合先秦圣可学的主张。

郑玄曰："自，由也。由至诚而有明德，是圣人之性者也。由明德而有至诚，是贤人学以成之也。有至诚则必有明德，有明德则必有至诚。"[1]郑玄把诚解为至诚，把明解为明德，这是有问题的。至诚是诚的极致境界，明德是德的完成形态。至诚就是明德，明德就是至诚，两者是二而一的关系。而"由某至某"，是一个过程性的东西。在成德的理解上，便是一个工夫途径的问题。朱子注："自，由也。德无不实而明无不照者，圣人之德，所性而有者也，天道也。先明乎善，而后能实其善者，贤人之学，由教而入者也，人道也。诚则无不明矣，明则可以至于诚矣。"[2]朱子显然注意到了其中的过程性。他把明解作明善，则"自明诚"实际上就是上章所说的"明善诚身"。与此同时，他把诚解为圣人之德，从圣人之德的发用来解释"自诚明"的过程性。相较而言，朱注比郑注更为合理。但朱子之说，一以体用言，一以工夫言，毕竟不能很好对举。

其实，"自诚明"与"自明诚"，都应从工夫或成德的途径上说。之前在《五行》中，我们已经看到，子思呈现出了两条成德进路：一条始于"仁之思"，一条始于圣、智。前者谓："君子无中心之忧，则无中心之智。无中心之智，则无中心之悦。无中心之悦则不安，不安则不乐，不乐则无德。"所谓"中心之忧"，源于仁之思。故《五行》第四章云，"不仁不智，'未见君子'，忧心不能惙惙，'既见君子'，心不能悦"。所谓"仁之思也精"，即内在欲仁、求仁的精一之志；顺此，"中心之忧"，即源于此精一心志不得满足

---

[1] 郑玄注、孔颖达疏：《礼记正义》，第 2023 页。
[2] 朱熹：《四书章句集注》，第 32 页。

而来的成仁、成德之忧。此"仁之思",是内在最为真实和原初的性好,属于与生俱来的生质(此处不是论普遍人性)。于是,由仁之思,通过智、圣的逐步实现,而最终成德的过程,也可以说是一个以内在的道德之"诚"为基础,逐步向外拓展和实现的过程。与之相对的,是始于圣智的成德道路。《五行》第十一章谓:"不聪不明、不圣不智,不智不仁,不仁不安,不安不乐,不乐无德。"这是一个由聪明圣智,经过仁,而最终成德的过程。在《五行》中,聪是闻君子道,圣是知天道;明是见贤人,智是知贤人之德。可见,聪圣、明智,都是针对道德对象的辨识、理解和判断能力。这种能力本身虽是内在的,但对象却不在自身之内。故始于"圣智"的第二条成德途径,实际上是始于向外认知与理解的途径,与强调内在生发的第一条途径相区别。

  《五行》的这两条成德途径,对应过来,便是《中庸》"自诚明"与"自明诚"的区别。明,就智而言。在广义上,圣、智都可以称为智。这里的"明",也是作广义的用法。这里的"诚",与"诚者,天之道也"的诚不同,后者是境界,前者是所由之途径,是工夫。一般而言,诚的前提是实有。就此内核之呈现或实现,乃可说诚。比如,有情而实用此情,称之为诚。有意而实现此意,称之为诚意。从工夫的角度说,诚是一种潜能的实现,或者说是一种内生之物的完成。对照《五行》,"自诚明"的"诚"即"仁之思"的生长与拓展,是仁的自我完成;与之相对,"明"则是"智之思"与"圣之思"的实现。由"仁之思"的实现,达到"智之思"与"圣之思"的完成,这是"自诚明"的过程。此即《五行》所示的第一条成德途径。同样地,"自明诚",则是由圣、智的能力开始,而达到内在的仁的实现，即《五行》所示的第二条成德途径。另一方面，第一条途径以仁之思为基础，是顺着人内在本有的道德之性而实现的，故云："自诚明，谓之性。"之所以谓之性，不是指认至诚及其发用就是普遍的人性，而是说，这一途径基于人性，是人的"善性"与"德性"的实现。第二条途径源于对君子道的学习，孔子之道主要指《诗》《书》礼乐。由《诗》《书》礼乐的学习而成德，便是一个由教而成德的过程，故曰："自明诚，谓之教。"途径不同，皆可成德，故云："诚则明矣，明则诚矣。"至于成德之后，则诚不离明、明不离诚，诚为体而明为用，造于至诚之境。

如果说，第二十章"博学之，审问之，慎思之，明辨之，笃行之"，是阐述"自明诚"之"教"；那么，接下来几章主要是阐述"自诚明"之"性"。

> 唯天下至诚为能尽其性。能尽其性，则能尽人之性。能尽人之性，则能尽物之性。能尽物之性，则可以赞天地之化育。可以赞天地之化育，则可以与天地参矣。(《中庸》第二十二章)

关于此章，郑玄注："尽性者，谓顺理之，使不失其所也。赞，助也。育，生也。助天地之化生，谓圣人受命在王位，致大平。"[1] 这个意义上的尽性，指对现实事物的合理安排或安顿。朱子的解释与之不同："尽其性者，德无不实，故无人欲之私，而天命之在我者，察之由之，巨细精粗，无毫发之不尽也。人物之性，亦我之性，但

---

[1] 郑玄注、孔颖达疏：《礼记正义》，第 2024 页。

以所赋形气不同而有异耳。能尽之者，谓知之无不明，而处之无不当也。"[1] 朱子认为，尽其性是指自己能够顺着天命之性而自然发用出来，尽人物之性则是知其理而处之当。两者相比，郑玄对尽人物之性的解释，较符合先秦的主张；朱子的理解以性理为前提，不合先秦的思想，但所包含的自我实现的意义却是正确的。所谓"至诚"，指的是诚实现之后的极致境界。子思认为，只有达到了至诚的境界，才能"尽其性"。"尽其性"，即尽己之性，也就是自我性能的完成。这是顺着上章"谓之性"讲的，故"尽性"主要指内在的仁的实现。下文所谓"成己，仁也"，也是这个意思。"能尽人之性"，是说帮助他人的安顿。如果说"尽其性"是真尽、全尽，唯有全尽其性，方能称得上至诚；那么，相对而言，"尽人之性"可说是一种宽泛意义上的尽，指一种理想社会的实现，在其中，每个人都可以得到生活的安顿（不是人人实现至诚之德）。"尽物之性"与之相似，指对万物的安排，所谓使物"不失其所"是也。到了这个程度，便可以参赞天地之化育，而与天地并立为参了。这个境界，也即首章"致中和，天地位焉，万物育焉"的境界。

第二十二章从"尽性"的角度说"至诚"的境界。本来，这一境界，既可以视为学者通过修为而成德的结果，也可以视为天纵之圣的生而然者。但从下一章反推，后者的意思要多一些。故：

> 其次致曲。曲能有诚，诚则形，形则著，著则明，明则动，动则变，变则化。唯天下至诚为能化。（《中庸》第二十三章）

---

[1] 朱熹：《四书章句集注》，第33页。

关于此章，郑玄曰："其次，谓自明诚也。致，至也。曲，犹小小之事也。不能尽性，而有至诚于有义焉而已。"[1] 此说，是把"其次"理解为次于"自诚明"的"自明诚"。故"致曲"被理解为至诚于有义。朱子曰："其次，则必自其善端发见之偏，而悉推致之，以各造其极也。曲无不致，则德无不实，而形、著、动、变之功自不能已。"[2] 朱子的解释较为合适。此章不是说"自明诚"，而仍在讲"自诚明"。之所以谓之"其次"，是相对于上章生而至诚的圣人而言的。所谓"曲"，指"仁之思"的发动。"仁之思"的初始发见，小小而不全，故曰"曲"。"致曲"，是栽培、扩充此一曲之仁心；便是"诚之"的工夫。"诚则形"的"形"，郑玄解作"谓人见其功也"，朱子解作"积中而发外"。实则，这个"形"字，应即《五行》所谓"五行皆形于内"或"玉色则形，形则仁"的"形"，指内心仁德的生成。"著"字以下，才是发见于外之功。著是发于外者，明是盛德光明，动是感动人物，变是变化成俗。到此境地，也就到了至诚之境，而与天生圣人同位了。故曰："唯天下至诚为能化。"这是一条由一曲之诚而达于至诚的道路，也是"自诚明"的一般情况。

第二十四章顺着至诚境界，讲"前知"之用，呼应第二十章"凡事豫则立，不豫则废"一段。第二十五章又以诚来统合仁智内外。

诚者自成也，而道自道也。诚者，物之终始，不诚无物，是

---

[1] 郑玄注、孔颖达疏：《礼记正义》，第2024页。
[2] 朱熹：《四书章句集注》，第33页。

> 故君子诚之为贵。诚者，非自成己而已也，所以成物也。成己，仁也。成物，知也。性之德也，合外内之道也，故时措之宜也。（《中庸》第二十五章）

朱子曰："言诚者物之所以自成，而道者人之所当自行也。"[1] 朱子之所以言"物之所以自成"，是看到了下文"不诚无物"。其实，第一句话是就人而言的。所谓"诚者自成也"，指内在仁心的自我实现和完成；"道自道也"，指以道来引导和规范自身（自道的道，即导），即第二十章"修身以道"、"择善而固执之"之义，亦首章"率性之谓道"之义。前者是"自诚明"，后者是"自明诚"。

"诚者，物之终始，不诚无物"一句，颇不易解。"不诚无物"，易使人想到，诚可能是物之所以为物的内在根据。故朱子曰："天下之物，皆实理之所为，故必得是理，然后有是物。所得之理既尽，则是物亦尽而无有矣。故人之心一有不实，则虽有所为亦如无有。"[2] 所谓"有是理，然后有是物"，是说内在的理才是物的存在根据，理的存亡决定了物的有无。这个说法可以理解，却不是先秦的思路。郑玄曰："物，万物也，亦事也。大人无诚，万物不生。小人不诚，则事不成。"[3] 这是一个实践的说法。的确，这句话应是实践哲学的立场，而非本质主义的主张。这里的"物"，既可以指万物，也可以指万事。万物主要是就天地造化而讲的，若天地不诚，则不能"为物不贰、生物不测"，则物不得其始、不得其终，故曰

---

[1] 朱熹：《四书章句集注》，第 33 页。
[2] 同上书，第 34 页。
[3] 郑玄注、孔颖达疏：《礼记正义》，第 2027 页。

"无物";万事主要是就人的实践而言的,若人不能诚,则有事不能举、举而不能终,亦曰"无物"。[1]明白了"不诚无物",也就可以明白孟子"万物皆备于我"(《孟子·尽心上》)了。它不是指"其当然之理,无一不具于性分之内也",[2]而是说,人的德行作为实现万物的根据,其端其才根于人性之中,备于我身之内;只要反身而诚,便可以尽人物之性,成人物之终始,而参赞化育矣。[3]

若说第一句"诚者自成也,而道自道也",还有诚(德)与道对举的意思;那么,接下来,则阐述了"以诚统之"之意。诚的实现,不限于自身之内,而是作用于万物之上,辅助万物之成就。故曰:"诚者,非自成己而已也,所以成物也。"分而言之,其成己之一面,可谓之"仁";其成物之一面,可谓之"知(智)"。实则,都是内在德性的生发与作用,故曰"性之德也"。只是一个"诚",兼内与外、德与行而说,故曰"合外内之道也,故时措之宜也"。如此,仁与智、德与道,都成为了诚的内部结构。

③ 通天人而言诚

《中庸》为了突出极致境界的意义,遂在"诚"字前面加了一个"至"字。第二十二、二十四章都是如此。第二十六章更以"至诚"详论天地之道,并引出了圣人之德。

---

[1] 阳明曰:"意之所在便是物。如意在于事亲,即事亲便是一物。意在于事君,即事君便是一物。意在于仁民爱物,即仁民爱物便是一物。意在于视听言动,即视听言动便是一物。"(《传习录》,第6条)所谓"意之所在便是物",对物的规定含有意识现象学的味道。这也是理解"不诚无物"的一个途径,虽然不是子思的本意。
[2] 朱熹:《四书章句集注》,第350页。
[3] 参见何益鑫:《从"万物皆备于我"到"反身而诚"——以孟子"诚"的思想为线索》,《哲学研究》2020年第2期。

> 故至诚无息。不息则久，久则征，征则悠远，悠远则博厚，博厚则高明。博厚，所以载物也；高明，所以覆物也；悠久，所以成物也。博厚配地，高明配天，悠久无疆。如此者，不见而章，不动而变，无为而成。天地之道，可一言而尽也：其为物不贰，则其生物不测。天地之道：博也，厚也，高也，明也，悠也，久也。今夫天，斯昭昭之多，及其无穷也，日月星辰系焉，万物覆焉。今夫地，一撮土之多，及其广厚，载华岳而不重，振河海而不泄，万物载焉。今夫山，一卷石之多，及其广大，草木生之，禽兽居之，宝藏兴焉。今夫水，一勺之多，及其不测，鼋鼍、蛟龙、鱼鳖生焉，货财殖焉。《诗》云："维天之命，於穆不已！"盖曰天之所以为天也。"於乎不显！文王之德之纯！"盖曰文王所以为文也，纯亦不已。（《中庸》第二十六章）

所谓"至诚无息"，从工夫上讲是无间断，从运化上讲是不止息。这两个方面，在《论语》中都有体现。作为天道的特征，子曰："天何言哉！四时行焉，百物生焉，天何言哉！"（《阳货》）四时行而百物生，便是天道的运化不息。作为工夫来讲，子谓颜渊，曰："惜乎！吾见其进也，未见其止也。"（《子罕》）只见他不断进步，不曾见他有片刻的停留。其实，孔子的生命形态又何尝不是如此？子思以"至诚无息"言天道与人道，其思想源头正可以追溯到孔颜的生命实践，以及孔子对天道的洞察和体认。

在这里，子思先论天地之道。"不息则久"一句，描述了由至诚不息而长久、而征验、而悠远、而博厚、高明的过程。博厚是地之象，高明是天之象，悠久是运化不息之象。前两者撑开了空间的维度，后者包含了运动或以运动为本质的历史时间的概念。故曰："博厚，所以载物也；高明，所以覆物也；悠久，所以成物也。"这里虽然没有出现天、地之名，实际上说的就是天地（之本质）。"博厚配地，高明配天，悠久无疆"，这一句言圣人之德。天地以高明、博厚为本质特征。圣人有博厚之德，以配地；有高明之德，以配天。故朱子曰："此言圣人与天地同体。"[1] 顺此，下一句"如此者，不见而章，不动而变，无为而成"，是言圣人之用。接下来，子思再论天地之道。"天地之道，可一言而尽也。其为物不贰，则其生物不测。""一言"即"诚"。[2] 天地之道的本质，只是诚。天地之诚，又可从"为物不贰"与"生物不测"两面说。"为物不贰"是说天地之德，"生物不测"是说天地之道。有不贰之德，乃有不测之用，故两者又可以从体用上讲。接下来以天、地、山、水四个例子作了论证。"及其无穷"、"及其广厚"、"及其广大"、"及其不测"之前，指"为物不贰"而言；其后"日月星辰系焉，万物覆焉"之类，则指"生物不测"而言。从"昭昭"、"一撮"、"一卷"、"一勺"到"无穷"、"广厚"、"广大"、"不测"，乃是物的无限充实，以见天地的"为物不贰"。

最后，子思引《诗》为结。诗出《周颂·维天之命》。穆，深远貌。不显，犹丕显，或曰岂不显。程子曰："天道不已，文王纯于天道，亦不已。纯则无二无杂，不已则无间断先后。"[3] 天道的本

---

1 朱熹：《四书章句集注》，第34页。
2 中华书局标点本"可一言而尽也"下用冒号，使人误以为"一言"指下面这句话。宜改为句号。朱注："天地之道，可一言而尽，不过曰诚而已。"（朱熹：《四书章句集注》，第34页）
3 朱熹：《四书章句集注》，第35页。

成性存存：孔门成德之学的演进

质在于不已，文王之所以为文王，也在纯亦不已。不已即不息，不息即至诚。子思引《诗》，既是对此章所论"至诚无息"的总结，也是为了引出下文对"圣人之道"的论述。如果说，"纯亦不已"是文王之德，是文王之所以为文也；那么，下一章"礼仪三百、威仪三千"则是文王之道，是周文之所以为文也。关于文武周公之德与道，第十八、十九章已有论述，在此重提，用意甚为明显，是想把此前用"德-道"关系论述过的内容，纳入"诚"的思路中重新作出表述。同样，第三十、三十一、三十二章，也是在"诚"的思想脉络下颂扬孔子之德与孔子之道。

末章则是彻上彻下的一章，一方是回到学者为学用功之要，一方也是极力赞美德著功成之效。"君子之道，暗然而日章"，是说君子为己之学，德美于内而文见于外。"知远之近，知风之自，知微之显"，近者、自者、微者，皆指心德而言。心德在内，必昭显于外，故《诗》曰"潜虽伏矣，亦孔之昭"。知此，君子便须"内省不疚，无恶于志"，虽人所不见亦然，故引《诗》曰"相在尔室，尚不愧于屋漏"。如此（有德），乃能"不动而敬，不言而信"，故引《诗》曰"奏假无言，时靡有争"。如此（有德），乃能"不赏而民劝，不怒而民威于铁钺"，故引《诗》曰"不显惟德，百辟其刑之"。如此（有德），乃能"笃恭而天下平"。《诗》曰"予怀明德，不大声以色"，犹有"声色"之教，尚不足以形容；《诗》曰"德輶如毛"，犹有可比之者，尚不足以形容；惟《诗》曰"上天之载，无声无臭"，乃可以尽"笃恭而天下平"之妙，故子思叹曰"至矣"。

④ 关于性善论的问题

宋儒重视《中庸》，很重要的一个原因，是它有关于"性善论"

或"天道性命相贯通"之义的相关表述。

第二十五章有"性之德也"的提法，是否意味着子思已持性善论？如朱子所说，"仁者体之存，知者用之发，是皆吾性之固有"？[1] 未必。"性之德"，是接着前文"诚者"成己成物之义来说的，主语从前省略而已。"诚者……性之德也"，意思是说，诚是基于内在善性的培养而来的德。仁之思是人性的一部分，故曰"性"；诚是其完成状态，故曰"德"。这里所说的，与《五行》由仁之思而成德的工夫是一致的。这个意义上的"性"与"德"，两者之间是一种完成的关系，而不是等价或隶属的关系。这种完成，也不是宋明所说的性理本质的实现，而是在生长意义上的完成。郭店简《性自命出》云："仁，性之方也。性或生之。"仁是源于人性之外放和实现的结果。"性之德"，即是"性之方（放）"的结果。

与之相关，第二十七章有"德性"的提法："故君子尊德性而道问学，致广大而尽精微，极高明而道中庸。"这是先秦儒家唯一一次"德性"连用的情况。"德性"的提出，无疑是理学主张的重要依据。故朱子曰："德性者，吾所受于天之正理。"[2] 看上去严丝合缝，惜不是先秦的意思。郑孔把"德性"理解为"圣人性之至诚"，以与学者"道问学"相对。[3] 其实，"尊德性而道问学"，乃是指前文所说"诚"与"明"两种工夫。所谓"德性"，不是说整个人性都是德（的）。这个德字，在此是作区分之用。言"德性"，

---

1 朱熹：《四书章句集注》，第34页。又郑玄曰："此五性之所以为德也。"（郑玄注、孔颖达疏：《礼记正义》，第2027页）
2 朱熹：《四书章句集注》，第35页。
3 郑玄注、孔颖达疏：《礼记正义》，第2037页。

是为了区别于"不德之性"。正如《性自命出》所谓"善不善，性也"，人性既有善的部分，也有不善的部分。德性，即指善的部分。具体而言，如《性自命出》所谓"性爱"（唯性爱为近仁），或《五行》所谓"仁之思"，是也。"仁之思"，是人性当中有望生长和完成为仁德的那个部分，故称"德性"。且如前论"性之德也"的"性"，实际上也就是"德性"。"性之德也"，意即以德性而完成为德。因此，子思的"德性"概念，不能说明子思已经具有了性善论的主张。

所谓性善论的最重要的文本依据，是开篇第一句。

> 天命之谓性，率性之谓道，修道之谓教。（《中庸》）

这一句，搭起了理学"天命-性-道-教"的基本结构。[1] "天命之谓性"，朱子曰："命，犹令也。性，即理也。天以阴阳五行化生万物，气以成形，而理亦赋焉，犹命令也。于是人物之生，因各得其所赋之理，以为健顺五常之德，所谓性也。"[2] 陈来认为，朱子对天命的解释，"是把古代思想中的'天命'说诠释为自然主义的造化过程"。[3] 从造化的语境说，应该没什么问题。郑玄曰："天命，谓天所命生人者也，是谓性命。"又引《孝经说》云："命，人所禀受度也。"[4] 也是类似的意思。但朱子的问题在于，他直接从理学的

---

[1] 朱子曰："盖人之所以为人，道之所以为道，圣人之所以为教，原其所自，无一不本于天而备于我。"（朱熹：《四书章句集注》，第17页）
[2] 朱熹：《四书章句集注》，第17页。
[3] 陈来：《朱子〈中庸章句〉及其儒学思想》，《中国近世思想史研究》，第196页。
[4] 郑玄注、孔颖达疏：《礼记正义》，第1987页。

第五章　子思的诚论

立场，指认了天所命之性即是理。这一点，在子思时代是无处落实的。

性的理解，也决定了"率性之谓道"的理解。朱子曰："率，循也。道，犹路也。人物各循其性之自然，则其日用事物之间，莫不各有当行之路，是则所谓道也。"[1] 性理纯粹至善，故可直接发为日用当行之路，只要循之就可以了。率训为循，是汉儒旧说。郑玄曰："率，循也。循性行之之谓道。"[2] 不过，近来已有学者指出，此处的率可能不是循的意思。郭沂认为，率为"䢦"的假借字。《说文》："䢦，先导也。"段注："道，今之导字。䢦，经典假率字为之。……《释诂》、《毛传》皆云：'率，循也。'此引申之义。有先导之者，乃有循而行者，亦谓之䢦也。"[3] 丁四新引黄晖解《论衡·率性》篇题之"率"字云："率，'衛'之叚字。《玉篇》：'衛，导也。'"并认为："《率性》正文'率'字出现多次，有勉、导、循三义，惟'循'义不合《率性》之旨。"[4] 从子思的本义来说，"率"解作"导"或许比较合适。"率性之谓道"，相当于第二十章所谓"修身以道"，用道来引导和规范出于自身本性的表达活动。

若结合《性自命出》，这句话的意义将会更为明白。虽说"道始于情，情生于性"，道与性有一种逻辑上的相承关系。但由性而道，不是无条件的，两者也不是同质的。故《性自命出》云："长性者，道也。"道可以使人性中的一些善的因素，得以长养和推扩。

---

[1] 朱熹：《四书章句集注》，第17页。
[2] 郑玄注、孔颖达疏：《礼记正义》，第1987页。
[3] 郭沂：《思孟心性论及相关问题》，美国哈佛大学燕京学社、山东师范大学齐鲁文化研究中心编：《儒家思孟学派论集》，第247页。
[4] 丁四新：《"人性有善有恶"辨》，《玄圃畜艾》，第15页。

自此而下，《性自命出》又具体阐述了《诗》、《书》、礼乐及心术。"道四术，唯人道为可道也。其三术者，道之而已。"这里的"人道"，即心术之谓，是人可以直接由之展开现实生存的道。"三术"，即《诗》、《书》、礼乐，是可以用于引导人的现实生存的。"道之"的"道"，即"导"，是引导的意思。据《性自命出》，此三术者，圣人修之以为教。简文思路与《中庸》"率性之谓道，修道之谓教"相较，可谓若合符节。故《中庸》云："道也者，不可须臾离也，可离非道也。是故君子戒慎乎其所不睹，恐惧乎其所不闻。莫见乎隐，莫显乎微，故君子慎其独也。"这些话正是在敷陈"率性之谓道"的义理。所谓"道不可离"，不是客观地说它不会离（没有这种可能），而是从工夫的角度说不应离了道，正是"修身以道"的意思。在道之中，心术之道尤为细密而隐微。所谓"不睹、不闻"，所谓"隐、微"，所谓"慎其独"，都是专指内心状况而言的，相当于《性自命出》的"心术"。有了以道率性的工夫，便可以进而讨论理想境界。故又顺其自然地引出了"中和"的问题。

何谓"修道之谓教"？朱子曰："圣人因人物之所当行者而品节之，以为法于天下，则谓之教，若礼、乐、刑、政之属是也。"[1] 抛开思想的背景，此说似乎很合理了。但《性自命出》对这句话有更为贴切的说法："《诗》、《书》、礼乐，其始出皆生于人。《诗》，有为为之也。《书》，有为言之也。礼乐，有为举之也。圣人比其类而论会之，观其先后而顺逆之，体其义而节文之，理其情而出入之，然后复以教。教，所以生德于中者也。"意思是说，《诗》、《书》、

---

[1] 朱熹：《四书章句集注》，第17页。

礼乐三者，是人的历史活动的结果。圣人（即孔子）对这些内容加以整理、编排、增损和讨论，用以教授弟子，故谓之教。其目的，是为了学者在内心中成德。孔子"删诗书、定礼乐"以为"教"的过程，正是此处"修道之谓教"的意思；由《诗》《书》礼乐的学习而成德，正是第二十一章所谓"自明诚，谓之教"。

⑤ 小结

《中庸》前半部分，以"德"、"道"为核心范畴，以"中和"立成德宗旨；后半部分，则以"诚"的概念，贯通工夫与境界、德与道、中与和、内与外、天与人。"诚"之一字，成始成终，贯彻一切。

孔子晚年曾给弟子留下一个话头。子曰："吾道一以贯之。"（《里仁》）[1] 此"一以贯之"，实是了解夫子其人其学，尤其是其生命境界的内在一体性、一贯性的根本。子思意识到了它的重要性，试图予以重构的解说。在《五行》中，他以仁义礼智圣五者之和合，构建对"德"的理解；以"五行皆形于内而时行之"的模式，确立"以德摄行"的宗旨。在《中庸》中，他先以"中和"概念，统合"德-道"两个面向，重申成德的理想；又以一个"诚"字，统而摄之。《五行》和五行而为一，一者，德也；《中庸》通天人而言一，一者，诚也。《五行》以德摄行，毕竟仍有德、行之分。而《中庸》一个"诚"字，既说工夫（诚之），又说境界（至诚）；既说德（至诚），又说道（至诚之道）；既说人，又说天。《中庸》的

---

[1] 另一处，子曰："予一以贯之。"（《论语·卫灵公》）

"诚"论，是子思以"德"字统摄仁义礼智圣五行之后，在思想上的又一转进，是子思对夫子"吾道一以贯之"的最终回应。

要之，《中庸》是子思思想的最终定论，"诚"是子思思想的究极之说。[1]

---

[1] 孟子和荀子都讨论到了"诚"的概念，但两者的思想传承和内容实质是不同的。孟子引了"诚者，天之道；诚之者，人之道"，而将"诚之者"改为"思诚者"。其所说的诚，总是搭着四端之心来讲的，可以说是子思思想的发展和转进。在《荀子》中，诚也是一个重要的概念，尤其《不苟》"君子养心莫善于诚"一段，一连11个诚字。但对荀子来说，诚主要指"诚心"、"诚意"、"诚信"、"忠诚"，是具体的守心工夫。这样一个诚的概念，更像是子思之前的用法。荀子对子思有很严重的批评，这不仅仅是个别观点的差异，更是思想立场的分歧。故荀子的诚，应是另有传承，不能挂在子思之下。

第六章　孟子的性善论

6.1　孟子对子思的继承与发挥

* 孟子对曾子思想的继承

在孔门七十子后学中，孟子对颜回的评价为最高。公孙丑引或人曰"子夏、子游、子张皆有圣人之一体，冉牛、闵子、颜渊则具体而微"，孟子未加评论（《公孙丑上》）。"具体而微"，这是从德行上指明颜回等人具有圣人的潜质。孟子又举颜回之言曰："舜何人也？予何人也？有为者亦若是。"（《滕文公上》）这是以颜回的心志为典范。又说："禹、稷、颜回同道。禹思天下有溺者，由己溺之也；稷思天下有饥者，由己饥之也，是以如是其急也。禹、稷、颜子易地则皆然。"（《离娄下》）从《孟子》末章"见而知之"、"闻而知之"的区分看，禹、稷之于尧、舜，属于"见而知之"的大贤。将颜回与大禹、后稷并举，认为三人"同道"、"易地皆然"，是将颜回之于孔子，类比于禹、稷之于尧、舜，这是对颜回境界的极高肯定。

孟子对颜回的评价，沿袭了孔子的评价和孔门的传统。但从人格气象上讲，孟子与颜回终究有巨大的差别。故《孟子》一书，对颜回只是赞许而已，对曾子、子思，则有更多思想上的继承性。

《孟子》多次称引曾子之言。有一次，孟子引"生事之以礼，死葬之以礼，祭之以礼，可谓孝矣"(《滕文公上》)，前三句分明是孔子的话(《为政》)，而孟子引作曾子之言。这一混淆或误引，一方面暗示了孟子对曾子遗言的重视，或不亚于《论语》。另一方面，也与曾子在孟子心目中是孝的典范相关。

> 孰不为事？事亲，事之本也；孰不为守？守身，守之本也。曾子养曾晳，必有酒肉。将彻，必请所与。问有余，必曰"有"。曾晳死，曾元养曾子，必有酒肉。将彻，不请所与。问有余，曰"亡矣"。将以复进也，此所谓养口体者也。若曾子，则可谓养志也。事亲若曾子者，可也。(《离娄上》)

曾子养曾晳，曾元养曾子，都有酒有肉。差别在于，曾子养曾晳，每次吃完之后，都会主动问：剩下的食物，赐给谁？若曾晳问起，必定说有。而曾元养曾子，吃完了不会主动问；曾子问了，也必说没有，留着下一顿再送上来给他吃。我们不能说曾元对曾子是不关切的，实际上他对曾子很好，他不是把东西留给自己，而是为了把好东西都留给曾子（可能他觉得，赐给小孩子吃了，不值得）。但问题是，他只是把曾子作为一个待养者、有条件者来对待，而没有把曾子作为曾子、作为一个独立的长者来看待。此处，曾元有二不敬：一，有而曰无；二，不请所与，不顺父志。故孟子批评曾元是养口体者，而称赞曾子是养志者。口体不是不需要养，但它是人作为生物的存在面向；心志才是人作为一个独立的他者的存在面向。

在以上引文中，孟子提到了"事"与"守"两个要点，并以

"事父"为"事之本","守身"为"守之本"。事实上,曾子除了事父是典范之外,守身也是典范。在《孝经》开篇,孔子对曾子说:"身体发肤,受之父母,不敢毁伤,孝之始也。立身行道,扬名于后世,以显父母,孝之终也。"又《论语》载,曾子有疾,召门弟子曰:"启予足!启予手!《诗》云:'战战兢兢,如临深渊,如履薄冰。'而今而后,吾知免夫!小子!"(《泰伯》)启予手、足,或解为开衾省视手足,或解为伸展或抬起手脚。不过,曾子的用意是明确的,是为了在清醒的时候确认自己的身体没有受到刑罚的伤损。在那个时代,能保全身体、不受刑罚,已经是不容易了。子谓南容,"邦有道,不废;邦无道,免于刑戮"。以其兄之子妻之。(《公冶长》)孔子看上南容,就是因为他能在乱世免于刑戮。在曾子看来,保全身体乃是孝的基本要求,所谓:"父母全而生之,子全而归之,可谓孝矣;不亏其体,可谓全矣。"(《大戴礼记·曾子大孝》)所以,曾子临死之前,再次确认自己的身体,正是其"守身"的实践。当然,真正的守身,归结为"守道义",所谓"立身行道"是也。曾子最后时刻的"易箦"(《礼记·檀弓上》),完美体现了这种意义的"守身"。

曾子的孝,不仅关乎个人的德行,更关乎政治的理解。这一点,在《孝经》中得到了最为直接而深切的表达。所谓"先王有至德要道,以顺天下","夫孝,德之本也,教之所由生也","夫孝,天之经也,地之义也,民之行也"等,都是对孝的政治意义的强调。这一点,也为孟子所继承。孟子对孝的政治意义的重视无以复加。除了"事亲,事之本也"(《离娄上》)之外,孟子提出:"尧舜之道,孝弟而已矣。"(《告子下》)尧舜之道,说到底只是一个孝悌而已。这是前人所不曾说的。又说:"亲亲,仁也;敬长,义也。无他,达之天下也。"(《尽心上》)人的生存实践,没有什么高深的东西,只是将人本有的孝悌,推扩到整个天下而已。孟子的这些思想,很明显与曾子有内在的继承关系。孟子早年丧父,对事父之孝未必有直接的经验体认,其对孝的强调主要是思想上的。孟子从孩提之童"亲亲"的表现、稍长时期的"敬长"的表现,肯定孝悌为人人具有的善性,所谓"良知"、"良能"也(《尽心上》)。进而,以孝悌为仁义的最初表现,从孝悌的推扩,了解后天生存活动的实质。善性的发端,首先见于家庭层面的孝悌之行,再扩展到政治领域的仁义之德与仁义之行,以至于"仁覆四海,义襄天下"(帛书《五行说》),这或许正是孟子性善论在政治实践中的最为自然的落实方式。

在孟子看来,曾子的守是"守约"。孟子比较了北宫黝和孟施舍的勇,认为孟施舍的勇似曾子。

> 昔者曾子谓子襄曰:"子好勇乎?吾尝闻大勇于夫子矣:自反而不缩,虽褐宽博,吾不惴焉;自反而缩,虽千万人,吾往矣。"孟施舍之守气,又不如曾子之守约也。(《公孙丑上》)

缩,朱子曰:"直也。"[1] 赵岐曰:"缩,义也。……人加恶于己,己内自省,有不义不直之心,虽敌人被褐宽博一夫,不当轻惊惧之也。自省有义,虽敌家千万人,我直往突之。言义之强也。施舍

---

[1] 朱熹:《四书章句集注》,第230页。

虽守勇气，不如曾子守义之为约也。"[1] 缩，何以训为义呢？焦循引《释文》"缩，直也"，又引《广雅·释诂》"直，义也"。这是文字的训诂。义理上，这个问题的理解，可借助于竹简《五行》。《五行》云："中心辩然而正行之，直也。直而遂之，肆也。肆而不畏强御，果也。不以小道害大道，简也。有大罪而大诛之，行也。贵贵其等尊贤，义也。"按照这一说法，直是义德的发端，经过肆、果、简、行的过程，以义为终点。所谓"中心辩然而正行之"，"直"乃是内心对于义理是非的判然明辨，是义这种德行的内在存心状态。在《孟子》中，"缩"的字面意思应指"直"的内心体验：合于内心义的准则，则缩；违于内心义的准则，则不缩。终以义为标准，故赵岐直接解作义。曾子之勇，源于曾子之守约。而曾子之守约，又是曾子内心之守义。故曾子之勇，实际上是源于内在义德的大勇。

曾子之守约，与孟子的养气说有内在的关联。孟子养浩然之气，主要就是养义气，是在"德气说"的视域之下重新理解"守义"及其功效。所谓"其为气也，配义与道，无是，馁也"，"是集义所生也，非义袭而取之也"(《公孙丑上》)。对照之下，所谓的"缩"，相当于"直养而无害"的"直"；所谓的"不缩"，则相当于"无是，馁也"、"不慊于心"。至于孟施舍，其与曾子的相似之处在于守内，但他只是守内在的勇气，而不论义不义。故焦循曰："施舍一以不惧为勇，而不论义不义；曾子之勇，则有惧有不惧，一以义不义为断。"[2] 是也。

---

[1] 焦循：《孟子正义》，第193页。
[2] 同上书，第194页。

除了孝与义之外，孟子思想中也留下了《大学》的痕迹。《大学》提出"自天子以至于庶人，壹是皆以修身为本"，以"修身"概念取代了孔子的"为己"，成为了成德之学的一般表述。这一概念为孟子所习用。如"夭寿不贰，修身以俟之，所以立命也"，"古之人，得志，泽加于民；不得志，修身见于世"（《尽心上》）等，都是经典的表述。又《大学》提出了"身修而后家齐，家齐而后国治，国治而后天下平"。孟子曰："人有恒言，皆曰'天下国家'。天下之本在国，国之本在家，家之本在身。"（《离娄上》）"×之本"的说法，与《大学》的逻辑结构是一致的。值得注意的是，孟子在"家之本在身"之下，再无"身之本"的提法，表明"身"已然是这一序列的基点，与《大学》"壹是皆以修身为本"是相应的。故《大学》诠释史上"本之本"的说法，至少不是先秦的本义。

6.1.1 《孟子》中的"五行说"与"诚"

① 《孟子》中的"五行说"

从思想的角度说，孟子与子思有更深的渊源关系。这一关系，最明确地体现在荀子的批评中：

> 略法先王而不知其统，犹然而材剧志大，闻见杂博。案往旧造说，谓之"五行"，甚僻违而无类，幽隐而无说，闭约而无解。案饰其辞而祇敬之曰："此真先君子之言也。"子思唱之，孟轲和之。世俗之沟犹瞀儒，嚾嚾然不知其所非也，遂受而传之，以为仲尼、子游为兹厚于后世：是则子思、孟轲之罪也。（《荀子·非十二子》）

荀子对诸家的批评，一般都是抓住他们的核心学说。比如，批评墨翟、宋钘"不知壹天下、建国家之权称，上功用、大俭约而僈差等，曾不足以容辨异、县君臣"，批评惠施、邓析"不法先王，不是礼义，而好治怪说，玩琦辞，甚察而不惠，辩而无用，多事而寡功，不可以为治纲纪"（《非十二子》），批评"墨子蔽于用而不知文"、"庄子蔽于天而不知人"（《解蔽》）。这些批评无论是否中肯，从荀子的角度看，都是直中各家学说的要害。此处，荀子批评子思、孟子，选取了"五行说"。由此可以肯定，"五行说"必然是子思、孟子一系最具代表性的核心思想。"子思唱之，孟轲和之"，又指明了两者的继承关系。

另一方面，"世俗之沟犹瞀儒……遂受而传之，以为仲尼、子游为兹厚于后世"，刻画了这一系的儒生关于五行思想之传承的自我认识。在这一认识中，存在着一个"孔子-子游-子思-孟子"的传承谱系：此五行之说，首唱于子思，由孟子加以推广；而其思想的渊源，则可以追溯到子游，甚至孔子。事实上，从竹简《性自命出》看，子游所创辟的"性情-心术论"思想，确实为"五行说"的发生提供了思想道路的启发。在此意义上，说思孟五行说乃是沿着子游所开辟的思想道路进一步发展的结果，并非毫无依据。而子游的学说，本身又是从孔子乐教的沉潜以及"本"的体贴中转出的，故源头又可以追溯到孔子。[1] 就此而言，思孟后学"以为仲尼、子游为兹厚于后世"的自我意识，并非虚妄。当然，这是从思想流

---

[1] 参见何益鑫：《儒家心性之学的转出——论子游的思想创造及其道统地位》，《复旦学报》2020 年第 4 期。

派的内部连续性来说的。若抛开这一视角，在这一系列的转进过程中，学术的重心与思想的形态，业已发生了深刻的变化。故荀子认为，思孟五行说实际上是根据往旧见闻、自造新说的结果，不能代表孔子的真精神，也是可以理解的。

无论如何，荀子的这一段话，让我们看清楚了思孟学派的内部传承，以及在这一传承过程中的核心主张——五行说。然而，由于文献的缺失，长期以来，我们不知道所谓的思孟"五行"，究竟指什么。马王堆帛书《五行》、郭店简《五行》出土之后，我们才真正了解到，所谓的思孟五行，是指仁义礼智圣五种德之行。由此反观，原来《中庸》留存了此说相关的痕迹：

> 唯天下至圣，为能聪明睿知，足以有临也；宽裕温柔，足以有容也；发强刚毅，足以有执也；齐庄中正，足以有敬也；文理密察，足以有别也。

朱子注："聪明睿知，生知之质。……其下四者，乃仁义礼知之德。"[1] 唯第一句由于缺乏背景，朱子没有具体的指认。马王堆帛书出土之后，庞朴指出："这里所说的'聪明睿知'，就是圣；'宽裕温柔'，就是仁；'发强刚毅'，就是义；'齐庄中正'，就是礼；'文理密察'，就是智。"[2] 这是很有见地的。

同样，《孟子》也保留了五行说的痕迹，最明显的：

---

1 朱熹：《四书章句集注》，第38页。
2 庞朴：《思孟五行新考》，《竹帛〈五行〉篇校注及研究》，第142页。

> 仁之于父子也，义之于君臣也，礼之于宾主也，智之于贤者也，圣人之于天道也，命也，有性焉，君子不谓命也。(《尽心下》)

此处仁义礼智与"圣人"并举，与《五行》首章仁义礼智圣并举，很接近。唯"圣人之于天道也"一句，与前四句的表述不同。吴必大"尝疑此句比上文义例似于倒置"，求教朱子而朱子不与。[1] 不过，《集注》提供了另一说法："或曰：人衍字。"[2] 如今看来，倒置不是事实，"人"为衍字倒有可能。若去掉"人"字，则仁义礼智圣五行并举，非常清楚。但考虑到圣之为圣的特殊性，"人"也未必是衍字。比如，在《五行》开篇的论述中，"圣形于内谓之德之行，不行于内谓之德之行"，便与其它四行不同。一般认为，这是有意强调圣只能是德之行，没有不形于内的圣之行。且《五行》云："闻而知之，圣也。圣人知天道也。"在《五行》中，圣之为德是独属于圣人的。圣人之于天道，在于他能够识别、认识天道。所以说，孟子若想突出圣的特殊性，而在此特称"圣人"，意谓唯圣人方能，这也完全合乎情理。

《孟子》虽有"五行"的痕迹，但与"五行"相比，孟子讨论更多的是仁义礼智四者，所谓"四行"。但"四行"本质上是从属于"五行"的。

> 恻隐之心，仁之端也；羞恶之心，义之端也；辞让之心，礼之端也；是非之心，智之端也。(《公孙丑上》)

---

1 朱熹：《答吴伯丰》，《朱子全书》第二十二册，第2455页。
2 朱熹：《四书章句集注》，第370页。

> 恻隐之心，仁也；羞恶之心，义也；恭敬之心，礼也；是非之心，智也。仁义礼智，非由外铄我也，我固有之也，弗思耳矣。(《告子上》)
>
> 君子所性，仁义礼智根于心。(《尽心上》)

孟子的"四端说"，可以视为"四行说"的一种特殊形态。孟子将仁义礼智并列，肯定人人具有的恻隐之心、羞恶之心、辞让之心（恭敬之心）、是非之心，乃是四种德之行在人性中的端、才。并据此认定，人的仁义礼智之德不是外在被给予的，而是源于内在人心之所固有的。君子所应当做的，就是肯定这四种德行根源于内心，是性中本有的。孟子只说仁义礼智，而不及圣，或许是因为后者专属于圣人，不是一般人可以有的。孟子的思想语境，是从普通人的禀赋和自然表现出发，肯定常人在道德上自我实现的可能性。换言之，孟子所论为人道。《五行》云"四行和，谓之善"，"善，人道也"，是矣。

除了"四行"，孟子还有一处将四行与乐并提。

> 孟子曰："仁之实，事亲是也；义之实，从兄是也；智之实，知斯二者弗去是也；礼之实，节文斯二者是也；乐之实，乐斯二者，乐则生矣；生则恶可已也，恶可已，则不知足之蹈之手之舞之。"(《离娄上》)

此处，孟子将仁义礼智并提，有意以仁义为根本，统摄四行。庞朴说："仁义被连接在一起，由孟子始。孟子把仁义说成是维系宗法贵族统治的两个基本纽带,所谓'未有仁而遗其亲者也,未有义而后其君者也'(《梁惠王上》)。仁义通过智而被了解,依靠礼而具体化为行动细则,所谓'智之实,知斯二者(仁义)弗去是也;礼之实,节文斯二者是也'(《离娄上》)。"[1] 仁义并举,倒不是始于孟子(已见于《礼记》及出土文献)。至于何以在四者之外加一个乐,除了儒家对道德自足之乐的一贯揭示之外,还与《五行》对乐的强调有关。《五行》在表述成德的历程时,总是以"乐"为成德之前的一个阶段,或者说将"乐"视为五行和合于内心而成德的本质性的表征,[2] 所谓"不安则不乐,不乐则无德"(第二章),"不安不乐,不乐无德"(第三章、第十一章),"和则乐,乐则有德,有德则邦家兴"(第十七章)。此处,孟子接着仁义礼智而说乐,又指明"乐则生矣,生则恶可已也",认为乐是德行生生不息的源头,是成德的本质性的内心体验。[3] 孟子对于成德历程的表述,在一定程度上参照了《五行》的说法。只是《五行》讲五行和合而成德,孟子则讲由仁义出发扩充四行而成德。

②《孟子》中的"诚"论

除了"五行"、"四行"之外,孟子对子思的继承,还有一个很重要的方面,即"诚"的观念。

> 孟子曰:"居下位而不获于上,民不可得而治也;获于上有

---

1 庞朴:《思孟五行新考》,《竹帛〈五行〉篇校注及研究》,第140页。
2 正如玉色之于仁、智,玉音之于圣一样。
3 严格说,两个乐还有所区别。《五行》的乐,主要是从结果处讲有德者之状态;《孟子》的乐,主要是从过程处讲乐对于德行的后续生成意义(乐则生矣)。

道：不信于友，弗获于上矣；信于友有道：事亲弗悦，弗信于友矣；悦亲有道：反身不诚，不悦于亲矣；诚身有道：不明乎善，不诚其身矣。是故诚者，天之道也；思诚者，人之道也。至诚而不动者，未之有也；不诚，未有能动者也。"（《离娄上》）

与之相似的一段话，见于《中庸》：

> 在下位不获乎上，民不可得而治矣；获乎上有道：不信乎朋友，不获乎上矣；信乎朋友有道：不顺乎亲，不信乎朋友矣；顺乎亲有道：反诸身不诚，不顺乎亲矣；诚身有道：不明乎善，不诚乎身矣。诚者，天之道也；诚之者，人之道也。诚者，不勉而中，不思而得，从容中道，圣人也。诚之者，择善而固执之者也。（《中庸》）

两段话在"诚者"之前，除个别字词之外，几乎一模一样。于是，主张《中庸》早出的学者，便认为是孟子引用了《中庸》；主张《中庸》晚出的学者，则认为是《中庸》引用了孟子。其实，两者表述虽然相近，但关键概念的把握和理解，还是存在着很大的差别。据此，我们可以更加内在地把握从《中庸》到《孟子》的思想演变的继承性和差异性。

根据之前的分析，子思思想的发展大约经历了三个阶段：由《表记》《坊记》《缁衣》分别考察和体认仁、礼、好恶，到《五行》以五行之和合为一来理解德的结构，再到《中庸》提出贯穿成德之始终的"诚"。诚的概念，通德与道而言、通工夫与境界而言、通天与人而言，代表了子思思想的究极之说和最终定论。从这个角度看，子思的五行说可以视为子思的诚论的内部结构或内部环节。诚，既代表了成德的境界，也代表了成德的工夫途径。故《中庸》说："诚者，天之道也；诚之者，人之道也。诚者，不勉而中，不思而得，从容中道，圣人也。诚之者，择善而固执之者也。"试与《五行》第一章比较："善，人道也；德，天道也。"善是人有意作为的道，是"有与始"、"有与终"的道。德的完成则任乎自然，无为而成。子曰："天何言哉！四时行焉，百物生焉。天何言哉！"（《阳货》）天何曾言语，只是运化不息，生成万物。又如，子曰："七十而从心所欲、不逾矩。"（《为政》）纯任心之所欲，皆在事物节度之内。已然没有了作意之心，可谓"无心"。用帛书《五行说》的讲法，即："'［德，天道］也'者，己有弗为而美者也。"有德之人，无需存心作意，自然为善，故曰"弗为"。故《中庸》曰："诚者，不勉而中，不思而得，从容中道，圣人也。"在没有达到德之前，人的存在是"有与"的，大体与小体具有相对的独立性，人的实存与人的用心也有相对的独立性。故人不能是无意的，工夫应该是"有为"的，需要有意去思考、理解、判断和行为。这就是《五行》所谓"为善"的过程。用《中庸》的话说，即"择善而固执之者也"，具体而言："博学之，审问之，慎思之，明辨之，笃行之。"唯有经过学问思辨的工夫，然后可以明善而为善，此之谓人道。《中庸》称之为"诚之者"。诚之者，通过修为而使之诚。《五行》云："金声，善也；玉音，圣也。……唯有德者，然后能金声而玉振之。"对于常人而言，为善乃是为德的先导阶段。

但在这个地方，孟子的表述却有明显的差别。孟子虽然承认诚作为成德境界的终极表述，但他对成德过程的理解却与子思不同。子思是从五行之和来了解成德的过程，故成德始于为善；孟子则是从心性的自觉与扩充来了解成德的本质，故成德始于善性的自觉。于是我们看到，《中庸》"诚之者，人之道也"的表述，在《孟子》中转变为"思诚者，人之道也"。孟子认为，人要想自觉肯认内在本有的四端之心，关键是要发挥"思"的功能；人之所以不能自觉本心的善性而肯认之，原因也就是"弗思"之故。孟子曰："仁义礼智，非由外铄我也，我固有之也，弗思耳矣。"（《告子上》）若能思，则可以体认到"仁义礼智，我固有之"。又曰："心之官则思，思则得之，不思则不得也。"（《告子上》）良心、本心的得或不得，取决于心是否能思。"人人有贵于己者，弗思耳。"（《告子上》）贵于己者，即仁义之心。孟子的工夫论，建立在他的人性论的基础之上，以四端之心的自觉和体认为前提，后者的核心便是一个"思"字。故孟子所谓"思诚"，实即"思—诚善之性"，[1] 亦即四端之心的自觉和体认。对于孟子而言，这是人道实践的最初要义。故孟子改"诚之"为"思诚"，不是一个可有可无的操作，而是孟子思想特色的集中表现，是孟子思想道路的必然结果。

再者，孟子跳过了《中庸》对"诚者"和"诚之者"的具体解释。跳过前一句可能是无意的，但跳过后一句应该是有心的。这是因为，以"不思而得，不勉而中"了解圣人，孟子是可以承认的；但以"择善而固执之"了解人道，或者以之为人道的核心，孟子大概是不会认可的。后者与"思诚"的旨趣矛盾。这就决定了，孟子

---

[1] "诚善之性"的提法出于赵岐（焦循：《孟子正义》，第509页）。

无论如何都不能引用"诚之者,择善而固执之者也",以及此后关于"学问思辨"的论述。至于"至诚而不动者,未之有也;不诚,未有能动者也",则显然是《中庸》第二十三、二十四章的概括。

假设《孟子》这段话早于《中庸》,则孟子"思诚"的表述与孟子的思想系统如此契合,以至于我们很难想象,后人会打破这种严密的内部关联,而将"思诚"改为"诚之",又从"择善而固执之"或"学问思辨"的角度给出解释。这一做法,与其原初语境差异过大。但假若《中庸》早于《孟子》,我们却不难想象,孟子为了从自己思想出发综合或统摄子思的学说,而将子思的相关表述通过细微的文字改变,嫁接到了自己的系统之中。此外,我们也不难看到,诚的思想之于《中庸》而言,实具有最为核心的意义,乃是子思思想发展的最终归宿。而在《孟子》中,诚的地位虽然也高,但对于孟子思想系统而言,它却似是一个游离于外的、可有可无的概念。有没有它,对于理解孟子而言没有实质的差别。这就表明,诚不是孟子思想的内生概念和必要环节,它更可能是孟子从别人那里援引过来的概念。既然在子思的思想中,诚居于如此核心和究极的地位。孟子作为子思的后学,则不得不面临如何在自己的思想系统中安顿这一学说的问题。所以,孟子对诚的讨论,不是出于自身思想之发生的考虑,而是为了从新的思想道路出发,对子思的核心概念作出一个新的理解和安顿。这也是思想创造的必要环节,是寻求思想之传承的内部要求。

总之,无论从子思的"五行"到孟子的"四端",还是从子思的"诚"到孟子的"诚",都体现了两者之间继承与发展的辩证关系。这正是思想的连续性或思想传统的本质特征。

成性存存:孔门成德之学的演进

6.1.2 孟子对《五行》的解说与重构

① 解说与重构的双重性

马王堆帛书《五行》，除了经部之外，还有说的部分，后者是对前者的解释性著作。陈来指出，只有认定经部为子思所作，说部为孟子所作，才可以更好地对应于荀子"子思唱之，孟轲和之"的说法，并推测："荀子应看到过帛书《五行》篇的文献，而且他知道此篇乃子思唱之于经，孟轲和之于说，所以他才有这样明确的批评。子思作《五行》的经文，孟子作《五行》的说文，此一子思唱之、孟轲和之的《五行》篇，应是荀子作出如此评论的主要依据。……孟子作《五行》之说文，盖在其中年，则对《五行》说文的分析不仅可以使我们了解孟子前期思想的发展的各个侧面，也有助于更深地理解孟子书本身的许多提法的背景和来由，更可看出孟子思想的形成也曾借助于古典文本的诠释。"[1] 笔者基本认同这些说法。从思想发生的一般历程来看，文本的研习和传承，常是思想创造的基础。帛书《五行》说部之作，很可能早于《孟子》。当然，若要真正论定两者的先后，还需要有更加内在的思想论证和哲学分析。

帛书《五行》说文对经文的解说，有很多精彩之处。除了个别字词的训诂之外，更多的是思想上的解释，说文的解说，使经文的逻辑结构和意义指涉得到了更加清晰的呈现。如，《五行》首章区分了"善"与"德"，但没有明确说何以善为人道，德为天道。说文云："善也者，有事焉者，可以刚柔多铦为。……'[德，天道]

---

1 陈来：《帛书〈五行〉说部与孟子思想探论》，《竹帛〈五行〉与简帛研究》，第199-200页。

也'者，已有弗为而美者也。"经此解说，善的特征是"有为"，德的特征是"无为"，后者是圣人"不勉而中，不思而得"的境界，故称"天道"。此义可谓要言不烦。又如，第八章说："能为一，然后能为君子。"什么是"为一"呢？说文云："能为一者，言能以多为一。以多为一也者，言能以夫五为一也。……一也者，夫五夫为一心也，然后德。之一也，乃德已。德犹天也，天乃德已。"经此解释，所谓"为一"，即五行之和合为一，五者凝结于一心而成德之谓也。又如，第七章"圣之思也轻，轻则形"，很不好理解。说文举了柳下惠轻思于翟（易），见路人如斩的例子，刻画了圣之思所具有的出神入化的综合感知与理解能力。虽然文本不足以证明这一解释是必然正确的，但它确实给我们提供了一种理解的可能性。又如，第二十章说："中心辩然而正行之。"说文云："有天下美饮食于此，吁嗟而与之，中心弗迷也。恶吁嗟而不受吁嗟，正行之，直也。"没有停留于字面的解说，而是用了具体例子来帮助读者了解相应的内心体验。又如，第十一章说："不聪不明，不圣不智……"不少学者据"不×不×"的顶真的惯例，在"不圣不智"前补充"不明不圣"，造成了文意错乱。说文似是考虑到了可能的误解，着意指明了聪明与圣智的分别对应关系，而说："不聪明则不圣智，圣智必由聪明。"要之，说文对经文的解说，对于我们更好地理解经文的意思有极大的助益。

然而，帛书《五行》的经说之于竹简《五行》，同时意味着一种有目的的文本重构和思想重构。帛书《五行》与竹简《五行》相比，最重要的差别，是帛书对经文篇章次序的改编以及部分文字的改写。若竹简《五行》为子思原本，则帛书《五行》当为孟子改编本。单从逻辑上讲，帛书经文的改编可以早于说文的创作，说文则是依据既有的改编本而作。但从思想上看，帛书的经文与说文之间有着高度的一致性。我们很难想象，如果没有说文所呈现的思想，经文会进行如此这般的改编。所以，经文的改编与说文的写作，更像是一个相互依附的过程。由于说文成于孟子，故我们有理由推测，经文的改编也成于孟子之手。孟子在为《五行》作解说的时候，对《五行》的文本作了相应的调整，以更好地对应孟子自己的思想或者说孟子对子思五行思想的了解。这种改编与朱子改《大学》相似，都是文本与思想相互调适乃至妥协的结果。

按照学者的普遍看法，竹简本突出圣智，帛书本突出仁义。其实，如前面所说，子思之意是存在两条成德路径：一条从内心的仁开始，经由智、圣而成德；一条从圣、智开始，经由仁而成德。这两条道路分别对应于《五行》第二部分与第三部分的内容。故子思实际上是沿袭了孔子"仁""智"并举的思想特征，而不仅仅是重"圣智"。但经帛书本的改造之后，仁义的地位确乎凸显了出来。第三部分的内在逻辑，由原先的"聪明圣智-仁义礼-德"，变为了"仁义礼-聪明圣智-德"，如此便与第二部分的"仁-智-圣-德"类似了。因此，帛书经文的改编者是以第一条道路的逻辑重新规范了第二条道路的论述，实质上是取消了始于"圣智"的第二条道路。

这一改造，究竟是出于不能理解子思的原意，还是理解之后仍然有意为之，我们不得而知。但清楚的是，改造的结果是确立了仁义的绝对地位。反观孟子，在五行中最重视仁义；并以孝悌之良知、良能对应仁义，以孝悌之推扩统摄一切生存实践。孟子的成德路径，本质上是先行确证自身本有的四端之心，顺此推扩以完

第六章　孟子的性善论

成为整体的德行。这一路径,与《五行》始于仁之思的道路是内在相契的。故说文解经文"能进之,为君子"云:"能进端,能终端,则为君子耳矣。……终(充)其不藏尤害人之心,而仁覆四海;终(充)其不受吁嗟之心,而义襄天下。"说文所谓"端",即孟子"四端"的端。进端,即孟子"扩充四端"之谓。所以说,帛书本对竹简本的系统改编,在思想上具有内在的必然性。

当然,这一改编对于《五行》文本而言毕竟是外在的,它扭曲了文本的自然生长之势,使之屈从于新的逻辑。因此之故,改编难免造成文本衔接上的困难。从文本结构看,帛书把竹简第十三至十五章对仁义礼的论述,提前到第十一章之前,形成了"仁义礼-圣智"的论述结构;并调整了竹简第十九至二十一章与第十五至十八章的先后顺序,以对应于上述的结构。调整之后,结构看上去也很整齐,但具体论述之间,却留下了无法弥缝的鸿沟。比如,竹简第十一章是对第二条成德路径的总述,这一路径无疑是始于圣智的。调整之后,此章接着仁义礼而言,似乎仁义礼是先出的,圣智是跟在仁义礼之后的。但在文本之中,我们又看不到关于这种先后逻辑的具体表述。恰恰相反,从竹简第十七、十八章的论述逻辑来看,圣智是先于仁义礼的,仁义礼是在圣智或智之后发展起来的。如此一来,帛书的文本结构与具体的文本表述在逻辑上就不一致了。为了尽量弥合,改编者改写了部分的文字表述。如第十七章"圣智,礼乐之所由生也",帛书说文引作"仁义,礼乐之所由生也",解为"言礼乐之生于仁义也";第十八章"仁义礼所由生也",帛书经文作"仁义,礼智之所由生也"。礼乐生于仁义,礼智之德也生于仁义,仁义为根本。但第十七章的生成逻辑是"圣-义-

德"加"智-仁-礼",第十八章是"智-仁-义-礼-善",帛书此处推崇仁义,明显不在文本自然展开的脉络之中。要之,帛书本在结构、脉络与具体表述之间的不一致,说明它对竹简本的改编还不够彻底。这种不彻底性,根本上又取决于子思《五行》篇两条成德道路的相对独立性。

总之,孟子的"五行说"(帛书《五行》之经说)之于子思《五行》,一方面是解说,一方面是重构。从前者而言,孟子继承了子思《五行》的重要思想和相关命题,在《孟子》一书中有所体现;从后者而言,帛书《五行》经文的写法及说文的阐释,又未必代表子思本人的想法,有些文本变化和意义阐说,更应视为孟子基于自己的思想,对《五行》原本作出调整和重新阐释的结果。

关于帛书《五行》说部与《孟子》的比较,陈来《帛书〈五行〉说部与孟子思想探论》一文从德气说、聪明圣智说、天道说、舍体说、仁义说、大体说,及相似表述等方面,作了较为详尽的梳理和考察。下面,我们详人之所略、略人之所详,撷取几个典型的思想或概念,简单勾勒孟子的《五行》诠释,并揭示此诠释之于孟子自身思想展开的意义。

② 金声玉振、集大成

"金声而玉振之"的问题,上一章已经有所讨论。此处,我们着重看一下帛书说文与《孟子》的相关说法。

> 君子之为善也,有与始也,有与终也。君子之为德也,有与始也,无与终也。金声而玉振之,有德者也。(《五行》第九章)
> 金声,善也。玉音,圣也。善,人道也。德,天道也。唯有

德者，然后能金声而玉振之。(《五行》第十章）

说文的解释如下：

> 金声□□□□□□由德动。善也者，有事焉者，可以刚柔多铅为。故□善□□□□□□也者，己有弗为而美者也。"唯有德者，然后能金声而玉振之。""金声而玉振之"者，动□而□□形善于外，有德者之□。

原文缺字较多。参考各家补法，并据前后文意，我们补为：

> "金声，善也；玉音，圣也。"圣由德动。善也者，有事焉者，可以刚柔多铅为。故曰："善，人道也。""德，天道也"者，己有弗为而美者也。"唯有德者，然后能金声而玉振之。""金声而玉振之"者，动内而后能形善于外，有德者之谓。

按，第一句之前没有好的补法。参考说文惯例，此句应该是解释简文第一句"金声，善也；玉音，圣也"。又考虑到圣与德的一致性，"□由德动"补为"[圣]由德动"。"故曰善[人道也德天道]也"一句，据庞朴说补。[1] 最后一句是在讲内外的关系。对于有德者而言，善不是出于有意的作为，而是自然而然的表现，《大学》所

---

[1] 庞朴补了"人道也德天道也天道"九字（《竹帛〈五行〉篇校注及研究》，第44页）。考虑到原文缺位，我们去除了最后的"也天道"三字。

谓"诚于中,形于外"。"外"与"内"相对,故补为"动［内］而［后能］形善于外,有德者之［谓］"。

下面,我们讨论一下说文对经文的解释特征。

其一,竹简《五行》出现了"金声而玉振之"。第一次在"为善"与"为德"的语脉中,第二次在"善"与"圣"的语脉中。从"玉音,圣也"与"德,天道也"的对应关系,可知圣与德同位。严格来说,圣作为五行之一,德作为五行之和,意义是有差别的。但在此处,四行之善与五行之德的区分,即在于有无"圣之行"。故从成德的阶段说,圣的实现与德的完成是一体的。在此意义上,玉振或玉音,既表征了圣之行的实现,同时意味着德的完成。故第十章"善-圣""善-德"的论述,概念表述虽有差别,内容上仍然是严格对应的。若我们对说文的补法可取,经文"圣"与"德"的这层关系,在说文中被表述为:"圣由德动。"但这句话不是说,德是内在的活动,善是它的外在表现。据《五行》首章,圣之行只能是内在的。此处,"圣由德动"的意思是,圣的实现,背后乃是德的完成;或者说,唯五行之和的有德者,才能实现圣德之行。说文"圣由德动",正是为了揭示"玉音圣也"和"德天道也"的内在关联。

其二,从经文来看,"善"与"德"或"为善"与"为德"的区分,主要是从阶段先后(时间先后、过程先后、逻辑先后)的角度说的。先有为善,然后能为德,为善乃为德的前一阶段。在《论语》中,子夏说:"君子之道,孰先传焉?孰后倦焉?譬诸草木,区以别矣。君子之道,焉可诬也?有始有卒者,其惟圣人乎!"(《子张》)也是区分了君子之道的先后关系。子夏认为,终始完成君子之道，唯圣人为能。《五行》"唯有德者，然后能金声而玉振之"，与子夏所说"有始有卒者，其惟圣人乎"，似有相近意义。善与德的这种先后关系，在帛书《德圣》(或曰《四行》)中有所印证，所谓："四行成，善心起。四行形，圣气作。五行形，德心起。和谓之德，其要谓之一，其爱谓之天，有之者谓之君子，五者一也。"据此，从四行之善到五行之德，乃是一个逐步发展的过程。这一理解，与"金声而玉振之"的本义，也是贴近的。古乐始于金钟而终于玉磬，金声与玉振之间，就是时间或阶段上的先后关系。然而，此章说文最后一句："'金声而玉振之'者，动内而后能形善于外，有德者之谓。"是从内外关系的角度来说德与善。这里的"善"不同于"善，人道也"的"善"。后者兼身心而言，此前者则只是外在表现之善。说文是从内外关系的角度对有德者的活动机制作了横向的揭示，而"金声而玉振之"本身却是一个历时性的纵向的表述。虽然从"有德者"的角度，两者也可以关联起来："金声而玉振之"是有德者之谓，而所谓有德者，其运行状态即"动内而后能形善于外"。但严格来说，"金声而玉振之"与"动内而后能形善于外"，两者之间并不构成直接的解释关系。经文"金声而玉振之"，是强调由"为善"而进于"为德"的升进过程；说文的解释，则是强调善的运行机制与德的运行机制的差别。两者的问题意识是不同的。

竹简《五行》还有"集大成"的说法。

> 君子集大成。能进之，为君子。不能进也，各止于其里。

（第24章）

说文的解释是：

"君子集大成。"成也者，犹造之也，犹具之也。大成也者，金声玉振之也。唯金声而玉振之者，然后己仁而以人仁，己义而以人义。大成至矣，神耳矣！人以为弗可为〔也，无〕由至焉耳，而不然。

这一解释有不少发挥的地方。说文以"金声玉振"解"集大成"，认为两者具有相同的意义。进一步，又以"仁义"的推扩，所谓"仁覆四海，义襄天下"，来表现"集大成"的境界，代表了孟子的思想特征。陈来指出："经文只说君子集大成，既没有用金声玉振来说明集大成，更没有涉及仁义，而说文一方面用金声玉振来说明集大成的有始有终的系统意义，一方面用仁义说赋予其道德意义。"[1] 是也。

"集大成"的说法，来自古代音乐。成相当于乐章，大成即乐的完成。由此看来，"集大成"的意义，确与"金声而玉振之"相似。魏启鹏认为："大成，乃以舜之《韶》为代表的古乐。《尚书·益稷》：'《箫韶》九成。'孔颖达疏引郑玄曰：'成，犹终也。每曲一终，必变更奏。故《经》言九成，《传》言九奏，《周礼》谓之九变，其实一也。'古人以九为数之极。……所以九成又可称为大成，舜乐《九韶》，《周礼·春官·大司乐》作《大䃼》，或

---

[1] 陈来：《帛书〈五行〉说部与孟子思想探论》，《竹帛〈五行〉与简帛研究》，第186页。

作《大韶》，是其证也。"[1] 简言之，"大成"本义是指乐之终始大成；引申而言，可以指事之完成或完全状态。如《老子》"大成若缺"，《礼记·礼运》"礼之大成"之类。从为学的角度，《礼记·学记》云："七年视论学取友，谓之小成；九年知类通达，强立而不反，谓之大成。"此处，小成是阶段性目标的实现，大成是最终目标的实现。由"小成"而进乎"大成"，也是从完成阶段或完成程度来讲的。且《五行》下文"能进之，为君子；不能进也，各止于其里"，以及"目而知之谓之进之……"的表述，凸显了一个"进"字。与"金声而玉振之"、"集大成"的"过程义"是相通的。因此，说文以"金声而玉振之"解"集大成"，虽然没有文本的依据，但从义理来看是合理的。不过，两种表述也有一定的差别，"金声而玉振之"突出其"过程义"，"集大成"则着重其"完成义"。但说文作者对此似乎没有明确的区分意识。他对完成义的强调，也影响了其对竹简《五行》第十章"金声而玉振之"的解释。

值得注意的是，所引说文最后一句："人以为弗可为〔也，无〕由至焉耳，而不然。"引了时人的一种观点，认为"君子集大成"是不可为、无由至的；换言之，圣人乃是天生，非普通人可学而至。但说文认为并非如此，"能进端，能终（充）端，则为君子矣"。这与孟子"人皆可以为尧舜"（《告子下》），及扩充善端的思想是一致的。

《孟子》也有"金声玉振"的比喻和"集大成"的说法。且在《孟子》中，两者是同时出现的。

---

[1] 魏启鹏：《简帛〈五行〉笺释》，第48页。

孟子曰："伯夷，圣之清者也；伊尹，圣之任者也；柳下惠，圣之和者也；孔子，圣之时者也。孔子之谓集大成。集大成也者，金声而玉振之也。金声也者，始条理也；玉振之也者，终条理也。始条理者，智之事也；终条理者，圣之事也。智，譬则巧也；圣，譬则力也。由射于百步之外也，其至，尔力也；其中，非尔力也。"(《孟子·万章下》)

这段话可以分为两层：第一层是以伯夷、伊尹、柳下惠之圣为对照，说孔子是"圣之时"，继此提出了"孔子集大成"；第二层是以"金声玉振"具体阐释"孔子集大成"的意涵。从前一层次看，如果孔子是"集大成"，则伯夷作为圣之清者，伊尹作为圣之任者，柳下惠作为圣之和者，三人可谓是"小成"。结合下文孟子的分析，在这个语境当中，小成与大成的区别不是从阶段先后的角度说的，不是说圣之清、圣之任与圣之和是圣之时之前的阶段。实际上，以上三者也都达到了圣的阶段，他们与孔子的区别在于前者是偏至之圣，孔子是完满之圣。故孟子继此提出的"孔子之谓集大成"，只是说孔子是大成完满之典范，而不强调"集大成"一语原初所包含的阶段或过程之义。故孟子以"金声而玉振之"解之，严格来说，意义上是不连贯的。孟子所说第一层"孔子集大成"是横摄的完满义，第二层"金声而玉振之"是历时的完成义，两者原有差别。

孟子对"金声而玉振之"的解释，与竹简《五行》相似，都是从阶段先后的角度区分金声、玉振。不同的是，《五行》以金声喻善、玉振喻圣，而孟子以金声喻智、玉振喻圣。逻辑上说，智作为四行之一，当然是属于善的，但善不止于智。那么，孟子何以要变

"善"为"智"呢？从下文看，孟子的提法有两方面的考虑。其一，孟子以"始条理"、"终条理"重新界定"金声"、"玉振"。"条理"本指乐的节奏韵律。乐的条理，始于金钟之声，终于玉磬之声。就此而言，始条理与金声、终条理与玉磬是等价的表述。但不同的表述方式，其边际的效用是不同的。用终始条理言之，不但凸显了内在一贯的意味，更凸显了其与智或圣的关联。所谓的"智"与"圣"，其基本的含义，即是对事物有条理化的把握、理解的能力。能够看出事物之条理而把握之，谓之智、谓之圣。故《五行》说"智之思也长，长则得"，长即善于思绎；"圣之思也轻，轻则形"，形是一种直观。智与圣说到底都是结构化、条理化地把握事物的能力。若从为善与为德的角度说，学者开始阶段的条理是因为智，有智故对道有完整的把握；其最终阶段的条理则源于圣，圣故能对道有深切的理解。前者是善的阶段，后者是德的阶段。

其二，也是为了更好地解释三子之圣与孔子之圣的差别。孟子认为，三子之圣与孔子之圣的区别，不在于"圣"本身，而在于"智"。孟子以射箭作了一个比喻。智类似于技巧，圣类似于力道。百步之外射箭，能否射到取决于力量；能否射中靶子，却不是因为力量，而取决于一开始有没有瞄准。这一说法意味着，圣是指在某个方面有能力做到极致，智则是一开始对道的认知。认知有所偏差（没有对准靶心），在这个偏差的方向上诚然也可以达到极致，却不能射中靶心；认知全面完满（对准靶心），则不但可以达到极致，而且可以射中靶心。前者是偏至之圣，如圣之清、圣之任、圣之和；后者是完满"集大成"的圣，即孔子的圣之时。故圣与圣的差别，不在于力量的大小，而在于认知的周全抑或偏至。荀子说孔子："一家得周道，举而用之，不蔽于成积也。"(《荀子·解蔽》)孔子得道之全，然后可以时中，而不限于一种表现。朱子注："见孔子巧力俱全，而圣智兼备，三子则力有余而巧不足，是以一节虽至于圣，而智不足以及乎时中也。此章言三子之行，各极其一偏；孔子之道，兼全于众理。所以偏者，由其蔽于始，是以缺于终；所以全者，由其知之至，是以行之尽。三子犹春夏秋冬之各一其时，孔子则大和元气之流行于四时也。"[1]这一解释是很到位的。孔子与三子的区分，正在于是"全于德行"还是"各极一偏"。究其源头，则在最初的智。故孟子以"智之事"与"圣之事"对举。

将孟子的两层论述结合起来看，我们会发现，孟子关于此一问题的讨论，一直包含横向与纵向两个维度。横向是完满之智与偏差之智的差别，纵向是由智到圣的进展。能否成圣，取决于后者，即有没有力道达到那里；成为哪种圣，则取决于前者，即对道的认知是否完全。故从孟子的角度说，所谓"孔子集大成"，同时包含一横一纵两个维度的大成。

如果将孟子此说与竹简《五行》比较，孟子从终始阶段的角度理解"金声玉振"，与竹简《五行》是一致的。但《五行》没有从横向角度理解"集大成"的迹象。这是因为，《五行》对圣的理解具有唯一性，圣与圣的差别及其形成原因的问题，还没有进入到子思的思想视域当中。而孟子则从横向的角度提出圣与圣的差别性，并将这种区别追溯到开始阶段的智的区别，由此撑开了一横一纵两个维度，确定了"孔子集大成"的含义。孟子的提法，无疑是对

---

[1] 朱熹：《四书章句集注》，第316页。

《五行》圣的思想的一种发展，使"圣"成为了一个包含内部差异性的概念，不但具有理想的意义，更可以落实到对历史人物的具体评判之中。

这种理解方式，与说文也有不同。后者对"金声玉振"的解释，是从内外关系上区分"善"与"德"的运作机制的差异，凸显"金声玉振"或"集大成"的完成义。这也是一种横向的说，但与《孟子·万章下》的横向说不同。说文立足于内外的角度，而《万章下》立足于个体的差异。这是由两者不同的理论关切所决定的。《万章下》的关切，是圣与圣之别；说文的关切，实是对"善，人道也；德，天道也"的理解。如果说帛书说文是孟子早期的作品，则我们不难看出，彼时的孟子仍在尽力从子思的思路出发理解《五行》的核心主张。诠释的过程中，还难免发生意义重心的转移。到了《万章下》这段话，我们不但可以看出孟子对《五行》思想的精切把握（虽然隐蔽），更可以看到孟子在新的关切下对这一比喻进行了引申的发挥，使之承载更为丰富的意涵、表达更为复杂的结构。

故从竹简《五行》到《孟子》，我们看到了孟子与子思在相关思想上的继承关系；而从帛书说文的解说到《孟子》的发挥，则可以看到孟子自身思想逐步精熟的过程。

③ 见而知之、闻而知之，与圣人统序

竹简《五行》有"见而知之""闻而知之"的说法。

未尝闻君子道，谓之不聪。未尝见贤人，谓之不明。闻君子道而不知其君子道也，谓之不圣。见贤人而不知其有德也，谓之不智。（《五行》第十五章）

见而知之，智也。闻而知之，圣也。明明，智也。赫赫，圣也。"明明在下，赫赫在上"，此之谓也。(《五行》第十六章)

根据《五行》的意思，"见而知之"的对象是贤人，"闻而知之"的对象是君子道。对象的区分，相应于见与闻两种感官官能的区分。同时，又由于两者难度的差异，一为智，一为圣。且"见而知之"与"闻而知之"，内在都有两个层次。"见而知之"是先"见贤人"，而后"知其有德"。前者是"明"，是在众人之中看出或识别出贤人；后者是"智"，是对贤人之所以为贤人，拥有一种内在的理解。"闻而知之"是先"闻君子道"，而后"知其君子道"。前者是"聪"，是在众说之中听出或识别出君子道；后者是"圣"，是对君子道之所以为君子道，拥有一种内在的理解。

帛书说文对第十五章的解释是：

"未尝闻君子道，[谓之不]聪。"同之闻也，独不色然于君子道，故谓之不聪。"未尝见贤人，谓之不明。"同之见也，独不色贤人，故谓之不明。"闻君子道而不知其君子道也，谓之不圣。"闻君子道而不色然，而不知其天之道也，谓之不圣。"见贤人而不知其有德也，[谓]之不智。"见贤人而不色然，不知其所以为之，故谓之不智。

"闻而知之，圣也。"闻之而[遂]知其天之道也，圣也。"见而知之，智也。"见之而遂知其所以为之[者也]，智也。"明明，智[也。"智]也者，由所见知所不见也。"赫赫，圣也。"……(下文残损多)

第六章 孟子的性善论

色然，是指听闻君子道或见贤人之后，有所相契，从而表现出容色上的改变。同样是听到了一个思想学说，唯独你不能相契，不能流露相应的容色，则谓之"不聪"；同样是看到了一个贤人，唯独你不能相契，流露出相应的容色，则谓之"不明"。故所谓的聪、明，是要在听到君子道或看到贤人的时候，能够识别出他们，并且发生相契的感应。在这个意义上，聪、明与其说是一种感官的敏感，不如说是道德鉴赏力的高超。"见而知之"，是在见贤人而色然的基础上，进一步"知其所以为之"，亦即认识到贤人之为贤人的本质：有德。此则"由所见知所不见也"。所见，是贤人之言行表现；所不见，是贤人之德。通过贤人的外在表现而见贤人的内在之德，亦孔子所谓"知德"。"闻而知之"，是在闻君子道而色然的基础上，进一步"知其天之道也"，亦即认识到向所闻君子道，实际上乃是"天之道"。

此处，"闻之而遂知其天之道也"的表述，值得注意。竹简《五行》说"闻君子道而不知其君子道也"，"不知其君子道"是说不能确证其为"君子道"，亦即不能发生内在深刻的理解。诚然，《五行》也说："闻而知之，圣也；圣人知天道也。"但子思没有说，所谓的"天道"与"君子道"有何具体的关联。而从第十八章的论述看，全章以"文王之示"为典范，论述始于"圣智"的五行之和。继"圣人知天道也"之后，是"知而行之，义也。行之而时，德也"。故此所谓"天道"，大致相当于文王所据以行义的"天命"。这个意义的"天道"，与《五行》前文所说的"君子道"，当然是不同的。但说文将两者联系在了一起。于是，所谓"天道"，不是在君子道之外另有一种"天道的运行与变化"[1]，而是从君子道之中确认出一种天道。将君子道确认为天道，实即确认君子道在价值上的绝对性。从后一意义上讲，"闻君子道而知其君子道也"与"闻之而遂知其天之道也"，确有相近的意涵。

另外，竹简《五行》区分"天道"与"君子道"，与《中庸》相似。《中庸》强调"诚"通天人而言，但同时不抹杀天道与人道的层次。比如："《诗》云：'维天之命，於穆不已！'盖曰天之所以为天也。'於乎不显！文王之德之纯！'盖曰文王之所以为文也，纯亦不已。"（《中庸》）天之所以为天，在于不已；文王之所以为文，也在于不已，这是天人相契之处。但在具体论述的时候，仍然是分天人两层来说的。而帛书说文从君子道见天道，将君子道确证为天道，则是从另一个层面打通了天人之间的关联，天人之间的分层不再明确，天成为更具包容性的概念。孟子曰："天不言，以行与事示之而已矣。"（《万章上》）这是从人事的表现了解天意与天道。说文的意图，与《孟子》对天人关系的理解是一致的。

要之，说文一方面以"色然"和"由所见知所不见"等为解说，使《五行》此章的义理更为明白。另一方面，将"君子道"与"天道"联系，认为君子道的理解即是天道的确证，则似超出了简文的意思。

在《孟子》中，也有"见而知之""闻而知之"的提法。

> 孟子曰："由尧舜至于汤，五百有余岁，若禹、皋陶，则见

---

1 陈来：《竹简〈五行〉与子思思想研究》，《竹帛〈五行〉与简帛研究》，第132页。

而知之；若汤，则闻而知之。由汤至于文王，五百有余岁，若伊尹、莱朱则见而知之；若文王，则闻而知之。由文王至于孔子，五百有余岁，若太公望、散宜生，则见而知之；若孔子，则闻而知之。由孔子而来至于今，百有余岁，去圣人之世，若此其未远也；近圣人之居，若此其甚也，然而无有乎尔，则亦无有乎尔。"（《尽心下》）

这是《孟子》全书最后一章。在此，孟子历数了历代圣贤，区分了"见而知之"和"闻而知之"。知之，朱子引尹氏曰："知，谓知其道也。"[1] 大体来说是不错的。据竹简《五行》，其"见而知之"是知贤人之有德，"闻而知之"是知君子道之为君子道。但此处，孟子似乎没有有意区分"知之"的对象。或许，对于古人来说，理解一个人的道与一个人的德，是一体无别的事情。在此意义上，"见而知之"与"闻而知之"，所知的内容是一样的，即儒家意义上的道德。两者的差别只在于：前者有幸亲见，后者因年代久远不能亲见，只能通过传闻而契会、理解。

孟子历数圣贤相传道统，分为四个时代、两种方式。四个时代指尧舜时代、商汤时代、文王时代、孔子时代；两种方式指"见而知之"与"闻而知之"。其中，"闻而知之"构成了时代与时代之间相续的线索，其节点乃是历史上最重要的圣人：尧舜—汤—文王—孔子。"见而知之"是围绕这些节点而形成的圣贤群体：尧舜/禹、皋陶；汤/伊尹、莱朱；文王/太公望、散宜生；孔子/……。若

---

[1] 朱熹：《四书章句集注》，第376页。

按"五百年必有王者兴，其间必有名世者"(《公孙丑下》)的历史观，"见而知之"的一系，是五百年一兴的王者；"闻而知之"的群体，则是王者身边的名世者。两者的重要性和地位自然是有差别的。竹简《五行》云："见而知之，智也。闻而知之，圣也。"智当然还没有达到圣的地位。这是否意味着孟子所说的两类人物分属圣、贤呢？其实，将第二类人物都称为贤人，从孟子思想来说是不合适的。至少禹、武王、周公的地位，不好安排。禹，自孔子以来向来是儒家的圣人。[1] 荀子提出"涂之人可以为禹"(《荀子·性恶》)，是将禹作为圣人的典型。孟子对周公很是推崇，认为"文王之德""武王、周公继之"(《公孙丑上》)，称周公为"古圣人也"(《公孙丑下》)，甚至将"周公兼夷狄、驱猛兽而百姓宁"之功，与"禹抑洪水而天下平"、"孔子成《春秋》而乱臣贼子惧"并举(《滕文公下》)，作为历代圣王最大的代表性功绩。且孟子也明确说过，伊尹是古之圣者、圣之任者；伯夷是圣之清者；柳下惠是圣之和者。可见，在孟子思想中，圣人不同于圣王，且圣人之间自有层次的差别。故将此处"见而知之"的一系尽皆理解为贤人是不合适的，"闻而知之"与"见而知之"的差别，不是严格的圣与贤的差别。"尧舜-汤-文王-孔子"之所以尤为重要，是因为他们是各个圣贤群体的核心人物，是"五百年必有王者兴"的印证。

在此，孟子对"见而知之"与"闻而知之"的使用，与《五行》有所不同，或者说不如《五行》那么严格。实际上，这是由两

---

[1] 子曰："巍巍乎！舜禹之有天下也，而不与焉。"(《泰伯》)子曰："禹，吾无间然矣。菲饮食，而致孝乎鬼神；恶衣服，而致美乎黻冕；卑宫室，而尽力乎沟洫。禹，吾无间然矣。"(《泰伯》)又《尧曰》尧命舜、舜命禹，将大禹与尧舜齐观。

者的思想语境所决定的。《五行》的"见而知之"、"闻而知之",是对应于"智"、"圣"两种德之行。在一般的历史条件下,贤人是会有的,故总有机会"见而知之",能如此则谓之"智"。但圣人是不常有的,大部分的历史时代我们没有机会见到。此时,若想理解圣人之德与圣人之道,必须通过圣人留下的、作为圣人之嘉言懿行或制作结果的君子道。因此,圣就只有"闻而知之"一途。《五行》专注于阐明一般历史状况下的成德机制,故"见而知之"、"闻而知之"两种渠道的区分,最终落实为两种对象的区分。实则,见与闻在难度上固有差别,但理解的深度却不受此限制。且两种感知渠道最终是相通的。知贤人,也可以通过听闻贤人之言行;知君子道,也可以通过看君子之言行,最终都归结为思的品质。

相较而言,子思的思想更具有纯思的品质,孟子的思想则更有现实的品质,或者说有更多的历史关切。他会把理论的思考,引入对历史人物或历史观的探讨当中。前面借子思"集大成"及"金声玉振"之说,区分圣人与圣人之差别;此处借子思"见而知之"、"闻而知之"之说,"历序群圣之统",[1] 都是这一思想倾向的表现。在此,我们又看到了子思与孟子之间思想传承与演进的辩证关系。

至于孔子时代,孟子没有说谁是"见而知之"的人。若要点名说,至少颜回可以与于其间。如朱子《中庸章句序》:"见而知之者,惟颜氏、曾氏之传得其宗。"[2] 但孟子没有这样说。他只是发了一通感慨:距孔子两百多年,时代还不算远,家乡又如此近,却已

---

1 朱熹:《四书章句集注》,第377页。
2 同上书,第15页。

经没有继承的人了，也就真的没有继承的人了。孟子的这番话很可能是在他晚年的时候，想到门下无人能传圣人之道的感慨。

孟子晚孔子两百多年，没有机会亲见孔子，"不得为孔子徒"，固不能是"见而知之"；再者，"闻而知之"从义理上虽不限于"尧舜-汤-文-孔子"，但按它们使用的方式，两者实已建立事实上的关联，故也不宜称"闻而知之"。但孟子又自信对孔子、对圣人之道有足够的理解，有当仁不让的承担。就此而言，孟子在此统序中的位置是很难确定的。不过，孟子自道："五百年必有王者兴，其间必有名世者。由周而来，七百有余岁矣。以其数则过矣，以其时考之则可矣。"(《公孙丑下》)在孟子看来，自己的时代乃是孔子时代的延续。据此，我们可以推测，孟子的自我定位，大体处孔子一期的圣贤团体之中。王邦雄说："五百年而有王者兴，其间若无转接卫道的贤者，就可能隔断而不能传承统贯。孔子下来，到了孟子，已有一百多年，虽五百年而有王者兴，不会落在孟子的身上，然作为一个弘扬儒学的卫道之士，孟子自觉是责无旁贷的。"[1]

孟子此章的圣人统序观，建立在五百年为断的周期历史观，与"见而知之"、"闻而知之"的区分之上。但孟子在自我理解的时候，没有严格坚守五百年的时限；在具体讨论历史人物的时候，也没有从"见而知之"与"闻而知之"的角度严格区分贤与圣。到了韩愈（《原道》）之后，更是抛开了周期历史观，也不论"见而知之"或"闻而知之"的差异，纯从精神价值之相继的角度建立道统之说。这是思想史上的又一转进。

---

[1] 王邦雄、曾昭旭、杨祖汉：《孟子义理疏解》，第365页。

④ 德气与浩然之气

竹简《五行》描述了仁义礼三种德之行的发生过程，对此，说文分别提出了"仁气"、"义气"、"礼气"予以解说。对第十二至十四章的解释如下：

> "不变不悦。"变也者，勉也，仁气也。变而后能悦。
> "不直不肆。"直也者，直其中心也，义气也。直而后能肆。
> "不远不敬。"远心也者，礼气也。

《五行》原文是在圣智的前提之下，论述仁义礼三种德之行的发生。仁的发生过程始于"变"，看上去与第五章始于"仁之思"不同。实则，据《五行》第三部分"知而安之，仁也"，此处正是描述了"知而安之"意义上的仁的发生。此一过程源于认知，认知之后有所体认而安于所知。故"变"是知之后的"变"。[1] 若说第五章是仁的发生的完整过程，那么，此处是借由"知"的作用，从"悦"的环节切入此一发生过程。何谓"变"呢？第十九章云："颜色容貌温，变也。"即在颜色容貌上发生的改变，相当于说文所谓的"色然"。这一改变源于对道德的认知，是一种价值上的认可见于身体层面的表现。知君子道或贤人德之后，流露出温和的颜色与容貌，此之谓"变"。

---

[1] 庞朴认为，读"变"于义无解，"宜定作恋、娈、孌之省，思慕也，温顺也，眷恋也"（庞朴：《竹帛〈五行〉篇校注及研究》，第46页），是未达简文之旨。又，陈来承认"变"字不好解："变字和仁搭不上关系，悦、戚、亲、爱、仁的关系很明白，现代文字学家虽然把字认成'变'，但这个'变'是从哪个字假借的，或者根本认得不对，还是一个开放问题。"（陈来：《竹简〈五行〉篇讲稿》，第33页）

《五行》只是说到这里，说文则以"仁气"说之。"变也者，勉也，仁气也。"此处，"勉"似乎是直接解释"变"的。实则，两者并不是对等关系。如果"变"是颜色容貌之变，那么"勉"应理解为变的原因。第十九章"颜色容貌温"，说文云："变也者，勉勉也，逊逊也，能行变者也。"勉勉，力行不倦貌。逊逊，恭慎貌。[1] 说文用"勉勉、逊逊"解"变"，不是文字上的训诂，而是义理上的判定，是以"勉勉、逊逊"给出"变"的原因。所谓"能行变者也"，"勉勉、孙逊"正是之所以能"变"的原因。顺此而言，"仁气也"不是说"变"本身是"仁气"，而是说"勉勉、逊逊"以至于"颜色容貌"之变，皆是仁气流注之表现。仁气流行是其内在的原因或机制。

"勉勉、逊逊"而"变"，基于仁气的流注。类似的，"直其中心"之基础，是义气的流注；"远心"之基础，是礼气的流注。仁气、义气、礼气，乃是相应的心理状态的内在原因。故竹简《五行》第十七章，说文云：

"知而行之，义也。"知君子之所道而愀然行之，义气也。
"知而安之，仁也。"知君子所道而谖然安之者，仁气也。
"行而敬之，礼也。"既安之矣，而愀愀然而敬之者，礼气也。

简文第十八章，说文云：

---

[1] 参见魏启鹏：《简帛〈五行〉笺释》，第37页。

"知而安之,仁也。"知君子所道而谡然安之者,仁气也。

"安而行之,义也。"既安之矣,而憿然行之,义气也。

"行而敬之,礼也。"既行之矣,又愀愀然而敬之者,礼气也。

知君子道为前提,知之之后仁气流注,然后有"谡然安之"的表现。安君子道之后,义气流注,然后有"憿然行之"的表现。既行君子道矣,礼气流注,然后有"愀愀然"的表现。

故在说文,所谓"仁气"、"义气"、"礼气",是在《五行》给出的作为仁义礼之发端的"变"、"直"、"远"的基础之上,进一步追究其所以有如是状态或心理的原因。陈来认为:"我们可以说变、悦、直、肆、远等这些概念所表达的都是前道德意识的内心状态和意向表现。……说文把这些前道德意识和前道德行为的阶段都称作气,表示作者对德行的理解,不是仅仅将之理解为行为,而是用气来表达行为之前的心理状态和活动。……我们把这种思想称作德气说,即用气来说明德行的心理动力机制和德行的进行时态。"[1]的确,说文的仁气、义气、礼气,实是作为相应德之行的发生过程的内在动力。不过也要注意,说文此处只是以德气流注,为变、悦、直、肆、远等状态或心理的原因,而没有说变、悦、直、肆、远即是德气的变化或状态。要之,变、悦、直、肆、远之类,诚然可以寻求气上的根据,但它们本身已然是心理层面的活动或状态。故说文对竹简第十二至十四章的解释,也只是在开端的时候提到了德气,之后仍都是从心理层面去理解。说文对竹简第十九至二十一章

---

[1] 陈来:《帛书〈五行〉说部与孟子思想探论》,《竹帛〈五行〉与简帛研究》,第160-161页。

的解释，亦是如此。因此，陈来将仁、义、礼完成之前的形成阶段皆视为"前道德意识"的阶段，认为都是在说德气，不符合说文的意思。

不过，第十七、十八章论五行之和、四行之和，说文皆以德气说之。这表明，德气是贯彻德之行的终始的。事实上，这一点不难解释。德气的生成与运动，自有一个系统。它既可以成为道德心理的原因，而道德心理的活动，亦在另一个维度上表达为德气的活动。故道德活动的完成，亦必是德气运化的完成。道德心理与德气的运行，实是相互交错的两个层面的描述方式。杨儒宾指出："审察道德意识至细，是思、孟后学一项显著的特征。但是孟子学里的气不会只是气，它往往是道德意志的另一个面相，紧伴随着道德意志的活动而来。换言之，我们解析一件道德心的活动时，可以从两方面观察同一事件：一、从意识活动的生理基础考察，此时重点在气。二，从意识活动的本身考察，此时重点落在当下的意识内容。"[1] 将气的活动视为道德意志活动的伴随之物，将气的考察与意识活动本身的考察视为从两个角度对同一事件的描述，这些说法都是很精当的。

不过，这是大概言之。若具体回到帛书，说文只给出了首尾，对竹简第十二至十四章的解释指明德气是相应初始状态的基础，对竹简第十六、十七章的解释笼统指明了德行与德气的关联，至于德气伴随道德意志活动的具体过程，并没有给出描述。或许，对于德气来说，其过程的描述要简单很多：德气的生成、蕴蓄与充沛。德

---

[1] 杨儒宾：《儒家身体观》，第314-315页。

气在道德活动的最初阶段，成为了意志活动的动力原因；而道德活动的持续进行乃至最终成德，又反哺了德气的蕴蓄与充沛。故两层描述，在成德过程的首尾两个阶段，关系最为密切。

此外值得注意的是，《五行》只是提到了"仁气"、"义气"、"礼气"，而没有提到"智气"或"圣气"。陈来指出："圣智与闻见关联，闻见不是实践德行，或者用中国哲学的说法，闻见偏于'知'，而不属于'行'，故不宜用'气'来说明。"并推论，《五行》作者是用"气"来区分理智德行和实践德行。[1] 那么，到底有没有"智气"或"圣气"呢？其实，两种说法虽不见于《五行》说文，却见于其它文献。帛书《德圣》云："四行成，善心起。四行形，圣气作。五行形，德心起。"根据这一说法，圣气的生成是四行完成之后的结果。此外，《大戴礼记·文王官》云："信气中易，义气时舒，智气简备，勇气壮直。"信、义、智、勇，背后都有相应的气。杨儒宾说："理论上'智气'与'圣气'是应当有的，或是可以有的，这比较符合孟子学的一项重要设定——'志至之，气次之'，亦即道德意识所及之处，即有与之相应的气跟着流行。"[2] 这一说法，我想是恰当的。从理论上看，任何一种情感、心理或德行，都可以追究到气的层面的活动。不过，说文此处可以说，却不说（在竹简十七、十八章的解释中，说文"可以"顺势提到，但没有），这或许表明，说文的作者确实有意区分仁义礼与圣智。

《孟子》一书，虽然没有直接提到"仁气"、"义气"、"礼气"，

---

1 参见陈来：《帛书〈五行〉说部与孟子思想探论》，《竹帛〈五行〉与简帛研究》，第161页。
2 杨儒宾：《儒家身体观》，第310–311页。

但有几个相似的概念:"夜气"、"平旦之气"与"浩然之气"。三种提法,不见于其它文献,有可能是孟子独有的提法。前两者见于"牛山之木"章,所谓:"其日夜之所息,平旦之气,其好恶与人相近也者几希,则其旦昼之所为,有梏亡之矣。梏之反复,则其夜气不足以存;夜气不足以存,则其违禽兽不远矣。"(《告子上》) 平旦之气,即清晨的体气。孟子认为,平旦之气比较清明,它的好恶包含了人的那一点点良心,故"与人相近也者几希"。而平旦之气,又源于夜气的蕴积。夜气有一种自然之效,可以涵养与保存人的良心。朱子说:"气清则能存固有之良心。如旦昼之所为,有以汩乱其气,则良心为之不存矣。然暮夜止息,稍不纷扰,则良心又复生长。譬如一井水,终日搅动,便浑了那水。至夜稍歇,便有清水出。"[1] 杨儒宾说:"此种气之生成作用并非缘于个人主观的能力,相反地,正因为人在睡觉或在初醒时,诸缘放下,尘虑不起,所以它反而可以顺遂流行。"[2] 这一生存体验的描述,是具有普遍性的。在万虑不起的情况下,久被尘封的良心,也有更多自我澄露的机会。孟子正是因此而将夜间的体验指认为"夜气"的流行,将晨间的清明指认为"平旦之气"的效果,而说良心有"几希"的呈现。不过,以上所谓的"夜气"或"平旦之气",主要是一种自然的描述。人人具有类似的体验,故人人具有这两种气。后天的所为,固然也

---

[1] 朱熹:《朱子语类》,《朱子全书》第十六册,第1895页。此取于伊川:"某尝谓,只有伊川说:'夜气之所存者,良知也,良能也。'诸家解注,惟此说为当。"(朱熹:《朱子语类》,《朱子全书》第十六册,第1899页)
[2] 杨儒宾:《儒家身体观》,第168页。又说:"孟子使用'夜气'的概念时,很可能与当时的医学及养生思想有关。据《黄帝内经》所示,人身的体气不是等价的,经由一夜的滋息,及乎平旦时的'气'乃是善的。"(《儒家身体观》,第168-169页)

第六章 孟子的性善论

可以使这些体验变得或微弱、或明显，使这两种气变得或浸薄、或厚实，故后世学者有"存夜气"之说。但从孟子本身来看，这两个概念大体具有描述的性质，本身并无工夫可下。朱子曰："孟子不曾教人存夜气，只是说歇得些时，气便清。"[1] 是也。

在《孟子》中，真正具有工夫论性质的是"浩然之气"。公孙丑问孟子之所长，孟子曰："我知言，我善养吾浩然之气。"这是孟夫子的自道，是孟子的自我认知的明确表达。其中，"知言"是孟子在思想学说上的自我理解，对孔子之道的绍述、对各派思想的批评，皆可纳入"知言"二字之中；而"养气"，则是孟子在德行修为上的自我理解。故从孟子自身修为的角度讲，"养气说"实具有核心的意义。如果说，"夜气"、"平旦之气"是人人或多或少都具有的"体气"；那么，此"浩然之气"则是有德者所独有的"德气"。

"敢问何谓浩然之气？"

曰："难言也。其为气也，至大至刚，以直养而无害，则塞于天地之间。其为气也，配义与道；无是，馁也。是集义所生者，非义袭而取之也。行有不慊于心，则馁矣。我故曰，告子未尝知义，以其外之也。必有事焉而勿正，心勿忘，勿助长也。无若宋人然：宋人有闵其苗之不长而揠之者，芒芒然归。谓其人曰：'今日病矣，予助苗长矣。'其子趋而往视之，苗则槁矣。天下之不助苗长者寡矣。以为无益而舍之者，不耘苗者也；助之长者，揠苗者也。非徒无益，而又害之。"（《公孙丑上》）

---

[1] 朱熹：《朱子语类》，《朱子全书》第十六册，第1895页。

此浩然之气，孟子自己能强烈地感受到，但要他说出来却很不容易。因为它毕竟是属于内在的体验。故孟子首先感叹一句："难言也。"随后，孟子指出了两点：浩然之气的性质是"至大至刚"，养浩然之气的要点是"直养"。这两方面，都让我们想到《五行》对"义"的理解。义本身具有刚大的意象，且义德的发生始于"直"的用心。直养而无害，则浩然之气逐渐充沛，充塞于天地之间。当然，所谓"塞于天地之间"，不是真的有一种物质充塞进了宇宙空间之中。它表达的是一种生存体验。但这种体验，却不局限于个体的内部体验，也可以给他人以直观的感受，似乎其人的修为真实地改变了周遭的环境构成。后人谓之"气象"，今人谓之"气场"。

如何"直养"呢？关键是"配义与道"。道，在《孟子》一般指仁道。"孔子曰：'道二：仁与不仁而已矣。'"（《离娄上》）但在这里，义、道对举，下文又只说"集义"。可见，此处的道，仍指义道而言。此浩然之气，若配以道义，则可以生成；若不循道义，则会失去。朱子曰："配者，合而有助之意。"[1] 还不够精确。其实，道义乃是"直"之为"直"的所在。《五行》云："中心辩然而正行之，直也。"中心辩然，即辩然乎道义；正行之，即正义而行。故所谓"直"，实即直乎道义。能持续性地"直乎道义"，谓之"集义"。这是直养之法。故孟子曰："是集义所生者，非袭而取之也。"前者是由内而外生成义德的过程，后者则只是外在的行此义事。真正的浩然之气，源于内在义德的形成，不是外在行为可以引发的。朱子所谓"非由只行一事偶合于义，便可掩袭于外而得之

---

[1] 朱熹：《四书章句集注》，第231页。

也",[1]是也。孟子连带批评了告子"未尝知义"。在孟子看来,告子只是"义袭"而已。告子认为义是外在的,故只是外在地行义事,而不与内心的德行发生关联。这正是"义外"之说的严重后果。

故所谓的"浩然之气",在孟子,实际上是义德涵养的自然之效。孟子说:"必有事焉而勿正,心勿忘,勿助长也。"朱子注:"正,预期也。"[2]意谓,不断从事于"集义"之事(心勿忘),而不期必有浩然之气的生成与充沛。若有养气的预期,是所谓"助长"也。此处,"正"与"助",或是针对其他人的养气之法。这些人将"养气"作为一种专门的工夫,通过引导之术,期必气的生成与运行。而孟子虽说"我善养吾浩然之气",但实际上却不是行气锻炼的功法。孟子所主张的,乃是"志至焉,气次焉"、"持其志,无暴其气"。与气相比,孟子更重视的是志,气则是德行成就的自然效果。杨儒宾将孟子的这一特征,进一步概括为"意志下工夫,形气收效果",[3]是恰当的。

故孟子的养气实是养心,是直养心性。[4]如此,则可以理解,孟子向来以四端之心、仁义之心的确证与扩充为成德的法门,此处却以"我善养吾浩然之气"自道。对于孟子来讲,根本工夫并没有改变。他是在德行的由内而外的存养过程中,同时体验到了浩然之气的生成与充沛。德气的充沛,乃是德行涵养的伴随性过程。而孟

---

[1] 朱熹:《四书章句集注》,第232页。
[2] 同上。
[3] 杨儒宾:《儒家身体观》,第188页。
[4] 王博说:"从孟子对浩然之气的描述来看,我们可以把它看作是良心扩充之后弥漫于生命整体的一种状态。很显然地,此气是由志来统帅的。因此,这与其说是养气,还不如说是养心。"(王博:《中国儒学史·先秦卷》,第336页)

子的用功之处，只是心性的存养或德行的生成。所谓"直养"、"集义"，都是德行涵养之过程，也是孟子养气之途径。在此意义上，我们可以说，孟子所谓的德气说（帛书《五行》说文）与养气说（《孟子》），实是从气的角度体认儒家思孟一系的成德经验，而以战国诸子（尤其是稷下黄老）的气论概念加以描述的结果。

从帛书《五行》说文的仁气、义气、礼气到《孟子》的浩然之气，前者用德气指示德行生成过程的内在动力机制，更具有理论描述的意义；后者用浩然之气表现集义之后的道德体认，更具有实践描述的意义。彭国翔指出："如果帛书《五行》说部是孟子中年之作，那么，'仁气'、'义气'和'礼气'反映的就是孟子中期的思想观念。与此相较，《孟子》中的'浩然之气'、'平旦之气'和'夜气'，代表的则是孟子最终的气论。"[1] 似是可以成立的。

德气说，为《五行》所无。孟子中年至齐，游历稷下学宫。其与告子的人性之辩、义内义外之辩，盖在此时。与此同时，孟子亦或受了稷下黄老气论的影响，故发明"德气"之说，以解释子思《五行》的成德过程。帛书《五行》说部从德气角度解《五行》，实是从气的角度重新关照和理解子思《五行》本在意识活动层面已经描述了的德行生成之过程，使子思的道德内观之学在新的理论视域中得到了新的描述。这一描述，是对成德活动的另一经验维度的揭示，但并不改变思孟一系对成德过程的基本理解。

所以，我们可以看到，孟子虽然在一些地方采用了气的概念，

---

[1] 彭国翔：《"尽心"与"养气"：孟子身心修炼的功夫论》，《学术月刊》2018年第4期，第15页。

但大体而言,"体气说"或"德气说",在孟子思想系统中还不具有核心的地位;孟子的"养气说",自身也不具有独立的工夫论意义(从属于存心养性工夫)。

6.2 孟子四心说与性善论的创辟

从子思与孟子的思想连续性来说,"五行"无疑是思孟学派的核心要素。子思首唱五行之说,他的德行思想即以此为基础,甚至《中庸》的"诚"也要以五行之和的结构性理解为前提,才能从七十子后学对孔子"一以贯之"思想的诠释的角度,将"诚"理解为子思思想的最终归宿。而对于孟子来说,五行说作为学派的传统,为孟子的相关思考提供了一个现成的框架。受此影响,孟子的德行思想也呈现为明显的结构性特征。若与稍后的荀子相比,这一特征非常明显。此后,其说又与阴阳五行说合流,最终演化为汉代的五常学说。

仔细考察孟子思想,我们又会发现,其中虽然暗含了五行学说,但从孟子本身而言,其思想的结构性基础,与其说是"五行",不如说是"四心"。孟子以恻隐之心、羞恶之心、辞让之心(恭敬之心)、是非之心的发现和确证为前提,将四心指认为仁、义、礼、智的发端,由此提出了性善论的思想。又以四心所具有的完全潜能,以及自我实现的内在动力为条件,提出了以"存心"、"养性"为核心的工夫进路。可以说,孟子的人性论、德行论、工夫论,都建立在对"四心"的发现与理解的基础之上。"四心"说乃是孟子相关思想的真正的基石。

那么，孟子是如何在"五行"的基础之上，发展出了"四心"的思想？从"五行"到"四心"，除了要素的多少之外，是否包含了更深刻的变化？这些问题的探讨，无论是对孟子思想的了解，还是对思孟之间思想转进的了解，都具有重要的意义。

6.2.1 从"五行"到"四心"

从"五行"到"四心"，有两个基本的差别：一是从仁、义、礼、智、圣五个要素，变为仁、义、礼、智四个要素；二是从"德之行"，变为"心"。前者涉及论域的差别，后者涉及思想进路的差异。

① 从"五"到"四"

从"仁义礼智圣"到"仁义礼智"，与"圣"的特殊性相关。圣的特殊性，在《五行》中即有表现。竹简《五行》首章，其它四行都是以"形于内"、"不形于内"区分"德之行"与"行"；至于圣，无论"形于内"或"不形于内"，都谓之"德之行"。这一区别的表述暗示出，对于圣而言，只有"形于内"的德之行，而没有"不形于内"的行。

再者，《五行》区分了"德"与"善"："德之行五和，谓之德；四行和，谓之善。"德是五行之和，善是四行之和。如之前所说，学者往往认为，"德"与"善"的区分，是以"德之行"与"行"的区分为基础的。实则，此五行与四行皆指德之行而言。德与善的区分，在于前者是五种德之行的和合如一，后者是四种德之行的和合如一。故德与善的差别，不在于是否形于内（皆形于内），而在于是否包含"圣"。有没有圣，决定了最终达到的是人道的境界,还是天道的境界。故《五行》云:"善,人道也。德,天道也。"这是德行境界上的区分,不是外在规范与内在要求的区分。《中庸》云:"诚者,天之道也;诚之者,人之道也。"《中庸》的"诚",相当于《五行》的"德";《中庸》的"诚之",相当于《五行》的"善"。前者是任运自然,全无造作的;后者则经学问思辨,不能无意。

顺着德与善的区分,竹简《五行》第十七、十八章提出了五行之和与四行之和的问题。第十七章云:"闻君子道,聪也。闻而知之,圣也。圣人知天道也。"提到"闻而知之",却直接写作"圣人知天道",由此可以反推,圣这种德之行是独属于圣人的。又云:"圣智,礼乐之所由生也,五行之所和也。和则乐,乐则有德,有德则邦家兴。文王之示也如此。"这些表述,都是以五行之和为制礼作乐、兴盛邦家的圣人,而以文王为典范。第十八章云:"(智,)仁义礼所由生也,四行之所和也。和则同,同则善。"如果说,德是圣人的境界;相比之下,善则更像是贤人的境界。

故《五行》德与善的区分,本质上是圣人境界与贤人境界的区分。子思"五行说"所要表达的,乃是圣人的德行结构,或者说成圣的道路。此一天道的境界,《五行》称之为"德",《中庸》称之为"诚"。与此同时,子思也提示了贤人的德行结构,或者说成贤的道路。此一人道的境界,《五行》称之为"善",《中庸》称之为"诚之"。两者的差别,在于是否有"圣"。是否有"圣"这种德之行,决定了圣凡之分。

在孟子所作的帛书《五行》说中,圣的特殊之处也得到了凸显。帛书《五行》调整了第三部分的论述顺序,以仁义礼-圣智为顺序，有意取消始于圣智的第二条道路，将之并入始于仁的第一条道路。且帛书说文解"五行之和"云："'仁义，礼乐之所由生也'，言礼乐之生于仁义［也。'五行之所和也'，言和仁义也。和则］乐，和者有犹五声之和也。乐者，言其流体也，机然忘寒。忘寒，德之至也。"阙文据文义补。竹简以圣智为礼乐之所由生，经孟子改编之后，变成仁义为礼乐之所由生。此外，说文解"四行之和"云："言礼智之生于仁义也。'四行之所和'，言和仁义也。"同样变为以仁义为核心。从道理上说，圣智是就主观能力而言，仁义可就价值内涵而言，两者皆可谓是礼乐之所由生。但这一改变，无疑表现了作者的真实用意：突出仁义，并消解始于圣智的道路。对于说文的作者（孟子）而言，成德只能基于仁义、始于仁义，走"仁义礼-智圣"的道路。圣不能是起点，只能是终点。虽然如我们之前所说，说文对《五行》原文的改造，并不能够完全支撑这一点。但这一用意是很明显的。

　　再从《孟子》看，圣是明显区别于仁义礼智的德之行。孟子说："仁之于父子也，义之于君臣也，礼之于宾主也，智之于贤者也，圣人之于天道也，命也，有性焉，君子不谓命也。"（《尽心下》）其中，"圣人"的表述，与仁、义、礼、智皆称德行不同。朱子引或曰："人衍字。"[1] 实际上，"人"字很可能不是衍文，而是孟子有意为之。在孟子看来，圣是圣人所独享的德之行，非凡人可与。孟子所谓"圣人之于天道也"，正如《五行》"圣人知天道也"一样，是将圣这一德之行的特殊性确立下来。

---

1 朱熹：《四书章句集注》，第370页。

在成德的道路上，孟子所呈现的是一个始于仁义的道路。孟子曰："仁之实，事亲是也；义之实，从兄是也。智之实，知斯二者弗去是也；礼之实，节文斯二者是也；乐之实，乐斯二者，乐则生矣；生则恶可已也，恶可已，则不知足之蹈之手之舞之。"(《离娄上》)抛开对仁义之实的具体理解，孟子这段话不但以"仁义"为"礼智"之实，也以"仁义"为"礼乐"之实。这与《五行》以仁义为五行、四行之所和，礼乐之所由生，是一致的。

在此脉络上，仁、义、礼、智与圣具有层次上的区分，前者是可以存养、扩充的内容，后者则是成德的终极境界。

可欲之谓善，有诸己之谓信。充实之谓美，充实而有光辉之谓大，大而化之之谓圣，圣而不可知之之谓神。(《尽心下》)

在此，善、信、美、大都是就"仁义礼智"而言的：发自肺腑地追求仁义礼智，谓之"善（心）"；仁义礼智在内心有真实的体证，谓之"信"；仁义礼智获得内在的充实而有形色的表现，谓之"美"；仁义礼智获得光辉著明的效验，谓之"大"。至于"大而化之之谓圣"，则是说圣人境界。朱子注："大而能化，使其大者泯然无复可见之迹，则不思不勉、从容中道，而非人力之所能为矣。"[1]近是。大而化之，实即《中庸》"唯天下至诚为能化"之意。"圣而不可知之之谓神"，看上去是在圣之上再有一重神的境界，实则是在进一步表述圣人不测之用，《中庸》所谓"至诚如神"是也。程

---

[1] 朱熹：《四书章句集注》，第370页。

子曰："圣不可知,谓圣之至妙,人所不能测。非圣人之上,又有一等神人也。"[1] 诚是。

这段话代表了孟子对成德过程之诸阶段的基本理解。在此,圣不是作为德行的要素,而是作为最终的境界。这一点与仁义礼智四者有很大的差别。从仁义礼智之心的扩充,以最终达到圣人的境界,这是凡人成圣的道路。但自孔子以来,儒家就对"生知之圣"的可能性留有余地。故孟子曰:"尧舜,性之也;汤武,身之也。"(《尽心上》)又曰:"尧舜,性者也;汤武,反之也。"(《尽心下》)尧舜与汤武不同,前者是天生的圣人,后者是修为而成的圣人。孟子给出了与后者相应的"善-信-美-大-圣-神"的道路,却没有对前者作出说明。或许,在孟子看来,天生的圣人当下完足,是不需要讨论的。孟子思想真正关切的,乃是普通人的成德或成圣的道路。

故从"五"到"四"的转变,根本上源于关切对象的转变。"五"关切的是"圣人"与"天道","四"关切的是"凡人"与"人道"。在五行的系统中,是否有"圣"代表着圣与凡的差别。《五行》的两条成德道路,始于仁的道路,暗以孔子为典范;始于圣智的道路,实以文王为典范。理论上,人人都有成为圣人的可能;[2] 但现实中,却很少有真正的圣人。始于仁之思的成德道路,圣作为最后的境界出现,凡人也可以志于这一境界;但最终能否实现,却不是自己可以掌控的。孔子也只是到了七十的时候,才有

---

[1] 朱熹:《四书章句集注》,第370页。
[2] 子思虽然没有如孟子、荀子那样直接提出人人可以成圣,但《五行》《中庸》的思想表述不排斥这样的推论。

"从心所欲,不逾矩"的体认。至于始于圣智而和五行的成德道路,更要以"知天道"的"圣"为前提,不是凡人可以想象的。故五行之说,对于理解圣人的成德历程与心德结构来说,当然是很重要的;但对于普通人而言,真正有意义的修为道路,实际上是作为四行之和的善的道路(人道),而不是作为五行之和的德的道路。

到了孟子,他的思想的出发点,是人人可以当下体证的内在善心,故其成德思想的论域,更是直接限定于普通凡人。对于凡人而言,德行的要素只有仁义礼智,没有圣。因为圣作为要素,在凡人身上是很难体认和确证的。人所应当关注和存养的,也只是仁义礼智之端。在凡人的成德系统中,圣不是德行的要素,而是最终的境界,是仁义礼智四者扩充到极致的结果。如果说,在《五行》,圣还具有双重的意涵:作为五种要素之一,能与仁义礼智四者并举;作为从四行到五行的进展(竹简第十章),圣的获得同时意味着德的完成,故圣与德又有内在的一致性。到了《孟子》,圣则已然不再具有要素的含义,而只是作为境界之称,与仁义礼智不在同一个层面上了。

总之,从《五行》的"五"到《孟子》的"四",本质上是从圣人的视角切换为了凡人的视角。后者建立在了一个更具普遍性的道德基础之上。

② 从"德之行"到"心"

《五行》的"五行"是五种德之行,是从要素的角度分析德的构成;孟子的"四心"是四种心的作用,是在人心具有普遍性的发生活动中寻找四种德行的最初发端。从"德之行"到"心",意味着两种不同的致思路径。

"五行"是一种"德行要素论"或"德行结构论"的致思方式。五行说的基础，是孔子及七十子的基本德目论。比如，《论语》的"仁智勇"并举，七十子后学对"忠信"、"仁义"、"圣智"等的提倡。在此脉络之中，子思五行说的提出，本质上是从诸德目中选定仁、义、礼、智、圣五者，作为基础的德行要素，从五者各自的发生及相互之间的和合关系，建构对于儒家德行的结构性理解。其中，仁、义、礼、智、圣五者，既有各自独立的德行特征与发生学特征，又有前后相承、相互渗透的内在关联。故五者最终的实现，实际上不是五者的并立，而是伴随各自的独立性的消解，归结为和合为一的心德。帛书说文云："'慎其独'也者，言舍夫五而慎其心之谓也。独然后一。一也者，夫五夫为一心也，然后德。之一也，乃德已。德犹天也，天乃德已。"独也、德也、一也、天也，都是指圣人五行和合为一的心德，"都是一种超出躯体之外，全体都是精神流行之境"。[1] 故五行说的"德行要素论"，最终归结为"德行结构论"。

五行作为德行要素，是立足于成德的角度说的。从发生学的角度说，五者亦各有发生的内心基础。在《五行》，"仁之思"之于仁，"智之思"之于智，"圣之思"之于圣，"中心辩然"之于义，"外心"之于礼，都具有发生之端始的意义。不过，从《五行》的具体表述看，子思只是认定五种德之行的发生，源于相应的思或存心状态，却没有着意指明这些存心是人人本有的。考虑到圣之思的特殊性，子思似乎也不大可能认定这五者是人心本有的。究其原

---

[1] 杨儒宾：《儒家身体观》，第309页。

因,《五行》的思想,立足于德行论的立场,而不是立足于人性论的普遍立场。

在这个问题上,帛书《五行说》已经有所改变。对"中心辩然而正行之"一句,说文云:"有天下美饮食于此,吁嗟而与之,中心弗迷也。恶吁嗟而不受吁嗟,正行之,直也。"这里给出了一个具体的例子,用于说明"中心辩然而正行之"的状态。此故事也见于《礼记·檀弓下》。对于孟子而言,它表明了人的道德底线具有普遍性。

> 是故所欲有甚于生者,所恶有甚于死者,非独贤者有是心也,人皆有之,贤者能勿丧耳。一箪食,一豆羹,得之则生,弗得则死。呼尔而与之,行道之人弗受;蹴尔而与之,乞人不屑也。(《告子上》)

孟子举这个例子,正是为了说明人人皆有"羞恶之心"。于是,无受尔汝之心或者说羞恶之心,不仅仅是义的发端,更是人与人之间共通的东西。人皆有是心,则人皆可以顺此完成义德。

人心的初始所具,说文又称之为"端"。《五行》云:"能进之,为君子;不能进也,各止于其里。"子思没有说,"之"具体指什么。从上下文看,似是一种虚指,意谓在现有的基础上有所升进。而说文云:"能进端,能终端,则为君子耳矣。'弗能进,各止于其里。'不藏尤害人,仁之理也;不受吁嗟者,义之理(里)也。弗能进也,则各止于其里耳矣。终其不藏尤害人之心,而人覆四海；终其不受吁嗟之心，而义襄天下。"庞朴说："终疑作充，扩充也。"[1] 是。说文将"不藏尤害人之心"和"不受吁嗟之心"视为人人当下的现实，视为德行之发端，进而以此心的扩充来理解德行的升进与养成，这与孟子思想完全一致。孟子曰："人能充无欲害人之心，而仁不可胜用也；人能充无穿窬之心，而义不可胜用也。人能充无受尔汝之实，无所往而不为义也。"（《尽心下》）此中，"无穿窬之心"与"无受尔汝之心"一样，都是羞恶之心的典型表现。两处表述几乎完全相同。

大体而言，子思只是从发生学的角度，指出五者的存心基础，却没有指明（或者说无法指明）此心是人人普遍具有的。而孟子在指认相应存心的同时，直接指认此心为"人皆有之"。孟子思想的旨趣，是从人人当下具有的人心表现中，发现和确证其中所包含的善的因素，将之指认为人性之所固有，从而建立道德实践的普遍基础。故对于孟子来说，他的核心任务，是指示和阐明仁义礼智四种德行的发端具足于人心之中，所谓"恻隐之心，人皆有之；羞恶之心，人皆有之；恭敬之心，人皆有之；是非之心，人皆有之"（《告子上》）。在孟子看来，这四种心，乃是仁义礼智之德的发端；由此扩而充之，可以实现为仁义礼智之德。更重要的是，这四种心是普遍的，可以当下体认的。孟子对四心的普遍性的强调，最终是为了从人性的角度加以肯定。

是故，从"德之行"到"心"的转变，归根结底，是子思的德行论与孟子的性善论这两条不同的致思路径所决定的。子思"五行

---

[1] 庞朴：《竹帛〈五行〉篇校注及研究》，第75页。

说",是站在德行论立场上的德行生成论,或德行结构论;孟子的"四心说",则是站在普遍人性论立场上的德行扩充论。当然,"四心说"也有自身的内部结构。对于孟子来讲,它是以"仁义"为基础的。

6.2.2 据"四心"以"道性善"

如何理解孟子的性善论,是孟子研究中的关键问题。有学者对以往的解释作了详尽的梳理,认为存在十种观点,所谓"心善说、善端说、向善说、可善说、有善说、人禽说、本原说、本体说、总体说、成长说"等。[1] 实际上,历史上的种种说法,除了宋明理学的本体说与其它学说存在着思维模式的差异,难以协调之外,许多学说都是从某个角度揭示或发挥了孟子性善论的某个环节或某个面向,相互之间本非必然矛盾。故问题的关键在于,如何从孟子自身的问题意识与思想脉络出发,系统把握并呈现孟子道性善的内部逻辑。诸逻辑环节的澄清,也有助于我们了解历史上的诸种诠释,究竟是哪个环节的衍生结果。

孟子性善论的内部逻辑,大体可以分为四个环节:其一,确证"四心"的普遍性,源于人心活动的反思和理解;其二,把"四心"认取为"四端",它们的本质即仁义礼智;其三,以"顺利"为核心,阐明"性"概念的内在原则,并从"四心"与"四德"的关系,确认"四心"符合"性"的原则;其四,就"四心"之"善性",通过君子的"性命之辨",提出"性善"的主张。值得注意的

---

[1] 方朝晖:《如何理解性善论》,《国学学刊》2018年第1期,第36页。

是，我们所说的内部逻辑，不一定是《孟子》既已给出的文本逻辑，甚至不一定是孟子自觉的论证逻辑，而是经由我们对孟子思想的全盘理解之后，从人的生存的基本经验与实感出发，重构孟子性善论之可能性的思想逻辑。[1] 当然，其思想的要素，皆根植于孟子本身。

① "四心"的确证

子思认为，五行源于五种初始的存心，顺此培养五行。对此，孟子有所继承，也认为德行与初始用心有对应关系。但与子思着眼于阐明存心与德行的发展关系不同，孟子思想的任务，更多的是要发现和确证这些存心的普遍性。

孟子的"四心"有两种表述：第一种，恻隐之心、羞恶之心、辞让之心、是非之心（《公孙丑上》）；第二种，恻隐之心、羞恶之心、恭敬之心、是非之心（《告子上》）。差别在于义之端的表述不同。若与《五行》相比，两者对仁义礼智所对应的初心的表述也是不同的。

其一，仁的初心。在《五行》中，仁的发展历程始于"仁之思"。仁之思精诚专一，经由察、安、温，至与人交接的悦、戚、亲、爱，如是则仁。而在《孟子》，仁的初心是"恻隐之心"。所谓

---

[1] 李巍从孟子对"性"的四个限定入手理解孟子的性善论。四个限定，即"1自发、2固有、3独有且4能为人自主的欲求"。在此限定之下，孟子"仅以可自主的心官道德欲求（心性）为人性所是"（李巍：《"性"指什么？——孟子人性论的起点》，《现代哲学》2016年第5期，第109页）。这一分析当然是很严整的。不过，也应看到，性概念的限定，根本上不是一个逻辑分析或概念界定的问题。人性的理解，是一个思想的问题。关键是要阐明，孟子何以要、何以能、又如何，以"之"为性。相对而言，性概念的具体使用，只是它的一个结果。

"恻隐之心",即对他人苦难的同情和不忍。对比之下,子思的悦、戚、亲、爱,是仁爱的正面表现;孟子的恻隐之心,则是仁爱的反面感受。其实,孟子也有"孩提之童,无不知爱其亲者"之说,并以之为"良知"、"良能"(《尽心上》)。但孟子终究没有以后者为"仁之端"。或许是考虑到,爱亲的情感不如恻隐之心,更为直接、痛切且普遍(人人可以现下体认,且及于禽兽)。

其二,义的初心。在《五行》中,义始于"中心辩然而正行之,直也"。所谓"中心辩然",是一种义理明晰、原则分判的状态。能够依据义理、原则而行,就是直。进而将之实现出来,而不受外界因素的干扰,又明于小大之分,便是义。而在《孟子》,义的初心是"羞恶之心"。所谓羞恶之心,朱子曰:"羞,耻己之不善也。恶,憎人之不善也。"[1] 亦即,对不善的羞耻和憎恶(类似于孔子所说"恶不仁")。对比之下,我们同样可以发现,《五行》是从正面说,《孟子》是从反面说。帛书说文用了"不受尔汝"的例子,以"吁嗟而与之,中心弗迷"解释"中心辩然",以"恶吁嗟而不受吁嗟"解释"正行"。如此,《五行》对于义理、原则的辩然,变成了说文对羞恶之心的感受;《五行》对义理、原则的正行,变成了说文对羞恶之心的忠实。两者的差别,表现了子思与孟子在基本思路上的差异。

其三,礼的初心。在《五行》中,礼始于"外心":"以其外心与人交,远也。"外心之说,见于《礼记·礼器》:"礼之以多为贵者,以其外心者也。"郑玄注:"外心,用心于外,其德在表也。"

---

[1] 朱熹:《四书章句集注》,第237页。

孔颖达曰："'以其外心者也'，谓其用心于外也。用心于外，谓起自朝廷，广及九州四海也。"[1] 魏启鹏由此认为："《五行》篇之'中心'即内心，主旨乃与心为一，慎其独也；外心主旨在以心交于天下四方，亦即《中庸》九经之'柔远人，怀诸侯'，'柔远人则四方归之，怀诸侯则天下畏之'。"[2] 但这一解释放在《五行》并不贴切。要之，"中心"与"外心"乃是两种存心状态。前者是温暖爱人之心、与人亲近之心；后者是与人拉开距离，承认人己的边界，将他人真正视为他者来尊重和对待之心。由外心而生远心；由远心而生敬心；持敬而不懈，则生严肃；严肃而为人敬畏，则有尊严；有尊严而不骄慢，则恭；持身恭而可以博交，则礼也。故恭敬源于外心，后者是比恭敬更为原始的用心取向。而在《孟子》，礼的初心是"恭敬之心"或"辞让之心"。孟子没有进一步追究两者何以可能的问题。对于孟子来讲，找到人人可以直接体认的原初的用心经验，已然足够了。

其四，智的初心。在《五行》中，智的发展历程始于"智之思也长"，长是智之思的形式特征，此处指运思的绵长。经过得、不忘，达到明、见贤人、玉色的阶段，如是则智。其中，"明"以前的阶段，大体只是智的形式能力的一般描述（对于非道德的情形，智也可体现为运思绵长、思有所得、记忆力强），而没有特别强调道德的内容；"明"之后的阶段，所谓"见贤人，明也；见而知之，智也"，才由具体内容的引入，而变成作为德行的"智"。在此意

---

[1] 郑玄注、孔颖达疏：《礼记正义》，第977页。
[2] 魏启鹏：《简帛〈五行〉笺释》，第42页。

第六章　孟子的性善论

义上，或许可以说，道德的智是智的形式能力的一种特殊的运用。[1]
而在《孟子》，智的初心是"是非之心"。所谓是非之心，朱子注："是，知其善而以为是也。非，知其恶而以为非也。"[2] 这里包含了两个层次：知是非、以为是非；或者说：知是知非、是是非非；又或者说：是非的了解、是非的肯认。是非的了别，包含知性的能力。是非的肯定，则出于价值的感受。故对于孟子来说，智的初心不仅仅是一种形式的能力（知性的认知），更主要的是一种据于价值感受而来的判断、取舍的能力。在此，孟子也只是肯定人人具有"是非之心"，却没有从发生学的角度进一步追问"是非之心"何以可能，与其形式的能力有何关联（如《五行》）。

以上，我们可以看到，《五行》与《孟子》相比，两者关于德行发生之起点的论述是有所不同的。大体而言，《五行》总是试图从最内在的思的特性或心的倾向出发，从发生学的角度阐明各种存心的产生与演变的过程；而《孟子》则只是选取人人可以体认的存心，作为德行发展的基础，并不往前追溯这些存心何以可能、如何发生的问题。这些差别，相应于子思与孟子各自的理论关切。当然，也由于各自的致思路径之不同，对具体的初心的认定也是不同的。尤其是关于仁义之初心的论述，子思都从正面的情感体验说，孟子则从反面的情感体验说。孟子的说法，与其普遍性的论证方式是直接相关的。

---

[1] 就如对于康德而言，实践理性是理性本身的一种运用。当然，这一说法不是那么严格，前此阶段没有指明具体的道德内容也不代表长、得、不忘是纯形式。
[2] 朱熹：《四书章句集注》，第237页。

孟子的目的，是从人人当下可以体认的心理经验，建立儒家道德的实践基础。故其首要的任务，就是指示和论证"四心"的普遍性。孟子对"四心"的揭示，一方面源于对子思五行说的继承，一方面又源于对心的经验性反思，是两者相互印契的结果。然而，若要在普通经验的层面证明"四心"的普遍性，则只能诉诸于此心活动的经验反思（子思没有关注这个问题）。

孟子对"四心"的说明，最成功的应该是"恻隐之心"。

> 所以谓人皆有不忍人之心者，今人乍见孺子将入于井，皆有怵惕恻隐之心。非所以内交于孺子之父母也，非所以要誉于乡党朋友也，非恶其声而然也。（《公孙丑上》）

为了论证"人皆有不忍人之心"，孟子设想了一个具体的情境：忽然看到一个小孩子将要跌到井里去了，当此之际，任何人都会本能地生起"惊恐恻隐之心"[1]。这并非是出于各种外在因素的考虑，恻隐之心的发生是完全内在自发的。

实际上，孟子的证明是一个"想象的逻辑"，即"通过情景性或图像式的假设所呈现的观念结构"，它类似于西方所说的"思想实验"。[2] 这个思想实验非常精当。只要我们设身处地，必然都会产生孟子所说的恻隐之心，而这种存心是无关于外在的考量的。这一

---

[1] 梁涛解读：《孟子》，第118页。朱注："怵惕，惊动貌。恻，伤之切也。隐，痛之深也。"（《四书章句集注》，第237页）杨伯峻译为"惊骇同情的心情"（《孟子译注》，第73页）。
[2] 陈少明：《想象的逻辑：来自中国哲学的经典例证》，《哲学动态》2012年第3期，第58、63页。

第六章　孟子的性善论

情景之所以能引起相同的情感反应，与它的切近性是相关的。对于围着水井过聚居生活的古人来说，有人落井，或"乍见孺子将入于井"，是很容易拥有的生活经验。其日常化的程度，好比现在的家长担心孩子在路上走会撞上车一样。孟子正是从这样一个日常的生活经验中，看到了人的具有普遍性的情感反应模式。由此证明，人皆有"恻隐之心"，人皆有"不忍人之心"。这可以说是孟子论证性善论最成功的一个例子。[1]

另一个恻隐之心的例子，源于齐宣王的故事。

（孟子）曰："臣闻之胡龁曰，王坐于堂上，有牵牛而过堂下者，王见之，曰：'牛何之？'对曰：'将以衅钟。'王曰：'舍之！吾不忍其觳觫，若无罪而就死地。'对曰：'然则废衅钟与？'曰：'何可废也？以羊易之。'不识有诸？"

（齐宣王）曰："有之。"

（孟子）曰："是心足以王矣。百姓皆以王为爱也，臣固知王之不忍也。"（《梁惠王上》）

孟子回顾了一个故事。有一次，齐宣王坐在堂上。他看到手下牵了一头牛要去衅钟，就说："放了它吧，我不忍心看它哆嗦发抖的样子，没有罪过而要被处死。"手下问，是否要废弃衅钟，齐宣王顺口就说："换只羊吧。"显然，齐宣王是看到了牛将要赴死，想

---

[1] 陈少明说："信奉性善说者，很难找到比孟子所举更恰切的例子。"（陈少明：《仁义之间》，《哲学研究》2012年第11期，第32页）

起它临死时战栗发抖的样子，从而对牛产生了同情怜悯之心。孟子从中看出了齐宣王的不忍之心。

从齐宣王的具体行为来看，他是用一头羊换了一头牛。两者相比，羊是小的、便宜的，牛是大的、贵的。且若说齐宣王是出于不忍心杀生，那么，以羊易牛并没有改变有动物无辜被杀的事实。于是，齐国民众就认为，宣王这样做纯粹是为了省钱。这种误解让齐宣王本人也很困扰，却又难以辩驳。但孟子肯定，齐宣王的做法正如他本人所说，乃是出于不忍，而不是出于吝啬。对于齐宣王的表现，孟子的解释是："见牛未见羊也。"牛与羊的生命价值当然是相同的；但这要在反思中、理智上才得以确认的。就人的直接感受来说，出现在眼前的总是更容易触动内心的同情；没有真实出现的，甚至不曾有意去设想过的，则不易感动。在这一事件中，牛是已然显现的，羊是隐没不显的；牛是"见"的，羊是"未见"的。齐宣王因不忍见牛的觳觫，而采取了"以羊易牛"的行为，从生命感受而言是可以理解的。朱子曰："见牛则此心已发而不可遏，未见羊则其理未形而无所妨。"[1] 是也。所谓"见牛未见羊"，切中了此中生存体验的本质。[2]

齐宣王的例子说明，很多情况下人的不忍之心已经有所表现，但由于没有相应的反思和理解的能力，无法得到真正的确证。这正是孟子所谓"思则得之"的要义之一。不过，由于以羊易牛的经验的特殊性，孟子只是把它作为说服齐宣王，使之达到对内在不忍之

---

[1] 朱熹：《四书章句集注》，第208页。
[2] 现代学者还会分析牛与羊的差异性，包括其在古人生活中的位置以及面临死亡的不同表现等，但相较而言，孟子所说"见牛未见羊"仍是主要的逻辑。

心的自觉的一个例子，而没有据此论证不忍之心的普遍性。

孟子在"今人乍见孺子将入于井"的例子之后，接着说："由是观之，无恻隐之心，非人也；无羞恶之心，非人也；无辞让之心，非人也；无是非之心，非人也。"（《公孙丑上》）孟子从"恻隐之心"的论证直接推论，人也都有"羞恶之心"、"辞让之心"、"是非之心"。但事实上，对于义、礼、智的普遍性，孟子没有给出类似的经典的思想实验的证明。他没有明确说，在什么境遇之中，人都会有什么样的情感反应，由此确证，人皆有羞恶、辞让、是非之心。不过，孟子的一些表述对此有所暗示。

关于羞恶之心的普遍性，前引《告子上》提到了乞人的故事。这个例子，源于真实的事件。据《礼记·檀弓下》的记载："齐大饥，黔敖为食于路，以待饿者而食之。有饿者蒙袂辑屦，贸贸然来。黔敖左奉食，右执饮，曰：'嗟！来食。'扬其目而视之，曰：'予唯不食嗟来之食，以至于斯也。'从而谢焉，终不食而死。"在《告子上》，这个故事是接着"所恶有甚于死者"来说的。孟子的逻辑大概是，连低贱的乞人也可以有如此的骨气，更何况是普通人，甚或士人？由此证明，人皆有羞恶之心。但严格来说，这个逻辑是不能成立的。它的前提，是将身份上低贱的乞人，视为道德上低贱的人，而将乞人的所作所为，视为人的道德底线。从乞人能如此，推出人人能如此。问题是，此乞人并不是这样的底线标准，他反而是道德领域的某种典范。他不食嗟来之食而死，之所以能被人记录下来、广泛传播，正说明这一事件在当时是一个正面的典范。当然，退一步可以说，在孟子所举的例子中，虽然未必人人会因为厌恶而不受，但这种厌恶的情感反应应当是相同的。此亦可证，人皆有羞恶之心。至于不是人人皆会为之死，则表明，不是人人都以自己的羞恶之心为行为的根据。这是德行的问题，而不是初心的问题。

与之相似，孟子还提到："人能充无穿窬之心，而义不可胜用也。人能充无受尔汝之实，无所往而不为义也。"（《尽心下》）在孟子，"充"是对应于"端"说的。"无穿窬之心"与"无受尔汝之实"一样，都是人在现实中表现出来的义的初心。穿窬，指穿墙打洞、行不义之事，如"逾东家墙而搂其处子"（《告子下》）之类。孟子认为，人人都知道这样做是不对的，都会引发情感上的羞恶之心。若能扩充这一存心，便可实现义的德行。这也是孟子对羞恶之心的普遍性的一种说明。

孟子讲仁义礼智四德，实是以仁义为核心的。他对四心的阐发，也以仁义之心或仁义的情感表现为主，或归结为仁义之心。比如，礼的初心是"恭敬之心"或"辞让之心"。孟子说："孩提之童，无不知爱其亲者；及其长也，无不知敬其兄也。亲亲，仁也；敬长，义也。"（《尽心上》）敬长，直接对应的应该是礼之心，而孟子据以言义。因为在孟子看来，敬长的活动虽是礼的活动，而其行为却是义的要求。故从孩提长大之后都有敬其兄的表现，似可以证明人人从小皆有恭敬之心。这样的行为，同时又是义的发端。[1]

至于智，《五行》说"智之思也长"，是从形式能力的角度，揭示智之思的特质。从形式上说，智乃是一种条理化的认知和理解能力。它能够认清事物自然的条理，据此采取相应的行动方式。孟

---

[1] 义与秩序相关，敬兄是一种内化的秩序感，可以推及政治实践。

子说:"所恶于智者,为其凿也。如智者若禹之行水也,则无恶于智矣。禹之行水也,行其所无事也。如智者亦行其所无事,则智亦大矣。"(《离娄下》)孟子讨厌穿凿之智,是因为它不能按事物本身的条理来认识事物。看到事物运动的本性,顺势加以引导,才是真正的智。孟子说:"始条理者,智之事也;终条理者,圣之事也。智,譬则巧也;圣,譬则力也。"(《万章下》)智可以得事物之条理,亦可以得道之条理。故对于整个成德的过程而言,它是"始条理者"。以上所举,关乎智的条理化的认知和理解能力。在《孟子》,这种能力主要是运用于道德事物之上的。如"始条理者",智能知道之条理;又如"智之于贤者也"(《尽心下》),智能知贤者之德。在此意义上,可以说,智是相对于仁义道德的条理化的认知、理解之能力。

另一方面,智的初心是"是非之心"。这个是非之心,作为认知与判断能力而言,又不能说是完全自主的,它的标准来自具体的价值内容或价值标准。在孟子的话语体系下,即来自仁义。故"是非之心"意义上的"智",是否在"仁义之心"之外,拥有完全独立的意义,是值得怀疑的。更可能的是,是非之心乃是伴随仁义之心的发生而发生的价值认知、理解与判断之心。一来,就感受经验而言,价值意向、价值感受或价值情感的活动,在内心中是直接发生的。但从其发生结构或要素而言,已然内在包含了感知和分辨的能力,此即心知。如《大学》所谓"如恶恶臭,如好好色"。恶臭与好色的知与对之的恶与好的情感反应同时发生,即感知即好恶,不存在先后的问题。故古人以此说明"知行合一"的理想。二来,仁义之心的发生,作为价值情感的直接活动,它的最初的发生往往是不自觉的(唯在不自觉的情况下,我们可以肯定它是普遍的、源于天生本能的）。但道德情境的复杂性，又往往依赖于自觉的认知、理解和判断。如果没有这种能力，即便仁义之心已然有所表现，仍然无法识别出它的特殊性，更不能从理性的角度予以分辨和肯定。正如齐宣王虽然有不忍之心的发动，但由于无法做出合理性的解释，导致了他人的误解与自己的困惑。在此意义上，作为是非之心的智，使得不自觉地（或许是随机地）发生的仁义之心得到了认识、认可，获得了自觉与理解，从而成为认知、理解和判断更为复杂的道德情境的价值锚点。

可见，"智"之于仁义之心的发生有两方面的意义，既伴随了仁义之心的发动，又关乎仁义之心的自我理解。故孟子曰："智之实，知斯二者弗去是也。"（《离娄上》）智的要义，正是为了助成仁义之心的发生、觉解及条理化的实现。就此而言，"恻隐之心"或"羞恶之心"的发动，以及发动之后的自觉与理解之中，已然包含了"是非之心"的活动。或许正是由于这个原因，孟子没有单独论证"是非之心"的普遍性。理智上对于"恻隐之心"、"羞恶之心"、"辞让之心"的自觉与认可，实际上也都是"是非之心"的作用。

综上所述，孟子对"四心"的普遍性多少有所阐明，只是力度有强有弱。四者之中，对"恻隐之心"的证明是最为成功的。在"今人乍见孺子将入于井"的思想实验中，每个人能够亲身体验恻隐情感的当下发生。对"羞恶之心"的证明，也比较具体。"无穿窬"和"无受尔汝"，虽然不那么普遍，但都是可以设想的处境。"恭敬之心"或"辞让之心"的证明，诉诸孩提长大之后皆能"敬其兄"的观察，相对而言说服力较弱。至于"是非之心"，则没有给出直接的证明，我们只能从思想上建立理解。

值得注意的是，孟子对"四心"的普遍性的证明，有一个重要的问题。孟子的证明方式，是截取当下的心的活动的某些现象。他没有追究这些情感反应的社会性的发生机制，而只是从所观察到的文明社会的人心活动中善的闪光，确证具有普遍性的情感反应模式。这就决定了，孟子的证据，大多只是揭示了当下的情感反应。虽说当下具有普遍性的情感反应，一定程度上可以前溯其在先天的根据，但从逻辑上，这种推论是不完备的。我们不能排除后天文明教养而成的可能性。孟子说："无恻隐之心，非人也；无羞恶之心，非人也；无辞让之心，非人也；无是非之心，非人也。"（《公孙丑上》）其实，特例总是存在的。[1] 孟子以有没有"四心"作为一个人是否合格的标准。我们可以从实践的角度理解孟子的良苦用心，但这个问题，在理论上仍是不可回避的。

② 认"四心"为"四端"

人心必然包含"四心"的活动，但"四心"的活动不必然能够获得自觉。"四心"的自觉与肯定，有赖于人的反思和理解。"四心"的真实性与普遍性，乃是孟子人性论或德行说的基础。

接着"四心"的肯定，孟子指出："恻隐之心，仁之端也；羞恶之心，义之端也；辞让之心，礼之端也；是非之心，智之端也。"（《公孙丑上》）孟子认为，恻隐之心、羞恶之心、辞让之心、是非之心四者，不仅仅是四种存心而已，实际上是仁、义、礼、智四种德行之"端"。《说文》："端，物初生之题也。上象生形，下象其根也。"又云："题，额也。"可见，端字的本义，指植物生长的初

---

[1] 有人看到"孺子入井"的例子，或由于各种生理、心理的障碍，没有相应的反应。

始形态，即植物的萌芽。与之类似，孟子又将四心称为"才"。如《告子上》所谓"若夫为不善，非才之罪也"，"或相倍蓰而无算者，不能尽其才者也"，"非天之降才尔殊也，其所以陷溺其心者然也"，这些"才"都是指四心而言。《说文》："才，艸木之初也。从丨上贯一，将生枝叶。一，地也。"才字的本义，也是草木之初生形态。孟子将四心称为"端"或"才"，本质上是将四心理解和指认为仁义礼智四种德行的初始发生形态，背后是以植物生长的模式来理解德行的发生与完成。故孟子以"牛山之木"比喻仁义之心、良心；又以牛山之木的萌蘖，比喻良心的表现活动，同样是以植物生长的模式来理解良心的活动与德行的完成。类似的，还有莽麦的比喻（《告子上》）。

我们说，草木生长的隐喻，实是孟子人性论思想的根喻（root metaphor），是理解孟子思维方式的关键。也是在这一点上，程朱理学的孟子诠释，显露出了其与孟子的根本差异。朱子曰："端，绪也。因其情之发，而性之本然可得而见，犹有物在中而绪见于外也。"[1] 从程朱理学乃至整个宋明理学来看，人性受于天而具于心，与天理同其本质。据此而言，孟子的性善论，实是性理本善论。性至善，是本源，情则有善有恶。恻隐之心、羞恶之心、辞让之心、是非之心四者，作为纯粹至善的已发之情，来源于仁义礼智未发之性。[2] 因此，对于朱子来讲，"四心"不是最初的东西，它们是先在且作为根据的仁义礼智之性（理）在情感活动中的表现。故朱子将

---

[1] 朱熹：《四书章句集注》，第238页。
[2] 朱子有一个著名的说法："四端是理之发，七情是气之发。"（朱熹：《朱子语类》，《朱子全书》第十五册，第1776页）

"端"解为"端绪",端绪是表现义。朱子以四情为仁义礼智之性的外在表现,背后是本体论的思维方式,与孟子以植物生长为范本的思维方式有根本的区别。思维方式的差异,决定了程朱理学对孟子的理解和诠释存在着系统性的偏失。

孟子除了从植物的隐喻,将四心认取为四端之外,还有另一种认取方式。孟子曰:"恻隐之心,仁也;羞恶之心,义也;恭敬之心,礼也;是非之心,智也。"(《告子上》)孟子将四心认取为四端,是以四心为四德的萌芽。此处,孟子又直接以四心为四德。两种说法显然是有差别的。实际上,以四心为仁义礼智之端,是面向其生长的历程而言的;以四心为仁义礼智本身,则是就四心所体现的本质而言的。前者是从四心之生长结果,指认当下的状态为此结果的萌芽状态;后者是从四心之当下,指认其与四德虽有阶段之不同,本质上却没有差异。当然,此处所说的本质,主要是从事物之一贯性与同一性而言的。还是以植物来说,对于植物的萌芽,我们既可以就其生长阶段而称之为"某物之芽"(如:此为麦苗),也可以就其物种之所属而径直称之为"某物"(如:此为麦)。同样的,恻隐、羞恶、辞让、是非之心,与仁、义、礼、智之德,从成德的历程而言,处于不同的阶段,故孟子称前者为后者之"端"或"才";从四者相应的内部关联而言,各有各的同一性,故孟子又称前者为后者本身。

其实,孟子以"四心"为"四端"(四德之端)的根据,也是着眼于四心与四德的同一性或连续性。问题在于:四心与四德之间,究竟在什么意义上是同一的?在什么意义上是连续的?此间,我们主要来看仁义的问题。

恻隐之心与仁的德行。恻隐之心，即对他人（或物）之不幸的深切同情。朱子曰："恻，伤之切也。隐，痛之深也。"[1] 从之前的分析看，无论是在"今人乍见孺子将入于井"的例子中，还是在齐宣王"以羊易牛"的事件中，孟子都是通过揭示人对他人或动物的当下遭遇所引发的恻隐或不忍之心，证明人人具有仁的初心。从"恻隐"的性质看，它是对他人、他物的负面感受的同情。然而，从仁的本义说，它是爱人情感的正面表达，两者是不同的。子曰："夫仁者，己欲立而立人，己欲达而达人。能近取譬，可谓仁之方也已。"（《雍也》）孔子认为，仁是自己想要有所实现，就去成全他人的自我实现的要求。这是一种正面的推广。同时，子曰："其恕乎！己所不欲，勿施于人。"（《卫灵公》）若是自己不想要的，也不要强加于人，此之谓恕。这是一种负面的推广。仁爱之心与恻隐之心的关系，正类似于孔子所说的"仁"与"恕"的关系。故严格来说，恻隐之心不等于仁爱之心。从逻辑上看，恻隐是对于击穿了自己的情感底线的事物感到痛苦。在特定的情况下，我们会为其他人或动物正在遭受的痛苦而感到同情；但这不意味着，当他们（它们）已经免于痛苦（成过去式）的情况下，我们仍会正面施予关爱和帮助。恻隐与仁爱相比，前者是对负面感受的本能抗拒，后者则是正面的施与。两者的差异，不仅仅是程度的问题。从这个意义上说，从恻隐到仁的发展，并不是那么直接的。

但换个角度，恻隐与仁爱又具有内在的一致性。引发恻隐之

---

[1] 朱熹：《四书章句集注》，第237页。

心的根本逻辑,在于对他人或他物具有感通的能力。从发生学的角度,这种感通能力,很可能是以一定的先天因素为基础,又在后天通过快乐、痛苦等基本情感的设身处地的想象与实践,逐渐养成的。所谓设身处地,有赖于情境想象、情感唤起、情感意愿等因素。试想,对眼前发生的事没有统觉的想象(对眼前的事态没有理解),或有统觉的想象而不能唤起情感的反应(潜意识中视作与自己无关的外在事件,如从一个世界的视角去观看另一个世界所发生的事件),或本身没有情感参与的意愿(知道是这个世界的事件,仍然漠不关心),都不可能有设身处地的感受,也就不会有恻隐之心的发动。也就是说,恻隐之心看似是一种很简单的情感反应,但内部已经包含了许多重要的因素。[1]

这些因素,同时也是仁的关键要素。儒家的仁或仁爱,本质上是对他人的关切和付出。在内,它是一种视人如己、爱人如己的存心(近似表达,不是无差别)。在外,当涉及向他人具体表达的时候,包含两个方面:一是对他人的情绪或生存状态具有敏锐而深切的感受(甚至比"他人"更了解他自己);一是对他人的情感或欲求有积极反馈的强烈愿望,或消除其痛苦,或实现其快乐。是故,爱人虽是内在的情感;但作为一种实践,它要以感通他人的能力与意愿为两个基本的要素。而这种能力与意愿,在恻隐之心的内部已

---

[1] 亚当·斯密认为,同情源于设身处地的想象:"由于我们对别人的感受没有直接经验,所以除了设身处地的想象外,我们无法知道别人的感受。"(亚当·斯密:《道德情操论》,第5页)需要指出的是,这种"设身处地的想象",可以是有意识的反思活动,也可以是内嵌于我们的感知、感受活动的无意识的构成环节。后者,如现代神经学的研究所指出的,"对他人行动的内状态的模仿"是同感的基础(参见陈立胜:《"恻隐之心"、"他者之痛"与"疼痛镜像神经元"》,《宋明儒学中的"身体"与"诠释"之维》,第111页)。

经多少具备了。故而，我们可以看到，在现实生活中，往往是仁爱之心更加充沛的人，更容易引发恻隐之心、同情之心，他对他人或动物的痛苦的感受，阈值更低。这不是因为恻隐之心同于仁爱之心，而是因为两者具有相似的结构性要素。

除了恻隐之心与仁的结构性关联之外，还有两个因素可能也是孟子以恻隐之心为仁的初心的考量。一者，前面提到的普遍性证明的问题。相较而言，"孺子入井"的例子，比"孩提之童，无不知爱其亲"的例子，更具有当下的关切性与现实的普遍性。二者，在孟子，恻隐之心或不忍人之心，乃是仁政思想与实践的基础。孟子曰："人皆有不忍人之心。先王有不忍人之心，斯有不忍人之政矣。以不忍人之心，行不忍人之政，治天下可运之掌上。"（《公孙丑上》）接着，便以"孺子入井"的例子，证明人皆有不忍之心。以不忍人之心，行不忍人之政，即是从消除百姓苦难的角度来谈政治的。同样，在齐宣王的例子中，孟子顺着对"以羊易牛"事件的分析，提出了"推恩"的思想："今恩足以及禽兽，而功不至于百姓者，独何与？"（《梁惠王上》）孟子从"不忍人之心"谈仁、谈政治，目的是为了唤起君王对那个残酷时代的百姓疾苦的同情与感受。在孟子身处的战国时代，诸侯之间征战连年，"争地以战，杀人盈野；争城以战，杀人盈城"（《离娄上》）；百姓的基本生活无法保障，"仰不足以事父母，俯不足以畜妻子，乐岁终身苦，凶年不免于死亡"（《梁惠王上》）；与此同时，阶级分化严重，"庖有肥肉，厩有肥马，民有饥色，野有饿莩，此率兽而食人也"（《滕文公下》）。这些实际上都是突破人的情感底线的现象，彼时的统治者却习以为常、无动于衷。故孟子在游说的过程中，每每对社会现象作血淋淋的描绘,正是为了引起诸侯的不忍人之心,刺激他在政治上推行不忍人之政。在这样的时代,仁政的目的,与其说是创造理想的社会,还不如说是使百姓免于深重的苦难。这是孟子以恻隐之心或不忍人之心为起点的另一层考量。

羞恶之心与义的德行。羞恶之心,是对自己(或相对近的人)的恶的羞耻,以及对自己或他人的恶的憎恶。孟子以羞恶之心为义之端,是不是说羞恶之心的发展即是义了呢?显然不是。义的德行,从正面来说,应当是对义理或原则的执着坚守。从存心的角度说,它应是一种"中心辩然而正行之"(《五行》)的状态;持续"集义"的结果,则能产生充塞天地的"浩然之气"(《公孙丑上》)。其实,仁义的德行与好恶的情感,或者说义与羞恶之心,本来是没有必然联系的。我们既可以说恶不义,也可以说好义。所谓"质直而好义"(《颜渊》),"上好义,则民莫敢不服"(《子路》),好义是好义的原则、好义道。同样,我们既可以说恶不义,也可以说恶不仁。所谓"恶不仁者,其为仁矣,不使不仁者加乎其身"(《里仁》),恶不仁是憎恶违背仁道的事情。在这个意义上,羞恶之心,不仅可以用于不义,也可以用于不仁。

在七十子后学的时代,仁义成为了两个基本的价值或德行,两者的关系也得到了充分的讨论。与此同时,好恶二者也成为了情感意向的基本代表。于是,仁义与好恶的对应关系,自然成为了思想上的重要议题。竹简《性自命出》云:"爱类七,唯性爱为近仁";"恶类三,唯恶不仁为近义"。此间,爱与恶对举,爱即相当于好。《性自命出》以好言仁,以恶言义,对应关系已非常清楚。孟子以羞恶之心为义之端,很可能是继此而来的。仁义与好恶的对应关系，与人的生存感受，实是相应的。仁义相比，前者指向情感与恩德，后者指向秩序与规范。情感与恩德，是令人向往的东西；秩序与规范，作为对人的约束，本身往往容易引起人的不快。故能好义当然是好，但更重要的是对约束的服从。其情感方面的动力，与其说是对规则本身的喜爱，不如说是对规则之违背的不屑、羞耻、畏惧，乃至憎恶。

另外，孟子以"羞恶之心"为"义之端"，也与当时士人的堕落不无关联。子曰："不义而富且贵，于我如浮云。"（《述而》）孔子虽然不排斥富贵，但通过不义的手段达到富贵，是孔子所不屑的。子曰："富与贵是人之所欲也，不以其道得之，不处也；贫与贱是人之所恶也，不以其道得之，不去也。"（《里仁》）从下文看，道即仁道。但从思想上看，也未尝不是义道。孔子如此说，可知彼时的士人也难免枉道以求。孟子的时代，更是如此。不顾道义、不知廉耻、助纣为虐、以妾妇之道事君者，比比皆是；不但如此，还能从功利的角度，以枉尺直寻的说辞，为自己辩解。在孟子看来，士人早已"失其本心"："是故所欲有甚于生者，所恶有甚于死者，非独贤者有是心也，人皆有之，贤者能勿丧耳。"（《告子上》）从上下文看，所欲有甚于生者，义也；所恶有甚于死者，不义也。本来，人人皆有好义、恶恶之心，即使沦落为乞丐，仍能不受嗟来之食而死。奈何当面对富贵的诱惑，士人往往不加分辨，不顾道义而受。面对这样的状况，孟子希望唤起士人的羞恶之心，以羞恶为动力，回归道义与规范的行为方式。所以，严格来说，羞恶之心不是义这一规范本身的发端，而是义之行为或义之德行的生发的一种强有力的内在动力（但并非唯一）。

礼与智的问题，相对比较简单。"辞让之心"是一种存心，而辞让本身也是一种价值。后者渗透在前者之中。"恭敬之心"，也是礼的存心。故从辞让之心、恭敬之心，到礼的德行的生成，是一个连续的过程。"是非之心"，本身就是智的核心意涵。从最初简单的是非之心，到最后的智之德行的生成，也是一个连续的过程。

总之，四心与四德的关系，仁、义较为曲折，礼、智较为直接。以"恻隐之心"为"仁之端"，是从两者结构性要素的关联性而言的；以"羞恶之心"为"义之端"，是将羞恶的情感锁定为义的行为的动力；以"辞让之心"或"恭敬之心"为"礼之端"，以"是非之心"为"义之端"，则可以说是同质的扩展。

③ 顺"四端"成"四德"

将"四心"认取为"四端"，是为了与"四德"发生关联。从"四端"到"四德"的发展，孟子则强调"顺"的特征。在孟子看来，"顺"是理解事物之现象，讨论人物之性的核心要义。

孟子认为，了解人物之"性"的关键，是从"顺利"的角度看事物。

> 孟子曰："天下之言性也，则故而已矣。故者以利为本。所恶于智者，为其凿也。如智者若禹之行水也，则无恶于智矣。禹之行水也，行其所无事也。如智者亦行其所无事，则智亦大矣。天之高也，星辰之远也，苟求其故，千岁之日至，可坐而致也。"（《离娄下》）

"天下之言性也，则故而已矣"一句，历史上有诸种不同的解释。[1]其实,从孟子的思想来看,这句话是说时人论性的常态。如陆九渊云:"当孟子时,天下无能知其性者;其言性者,大抵据陈迹言之,实非知性之本。"[2]毛奇龄又从语气的分辨上为之提供了证据:"'天下之言性也,则故而已矣。'观语气,自指'凡言性者',与'人之为言'、'彼所谓道'语同。"[3]在孟子看来,天下之人纷纷言性,其实只是说到了"故"而已。孟子本人对此是持保留意见的。那么,孟子时代的人究竟是如何言性的呢?焦循指出:"故,谓已往之事。当时言性者,多据往事为说,如云'文武兴则民好善,幽厉兴则民好暴','以尧舜为君而有象,以瞽瞍为父而有舜',及《荀子·性恶篇》所云'曾、骞、孝己独厚于孝之实,而全于孝之名,秦人不如齐鲁之孝具敬文(《正义》误引作父)',皆所谓故也。"[4]焦循援引《孟》、《荀》的记载,说明时人言性的状况。其中,《孟子·告子上》公都子所举的几种人性论,最能代表"天下之言性也"的真实所指。[5]

但孟子认为,直接根据故事或现象来谈人性是不够的。因为现象是需要理解的:现实的善是如何可能的?现实的恶是从哪里来的?影响人的现实表现有很多因素。七十子时期,竹简《性自命

---

1 丁四新:《〈孟子〉"天下之言性也"章研究与检讨:从朱陆异解到〈性自命出〉"实性者故也"》,《现代哲学》2020年第3期。
2 陆九渊:《陆九渊集》,第415页。
3 焦循:《孟子正义》,第585页。
4 同上。
5 公都子曰:"告子曰:'性无善无不善也。'或曰:'性可以为善,可以为不善。是故文武兴,则民好善;幽厉兴,则民好暴。'或曰:'有性善,有性不善。是故以尧为君而有象;以瞽瞍为父而有舜;以纣为兄之子且以为君,而有微子启、王子比干。"(《告子上》)

第六章 孟子的性善论

出》等已经有所讨论。[1] 在孟子看来，要理解历史上的故事、故迹或人事现象，最重要的是从"利"的角度看。这个"利"，不是利益的利，而是顺利的利。"故者以利为本"，亦即，人事现象的理解，要看到它的顺利之处。看到它的顺利之处，也就是看到事物发生的内部条理：从哪里来，到哪里去。为了说明这个问题，孟子举了两个例子。一个是"智"的区分。令人厌恶的是穿凿的智，完全以自己的意思曲解事物，看不清事物本身的条理。而真正的大智，就像大禹行水一样毫不费力。因为他是顺着水流的自然之势而加以引导的。这是江河的内部条理，也是水的自然之性。能看到事物内部活动的条理，便能看到事物之本性。另一个是"千岁日至"。天空虽高，星辰虽远，如果能够从它的运行表现（故）看到其内部的条理（求其故），那么，千年之后的日至时间也是不难预测的。孟子用这两个例子，是要表明，若能通过人事的现象而看到其内部的条理、看到其发生活动的顺利之处，方可以真实了解人物之性，而这一了解是可以贯穿古今的（常性）。[2]

可以说，"顺利"是孟子透过人事之现象了解人物之性的第一原则。这一原则，也体现在他对告子言性的批评中。

> 告子曰："性，犹杞柳也；义，犹桮棬也。以人性为仁义，犹以杞柳为桮棬。"

---

[1]《性自命出》云："凡动性者，物也。逆性者，悦也。交性者，故也。厉性者，义也。出性者，势也。养性者，习也。长性者，道也。"

[2] 参见何益鑫：《从"故而已矣"到"乃若其情"——〈孟子〉"天下之言性也"章的诠释及其衍生问题》，《复旦学报》2021年第3期。

孟子曰："子能顺杞柳之性而以为桮棬乎？将戕贼杞柳而后以为桮棬也？如将戕贼杞柳而以为桮棬，则亦将戕贼人以为仁义与？率天下之人而祸仁义者，必子之言夫！"（《告子上》）

告子人性论的基本主张是"性无善无恶"，善与恶是后天的结果。为此，告子将以人性为仁义，比喻为把杞柳做成桮棬。但孟子认为，把杞柳做成桮棬，不是顺着杞柳之性自然长成的，而是刀斧砍琢的结果，伤了杞柳的本性。此处，孟子也凸显了一个"顺"字。

有学者辩称，以杞柳为桮棬，也是一种"顺性而为"："这就好比是顺着杞柳的本性制成杯盘，而不是伤害杞柳的本性制成杯盘。"[1] 或者说，以杞柳为桮棬的过程，虽然有戕贼或否定的一面，但同时也包含着顺成的一面："从一般的器具制作活动看，由杞柳树'做成/转变成'杯棬，内蕴着两个相反而相成的方面：一方面杯棬必然是对杞柳树之本然的改变，具有戕害、残贼或说转逆的一面，简言之即否定的一面；另一方面，杯棬之制成，必然依循杞柳树自身的内在纹理，具有完成或顺成的一面，简言之即肯定的一面。"[2] 所谓顺成，即是顺着杞柳之性本来的形色、文理、质地而为。当然，这是有一定道理的。我们之所以用杞柳而不是其它材料作桮棬，与杞柳本身的"性"有关。但这个"性"是性质的性，而不是"生性"的性。前者关乎材料的加工，后者关乎有生之物的生成。

以杞柳为桮棬，作为一种外在的技艺加工，它的本质，乃是通

---

[1] 梁涛解读：《孟子》，第313页。
[2] 郭美华：《人性的顺成与转逆——论孟子与告子"杞柳与杯棬"之辩的意蕴》，《文史哲》2011年第2期，第31页。

过消灭作为自然存在的杞柳，生产作为人工作品的桮棬。[1]故孟子称之为"戕贼"。这个词是对于作为自然物或自然生命的杞柳而言的。若以类似的方式理解人性与仁义的关系，则意味着，也要通过戕贼、消灭人性，以生产仁义。这当然是极为有害的荒唐言论。在孟子看来，从人性本有之善心发展出仁义，乃是如生命发育般自然生成的过程。这种自然的生长与完成，才是对于生命而言的真正的"顺"。

告子又举了湍水的比喻。

> 告子曰："性犹湍水也，决诸东方则东流，决诸西方则西流。人性之无分于善不善也，犹水之无分于东西也。"
>
> 孟子曰："水信无分于东西，无分于上下乎？人性之善也，犹水之就下也。人无有不善，水无有不下。今夫水，搏而跃之，可使过颡；激而行之，可使在山。是岂水之性哉？其势则然也。人之可使为不善，其性亦犹是也。"（《告子上》）

告子认为，人性如湍水，东边开个口子就往东边流，西边开个口子就往西边流；湍水本身没有确定的流向，一切取决于开口的方向。同样的，人性本身无所谓善恶，现实中表现为善或者恶，完全取决于后天的势。孟子认为，这一喻体本身就是有问题的。水向东流，或向西流，固然是不定的；但无论东流、西流，归根到底都是顺从了向下的本性。而我们谈水的本性，也不会说水性东流，或者

---

[1] 从告子的角度，他也未必是说仁义要以消灭人性为代价。他只是说，人性之中本没有仁义，仁义要后天形塑出来。

水性西流；我们只会说，水性向下。因此，告子对喻体的理解本身就有问题，用之比喻人性善恶的问题，就显得缺乏说服力。

孟子接着水的比喻，来谈自己对人性的理解。孟子认为，无论什么水，都是向下流的，这便是水的性。[1]但在现实中，也会看到水向上流的情况。比如，拍水，溅起来可以高过额头；汲水，可以引到山上，这又如何解释呢？孟子认为，这些现象不能代表水的本性，因为它不是顺从水的本性的运动，而是受迫于外在的情势。在此，我们同样看到，孟子了解人物之性的第一原则，是"顺"。唯有在顺其本性的活动中，乃能看出人物自然之性。回到人性的理解，孟子认为，从人的自然趋势而言，没有不善的；后天有不善的行为，也不是人性使然，而是外在的势对人性产生了坏的影响。告子以水为喻体，尚不能区分水之现象与水之性；孟子借用这个比喻，不但清楚说明了性善的意思，也解释了现实中的不善的原因。可见二人思辨能力的巨大差距。

总之，孟子对于人物之性的识别和理解，强调一个"顺"字。无论对于生命（如杞柳）而言，抑或对于没有生命的物（如水、星辰）而言，"顺"都是理解它们的本性的关键。顺其自然地运行、活动，顺其自然地生长、完成，其中便蕴含了人物之性。在仁义或德行的问题上，也是如此。在孟子看来，从"四心"到"四德"的发展，就是这样一个顺其本性自然生长的历程。如果不是受到外来的不好的影响，它也将是一个必然的过程。对"顺"的强调，与孟子以植物为隐喻理解德行之生成是一致的。

---

[1] 从近代科学看，水是流向势能低的地方。故"水性下"的上下关系，须根据势能高低而定。

④ 即"善性"言"性善"

孟子关于性善的问题，有一个比较完整的论述。

> 孟子曰："乃若其情，则可以为善矣，乃所谓善也。若夫为不善，非才之罪也。恻隐之心，人皆有之；羞恶之心，人皆有之；恭敬之心，人皆有之；是非之心，人皆有之。恻隐之心，仁也；羞恶之心，义也；恭敬之心，礼也；是非之心，智也。仁义礼智，非由外铄我也，我固有之也，弗思耳矣。故曰：'求则得之，舍则失之。'或相倍蓰而无算者，不能尽其才者也。《诗》曰：'天生蒸民，有物有则。民之秉彝，好是懿德。'孔子曰：'为此诗者，其知道乎！故有物必有则，民之秉彝也，故好是懿德。'"（《告子上》）

"乃所谓善也"一句，表明在它之前的表述，是孟子自立宗旨之言。"乃若其情"的"情"，传统一般认为是性情的情。如赵岐曰："性与情相为表里，性善胜情，情则从之。"[1] 朱子曰："情者，性之动也。"[2] 不过，情字还有一个用法，是情实的情。戴震《孟子字义疏证》云："孟子举恻隐、羞恶、辞让、是非之心谓之心，不谓之情。首云'乃若其情'，非性情之情也。孟子不又云乎：'人见其禽兽也，而以为未尝有才焉，是岂人之情也哉？'情，犹素也，实也。"[3] 此说可取。考诸《孟子》另三处"情"字，所谓"物之情"

---

[1] 焦循：《孟子正义》，第 752 页。
[2] 朱熹：《四书章句集注》，第 328 页。
[3] 戴震：《孟子字义疏证》，第 41 页。

（《滕文公上》）、"声闻过情"（《离娄下》），"人之情"（《告子上》），皆作"情实"解。并且，恻隐、羞恶、辞让、是非之心四者，虽然在后世看来都是"情"，但《孟子》则谓之心，不谓之情。此句的"情"，即下文"非才之罪"的"才"，具体指"四心"而言。

　　孟子之意，若论人的生存的实情，人人皆有四端之心，故而是可以为善的，这就是我所说的"性善"的宗旨。若是为不善，也不是因为初始条件不足（没有四端之心）的罪过。接着，孟子将完整的思考逻辑环环相扣地重述了一遍：四心是人皆有之的；四心与四德是同质的；故而，四德不是外在于我，而是我本性当中所固有的。人们何以不能自觉发现这一点、认可这一点呢？这是不能反思的缘故。现实的人何以有善恶悬殊的表现呢？这是有些人不能实现自身本有的四心（才）之潜能的缘故。最后，孟子引《大雅·烝民》的诗句及孔子的评论，表明人人皆有好德之心。此好德之心，也是人的本有善心，如四心一般。孟子的这段论述，完整地阐述了他的性善论思想的各个逻辑环节。

　　大体而言，孟子的性善论，如他自己所说，乃是一种"性可以为善论"。与宋明理学的"性本善论"相比，这无疑是一种相当温和的主张。而"性可善论"的基础，又在于人皆有"善性"的肯定。就此而言，孟子是"性有善论"（陈澧、钱穆）。这个"善性"，即人皆有之的四端之心。人皆有是心，则人皆有是性，故孟子是"即心言性"（唐君毅）、"即心善言性善"（徐复观、梁涛）。从人的生存的内部而言，四心显示了生命成长的自然趋向，顺而成之即能成德。就此而言，孟子又是"性向善论"（傅佩荣）。要之，孟子既可以说是"性可善论"、"性有善论"，也可以说是"性向善论"，只是在不同的认定中，性概念的具体指涉有所不同。前者是就人性之总体而言的，后者是就"善性"之自然趋向而言的。

古人论性的一般原则，是"生之谓性"。"生之谓性"，即以生而有者为性。如荀子曰："性者，天之就也"（《荀子·正名》），"性者，本始材朴也"（《礼论》）。董仲舒曰："性之名非生与？如其生之自然之资谓之性。"（《春秋繁露·深察名号》）生而有，生而自然，乃是性概念的原始规定性。但问题在于，在性概念的使用，或人性问题的具体探讨中，仅仅这一规定是不够的。事实上，我们探讨人性，除了先天性的认定之外，还有特定内容的意向指向。从孔子以来，儒家的人性论讨论，主要集中于心性的方向，这便是一种基于特定问题线索和思想传统的论域的限定。告子显然没有理解到这一层，故当他提出"生之谓性"的时候，孟子予以反驳（《告子上》）。孟子的反驳，不是说不能从生的角度来界定性的概念；而是说，人性论的具体探讨，不能仅仅从生的角度看，更要关注对具体内容的理解。

孔子提出"性相近也，习相远也"（《阳货》）之后，如何理解人性，成了七十子后学的重要问题。人性作为人的实存的前提，是原始儒家思考心性问题的起点。但这一时期的人性论还比较朴素，七十子后学大体持"人性有善有恶"的观点。如前引王充所说：

> 周人世硕以为人性有善有恶，举人之善性，养而致之则善长；性恶，养而致之则恶长。如此，则性各有阴阳，善恶在所养焉。故世子作《养（性）书》一篇。宓子贱、漆雕开、公孙尼子之徒，亦论情性，与世子相出入，皆言性有善有恶。（《论衡·本性》）

此中提到的数人，宓子贱、漆雕开是孔子弟子，世硕、公孙尼子是孔子再传弟子。王充的论述以世硕为主，或是因为世硕之学说（《养书》）流传至汉代，最为明确。但这一观点本身，却很可能是彼时儒者的普遍观念。故王充有"皆言性有善有恶"一说。

如之前所说，竹简《性自命出》便持这一观点。《性自命出》云："善不善，性也；所善所不善，势也。"人性之中有善的部分，有不善的部分。在现实中，究竟是哪一部分实现出来（或为善，或为不善），取决于外在的势。人性的善与不善的成分，不但在个体之内普遍存在，其具体的成分与比例的差异，也构成了个体差异的基础。故《性自命出》有"未教而民恒，性善者也"的说法。不曾施与教化，百姓却有恒心，这是统治者"性善"之故。竹简对"性善"的肯定，与孔子对"善人"的肯定是一贯的。《性自命出》的讨论，以人性的了解为前提。从人性的角度看，则后续的"三术"之道、"求心"之学，实质就是通过用心的后天操习，使人性当中善的部分稳定下来、表现出来。故首章云："（性）待习而后定。"此中的"习"，即王充所说的"养而致之"，后天习养之谓也。

原始儒家之所以都会主张或认可"人性有善有恶"论，不仅仅是因为他们源于同一个思想的宗祖——孔子。更主要是因为，这种了解方式，最为贴近人的基本的生存经验。人心的活动，总是善与恶并存的。关键在于，人在自觉之后，如何做出选择，追随和顺从哪一种心。人的自由，也就体现在这里。

其实，人性有善有恶论，包含了两个方面。一是"人性质素论"：人性由哪些成分和内容构成；一是"人性善恶论"：哪些成分是善的，哪些成分是不善的，哪些是无所谓善亦无所谓恶的。原

第六章 孟子的性善论

始儒家的人性论主张,主要是人性质素论,它的主旨是说明人性包含哪些善的成分、哪些不善的成分,而不是从人性整体的角度讨论其善恶的问题。

从孟子的角度追溯,则七十子时期的人性有善有恶论,可以说是一种"人有善性论"或"人性有善论"。至于到底是哪些善性,彼时的传世文献很少正面交代。《礼记·乐记》云:"致乐以治心,则易直子谅之心油然生矣。"据"乐由中出"的思路,此油然而生的"易直子谅之心",应当是源于内在人性的。这个方面,郭店竹简的讨论较为详细。竹简《性自命出》云:"仁,性之方也。性或生之。"方,即放。意思是说,仁是人性之表达与实现。从人性或可以生出仁来。这是仁根于人性的最为明确的表达。但仁毕竟不同于性。那么,仁尚处于人性阶段的表现,具体又是指什么呢?竹简又云:"爱类七,唯性爱为近仁。"在七种爱中,唯独"性爱"最接近于仁。所谓性爱,即性中本有之爱。据我们的判断,它很可能是指亲子之爱或孝悌之爱。儒家认为,孝悌之情是与生俱来的。有子曰:"孝弟也者,其为仁之本与。"(《学而》)即以孝悌为仁德、仁道之根本。又竹简《语丛三》云:"父孝子爱,非有为也。……长弟,孝之方也。"非有为,则是出乎自然之性。又云:"人之性非与,止乎其孝。"又云:"爱亲则其施爱人。"另外,《语丛二》对人性与人的性情或心理的生发关系,有细致入微的阐述:"情生于性","欲生于性","爱生于性","子生于性","喜生于性","恶生于性","愠生于性","惧生于性","智生于性","强生于性","弱生于性","贪生于性","喧生于性","浸生于性","急生于性"。各自之下,又有一系列的生成环节。如"欲生于性,虑生于欲,倍生于虑，争生于倍，党生于争"，"子生于性，易生于子，肆生于易，容生于肆"，等等。这些讨论，就其性质而言，大体是一种心理现象学的描述。它的目的，是讲明性情之间的前后生发的关系，而不是指明它们与仁义礼智等德行的关联。这种思路与思孟有很大的不同。后者是从儒家德行论出发，溯源其最初的存心。

可见，七十子后学对人的善性的讨论，于仁义礼智之中，集中于性爱、孝悌与仁的关系。他们已经认定，性爱或孝悌是天生的、普遍的、源于人性的，从中可以生出仁。在此传统之中，孟子的贡献在于，他以四心为依据指认出了四种善性，分别对应于四种德行。在此意义上，孟子的性善论，实是对儒家"人性有善论"的继承和发展。

当然，"人性有善论"，还不同于"性善论"。人性有善，不等于人性全善。那么，孟子何以能够依据"人性有善论"，而主张"性善论"的呢？此中关键，在于孟子的另一层分辨。

> 孟子曰："口之于味也，目之于色也，耳之于声也，鼻之于臭也，四肢之于安佚也，性也，有命焉，君子不谓性也。仁之于父子也，义之于君臣也，礼之于宾主也，智之于贤者也，圣人之于天道也，命也，有性焉，君子不谓命也。"（《尽心下》）

在此，感官的欲求与仁义礼智圣有一个对比。从"即生言性"的角度，或"生之谓性"的规定性看，感官的欲求是生而然者，故可谓之"性"。但由于它们的实现受制于外在的条件，故曰"有命焉"。而仁义礼智圣五者，或在父子、君臣、宾主之间，或是对贤人、天道的知，其可否实现及实现的程度，皆受制于外在客观的限制，故曰"命也"。有仁不一定尽于父子，如孔子幼孤也；有义不一定尽于君臣，如孔子之不见用也。有礼者，而或无施用之地；智者知人，而或无举用之任；圣人知天道，而或不遇行之之时（《五行》"圣人知天道也，知而行之，义也"）。孟子曰："孔子进以礼，退以义，得之不得曰'有命'。"（《万章上》）君子虽以礼义为之，而又不免于客观的限制。孔子曰"有命"，即此章所谓"命也"。虽然，仁义礼智圣五者都有人性方面的基础，不是外来的，故曰"有性焉"。客观地说，无论是感官欲求，还是仁义礼智，都既有性的一面，又有命的一面。但孟子认为，它们应当作出区分。所谓"君子不谓性也"、"君子不谓命也"，即是君子作出的选择。感官欲求，虽然符合性的规定性，但君子不谓之性，而谓之"命"；仁义礼智圣，虽也有命的一面，但君子不谓之命，而谓之"性"。这就是孟子的性命之辨。

　　性命之辨，不是依据概念分析而来的划分，本质上是君子的生存抉择，体现了君子应当以什么为性的应然要求。这一要求，也体现于另外一章。

　　　　孟子曰："广土众民，君子欲之，所乐不存焉。中天下而立，定四海之民，君子乐之，所性不存焉。君子所性，虽大行不加焉，虽穷居不损焉，分定故也。君子所性，仁义礼智根于心。其生色也，睟然见于面，盎于背，施于四体，四体不言而喻。"（《尽心上》）

"所性"二字，最值得重视。[1] "所性"，即"以什么为自己的性"。君子不以"广土众民"、"中天下而立，定四海之民"之类，为自己的性。他认定为自己的性的东西，与外在境遇无关。他只是把作为仁义礼智四德之发端的"四心"，认定为自己的性。由此扩充，达到"睟面盎背"、"四体不言而喻"的境界。在此，"君子所性"，即以什么为性、不以什么为性。实际上，这是一个从"善性"的肯定到"性善"的主张，即是"以善性言性善"的过程。它之所以可能，不是出于"性"概念的判定，不是出于逻辑的推演，而是出于君子对内在善性的自觉，以及在自觉基础之上的生存抉择。

那么，君子何以要以"四端之心"为性，而不是以"食色"之类为性呢？孟子认为，两者有小大之分。心与四肢百体（包括感官）相对，前者是大体，后者是小体。孟子曰："从其大体为大人，从其小体为小人。"（《告子上》）而人心之中，又以仁义之心为贵："人人有贵于己者，弗思耳。"（《告子上》）这意味着，在孟子看来，身体各部分乃至心的内部，都有贵贱之分。四端之心、仁义之心，与天爵相关，是其中最为尊贵的部分，也是人之所以为人的所在。故孟子又有人禽之辨：

> 孟子曰："人之所以异于禽兽者几希，庶民去之，君子存之。舜明于庶物，察于人伦，由仁义行，非行仁义也。"（《离娄下》）

---

[1] 杨伯峻译为"君子的本性"（杨伯峻：《孟子译注》，第286页），梁涛认为是"发自本性"（梁涛解读：《孟子》，第391页）。

孟子认为，人与禽兽（动物）的"几希"之别，就在仁义之心。[1] 人有四端之心，而禽兽没有。几希，少也。人虽有仁义之心，量却很少。[2] 若不能存之，则仁义之心渐渐消亡；若能存之，则仁义之心渐得涵养。究竟是存之还是去之，又构成了君子与庶民的分别。在此，是否有四端之心，构成了人禽之辨；是否能存四端之心，构成了君子、庶民之辨。前者是天赋或人性的问题，后者是后天习行的问题。

许多学者认为，人禽之辨是孟子性善论的关键。[3] 的确，从逻辑分析的角度，人禽之辨可以非常精准地直接将人性的内容，锁定在仁义之心或四端之心。但若从孟子性善论的整体思路来看，人禽之辨与性命之辨相似，是在"性有善"论的前提之下的"以善性论性善"说，是整体论证思路的一个构成性的环节。

另外，还有一个区分，也常被用于理解孟子的性善论。孟子曰："求则得之，舍则失之，是求有益于得也，求在我者也。求之有道，得之有命，是求无益于得也，求在外者也。"（《尽心上》）此章与性命之辨章可以互参。此中，"在我者"即"四端之心"，只要求之，就可以得之，是完全自主的事情；"在外者"即感官欲求，得或不得受外界条件的左右，不是自己可以决定的。是否内在自

---

[1] 动物有没有仁义之心是有待确认的，很多动物多有相应的表现。此处只就孟子想法而言。
[2] 叶树勋说，"几希"包含"有"和"少"两层意义，前者肯定了人人皆有道德实践的自由，后者确认了人人皆有道德实践的责任。参见叶树勋：《道德实践的可能性与必要性——孟子哲学中"几希"的双重意蕴》，《道德与文明》2017年第4期。
[3] "清儒陆世仪、李光地、戴震、程瑶田、焦循和阮元皆从人禽之辨说性善，影响到了现代学者如徐复观、冯友兰、张岱年等代表的一大批人。"（方朝晖：《如何理解性善论》，《国学学刊》2018年第1期，第37页）

足，也确实是德性与食色之性的重要差别。

总之，孟子性善论的思路，总体上是"即善性言性善"。孟子从人心的日常活动中，识别和确证人人具有的普遍的四心，又从顺利的角度将四心认取为仁义礼智四种德行的原始初心，以四心为四端。至此，孟子之说还是某种意义上的"性有善论"。但与之前的儒家性有善论相比，孟子指明并论证了善的部分的具体内容，并将它们与仁义礼智的德行联系起来，这是孟子的贡献。接着，孟子通过"人禽之辨"、"性命之辨"等，剔除了人性概念本应包含的其它部分，而独独以仁义之心、四端之心为人性之内容。由此，实现了从"性有善论"到"性善论"的转变。这一转变是通过对"性"概念的指涉内容的分析和限定而来的，根本上是君子自身的生存抉择。

了解了孟子性善论的整体思路，历史上的各家诠释，便可以得到相应的安顿。其中，"心善说"是就四心之确证而言的；"善端说"是就四心作为四德之发端而言的；"向善说"是就四端之心的内在倾向与动力，可以顺利撑开道德生命而言的；"有善说"是就人性之中有善的部分，即四端之心而言的；"可善说"以"有善说"为前提，是就人性之中有善的部分，顺此可以为善而言的；"人禽说"是就剔除人性的感官生命的部分，独以道德善性为人性而言的。以上说法，大都依据孟子性善论思想的某个构成环节而言，皆有一定的道理。当然，我们也可以就此判定，宋明理学从本体论角度理解和诠释孟子的性善论（本体说），确实不符合孟子的本义。

6.2.3 以"存养"、"扩充"为成德途径

对于儒家来说,理论的思考都是为了回归成德的实践;思想的阐发,也是为了指引成德实践的具体方法和道路。心性之学的研究也是如此,如何了解人的心性,决定了如何培养心性。孟子的人性论思想以四端之心为基础,故其成德的工夫,也是围绕四端之心的自觉及培养而来的。

① 思则得之

人人皆有四端之心的活动,但不是人人都能够自觉本有的四端之心。四端之心的确认,有赖于人对自身心灵活动的反思。故孟子说:"仁义礼智,非由外铄我也,我固有之,弗思耳矣。故曰:'求则得之,舍则失之。'"(《告子上》)仁义礼智,我固有之,这虽然是一个事实,但不是人人都能自觉肯定的,要在反思。若不会反思,即便是自己身上常常发生的东西,也是无法自觉肯定的。

我们都可以承认,当"乍见孺子将入于井"的时候,都会生起怵惕恻隐之心。同样的,当我们看到一个老人走在斑马线上差点被闯红灯的电瓶车蹭倒,或者看到一个攀登者的保险绳发生了松动,或者一个埋头看手机的人差点跌进路边的阴井,甚至是看到电影中一个人被无辜地杀害……在这些情形之下,我们总是能够因别人的痛苦而感到内心的痛苦,产生恻隐和同情。这些事情,这些类似的体验,总是在生活的角角落落不断发生。但基本上都处于不自觉的感受性的阶段。事情来了,不忍之心被唤起;事情走了,不忍之心隐退。对于我们来说,它是作为一种应激的情感反应而存在的,并且,与其它的情感和情绪没有本质的差别。这就是它的一般的存在

方式。在这种情况下，我们可以说，恻隐之心确实发生了，但它不是作为"恻隐之心"而被看到和理解的。孟子则通过一个思想实验，把这种经验摆到我们面前，从普遍性的角度把它确认为人性活动的基本内容，更使之与最重要的德行——仁建立关系。于是，这种心灵活动的现象，乃作为普遍的人性内容而存在，作为"仁之端"而确认了自己的身份。这是源于孟子的反思。孟子的思，不仅仅是一种自身经验的确认，更是一条思想道路的首次开辟。

孟子既已揭示了这一思想的方式，对于他人而言，"思"主要是一种实践上的意义。它意味着看到并理解相应的内心经验。如果没有理解，即便自己反观到了不忍之心，仍然不能从理性上确认它的地位和意义。以齐宣王"以羊易牛"为例。齐宣王虽然出于对牛的不忍，而采取了以羊易牛的行为，但由于这一行为本身的不纯粹性，他遭到了国人的普遍误解。此时，齐宣王又没有能力想清楚整件事情，他不理解别人为何误解他，也不知道如何向别人证明自己的真心。于是，齐宣王与国人之间的认知上的矛盾，便无法得到理性的化解。而若不能从理性上化解这一矛盾，则原本出于真诚的不忍之心的以羊易牛的行为，在齐宣王这里难免留下负面的印象。可以想象，当他下次遇到类似情形的时候，就很可能不会顺从本心行事了。如果说见牛死而生不忍是良心的发动，那么，这些负面印象的积累将会在实践上阻碍良心的再次表现。这不是因为没有意识到自己的良心，而是因为不能理解良心的作用方式，也不能引发良心的具体事态。孟子以一句"见牛未见羊"，解开了齐宣王的心结。孟子的肯定，至少在那一刻鼓励了齐宣王的不忍之心。

说到理解，实际上又包含价值上的认知，这也是"思"的题中之义。《告子上》中间（第十二到十七章）有很大篇幅，都是为了阐明这个问题。

　　孟子曰："今有无名之指，屈而不信，非疾痛害事也，如有能信之者，则不远秦楚之路，为指之不若人也。指不若人，则知恶之；心不若人，则不知恶，此之谓不知类也。"（《告子上》）

无名指不听使唤，对于人的日常生活不会有太大的影响。但要是可以治疗，人们不远千里也要赶过去，只是因为讨厌自己手指不如人。然而，心不如人，却没有人认为有问题，没有人厌恶。难道人心没有手指重要吗？此所谓"不知类"也。这是自我理解不通透的缘故，也是没有区分身体不同部分之价值意义的缘故。

　　孟子曰："拱把之桐梓，人苟欲生之，皆知所以养之者。至于身，而不知所以养之者，岂爱身不若桐梓哉？弗思甚也。"（《告子上》）

两手粗的桐树和梓树，若是想要它活，人们都知道怎么去养。但对人自己，却不知道怎么来养护，难道是爱自己比不上爱桐树、梓树吗？太不会思考了。为什么说都不知道养护自己呢？

　　孟子曰："人之于身也，兼所爱。兼所爱，则兼所养也。无尺寸之肤不爱焉，则无尺寸之肤不养也。所以考其善不善者，岂有他哉？于己取之而已矣。体有贵贱，有小大。无以小害大，无以贱害贵。养其小者为小人，养其大者为大人。今有场师，舍其梧槚，养其樲棘，则为贱场师焉。养其一指而失其肩背，而不知也，则为狼疾人也。饮食之人，则人贱之矣，为其养小以失大也。饮食之人无有失也，则口腹岂适为尺寸之肤哉？"（《告子上》）

孟子指出，树木有梧桐、梓树和酸枣、荆棘之别，你不能看到了前者，还去养后者。同样的，人身百体也有小大贵贱之分，你不能因小失大，以贱害贵。养护一根手指，而失去了整个肩背，肯定是不对的，所谓"狼疾人也"；养护身体感官，而失去了人的心志，更是不对的，所谓"饮食之人"。对于人来说，心为大，体为小；心为贵，体为贱。养其大者、贵者，是所谓善养。

曰："耳目之官不思，而蔽于物，物交物，则引之而已矣。心之官则思，思则得之，不思则不得也。此天之所与我者，先立乎其大者，则其小者弗能夺也。此为大人而已矣。"（《告子上》）

心之所以为大，是因为心的独立性。身体感官没有反思的能力，受制于外物的引诱，故为小。人心则有反思的能力，可以确证人自己的本性，故为大。若人心能够做主，则小者听命于人心，而不为外物所动。如此则为大人。故最重要的，是确立人心的宗主地位。

孟子曰："有天爵者，有人爵者。仁义忠信，乐善不倦，此天爵也；公卿大夫，此人爵也。……"（《告子上》）

孟子曰："欲贵者，人之同心也。人人有贵于己者，弗思耳。

第六章　孟子的性善论

> 人之所贵者，非良贵也。赵孟之所贵，赵孟能贱之。《诗》云："既醉以酒，既饱以德。"言饱乎仁义也，所以不愿人之膏粱之味也；令闻广誉施于身，所以不愿人之文绣也。"(《告子上》)

内在的德行是天爵，外在的爵位是人爵。天爵尊于人爵，是人爵的根据。"天爵"的概念，也显示了德行在绝对意义上的价值优先性。人人都有最尊贵的东西在自身之内，只是不知道反思，故不自觉罢了。这个东西，就是人人皆有的仁义之心。与之相比，世间爵位真是无足挂齿。可见，《告子上》第十二到十七章的内容环环相扣，核心宗旨就是让人理解或认识到一个价值的秩序。对于人而言，最高的价值是人内在的德行，是人人皆有的四端之心、仁义之心。在此，"思"的意义，本质上又是一种价值确认或价值秩序之理解的能力。

故大体而言，从工夫实践的角度说，思具有三方面的意义：其一，在具体情境中反思体认自己的心灵活动，指认出其中的四端之心；其二，在具体事态中理解自己的良心活动，确证其真实性和合理性；其三，通过反思而认同以德行或四端之心为尊的价值秩序。如果没有第一条，则无法自觉自己的四心；如果没有第二条，则不能承当和肯定自己的四心；如果没有第三条，则不能在横向对比中确立四心的价值优先性。三个方面合在一起，才是真正的"思则得之"。这是孟子成德工夫的第一步。

值得注意的是，孟子意义上的"思"，与子思所主张的"思"，有很大的不同。荀子曾提到：

> 空石之中有人焉，其名曰觙。其为人也，善射以好思。耳目之欲接，则败其思；蚊虻之声闻，则挫其精。是以辟耳目之欲，而远蚊虻之声，闲居静思则通。思仁若是，可谓微乎？(《荀子·解蔽》)

郭沫若认为，这段话夹在曾子、孟子、有子之间，"觙先生"不会是子虚乌有的人，也不会是无关紧要的人。子思名伋，与觙同音，"空石之中"即"孔"。荀子此处是隐射子思。[1]此说有一定道理。若果是子思，则在荀子看来，子思的"思仁"，是在排除一切感官干扰的情况下，深察自己内心隐微的意识现象。这一点在竹简《五行》中得到了印证。《五行》对心象过程的描绘，细致入微。如："仁之思也精，精则察，察则安，安则温，温则悦，悦则戚，戚则亲，亲则爱，爱则玉色，玉色则形，形则仁。""智之思"、"圣之思"的描述，也是类似的。在这里，"思"指意识活动。子思的做法，是深入洞悉内心的意识活动，从而由"仁之思"、"智之思"、"圣之思"实现成为"仁"、"智"、"圣"。

可见，子思的"思仁"是完全内在的意识活动，而孟子的"思"则是源于既已发见于外的情感活动和意识现象，两者有很大的不同。唐君毅说："孟子之指证此数种心之存在，则主要在直接就事上指证，亦即就我对其他人物之直接的心之感应上指证。""此心初乃一直接面对人物而呈现出之心，初非反省而回头内观之

---

[1] 郭沫若:《十批判书》，第112页。

心。"[1]孟子与子思"思"的差别,正对应于"事上指证"与"内观之心"。这种差别与他们各自的问题意识是呼应的。

② 存心、养性

获得了四端之心的自我确证之后,接下来最重要的工夫是"存心"、"养性"。这两者之间并不是完全独立的。存心,所存的是仁义之心;养性,所养的是表现为四端之心的善性。两者是一致的。

对于普通人而言,这个仁义之心虽然偶有表现,但由于后天的消磨,在大部分情况下是放逐在外的。放逐在外不是说毫无表现,只是非常微弱,不是内心的主宰。故存心之前,先要把这个放逐在外的良心找回来,孟子谓之"求放心"。孟子曰:"仁,人心也;义,人路也。舍其路而弗由,放其心而不知求,哀哉!人有鸡犬放,则知求之;有放心,而不知求。学问之道无他,求其放心而已矣。"(《告子上》)这里的"放心",指的就是良心或仁义之心的放失。家禽家畜走丢了,都忙不迭要去找回来;自己的良心走丢了,却不知道寻找。如此不知轻重,可谓哀哉。在孟子看来,儒家学问的目的与方法,没有其他,就只是把这个放失掉的良心找回来,当家作主而已。严格来说,学问之道除了把放失掉的仁义之心原封不动找回来之外,还要求进一步将它培养、发展为仁义的德行。但仁义的德行,说到底还是仁义之心。在此意义上,"求放心"可以代表这整个过程。

不过,"求放心"并不是真的跑出去,向外面寻找走失的良心。实际上,它还是要求向内体证自己良心的活动,把它守在心中,成

---

[1] 唐君毅:《中国哲学原论·导论篇》,第50、54页。

为内心的主宰。此则孟子所谓"存心"。孟子曰:"君子所以异于人者,以其存心也。君子以仁存心,以礼存心。仁者爱人,有礼者敬人。"(《离娄下》)君子与普通人的不同,就在于两者的存心不同。换言之,君子之为君子,就在于其存心。所谓"以仁存心,以礼存心",不是将"仁"、"礼"两个概念时时挂在心中,作观念的想象。以仁存心、以礼存心,是具有仁礼两种德行所对应的内心状态与活动方式。借用《五行》的思路说,以仁存心即常存仁爱之心,让精、察、安、温、悦、戚、亲、爱这一系列仁爱的生发活动,在人心之内持续运作;以礼存心即常存礼敬之心,让远、敬、严、尊、恭这一系列礼敬的生发活动,在人心之内持续运作。或从孟子思路说,以仁存心,即保持恻隐之心对人类伤痛的敏感;以礼存心,即对人常存恭敬辞让之心。存的是什么心,相应的就会有什么样的外在表现,两者协调状态的实现,即是相应的德行。故君子异于普通人的存心,即是君子与普通人的差别的原因,也是两者德行差异的所在。孟子曰:"人之所以异于禽兽者几希,庶民去之,君子存之。舜明于庶物,察于人伦,由仁义行,非行仁义也。"(《离娄下》)君子与庶民的差别,在于去仁义之心,还是存仁义之心。君子存仁义之心,则人心处于仁义的状态、以仁义的方式运作,故能由内而外行仁义。去仁义之心,则所存者为利欲之心,"喻于利"矣。

良心的活动有它的规律性:

孟子曰:"……虽存乎人者,岂无仁义之心哉?其所以放其良心者,亦犹斧斤之于木也,旦旦而伐之,可以为美乎?其日夜之所息,平旦之气,其好恶与人相近也者几希,则其旦昼之所为，有梏亡之矣。梏之反复，则其夜气不足以存；夜气不足以存，则其违禽兽不远矣。人见其禽兽也，而以为未尝有才焉者，是岂人之情也哉？故苟得其养，无物不长；苟失其养，无物不消。孔子曰：'操则存，舍则亡；出入无时，莫知其乡。'惟心之谓与？"(《告子上》)

孟子指出，良心在平旦之时最易显现，何以呢？孟子从气的角度给出了解释。人的清明之气，日间夜间都在生生不息，清晨达到最盛。所谓"平旦之气"，即人在清晨所有的清明之气。"其好恶"的"其"，即平旦之气。气与情对，未发以气的方式存在，发出来则表现为情。如竹简《性自命出》云："喜怒哀悲之气，性也；及其见于外，则物取之也。"见于外，情之谓也。孟子"其好恶"一句是说，平旦清明之气所对应的好恶，就包含了人之为人的部分，亦即仁义之心。只是这仁义之心，即便是在清晨最活跃的时候，相对于整个人心而言，也还是很少的，故曰"几希"。这一点点仅存的良心，在白天有意识的作为中，还要受到限制、约束，渐渐就消亡了。良心夜间萌发，白天消亡，如此反复，"夜气"越来越薄，不足以存此良心，[1] 平旦也不再能有良心的呈露。那一点点的良心，最终不再表现，也便与禽兽差不多了。

清晨的良心最为活跃，这是合乎一般的生存体验的。因为日间是自觉的意识在主宰，用心的方式往往受制于这一自觉的意识。此

---

[1] 赵岐认为"夜气不足以存"是存夜气，不妥。朱子曰："孟子此段首尾，止为良心设尔。人多将夜气便做良心说了，非也。'夜气不足以存'，盖言夜气至清，足以存得此良心尔。"(朱熹：《朱子语类》，《朱子全书》第十六册，第1898页)

自觉意识，在未受道德教化的情况下，往往是顺从于利欲或一般的价值认知。所谓旦昼之为梏亡良心，即是梏亡于这一类有意识的用心活动。在白天连绵不断的自觉意识，以及由此引导而来的行为活动中，良心没有呈现和实现的机会，处于被忽略甚至被有意伤害和否定的状态。直至到了夜间，自觉的意识停止了不间歇的活动，意识活动的把控不再严格。此时，更内在的潜意识中的想法，才有了进入意识层面的机会。且这种状态具有一定的惯性。所以在清晨的时候，我们的心灵往往处于一种清明活跃的状态。对此，朱子给出了一个解释："气清则能存固有之良心。如旦昼之所为，有以汩乱其气，则良心为之不存矣。然暮夜止息，稍不纷扰，则良心又复生长。譬如一井水，终日搅动，便浑了那水。至夜稍歇，便有清水出。所谓'夜气不足以存'者，便是搅动得太甚。则虽有止息时，此水亦不能清矣。"[1] 朱子把清明状态比喻为清水，把夜气存良心比喻为夜间井水澄清的过程，这个比喻能说明一定的问题。不过，这是站在良心的价值立场上说的。若从心理现象的描述层面看，早上的清明只是为良心的显现提供了一般条件，这一条件是与其它的心所共享的。[2]

良心活动的盛衰规律，提醒了我们存心的方法。夜气与平旦之气，是"日夜之所息"，本身就在不断的生成，故夜气的生成不是主观下工夫的地方。在此意义上，朱子曰："孟子不曾教人存夜气。"[3] 确是如此。但夜气之集聚之厚薄，以及平旦之气的维持，又

---

[1] 朱熹：《朱子语类》，《朱子全书》第十六册，第 1895 页。
[2] 如清晨突然记起久远以前问别人借的钱还没有还之类。
[3] 朱熹：《朱子语类》，《朱子全书》第十六册，第 1895 页。

第六章　孟子的性善论

与存心之状态相关。故李延平说:"孟子发此夜气之说,于学者极有力。若欲涵养,须于此持守可尔。"[1]他把持守夜气视为工夫,也有相应的道德经验作支撑的。一般而言,在夜间焦躁、意识昏沉的情况下,即便睡的时间很长,第二天起来也不能有清明的状态。此可谓之夜气不积。夜气不积,则平旦之气不清不厚。如果夜间状态不错,则第二天起来意识清明。但这一状态能够维持多久,也取决于接下来的用心。所以,在夜气的集聚与维持方面,实际上确实都有工夫可下,或者说,确实可以通过主观的调节达到更好的状态。故后世往往劝人清晨打坐,将这一清明状态保持较长的时间;借用孟子的术语,亦可以说是"存夜气"。

当然,在孟子的语境中,夜气主要还是一个描述性的概念,用于解释平旦之气何以有良心的萌发。真正下工夫的地方,是在昼日之所为。如何能够防止日间行为对良心的违背和伤害,或者说,如何存养良心,是问题的关键。而良心是活动之物,存养良心不是把一个东西拿过来存在一个地方。存养良心,是要通过呵护良心的显现,顺从良心的发生,维持良心的活跃程度来实现的。此即孟子所谓的"操"。孔子曰:"操则存,舍则亡;出入无时,莫知其乡。"这句话对人心活动方式的了解极其精当。操,操持。心是能生之物。能生之物,必在其生的活动中得以存在、持续和壮大。良心的存续与壮大,亦必在良心的不断活动中才能实现。越能够肯定并实现其仁爱的人,其仁心的活跃程度也越高。故"操则存",即在操持中获得良心的持存;"舍则亡",即在废弃不用的过程中走向消

---

[1] 朱熹:《延平答问》,《朱子全书》第十三册,第320页。

亡。[1] 不唯良心如此，人心皆然。人心活动的这一了解，在道德实践上有两方面的意义：对于良心，要"操则存"；对于利欲诈伪之心，要"舍则亡"。

对于良心而言，具体如何操存呢？程子曰："操之之道，敬以直内而已。"[2] 程子主张"涵养须用敬"，故有如是说法。而从孟子角度说，所谓操则存，要义是让人心保持在仁义礼智所对应的存心和运行状态之中，并以合乎仁义礼智的方式行动。在此前提之下，"敬以直内"确也是孟子尤为重视的一个方面。[3] 孟子的"集义养气说"，与之最为相关。

> 曰："难言也。其为气也，至大至刚，以直养而无害，则塞于天地之间。其为气也，配义与道；无是，馁也。是集义所生者，非义袭而取之也。行有不慊于心，则馁矣。我故曰，告子未尝知义，以其外之也。必有事焉而勿正，心勿忘，勿助长也。……"（《公孙丑上》）

此章在前面已有详细的解说。要之，浩然之气生于集义的行为。而集义，是由内在用心到外在行为，时时按照义的要求而来。如果只是从外面行仁义之事，不是出于内心的要求，则是"义袭而取"，

---

[1] 生物进化论的术语"用进废退"，与此略似。
[2] 朱熹：《四书章句集注》，第331页。
[3] 对于程朱理学而言，"敬以直内"在涵养方面之所以具有统摄的意义，是因为在理学系统中，"敬以直内"可以使人心本有的性理呈露出来；或者说，"敬以直内"是性理表达的存心条件。而在先秦，内心的敬对应于礼，内心的直对应于义。《易·坤文言》"敬以直内，义以方外"，主要是就义之存心与义之行为的内外而言的。

不会生浩然之气。一旦外在的行为与内心的要求脱节,行为不能顺从于仁义之心,则浩然之气也会消失。养浩然之气,要求仁义的存心与仁义的行为的内外一致。如此,则自然有一种气象和气场伴随生成。由仁义的存心到仁义的行为,即孟子所说"由仁义行",它是内在仁义之心的由内而外的实现活动。正是在此实现活动中,良心得到了存养,转化为了德行,随之而来便有作为德气的浩然之气充塞天地。

以上是从正面来讲良心的操存,其实也可以从反面说。孟子曰:"养心莫善于寡欲。其为人也寡欲,虽有不存焉者,寡矣;其为人也多欲,虽有存焉者,寡矣。"(《尽心下》)养心的心,即是仁义之心、良心本心。寡欲之欲,则是利欲之心。人心只有一个活动原则。两心相对,要么是仁义之心作主,要么是利欲之心作怪。利欲之心减得一分,则仁义之心存得一分;利欲之心多了一分,则仁义之心少了一分。两者之间是此消彼长的关系。故孟子指出,存养仁义之心,最好的方式就是减少利欲之心。如何减少呢?仍是"舍则亡"的思路。减少利欲之心,就要减少利欲之心的操存。不要存利欲之心,也不要顺从利欲之心去行为,便是不操存。不操存,渐渐就会淡化。否则,越是操存越是浓烈,仁义之心无由生矣。

除了存心之外,还有养性之说。后者在《孟子》仅一见:

> 孟子曰:"尽其心者,知其性也。知其性,则知天矣。存其心,养其性,所以事天也。夭寿不贰,修身以俟之,所以立命也。"(《尽心上》)

《尽心篇》的首章，历称难解。朱子认为，"知性"是"物格"之谓，"尽心"是"知至"之谓；"尽心知性而知天，所以造其理也；存心养性以事天，所以履其事也"。[1] 阳明认为："夫'尽心、知性、知天'者，生知安行，圣人之事也；'存心、养性、事天'者，学知利行，贤人之事也；'夭寿不贰，修身以俟'者，困知勉行，学者之事也。"（《传习录》，第134条）两说差异很大。从孟子的内在理路看，两说都不妥帖。实际上，"尽心、知性、知天"，主要是反思、体认和理解的问题，即所谓"思则得之"；"存心、养性、事天"，是四端之心的培养与扩充；"夭寿不贰，修身以俟"，是说存养过程不能停止，是君子安身立命之道。[2] 从"尽心"、"知性"到"存心"、"养性"，乃是孟子亲自指定的成德之学的两个基本环节。

从孟子的思想而言，存心是存四端之心，养性是养四端之善性。故存心即是养性，本质上都是存养四心，以成德。只是，心就其活动说，性就其活动之内容或倾向说。故朱子曰："存，谓操而不舍；养，谓顺而不害。"[3] 操而不舍，是操持四心的活动；顺而不害，是顺从四心的生长。要注意的是，"养性"只是说性是能自生之物，顺其内在的倾向可以生成为德行。但后者不再称为性，而是由性而生之物，是人的现实性。

③ 扩而充之

从逻辑上讲，"思则得之"和"存心养性"，已经交代了孟子基于性善论的成德道路的核心环节。此外，孟子还有"扩充"的说

---

[1] 朱熹：《四书章句集注》，第349页。
[2] 此中涉及很多诠释上的具体问题，将在别处探讨。
[3] 朱熹：《四书章句集注》，第349页。

法。在帛书《五行说》中，孟子已用"充端"来解释"进之"。在《孟子》中，此义得到了更多的强调。

> 人之有是四端也，犹其有四体也。有是四端而自谓不能者，自贼者也；谓其君不能者，贼其君者也。凡有四端于我者，知皆扩而充之矣，若火之始然，泉之始达。苟能充之，足以保四海；苟不充之，不足以事父母。（《公孙丑上》）

人有四端之心，就好比人有四肢一样。人生而有四肢，加以后天的养护，可以长成为成人的四肢。认识到自己具足四端之后，若能扩充之，就像刚刚燃烧的火一样（虽微小，可燎原），或者像刚刚流出的泉水一样（虽涓细，可汇为江河大海）。若能扩充四端，其极致可以保有天下；若是不能，赡养父母都还不够。这是以良心之微弱，反衬扩充之必要。

分开说，"扩而充之"，包含扩与充两个层面。扩，推广；充，充满。充或充端（帛书说文），近于"存心养性"；扩或推广，则从四端之心能发作的地方，推及于尚不能发作的地方。充是立足于四端之心而言的，扩是就四端之心的泽被范围而言的。这是两者的不同之处。从后者出发，孟子又有推恩的说法。

> 老吾老，以及人之老；幼吾幼，以及人之幼。天下可运于掌。《诗》云："刑于寡妻，至于兄弟，以御于家邦。"言举斯心加诸彼而已。故推恩足以保四海，不推恩无以保妻子。古之人所以大过人者无他焉，善推其所为而已矣。今恩足以及禽兽，而功

不至于百姓者，独何与？(《梁惠王上》)

孟子这段话是接着齐宣王"以羊易牛"的故事来的。孟子以"恩足以及禽兽，而功不至于百姓"质疑齐宣王，讲了一番推恩的道理。"老吾老，以及人之老；幼吾幼，以及人之幼"，从对身边亲人的尊敬与关爱，推及于对天下人的尊敬与关爱；举对待亲人的心，用于对待疏远之人，这便是推恩。君王若能推恩及于国人百姓，则足以保有四海、称王天下。若是不能推恩，连自己的小家庭都保不住。在孟子看来，古代圣人之所以远超一般人，其实也只是善于推广善的行为（施恩于对象）而已。

此处的推恩，主要是就仁而言的，本质是将人的仁爱，推及于政治实践。这一行为，对于行为者而言，乃是仁爱的推广；而其实现，又有待于仁爱的政治行为。孟子说："先王有不忍人之心，斯有不忍人之政矣。以不忍人之心，行不忍人之政，治天下可运之掌上。"(《公孙丑上》)因此，统治者善性的扩充与实现，与仁政、王道的推广与实践，具有内在的一致性。在此意义上，"扩而充之"对于统治者而言，实具有跨越德行涵养与政治实践的双重意义。

6.3 小结：先秦儒家心性之学的一种可能归宿

若将孟子人性论思想，以及建立在人心论思想基础之上的成德道路，与《论语》所代表的孔子的成德道路相比较，我们很容易感受到两者的巨大差异。这种差异，不是个别环节和个别工夫的差异，而是两条不同的实践道路。而实践道路的差异，又源于对人的道德活动与道德存在的不同理解。孟子成德之学的形态，一定意义上代表了孔孟之间儒家心性之学的转向的最终完成。

孔子的成德，在于面向具体的生存境遇与事务的实践。他让弟子在做好具体行为的同时，能够关注自己内心的情感与涵养是否与外在的行为相匹配，目的首先是为了达到名实相副的好的实践行为，以仁的饱满来充实礼的本意。而人的德行，既在这些具体的行为中体现出来，也在这些行为中实现出来。所谓"克己复礼为仁"（《颜渊》），在克己复礼的行为中，达到为仁的目的。所以，孔子成德之学，大体依赖于《诗》《书》礼乐的传习，[1]以成为拥有仁、智、勇等德行的君子为目标；进一步，在政治实践中，实现"修己安人"、"博施济众"的理想。当然，在这个过程中，如何用心、如何存心，也是很重要的。要立什么志，[2]什么情况下要存什么心，[3]心心念念要提醒自己什么[4]……无不是教人具体如何用心。但孔子只是教人当下用心的活动，通过这些具体的活动来凝结成具体的德行。对人性的问题，孔子只是提出来"性相近也，习相远也"（《阳货》）的观察，认为后天的教化比先天的禀赋更为重要。

到了七十子后学，则深入心性的内部，对心性的发生原理作了反思性的表达和建构性的理解。于是，心性在成德之学中，就不再是依其作用而立的东西；心性之反思性的了解，成为了成德之学的

---

[1] 子思曰："夫子之教必始于《诗》《书》，而终于礼乐，杂说不与焉。"（《孔丛子·杂训》）
[2] 如"志于道"、"志于仁"、"志于学"。
[3] 如子曰："君子无终食之间违仁，造次必于是，颠沛必于是。"（《里仁》）
[4] 如子曰："言忠信，行笃敬，虽蛮貊之邦行矣；言不忠信，行不笃敬，虽州里行乎哉？立，则见其参于前也；在舆，则见其倚于衡也。夫然后行。"（《卫灵公》）

前提。如何了解心性，决定了如何实践成德的方法。子游深入追究人性发生之过程，从中建立教化得以参与的途径。故以《诗》《书》礼乐为主要内容的教化方式，被"心术"所取代，前者成为了后者的枝叶。子思追究德行发生的心理过程与内部结构，确立了从"仁之思"开始的成德道路，及从圣智对道德的认知开始的成德道路。两种方式，都将思想的关切转向人的内部，从而实践的关切也转向了内部的用心。到了孟子，他又将人性论与德行论两条思路勾连起来，从人心的表现（四心）认取人性中善的部分，将之与仁义礼智之德关联起来，四心由是成为四德之善端，据此确立了性善之说；进而，以存养、扩充四端之心，作为成德实践的基本工夫。如此，儒家成德的实践，乃在人性论的角度，完全收摄为善性之发生与实现的问题。先秦儒家成德之学，至此，完全成为了一个向内体证，并由是扩充生发的过程。可以说，心性之学发展到孟子，意味着内向化的彻底完成。

先秦儒家心性之学，由子游的开创、子思的发明，到了孟子可说又是一大转进。孟子承习了人性论与德行论两大思想传统，将之打通为一，实是孟子的重要贡献。但也要看到，孟子的思想只是先秦儒家心性思想传统的一种可能性，并且是其中最为内在化的一种。而从成德之学的角度看，孟子由于内向化的特质，未能充分重视外在知识与习行的意义，未能给与它们相应的安顿，以至于我们在《孟子》中看不到"学"的意义，[1]这不能不说是对孔子之学的某

---

[1] 也包括"知"的意义。孟子言"知"，主要是道德直觉方面的良知，而非具体知识。

种偏离。但无论如何,孟子对人性的信心,作为一股正面的引导力量在历史上发挥了深远的影响;他的性善论和工夫论思想,也直接启发了宋明时代本体论范式下的性善论和工夫论,虽然两者的思想图式有着根本的差别。

附录：表象与真实——颜子"好学"新论

孔子自道"好学"，于三千弟子之中，又独称颜子"好学"。颜子之学得孔子真传，后世亦多以颜子之学为孔学的门径。伊川《颜子所好何学论》，楷定了颜子之学的性质，阐明了道学的宗旨，却于颜子如何用功为学的实情发明不多。若从颜子内部的视角看，无论是"好学"、"不违如愚"、"闻一知十"、"不迁怒、不贰过"，"以能问于不能，以多问于寡"，"有若无，实若虚"，乃至孔颜之乐，都是对颜子生命状态的现象描述，不是他用功与存心的真实呈现。颜子之所以能如此，乃在于自身义理体段之融释，及其与实践生命之统一。这是颜子之学的内在根据，通于孔子"一以贯之"之旨。孔颜由是而学，由是而好学、乐学，以至于不厌不倦不息不已之境。了解颜子"好学"之真实，我们才能真正"学颜子之所学"。

北宋皇祐二年，伊川十八岁，游太学，胡安定以"颜子所好何学"试诸生。伊川论云："圣人之门，其徒三千，独称颜子为好学。夫《诗》《书》六艺，三千子非不习而通也，然则颜子所独好者，何学也？学以至圣人之道也。"[1] 即此一句，点明了颜子之学的宗旨，确立了宋代道学的宗趣。

作为孔子的得意弟子与理想继承人，颜子向来受到格外的推重。从《庄子》的刻画，《中庸》、《易传》的表彰，到汉代扬雄的"睎颜"说，可谓源远流长。随着北宋道学思想的跃动，颜子之学作为孔门成德之学的代表，更是获得了儒者的普遍重视。胡瑗对颜子很是推崇，[2] 周敦颐也大为表彰，说："志伊尹之所志，学颜子之所学。过则圣，及则贤，不及则亦不失于令名。"[3] 把颜子推为士人效法和学习的榜样。又说："圣人之蕴，微颜子殆不可见。发圣人之蕴，教万世无穷者，颜子也。"[4] 将颜子作为了解孔子圣道的门径。据程子所述："昔受学于周茂叔，每令寻颜子、仲尼乐处，所乐何事。"[5] 周子已然以"孔颜之乐"提点二程兄弟悟入道学的本质。要之，北宋初期道学思想的涌动，重要的表征之一便是颜子之学的凸显。伊川《颜子所好何学论》，正是这一时代精神的自我确立和表达。[6]

---

1 程颢、程颐：《二程集》，第577页。按《四书集注》的转引，此句"何学也"之前为胡安定之题，"学以至圣人之道也"以下为伊川所答。参见朱熹：《四书章句集注》，第84页。
2 胡瑗说："夫颜氏之子者，即孔门之高弟，亚圣之上贤。"（《周易口义》，《四库全书》经部第6册，第529页）
3 周敦颐：《周敦颐集》，第23页。
4 朱注："故因其进修之迹，而后孔子之蕴可见。"（《周敦颐集》，第37页）此一说法，同程子"仲尼无迹，颜子微有迹"之义（程颢、程颐：《二程集》，第76页）。
5 程颢、程颐：《二程集》，第16页。
6 何俊指出："孔子门人，实已分'传道'、'传经'二派。但是必须承认，'传经'一派在宋以前，作为一种知识形态是明确形成了的，即所谓的'汉学'，而'传道'一派并没有在知识形态的意义上得到建构。《颜子所好何学论》的意义，正标志了新的知识形态，即以'道学'为终端成就的'宋学'的真正确立。"（何俊：《以道为学——〈颜子所好何学论〉发微》，《哲学研究》2011年第6期，第44页）

《颜子所好何学论》欲在汉唐儒学的背景之下，确立道学的根本宗旨，故其要义有二：一是论定"圣可学"，二是说明"何种学"。前者，要在"生知之圣"外，肯定"学知之圣"的可能性；后者，则要阐明此学的基本性质。颜子之学，同于孔子之学。道学家借颜子之学的讨论，实是要给孔子之学的品格重新定位。出于这一关切，伊川的论文必有所针对，亦必有其局限。其一，其探讨的重心在"学"字上。而孔子盛赞颜子"好学"，重点在"好"字上。两者之间发生了重心的偏移。其二，其对颜子之学的性质的认定，是一个外在的判定，与颜子的内心体验或生命实践不无隔膜。其三，其对圣人境界及为学方法的理解，依赖于道学对《中庸》《孟子》的解释，未必符合颜子的自我认知和自我理解。[1] 要之，伊川《颜子所好何学论》的主要功绩，是揭示颜子之学的成德性质，至于颜子之"学"及颜子"好学"的真面目，则尚未有正面的系统的阐明。

　　基于颜子自身的视角，我们可以追问：颜子究竟如何为学、如何用心？他的身心是什么状态？他的真实感受又是怎样？经此追究，我们可以区分，什么是颜子生命所呈现出来的现象（表象），[2]

---

1 伊川的做法，是以后人的观念对颜子之学作了某种意义的重构。有的时候，用后来的概念，确实可以更清晰地呈现古代的思想，甚至有可能比历史上的思想家更了解他们自己的思想。但这一做法需要足够审慎。因为人毕竟是通过语言和概念来思想的。概念是时代思想的精华。当"性与天道"的概念还没有凸显自身、展开自身的时候，孔子和颜子是不会从"尽心-知性"的角度理解乃至表达他们的为学路径和境界的。但这不代表他们对此无话可说，他们完全可以有另一套自我理解和自我表达的途径。这种基本路径的差异，比任何具体的论断更为根本。这才是我们应当去尽力呈现的东西。

2 本文所谓的"表象"，仅仅意指"表面呈现出来而为他人所见的现象"，是相对于"自己内部真实的生存活动和生存感受"而言的，不同于康德意义上的"表象"概念。当然，"表象"也不是"假象"，它是真实显现的现象。

附录：表象与真实——颜子"好学"新论

什么是颜子内在真实的生存活动和生存状态（真实）。事实上，只有从颜子内部的视角，达到颜子内在的真实，才能真正理解颜子之学的特质，理解颜子之所以好学的原因。

一、颜子之"信"

颜子的形象，多留存于孔子及孔门弟子的盛赞或描述中。他人眼中的颜子，是一个矛盾的形象。看上去愚钝，却有"闻一知十"的能力，连孔子都自叹弗如；最为信实，却又有"有若无，实若虚"的表现。但是，这些都只是表象的矛盾，背后实是一个内在一致的颜子。我们的目的是通过矛盾表象的具体分析，呈现背后真实一致的颜子。

颜子的经典形象，是一个在孔子面前唯唯诺诺的人。

> 子曰："吾与回言终日，不违，如愚。退而省其私，亦足以发，回也不愚。"（《为政》）

"不违"，即"有听受而无问难也"。[1] 从学习的一般过程来说，听受新的内容，必有一个与既有知识发生碰撞和融合的过程。在这个过程中，思维敏捷的人总能觉察其中的差异，产生疑惑，想要提问以寻求解答。就此而言，善于发问就是一个人聪明的表征。相反，如果一个人不管听受了什么，只知道唯唯诺诺，从来不会主动

---

1 朱熹：《四书章句集注》，第56页。

发问，那么他很可能是一个资质平庸的人。因为愚钝，听不清楚、想不明白，所以没有疑惑，也提不出问题。正是就着这个常规的道理，孔子说，颜子看上去"如愚"。但话锋一转，孔子换个角度，给出了一个完全相反的判断。"退而省其私"，"私"指颜子日常的言行作为。[1] 看颜子日常的所为，却又足以发明孔子之意，故颜回其实"不愚"。

对于此章，李延平有一段深切的发明："颜子深潜纯粹，其于圣人体段已具。其闻夫子之言，默识心融，触处洞然，自有条理。故终日言，但见其不违如愚人而已。及退省其私，则见其日用动静语默之间，皆足以发明夫子之道，坦然由之而无疑，然后知其不愚也。"[2] 此解从颜子的能力与境界立论，可谓精辟。不过，我们也可以从用功角度再作补充。颜子自身义理涵泳之深，使其对夫子之言，总能依据已有的见识，得其一定的条理。若当下即能领会其中的奥义，便使义理在内心沉潜，消融于整体体段之内。颜子的"义理体段"（详后），也借此经历一番重新的调顺，最终著见于语默动静之间。当然，我们不假定颜子是"生知"的人。有时，颜子对孔子的教诲，未必当下就有透悉的了解。但即便此时，他还是不急着发问、致辩或诘难，而是怀揣着这些困惑，等到退避之后、燕居独处之时，反复咀嚼、从容涵玩、比类会通，使其中奥蕴尽情彰显。一旦玩味纯熟，这一义理也将消融于整体的义理体段之内，布达

---

[1] 注家对"私"有不同理解。孔安国云："察其退还，与二三子说释道义。"（皇侃：《论语义疏》，第32页）朱子云："私，谓燕居独处，非进见请问之时。"（朱熹：《四书章句集注》，第56页）钱穆认为，"私"指"私人言行"（钱穆：《论语新解》，第35页）。
[2] 朱熹：《四书章句集注》，第56页。

附录：表象与真实——颜子"好学"新论

于语默动静之间。故子曰:"回之为人也,择乎中庸,得一善,则拳拳服膺而弗失之矣。"(《中庸》)所谓"拳拳服膺",不是指不断的自我暗示,而是指对"善"的深入咀嚼和消化;所谓"弗失之",也不是有意的持守,而是由于颜子早已将之融释于生命之中,故无所谓"失"。基本的意旨,与此处"不违如愚"却"亦足以发"完全一致。

之所以不急着发问,出于孔门自得之学的要求。子曰:"不愤不启,不悱不发,举一隅不以三隅反,则不复也。"(《述而》)朱子注:"愤者,心求通而未得之意。悱者,口欲言而未能之貌。"[1]学者至于愤悱之时,孔子才会给予适当的点拨。这样的启发,是为了获得举一反三的效果。按这一要求,听受夫子之言,即便当下有所疑惑,也应通过细密的致思,使问题自行澄清;并通过自身卓绝的努力,寻求问题的自行解决。唯有尽了自己方面的各种努力,仍然无法解决的时候,才可以向夫子寻求提点。而且,孔子的提点不是问题的结束,而是新的致思活动的开始,顺此展开新一轮的思想活动。如此才是"切问",才能"自得",这是孔门为己之学、自得之学的用功法门。至于颜子,通过自身的努力,问题总能自行融释,这就只能归功于颜子资质之纯粹与义理之精熟了。子曰:"回也,非助我者也,于吾言无所不说。"(《先进》)颜子听了孔子的教诲,每每都能默契其奥,而得之于己;有所未达,也能通过反复咀嚼而自行贯通,故"无所不悦"。孔子的抱怨,背后实是无限的欢喜。

以上过程之所以可能,关键是颜子已有一个"义理体段"。所

---

[1] 朱熹:《四书章句集注》,第95页。

谓"义理体段",指颜子义理思想之整体性及其内部之融贯性,如人的身体一般,是一个有机的活体。前引李延平有"圣人体段"的说法,源于《孟子·公孙丑上》:"昔者窃闻之:子夏、子游、子张皆有圣人之一体,冉牛、闵子、颜渊则具体而微。"赵岐注:"体者,四肢股肱也。……一体者,得一肢也。具体者,四肢皆具也。微,小也,比圣人之体微小耳。体以喻德也。"[1] 在这里,"具体"与"一体"的差别,在于完具与不完具。历代注家抓住这一点来理解,[2] 固然是对的。但还要知道,具不具体不是量的区分,而是质的差别。只是"一体",则手是手之用,足是足之用,不预设相互之间的协调;由于是不完具的,也就没有进一步生长的可能。"具体"则不同,它是内部完整而协调的,具有持续的活动性和生长性。如一个初生的婴儿,体貌虽小,但该有的都有了,给一段发育的时间,便可长为成人。如果圣人是成人,那么"具体而微"的颜子(包括冉牛、闵子)便是婴孩。子夏、子游、子张,终究只能是贤人,颜子却有成为圣人的可能。这是颜子"具体而微"的深层意涵。[3]

所谓"具体",首先是指颜子为学或义理的格局或规模,孔子所谓"用行舍藏",《庄子》所谓"内圣外王"。这种格局是颜子义理之学的内在格局。对于颜子来说,生命实践具有原初的统一性。任何局部的义理,都是这个统一体的有机组成部分,与其它义理存

---

[1] 邢昺:《孟子注疏》,第77页。
[2] 问:"颜子'具体而微',微是微小或隐微之微?"曰:"微只是小,然文意不在小字上,只是说体全与不全。"(朱熹:《朱子语类》,《朱子全书》第十五册,第1748页)
[3] 据《韩诗外传》卷七,孔子游于景山,子路、子贡、颜回各言其志。孔子最后评价道:"圣士哉!大人出,小子匮;圣者起,贤者伏。回与执政,则由、赐焉施其能哉!"言下之意,孔子认为颜子有成为圣人的可能。

附录:表象与真实——颜子"好学"新论

在千丝万缕的内在关系（内部调适）。故新义理的出现，对于颜子来说不是量的增加，而无非是在这一体段上添一些子、减一些子；这个体段，仍然保持其统一性、一贯性。此时，新义理的出现，成了义理体段达到自我成长、自我调适和自我理解的一个契机。[1]

新义理的接受，实即融入既有的义理统一性之中，故可以与既有的义理相互发挥。

> 子谓子贡曰："女与回也孰愈？"对曰："赐也何敢望回？回也闻一以知十，赐也闻一以知二。"子曰："弗如也，吾与女弗如也。"（《公冶长》）

朱子曰："一，数之始。十，数之终。二者，一之对也。颜子明睿所照，即始而见终；子贡推测而知，因此而识彼。"[2] 钱穆云："十者数之全。颜渊闻其一节，能推其全体。二者一之对。子贡闻此，能推以致彼。"[3] 说终始、说全体，意在表明两者不是量的区分，而是质的差别。颜子"闻一知十"的能力，是子贡可望而不可即的，甚至孔子也自叹弗如（一说"与"为认同义）。但颜子之所以能"闻一知十"，不是因为他有超强的逻辑分析和推理的能力（或者说，重点不在于此），主要是因为他从来不是孤立地思考和理解事物。

---

[1] 新的义理，与已有的体段有一个磨合的过程。若新义理与旧体段之间相合，新义理便自然统合到旧体段之中，形成一个更为丰富的新体段；若新义理与旧体段相违，那么便要借此契机重新反省、调整旧体段，以求更新。这个过程，类似于伽达默尔所说的"视域融合"。
[2] 朱熹：《四书章句集注》，第77页。
[3] 钱穆：《论语新解》，第117页。

但凡有所思考和理解，他都以既有的义理体段为前提和背景，寻求与新事物的彻底融合。义理融释于体段之中，便是义理体段之有机的组成部分。由此，推其一端便可见其全体；表现于外，便是"闻一知十"的能力。从这个角度，我们即便说颜子闻一知百也未尝不可。因为借由"闻一"，他的整个思想世界都可以激发和活跃起来。

子曰："回之信贤于丘。"（《孔子家语·六本》）孟子曰："有诸己之谓信。"（《孟子·尽心下》）颜子之"若愚"而"闻一知十"，正是颜子至信之所在。

二、颜子之"明"

关于颜子的好学，被征引、讨论最多的是以下这一章：

> 哀公问："弟子孰为好学？"孔子对曰："有颜回者好学，不迁怒，不贰过。不幸短命死矣，今也则亡，未闻好学者也。"（《雍也》）

在众多弟子之中，孔子只肯定颜子"好学"，并道出了其中的原因。所谓"不迁怒，不贰过"，即"怒于甲者，不移于乙；过于前者，不复于后"。[1] 历来对颜子的这一本领，多有表彰。今人也喜用这一句，说明孔学的道德性质。但"不迁怒、不贰过"，一般从境界上说，而不从功夫上说。从境界说，只表明颜子确有这一能力。从功夫说，则要进一步探究颜子何以能如此。对于这个问题，

---

[1] 朱熹：《四书章句集注》，第84页。

附录：表象与真实——颜子"好学"新论

最方便的是从道德意志的角度给出解释，但这种回答势必错失颜子的真实用心。在道德实践中，颜子诚有果决刚毅的一面，但并非出于勉强。颜子之所以能"不迁怒、不贰过"，不是个人强力意志的结果，而是为学的自然之效。

"不迁怒"的前提，是要有自知之明，能时时洞察己身。怒气一起，自我完全沉沦其中。此时，任何偶然出现的事物，都将成为发泄愤怒的对象；任何微小的不足，都会被无限放大而成为愤怒的又一理由。处于这种无明状态之中，很容易把怒气转移到其它对象，此即"迁怒"。若无自察的能力，必沉溺其中而不能自拔。若学者有充分的自察，愤怒之时，自知其愤怒、自知其所以愤怒、自知其所愤怒的对象，则对自身情绪或可获得一种冷静的超拔。当然，有了自知，还要明理。明道《定性书》谓："圣人之喜，以物之当喜；圣人之怒，以物之当怒。是圣人之喜怒，不系于心而系于物也。"[1] 圣人不是没有怒，只是应了物之当怒，所谓"物各付物"是也。与之相对，怒而无当是学者的常态。制怒之法，则在明理："夫人之情，易发而难制者，惟怒为甚。第能于怒时遽忘其怒，而观理之是非，亦可见外诱之不足恶，而于道亦思过半矣。"[2] 一般人在愤怒之时，往往会抓住片面的理由，认定和强化愤怒的合理性。此时，能否如实地辨明道理的分际，这就不仅仅是一个态度的问题，而且是能力的问题了。此外，还会有很多现实的因素。要制怒，还得排除人情或利害的系累。若能确立道义的绝对性，则现实

---

[1] 程颢、程颐：《二程集》，第460页。
[2] 同上书，第461页。

的系累也不是问题。

至于"不贰过",孔子有一个更明确的表述。子曰:"颜氏之子,其殆庶几乎?有不善未尝不知,知之未尝复行也。《易》曰:'不远复,无祗悔,元吉。'"(《系辞下》)"颜氏之子"即颜回。"有不善未尝不知,知之未尝复行也",即"不贰过"。韩康伯注:"在理则昧,造形而悟,颜子之分也。失之于几,故有不善。"[1]意谓圣人"知几",颜子形见之后方察知,故曰"庶几"。但程子认为:"如颜子地位,岂有不善?所谓不善,只是微有差失。才差失便能知之,才知之便更不萌作。"[2]两说关涉颜子境界的认定。若只看这句话,"有不善未尝不知",是说颜子善于鉴察己身之不善;"知之未尝复行",是说颜子勇于改过。前者是知之明,后者是行之果。学者解这段话,往往突出改过的重要性,并强调决心与意志的作用。其实,改过的前提是知过,知过又以自身的照察(对言行念虑的自觉)和义理的明见为前提。故颜子不是用力提撕改过的意志,勉强对治自己的不善;其所用心之处,只是乐于明善、从善而已。故伊川说:"勉强行者,安能持久?除非烛理明,自然乐循理。"[3]其说是。当然,这里的"明"是"如好好色,如恶恶臭"意义上的知行合一的明。颜子只是这样用心,及其表现于外,则是"不贰过"。学者称其改过之勇,殊不知颜子真实的用心,不在"改"字上。[4]

"不迁怒、不贰过",看上去是颜子的道德自制力和意志力,实

---

[1] 王弼注、孔颖达疏:《周易正义》,第364页。
[2] 朱熹:《四书章句集注》,第84页。
[3] 程颢、程颐:《二程集》,第187-188页。
[4] 子曰:"德之不修,学之不讲,闻义不能徙,不善不能改,是吾忧也。"(《述而》)"闻义而徙"与"见过而改",虽有具体情境的差别,但用心未尝有异。

附录:表象与真实——颜子"好学"新论

际上勇或只是颜子的表象。他所以能如此，在于他的明：一方面是义理之明，一方面是自知之明。颜子之勇，不是一种意志的强力，而是通过德行涵养和义理栽培而来的"义勇"。[1] 故他的勇，平日里则安乐而不扰攘，危难时则坚定而无犹疑。孔子在陈绝粮，从者皆病，子路也心情低落，说："意者吾未仁邪？人之不我信也。意者吾未知邪？人之不我行也。"颜回却说："夫子之道至大，故天下莫能容。虽然，夫子推而行之，不容何病？不容然后见君子！夫道之不修也，是吾丑也。夫道既已大修而不用，是有国者之丑也。不容何病？不容然后见君子！"（《史记·孔子世家》）子路向来以勇见称，此时却不能自信。唯有颜子于大难之时不变其勇。[2] 颜子之勇，来自对孔子其人其学的明见和自信。

此外，《荀子·子道》记载：

> 子路入，子曰："由！知者若何？仁者若何？"子路对曰："知者使人知己，仁者使人爱己。"子曰："可谓士矣。"子贡入，子曰："赐！知者若何？仁者若何？"子贡对曰："知者知人，仁者爱人。"子曰："可谓士君子矣。"颜渊入，子曰："回！知者若何？仁者若何？"颜渊对曰："知者自知，仁者自爱。"子曰："可谓明君子矣。"

这三组问答形式规整，可能出于后人有意的编排。但子贡和颜回的

---

[1] 孔子说颜回"强于行义"（《孔子家语·六本》）。
[2] 据《中庸》，孔子区分了三种"强"：南方之强、北方之强，以及真正的强。颜子之勇，正是"和而不流"、"中立而不倚"、"国有道，不变塞焉"、"国无道，至死不变"的"真强"。

回答，很符合各自的思想性格。子贡说"知者知人，仁者爱人"，实即孔子平日所言，是知与仁的正解。[1] 颜子对此也不会有异议。但他却说，"知者自知，仁者自爱"。他这样说，绝不是有意在定解之外标新立异；他这样说，乃是出于自身深切的体认。"知者自知"，知者除了知人之外，还要有自知之明。在某种意义上，自知之明乃是知人之明的前提。"仁者自爱"，不是说仁者要偏爱这个私我，而是说仁者应把道德关切建立在自身内部，由此推己及人，就不会随外部世境的变迁而发生转移。故孔子作出了"明君子"的评价。

三、颜子之"虚"

对颜子的身心状态，曾子也有一段重要的描述。

> 曾子曰："以能问于不能，以多问于寡，有若无，实若虚，犯而不校。昔者吾友尝从事于斯矣。"（《泰伯》）

"吾友"，指颜子。"以能问于不能，以多问于寡"，是说颜子博学多能，却乐于求教不如他的人。不耻下问，当然是好学的表现。至于"有若无，实若虚"，字面是说，明明有了知、能，却如没有一般；明明充实饱满，却如空虚一般。《孔子家语·六本》记载，子曰："回有君子之道四焉：强于行义，弱于受谏，怵于待禄，慎

---

[1] 樊迟问仁。子曰："爱人。"问知。子曰："知人。"（《颜渊》）

于治身。"[1] 其"弱于受谏",与"有若无,实若虚"相近。"有若无,实若虚",易让人想到"虚心"。但在现代语境中,虚心是指不自满的态度。仅仅如此,还无法显示颜子的高明。我们要追究的是,"有若无,实若虚",到底是一种怎样的身心状态?为此,可以从两个方面来看。

其一,颜子存心于义理,没有"有"、"实"之念。朱注:"颜子之心,唯知义理之无穷,不见物我之有间,故能如此。"[2] 朱子这个注,主要是针对前半句来说的。顺此思路,我们也可以对"有若无,实若虚"有所理解。对于颜子来说,不是先认定自身之有、自身之实,而后要求自己放下身段,"问于不能"、"问于寡"。若是那样,他的内心便不是通透的,他的生命便是有隔的。事实上,在颜子的心念中,本无所谓人我、多寡、能不能。颜子的存心,只是对义理或善的无间的通透。他所关切的,只是义理之所在,只是自身所当行之道。但凡有已得之念,便不是颜子。就此而言,曾子所言乃是颜子状态的一个外在描述,而不是他的真实存心。

其二,"无"、"虚"虽有"若"字修饰,但它们不是一种相似的表象,恰恰是颜子真实的存心。颜子的多知、多能,不是在物理空间中有形事物的堆砌(占有一定时空);他的知、能,在其义理体段之中已然得到了安顿,与他的生命已然融为了一体。它们内在于颜子的生命之中,其存在的方式是无形的。它们是如此之自然,有事时随感而应,无事时隐遁无迹。换言之,颜子的"无"与

---

[1] 定州竹简《儒家者言》:"强于行,若于辞。"与之相似。
[2] 朱熹:《四书章句集注》,第104页。

"虚",不在"有"与"实"之外,正是"有"、"实"本身的存在方式。[1]

这种状态,也可以在孔子身上得到印证。

> 子曰:"吾有知乎哉?无知也。有鄙夫问于我,空空如也,我叩其两端而竭焉。"(《子罕》)

"无知",指孔子内心"不滞于见闻"的状态。"空空",历史上多认为指"鄙夫"的状态。[2] 实则,此章的基本语境是夫子自道。"空空如也",前应"无知"的居心,后启"叩其两端"的施教之方,当是夫子的自指。[3] 从上下文看,"空空如也"似乎是说夫子的"待问之道"。[4] 但实际上,它或许不仅仅是孔子待问之时的特殊状态,而是孔子居心的常态。所谓"空空",不是故意放空自己的闻见之知。[5] 之所以"空空",恰是义理精熟之极,又与自身生命完全

---

[1] 正如技能纯熟之后,我们不再关注到它。除非被人问起,否则我们甚至不会有"我会骑车"之念。

[2] 或指鄙夫虚心之貌(孔安国),或指鄙夫"悾悾"诚恳之状(郑玄),或指鄙夫"款款"忠实之状(于省吾)。

[3] 焦竑《焦氏笔乘》云:"孔子言己空空无所知。……盖孔子自得其本心,见闻识知泯绝无寄,故谓之空空。"黄式三《论语后案》云:"空空如,自言心之虚也。"黄怀信云:"此指'我'言,承上省'我'字。旧以为指鄙夫,非。"(俱见高尚榘:《论语歧解辑录》,第469页)

[4] 钱穆云:"此非孔子先存有一番知识,专待此鄙夫之问。孔子仅就其所疑而叩之,使自开悟,故曰:'吾有知乎哉,无知也。'"(钱穆:《论语新解》,第227页)

[5] 据《坛经》,惠能对慧明说法之前先说:"屏息诸缘,勿生一念。"则是欲悬置既有虚妄之知,虚心听受当下的法义。与此有别。

附录:表象与真实——颜子"好学"新论

一致，乃至化于无形之故。[1] 唯其化于无形，故能随感而应，随问而答。其应其答，莫不出于义理之体段，亦莫不协于义理体段之整体。孔子的"空空如也"，实即颜子的"有若无，实若虚"。

相反，学者若未达此番境界，则义理是一条一条的，言教是一句一句的，事体是一件一件的。以这种方式接受，以这种方式理解，也以这种方式实践。义理与学者，是相互对待的关系。有的时候，义理还可能给学者造成身心的束缚和压力。如："子路有闻，未之能行，唯恐有闻。"(《公冶长》)《论语》记载弟子行事不多，录此当然是为了表现子路"勇于行"的性格。如范祖禹说："子路闻善，勇于必行，门人自以为弗及也，故著之。若子路，可谓能用其勇矣。"[2] 但从"唯恐有闻"一句，亦可见子路的局限。孔安国云："前所闻未能及得行，故恐后有闻不得并行也。"[3] 子路担心听受太多，不能完全做到。子路的忧心，看似与孔子"是吾忧也"(《述而》) 相似，实则有很大的不同。孔子之忧在于修德、讲学、迁善、改过之时或间断。子路却由于某种压力，以至于恐闻新的义理。其实，这不是危言耸听。这是子路的为学方式所造成的。对于子路来说，义理是一条一条的。在未能做到之前，义理对于他来说是外在的要求。一条一条的积累，会一点一点占据他的内心（若有时空和重量），给他带来潜在的压力。积累多了，就会造成难以承受的负担。这种状态表现在外，即是"唯恐有闻"。就像一个背着箩筐捡

---

[1] 举个例子，我们对于不熟悉的领域，看了专业书之后，满脑子都是一条一条的具体知识；而对于熟悉的领域，看了专业书之后，能在众多的信息中毫不费劲地抓住要点。
[2] 朱熹：《四书章句集注》，第79页。
[3] 皇侃：《论语义疏》，第111页。

东西的人，捡到了都往箩筐里放，不久之后便会不堪重负；又如一个消化不良的人，不断地吃，终究会腹胀难受。子路"唯恐有闻"，正是义理贮藏过多而未及消化，导致淤塞不通的表现。

此外，学者若对义理与实践的关系没有一个通透的理解，则其对义理的理解和学习也是有局限的。子曰："二三子以我为隐乎？吾无隐乎尔。吾无行而不与二三子者，是丘也。"（《述而》）弟子求言语之教，以为孔子之学只在于此。但孔子告诉他们，言说与实践本来一体。不要只知"在言语上求高远"，而不能"从行事上求真实"，[1] 所谓"作、止、语、默无非教也"。[2] 子曰："予欲无言！"子贡曰："子如不言，则小子何述焉？"子曰："天何言哉？四时行焉，百物生焉。天何言哉？"（《阳货》）子贡的担忧，诚可见其向学之心。但也表明，子贡对学的了解尚未通透。对于儒者来说，学不是言语的积累，而是借由讲论与观摩，明白义理、实践德行。若能明此，则知言语讲论不是唯一的途径。故程子说："若颜子则便默识，其他则未免疑问，故曰'小子何述'。"[3] 两者不同的反应，不能仅仅从性格上了解，更要在为学方式和为学境界上讨究。程子之说，虽出于假设，却反映了两人思想境界的实际。子贡将言语作言语来了解，将义理一条一条来理解。故他虽聪颖过人，也只能做到"闻一知二"。与颜子"闻一知十"，不是量上的不及，而是质的差别。

---

1 钱穆：《论语新解》，第 186 页。
2 朱熹：《四书章句集注》，第 99 页。
3 同上书，第 180 页。

附录：表象与真实——颜子"好学"新论

颜子为学，不会将义理和事体作一条一条、一件一件的理解。义理之被理解，是让它成为义理体段的内在组成部分；事体之被理解，是使它成为生命实践的分内之事。故颜子的身心，常在"无"与"虚"的状态。其触目所及，便是学习的场域，不受限于专门的形式，不依赖于有限的言说。

四、颜子"好学"之根据

以上，我们从颜子之信、颜子之明、颜子之虚三个方面阐明了颜子之学的基本特征。其实，它们都可以从义理体段之内部调适，及义理体段与实践生命之统一两个方面来理解。颜子之"如愚"，目的是让所听闻的教诲在自身的义理体段之中安顿下来，达到义理之内在融释；进而，将义理切实布达于动静语默之间，达到义理与生命实践的一致。他之所以有"闻一知十"的本领，正基于此。颜子"不迁怒、不贰过"，表面是说超强的道德自制力和意志力。其实，乃是出于颜子对自身的明察和对义理的明见。前者是自身生命的通透，后者是义理体段的信实。故颜子在实践中，从容而坚定，非意气鼓噪之勇。颜子"有若无，实若虚"，不是一个相似的表象，颜子的"有"与"实"的存心状态，便是"无"与"虚"。颜子对义理的了解，融释于义理体段之中，体段之内是完全的和谐；他的义理体段，又与生命实践达到完全的和谐，生命之内没有矛盾。前者是义理内部的统一，后者是义理与生命实践的统一。故颜子身心的常态，便如孔子"空空如也"；但有言说和行为，便是他的生命的自然彰显。

义理体段内部之一致,义理体段与实践生命之一致,这两层一致性,便是颜子之学的关钥,是颜子之各种表象的原因,也是儒家自得的真义。孟子说颜子"具体而微",这一说法切中了颜子之学的本质。颜子之学,正是一种"具体之学"。此"体",一方面如赵岐所说,指"德"的体段;一方面如前所述,指"义理体段"。它是颜子为学的基础,也是颜子为学的宗旨。当然,所谓的"具体",不是说在具体义理及实践之外,还有一个与之对待之物。比喻的说法,只是为了更好地表达两重的统一性。

与颜子的"具体之学"相应,孔子有"一以贯之"之说。

> 子曰:"赐也,女以予为多学而识之者与?"对曰:"然。非与?"曰:"非也。予一以贯之。"(《卫灵公》)

孔子的这一教诲,是针对子贡的误解而说的。[1]"多学而识",指学得多、记得多。孔子一生好学、博学,在很多人看来,孔子的成就,在于闻见记忆的广博。表象上确是如此,故子贡应之曰"然"。但孔子的博学,绝不是闻见知识的量的积累而已。子张学仕禄之道,孔子告之以"多闻阙疑"、"多见阙殆"(《为政》)。为学的过程,固然需要多闻、多见,但闻见所及,一来未必可信,二来未必可法。故多闻、多见而有所存疑之时,要以批判的态度作出分辨和取舍,才是正确的为学之方。子曰:"多闻,择其善者而从之,多见而识之,知之次也。"(《述而》)也是说,要有一个"择善"的过

---

[1] 朱子云:"子贡之学,多而能识矣。"(朱熹:《四书章句集注》,第161页)

程。如果一味贪多务得而强行记忆，最后只是得了一堆材料而已，不能滋养自身的义理体段和实践生命。

其实，孔子之为孔子不在于见闻材料的广博，而在于以"好古敏求"(《述而》)的态度，通过对见闻材料的批判性的摄取，熔铸成一个一以贯之的义理整体，体现出内在一致的仁道精神。故孔子所谓的"一以贯之"，实际上就蕴含了孔子思想与义理的统一性。再者，据《孔子世家》的记载，此段对话发生在厄于陈蔡之际。若果真如此，则孔子对子贡的教诲，又有另一层含义。其"一以贯之"，不仅是说孔子思想义理的统一性，同时也表明了孔子思想与生命实践的统一性。

可见，颜子的"具体之学"与孔子的"一以贯之"具有相同的精神特质，都是强调思想义理自身内部的协调一致，以及思想义理与生命实践的完全一致。这种一致性或统一性，正是一个有机生命体的正常状态，也是孔门为己之学、自得之学的理想目标。

五、颜子"好学"之境界

以上所论，都是孔子或同门对颜子的描述。此外，颜子对自己的为学状态也有一番表述，更可见颜子真实的用心。

> 颜渊喟然叹曰："仰之弥高，钻之弥坚；瞻之在前，忽焉在后。夫子循循然善诱人，博我以文，约我以礼。欲罢不能，既竭吾才，如有所立卓尔。虽欲从之，末由也已。"(《子罕》)

此章表现了颜子从孔子受学的切身感受。[1] 仰望愈久而愈见其高，钻研愈久而愈知其坚；一会儿见它在前面，忽然又见它在后面。朱子曰："此颜渊深知夫子之道无穷尽、无方体而叹之也。"[2] 此说未能尽意。"无穷尽、无方体"是客观地说，未能切入颜子的存心。从颜子看，"仰之弥高，钻之弥坚"是他对孔子其人其学的真切感受。越是切近地了解，越能体会孔子之真；自己越是进步，越能理解孔子之高明和细密。这是一个"知德"的过程。"瞻之在前，忽焉在后"，表面是说夫子之道无处不在；换个角度，未必不是说颜子对夫子之道的发明和贯彻。颜子听受义理之后，不仅融释于义理体段之内，更融释于生命实践之中。于是，他发现义理无处不在，时时处处皆可识取；前面已见夫子之道，回头又见夫子之道，乃有"瞻之在前，忽焉在后"的感受。夫子说"亦足以发"，这便是颜子之"发"。"博我以文，约我以礼"，是从教学内容上说。颜子为之不容自已，竭尽了自己的所能，但见孔子峻绝于前而不可及；想要跟上他，却不得从入之途。[3] 这种看上去极迷惘的状态，实是颜子最为确信而至诚向往的所在。

　　颜子的自道，极抽象又极具体。非入乎其内，深契于夫子之道者不能为。而其传达之难，正是由于浸润其中的缘故。对于外人来

---

1 颜子之赞孔子与他人不同。《孟子·公孙丑上》记载了宰我、子贡、有若三人对夫子的赞叹，皆是"自生民以来，未有夫子也"之类。伊川云："然三子之论圣人，皆非善称圣人者，如颜子便不如此道，但言仰之弥高、钻之弥坚而已。"（朱熹：《论孟精义》，《朱子全书》第七册，第680页）的确，三人对夫子的推尊，可以说是"言语"科的方式；颜子入乎其内而形容之，才是"善言德行"者。
2 朱熹：《四书章句集注》，第111页。
3 程子所谓"大段著力不得"（朱熹：《四书章句集注》，第112页）也。

附录：表象与真实——颜子"好学"新论

说,或只消一个"好学"就可以指涉。但对于颜子来说,真实的感受要具体而丰富得多。"好学"的说法,根本不是他真实的存心或在意之处。

颜子此番自道,表现了他全身心投入于学、浸润于学,好之、乐之而不容自已、不容暂息的身心状态。子曰:"知之者不如好之者,好之者不如乐之者。"(《雍也》)如果说"知之"、"好之",还有彼此的对待。那么,到了"乐之"之后,彼此的对待早已消失。所学完全融入自身,成为自身的内在部分,学者之身心与道合而为一。这种畅达而安定的身心状态,正是颜子至乐之由。子曰:"贤哉回也!一箪食,一瓢饮,在陋巷。人不堪其忧,回也不改其乐。贤哉回也!"(《雍也》)颜子之乐,从性质上说是道德之乐。从感受来说,正是基于这种畅达而安定的身心状态。这种状态是自足的,不受限于外在的具体情境;又是不知足的,总是向着进一步的升进,表现出无限的生发力。由是,颜子的生命表现出了日进不息的气象。子谓颜渊,曰:"惜乎!吾见其进也,未见其止也。"(《子罕》)看到他一直在进步,看不到他有片刻的懈怠和停留。这正是颜子好学、乐学所达到的境界。

颜子的境界,与孔子相通。孔子推却了时人"圣"、"仁"的美誉,唯独在"好学"上自许。子曰:"十室之邑,必有忠信如丘者焉,不如丘之好学也。"(《公冶长》)他认为,自己并非天赋异禀,只是在"好学"上为他人所不及。

> 叶公问孔子于子路,子路不对。子曰:"女奚不曰,其为人也,发愤忘食,乐以忘忧,不知老之将至云尔。"(《述而》)

525

许多注家认为,叶公之问或有贬损夫子之意,故子路不对。[1] 若是如此,孔子的话便有所针对。但深味孔子之言,辞气逊宛,当是他真实的自道。

孔子的自道,并非他的自谦。孔子所述,正是他好学不已的生命状态。孔子所自道者,不在自身已成之德,而在其所以能有如是之德之故,与其所以能日进其德之方。孔子对这种生命状态,实有无限的确信。这种自信,乃是孔子道德生命的生机之所在。子曰:"若圣与仁,则吾岂敢?抑为之不厌,诲人不倦,则可谓云尔已矣。"公西华曰:"正唯弟子不能学也。"(《述而》)孔子的用心,只是孜孜不倦地致力于学以成德的进程。至于自己已经到了什么境地,并不是他所关心的。这种不居的心态,是孔子内在生命意识的真切流露。孔子的不可及处,不在"为之"或"诲人",而在"不厌"与"不倦"。不厌不倦,正是孔子生命精神与人生境界的造极之处。故公西华说:"正唯弟子不能学也。"子贡又说:"学不厌,智也;教不倦,仁也。仁且智,夫子既圣矣!"(《孟子·公孙丑上》)钱穆指出:"此种心境(指'若圣与仁'章),实即是孔子之所谓仁,此乃一种不厌不倦不息不已之生命精神。"[2] "圣与仁其名,为之不厌、诲人不倦是其实。孔子辞其名,居其实,虽属谦辞,亦是教人最真实话。圣人心下所极谦者,同时即是其所最极自负者,此种最高心德,亦惟圣人始能之。"[3] 这一了解,可谓深中要害。这

---

[1] 皇侃曰:"所问之事,当乖孔子之德,故子路不对之也。"(皇侃:《论语义疏》,第168页)朱注"叶公不知孔子,必有非所问而问者",此承汉儒、皇氏旧说;又云,"抑亦以圣人之德,实有未易名言者与",则是新见(朱熹:《四书章句集注》,第97-98页)。
[2] 钱穆:《论语新解》,第181-182页。
[3] 同上书,第195页。

附录:表象与真实——颜子"好学"新论

种不厌不倦不息不已的生命状态，正是"好学"之"好"的精义所在。唯其好之深切，故能"不厌不倦"、"忘食"、"忘忧"，以至于"不知老之将至"。

孔颜的自道，都展现出不息不已的生命精神。[1]对于他们来说，学已经不是某种专门的活动，而是生命展开的基本方式或存在方式。此即孔颜之好学，在此之外，更无所谓好学。

六、表象与真实：重构内部视角之必要

论颜子之学，多会想到颜子的两问：一是"颜渊问仁"，夫子告之以"克己复礼为仁"（《颜渊》）；一是"颜渊问为邦"，夫子告之以四代礼乐（《卫灵公》）。历代学者都很重视这两章的诠释。如对前者，伊川专门发挥"四勿"之义作了《四箴》，朱子则认定此章为孔颜"传授心法切要之言"，[2] 推崇之意无以复加。三十年前一场关于"克己复礼"的解释之争，亦可见现代学者的关切。[3] 诚然，这两章对于了解颜子之学很重要。但仔细看，"克己复礼"作为修身的法门，并非孔颜的私授；[4] 礼乐之损益，也并非颜子所独与。[5]

---

1 孔颜之别在化与不化。颜子略可见其用功之方，孔子则不知其所以然而然。程子云："仲尼无迹，颜子微有迹。"甚切。
2 朱熹：《四书章句集注》，第132页。
3 此争论自1991年12月至1992年12月，延续了一年，何炳棣、杜维明、刘述先、孙国栋等学者共写了9篇文章（香港《二十一世纪》杂志第8-13期）参与讨论。
4 《左传》昭公十二年："仲尼曰：古也有志，克己复礼，仁也。"
5 子张问："十世可知也？"子曰："殷因于夏礼，所损益，可知也；周因于殷礼，所损益，可知也；其或继周者，虽百世可知也。"（《为政》）子曰："麻冕，礼也；今也纯，俭。吾从众。拜下，礼也；今拜乎上，泰也。虽违众，吾从下。"（《子罕》）都涉及了礼乐损益的问题。

更重要的是，两章是论为学的内容，能见颜子之"学"，却无法体现颜子之"好学"。而孔子对颜子"好学"的评价，重点在"好"字，不在"学"字。孔子何以独称颜子"好学"？仍是一个问题。

伊川说，孔门弟子共学六艺文章，颜子独能"学以至圣人之道"。实际上，他是要在为学"宗旨"上，建立颜子与三千子的区分。但颜子之外，七十子是否真的无人志于"圣人之道"？这一点值得怀疑。孔子素以"志于道"教人，恐怕不能如此认定。故颜子与其他弟子的区别，亦不能完全建立在为学宗旨之上。

事实上，颜子与他人的不同，不在所学的内容（六艺之学），甚至也不在所怀的志向（志于道），而在为学的境界。境界的不同，则又是为学的用功路径和存心差异所造成的。子曰："可与共学，未可与适道；可与适道，未可与立；可与立，未可与权。"（《子罕》）共学，学的是相同的内容；适道，立的是相同的志向。如此，也未必可以"与立"，更未必可以"与权"。正如"克己复礼"一句，放在孔颜之间，便是"心法切要之言"；换给别人，或许只是引用古语而已，即便老实照着做，也不必有"天下归仁"的效验。

故理解颜子的"好学"，重要的是要从颜子生命的内部，探究他到底如何用功、如何存心，以至于如此好学。这才是了解颜子之学的正途。从颜子角度说，"好学"只是一个外部描述，只是其生命状态的表象。颜子自己不曾提撕一个"好学"的意念。他只是以他的方式为学，以他的方式展开他的实践。在外人，便自然看到一个"语之而不惰"、"日进而不息"的好学形象。至于"不违如愚"、"闻一知十"、"不迁怒、不贰过"、"以能问于不能，以多问于寡，有若无，实若虚"，乃至孔颜之乐，也莫不是颜子生命的可见的表

附录：表象与真实——颜子"好学"新论

象。若是停留于这些表象的了解，我们只能获得关于颜子的破碎的认识。唯有透过这些差别甚或矛盾的表象，理解颜子为学的存心与状态，我们才能看到颜子之学的真实面目，也才能理解颜子之所以好学。

此前，我们主要从两重统一性的角度，建立了对颜子之真实的了解。这不是说我们对颜子的了解，只是形式的，无关乎内容的。事实上，只有当我们对颜子的用心和状态有了真实的了解，才能更真切地理解颜子之学的内容。比如，子曰："回也，其心三月不违仁，其余则日月至焉而已矣。"（《雍也》）孔子说，颜子之胜于其他弟子，在于他能长久不违于仁。但他之所以能长久，却不是因为行道意志的坚定。[1] 其实，所谓的"仁"，不是在具体的义理实践之外的价值原则，恰恰是具体的义理实践所蕴含或体现的内在精神。[2] 故颜子的"不违仁"，不是说他不违背仁的教条，而是说他自身的义理体段及其实践，总能体现和彰显仁的精神。而"三月不违"，

---

[1] 西方道德哲学，向有重理智与重意志两大传统，就古希腊罗马而言，前者以亚里士多德为代表，后者以斯多葛学派为代表。但只是偏重不同，后来往往合流。在中世纪晚期，神学与哲学的综合破裂，由方济会思想家司各脱、奥卡姆发端，之后才特别强调意志在道德实践中的地位。在西方，"意志"可以从两个方面来理解：一是人的先验的"自由意志"，这是源自斯多葛，经由柏拉图主义，再由奥古斯丁深化内化并传承下来的传统；一是在经验实践中，使道德动机或道德判断付诸实施的"行为意志"。康德甚至认为，只有那种出于明确的自觉意志的行为，才具有真正的道德价值。这种理解，与中国古人有很大的不同。古人强调，真正的"有德"，恰恰是做道德的事情，不出于"着意"；理想的道德境界，不需要主观的思虑和抉择，一任自然，如《中庸》所谓"不勉而中，不思而得，从容中道"。诚然，道德意志是需要的，但它是修为的工夫，却不是道德的本质。在此，若过于强调颜子的意志力量，反而无法见出颜子境界的"从容"，亦与颜子"和风庆云"的气象不符。

[2] 参见何益鑫：《论孔子仁道的实践精神——兼与亚里士多德的"实践智慧"比较》，《鹅湖月刊》（台湾），2016年第10期。

乃是称赞他义理体段之精纯，生命实践之通透。与之相对，其他弟子未能形成类似的义理体段；在思考和实践中，难免深一脚浅一脚，只能偶尔相契于仁而已。以此方式，我们不仅可以回归颜子的真实，甚至可以借此摆脱概念的表象，回归道德的真实。

当然，内部视角的重构很大程度上依赖于学者个人的理解。[1]就此而言，此处的工作受限于笔者的学力，只能算是一种尝试。但无论如何，这种尝试是必要的。我们只有透过颜子的各种表象，还原他内在的真实，才能真正"学颜子之所学"。否则，执定零散的言教，终不足以契会颜子的真精神。换个角度看，重构颜子内部视角的努力，也未尝不是我们通过学颜子而达到自我理解的过程。

---

[1] 事实上，我们之前对某些句子的阐释，不完全是分析，同时也是一种综合。"重构"本身就意味着从部分构建整体，它必然是一个综合的过程。因为是综合，所以需要个人因素的积极参与。

参考文献

甲、古籍：

[1] 陈淳：《北溪字义》，北京：中华书局，1983

[2] 陈澧：《东塾读书记》，《陈澧集》第二册，上海：上海古籍出版社，2008

[3] 程颢、程颐：《二程集》，北京：中华书局，1981

[4] 程树德：《论语集释》，北京：中华书局，1990

[5] 戴震：《孟子字义疏证》，北京：中华书局，1982

[6] 胡瑗：《周易口义》，《四库全书》经部第6册，台北：台湾商务印书馆，1987

[7] 皇侃：《论语义疏》，北京：中华书局，2013

[8] 黄宗羲：《明儒学案》，北京：中华书局，2008

[9] 黄宗羲：《宋元学案》，北京：中华书局，1986

[10] 焦循：《孟子正义》，北京：中华书局，1987

[11] 康有为：《康有为全集》，上海：上海古籍出版社，1990

[12] 孔安国注、孔颖达疏：《尚书正义》，上海：上海古籍出版社，2007

[13] 凌廷堪：《校礼堂文集》，北京：中华书局，1998

［14］刘宝楠：《论语正义》，北京：中华书局，1990

［15］刘宗周：《刘宗周全集》，杭州：浙江古籍出版社，2007

［16］陆德明：《经典释文》，上海：上海古籍出版社，2012

［17］陆九渊：《陆九渊集》，北京：中华书局，1980

［18］毛亨传、郑玄笺、孔颖达疏：《毛诗注疏》，上海：上海古籍出版社，2013

［19］皮锡瑞：《经学历史》，北京：中华书局，2004

［20］孙希旦：《礼记集解》，北京：中华书局，1989

［21］孙星衍：《尚书今古文注疏》，北京：中华书局，2004

［22］王弼注、孔颖达疏：《周易正义》，北京：北京大学出版社，2000

［23］王艮：《王心斋全集》，南京：江苏教育出版社，2001

［24］王聘珍：《大戴礼记解诂》，北京：中华书局，1983

［25］王先谦：《荀子集解》，北京：中华书局，1988

［26］王阳明：《王阳明全集》，上海：上海古籍出版社，2011

［27］邢昺：《孟子注疏》，北京：北京大学出版社，1999

［28］叶适：《习学记言序目》，北京：中华书局，1977

［29］郑玄注、孔颖达疏：《礼记正义》，上海：上海古籍出版社，2008

［30］朱熹：《诗集传》，南京：凤凰出版社，2007

［31］朱熹：《四书章句集注》，北京：中华书局，1984

［32］朱熹：《朱子语类》，北京：中华书局，1986

［33］朱熹：《朱子全书》，上海：上海古籍出版社；合肥：安徽教育出版社，2003

［34］朱彝尊：《经义考新校》，上海：上海古籍出版社，2010

乙、著作：

［1］安乐哲、郝大维：《切中伦常：〈中庸〉的新诠与新译》，北京：中国社会科学出版社，2011

［2］常森：《简帛〈诗论〉〈五行〉疏证》，北京：北京大学出版社，2019

［3］陈壁生：《孝经学史》，上海：华东师范大学出版社，2015

［4］陈立胜：《宋明儒学中的"身体"与"诠释"之维》，北京：商务印书馆，2019

［5］陈慧、廖名春、李锐：《天、人、性：读郭店楚简与上博竹简》，上海：上海古籍出版社，2014

［6］陈来：《古代思想文化的世界》，北京：三联书店，2009

［7］陈来：《古代宗教与伦理》，北京：三联书店，2009

［8］陈来：《有无之境》，北京：北京大学出版社，2006

［9］陈来：《中国近世思想史研究》，北京：三联书店，2010

［10］陈来：《朱子哲学研究》，上海：华东师范大学出版社，2000

［11］陈来：《竹帛〈五行〉与简帛研究》，北京：三联书店，2009

［12］陈来：《竹简〈五行〉篇讲稿》，北京：三联书店，2012

［13］陈丽桂：《近四十年出土简帛文献思想研究》，北京：中华书局，2015

［14］陈群：《明清之际〈大学〉诠释研究》，北京：科学出版

社，2017

［15］陈荣捷:《王阳明〈传习录〉详注集评》，上海：华东师范大学出版社，2009

［16］池田知久:《池田知久简帛研究论集》，北京：中华书局，2000

［17］丁四新:《郭店楚墓竹简思想研究》，北京：东方出版社，2000

［18］丁四新:《先秦哲学探索》，北京：商务印书馆，2015

［19］丁四新:《玄圃畜艾》，北京：中华书局，2009

［20］杜维明:《杜维明思想学术文选》，上海：上海古籍出版社，2014

［21］杜维明:《〈中庸〉洞见》，北京：人民出版社，2008

［22］杜维明主编:《思想·文献·历史：思孟学派新探》，北京：北京大学出版社，2008

［23］高尚榘:《论语歧解辑录》，北京：中华书局，2011

［24］高亨:《〈庄子·天下篇〉笺证》，张丰乾编:《〈庄子·天下篇〉注疏四种》，北京：华夏出版社，2016

［25］郭沫若:《郭沫若全集·历史编》第一卷，北京：人民出版社，1982

［26］郭沫若:《金文丛考》第二册，北京：人民出版社，1954

［27］郭沫若:《十批判书》，北京：人民出版社，2012

［28］郭沂:《郭店竹简与先秦学术思想》，上海：上海教育出版社，2001

［29］何益鑫:《成之不已：孔子的成德之学》，上海：复旦大

学出版社，2020

［30］何益鑫：《〈周易〉卦爻辞历史叙事研究》，上海：上海人民出版社，2021

［31］何益鑫：《竹简〈性自命出〉章句讲疏》，上海：上海三联书店，2020

［32］黄寿祺、张善文：《周易译注》，上海：上海古籍出版社，2004

［33］姜广辉主编：《中国哲学》第二十辑（《郭店楚简研究》），沈阳：辽宁教育出版社，1999

［34］蒋伯潜：《诸子通考》，杭州：浙江古籍出版社，1985

［35］荆门市博物馆：《郭店楚墓竹简》，北京：文物出版社，1998

［36］劳思光：《新编中国哲学史》，桂林：广西师范大学出版社，2005

［37］李零：《郭店楚简校读记》（增订本），北京：中国人民大学出版社，2007

［38］李零：《上博楚简三篇校读记》，北京：中国人民大学出版社，2007

［39］李天虹：《郭店竹简〈性自命出〉研究》，武汉：湖北教育出版社，2002

［40］梁涛、斯云龙编：《出土文献与君子慎独——慎独问题讨论集》，桂林：漓江出版社，2012

［41］梁涛：《郭店竹简与思孟学派》，北京：中国人民大学出版社，2008

［42］梁涛解读：《孟子》，北京：国家图书馆出版社，2017

［43］梁涛：《儒家道统说新探》，上海：华东师范大学出版社，2013

［44］廖名春：《郭店简帛丛考》，武汉：湖北教育出版社，2004

［45］林桂榛：《先秦儒家"性与天道"论考源》，北京：中国社会科学出版社，2015

［46］刘光胜：《出土文献与〈曾子〉十篇比较研究》，上海：上海古籍出版社，2016

［47］刘起釪：《尚书研究要论》，济南：齐鲁书社，2007

［48］刘师培：《经学教科书》，上海：上海古籍出版社，2006

［49］刘述先：《儒家哲学研究：问题、方法及未来开展》，上海：上海古籍出版社，2010

［50］刘翔：《中国传统价值观诠释学》，上海：华东师范大学出版社，2010

［51］刘信芳：《简帛〈五行〉研究》，北京：高等教育出版社，2016

［52］刘钊：《郭店楚简校释》，福州：福建人民出版社，2005

［53］罗新慧：《曾子研究——附〈大戴礼记〉"曾子"十篇注释》，北京：商务印书馆，2013

［54］美国哈佛大学燕京学社、山东师范大学齐鲁文化研究中心编：《儒家思孟学派论集》，济南：齐鲁书社，2008

［55］牟宗三：《从陆象山到刘蕺山》，长春：吉林出版集团有限责任公司，2010

［56］牟宗三：《心体与性体》，上海：上海古籍出版社，1999

［57］庞朴：《竹帛〈五行〉篇校注及研究》，台北：万卷楼图书有限公司，2000

［58］钱穆：《论语新解》，北京：三联书店，2005年第二版

［59］钱穆：《中国学术思想史论丛》（二），北京：三联书店，2009

［60］饶宗颐：《固庵文录》，沈阳：辽宁教育出版社，2000

［61］唐君毅：《中国哲学原论·原教篇》，北京：中国社会科学出版社，2006

［62］唐君毅：《中国哲学原论·原性篇》，北京：中国社会科学出版社，2005

［63］唐君毅：《中国哲学原论·导论篇》，北京：中国社会科学出版社，2005

［64］唐文治：《大学大义》，《唐文治经学论著集》第3册，上海：上海古籍出版社，2019

［65］王邦雄、曾昭旭、杨祖汉：《孟子义理疏解》，台北：鹅湖出版社，2010

［66］王博：《简帛思想文献论集》，台北：台湾古籍出版社，2001

［67］王博：《中国儒学史·先秦卷》，北京：北京大学出版社，2011

［68］王国维：《王国维论学集》（傅杰编校），昆明：云南人民出版社，2008

［69］王国轩、王秀梅译注：《孔子家语》，北京：中华书局，2011

［70］王天海：《荀子校释》，上海：上海古籍出版社，2005

［71］王中江：《简帛文明与古代思想世界》，北京：北京大学出版社，2011

［72］魏启鹏：《简帛〈五行〉笺释》，台北：万卷楼图书有限公司，2000

［73］吴震：《〈传习录〉精读》，上海：复旦大学出版社，2011

［74］吴震解读：《传习录》，北京：国家图书馆出版社，2018

［75］吴震：《儒学思想十论》，贵阳：孔学堂书局，2016

［76］武汉大学简帛研究中心，荆门市博物馆编著：《楚地出土战国简册合集（一）：郭店楚墓竹书》（陈伟、彭浩主编），北京：文物出版社，2011

［77］武汉大学中国文化研究院编：《郭店楚简国际学术研讨会论文集》，武汉：湖北人民出版社，2000

［78］徐复观：《中国人性论史》，上海：华东师范大学出版社，2005

［79］徐少华：《简帛文献与早期儒家学说探论》，北京：商务印书馆，2015

［80］亚当·斯密：《道德情操论》，北京：商务印书馆，1997

［81］杨宽：《战国史》，上海：上海人民出版社，2016

［82］杨儒宾：《儒家身体观》，上海：上海古籍出版社，2019

［83］杨少涵：《中庸原论——儒家情感形上学之创发与潜变》，北京：社会科学文献出版社，2015

［84］杨义：《论语还原》，北京：中华书局，2014

［85］杨朝明、宋立林主编：《孔子家语通解》，济南：齐鲁书

社，2009

［86］余英时：《论天人之际——中国古代思想起源试探》，北京：中华书局，2014

［87］臧克和：《尚书文字校诂》，上海：上海教育出版社，1999

［88］郑开：《德礼之间——前诸子时期的思想史》，北京：三联书店，2009

丙、论文：

［1］白奚：《"仁"字古文考辨》，《中国哲学史》2000年第3期

［2］陈群：《教而生德于心——以"教"为中心的〈性自命出〉研究》，《人文杂志》2015年第6期

［3］陈少明：《想象的逻辑：来自中国哲学的经典例证》，《哲学动态》2012年第3期

［4］陈少明：《仁义之间》，《哲学研究》2012年第11期

［5］邓秉元：《〈孟子·告子上〉讲疏》，《新经学》第三辑，上海：上海人民出版社，2018

［6］丁四新：《〈孟子〉"天下之言性也"章研究与检讨：从朱陆异解到〈性自命出〉"实性者故也"》，《现代哲学》2020年第3期

［7］方朝晖：《如何理解性善论》，《国学学刊》2018年第1期

［8］苟东锋：《郭店楚简〈五行〉释义》，《古籍整理研究学刊》2011年第4期

［9］郭美华：《人性的顺成与转逆——论孟子与告子"杞柳与杯棬"之辩的意蕴》，《文史哲》2011年第2期

［10］郭沂：《〈性自命出〉校释》，《管子学刊》2014年第4期

［11］何益鑫：《从"万物皆备于我"到"反身而诚"——以孟子"诚"的思想为线索》，《哲学研究》2020年第2期

［12］何益鑫：《儒家心性之学的转出——论子游的思想创造及其道统地位》，《复旦学报》2020年第4期

［13］何益鑫：《论〈大学〉古义——以"格物致知"与"诚意"的诠释为中心》，《中国哲学史》2019年第4期

［14］何益鑫：《孔子的"乐德合一"——〈论语〉"子谓〈韶〉〈武〉章"疏义》，《孔子研究》2016年第4期

［15］何益鑫：《"一以贯之"：孔子仁道的开显与言说》，《云南大学学报》2016年第5期

［16］何益鑫：《豁然贯通之为实践境界》，《哲学分析》2013年第6期

［17］何益鑫：《表象与真实：颜子好学新论》，《中国哲学史》2022年第3期

［18］金谷治：《楚简〈性自命出〉的考察》，《儒林》第2辑，济南：山东大学出版社，2006

［19］李旭：《〈书〉〈诗〉政教传统下的〈大学〉义理纲维》，《哲学研究》2020年第7期

［20］李学勤：《帛书〈五行〉与〈尚书·洪范〉》，《学术月刊》1986年第11期

［21］李学勤：《从简帛佚籍〈五行〉谈到〈大学〉》，《孔子研究》1998年第3期

［22］李学勤：《郭店竹简与儒家经籍》，《中国哲学》第二十辑，沈阳：辽宁教育出版社，1999

［23］李学勤：《郭店简与〈乐记〉》，载北京大学哲学系编：《中国哲学的诠释和发展——张岱年先生90寿庆纪念文集》，北京：北京大学出版社，1999

［24］李巍：《"性"指什么？——孟子人性论的起点》，《现代哲学》2016年第5期

［25］廖名春：《"仁"字探源》，《中国学术》第8辑，北京：中华书局，2001

［26］廖名春：《郭店楚简〈五行〉篇校释札记》，《中国哲学史》2001年第3期

［27］廖名春：《郭店简〈性自命出〉的编连与分合问题》，《中国哲学史》2004年第4期

［28］刘钊：《读郭店楚简字词札记》，武汉大学中国文化研究院编：《郭店楚简国际学术研讨会论文集》，武汉：湖北人民出版社，2000

［29］吕绍纲：《性命说》，《孔子研究》1999年第3期

［30］孟庆楠：《德行内外——以简帛〈五行〉篇为中心》，《中国哲学史》2012年第2期

［31］孟琢：《明德的普遍性——〈大学〉"明德"思想新探》，《中国哲学史》2019年第2期

［32］欧阳祯人：《郭店儒简的宗教诠释》，《中国哲学史》2001年第3期

［33］庞朴：《"仁"字臆断——从出土文献看仁字古文和仁爱思想》，《寻根》2001年第1期

［34］庞朴：《马王堆帛书解开了思孟五行说之谜——帛书〈老

子〉甲本卷后古佚书之一的初步研究》,《文物》1977 年第 10 期

［35］吴震:《王心斋"淮南格物"说新探》,《陕西师范大学学报》2008 年第 1 期。

［36］徐希文:《郭店楚简〈五行〉集释》,华东师范大学 2012 年硕士论文

［37］杨儒宾:《德之行与德之气——帛书〈五行篇〉〈德圣篇〉论道德、心性与形体的关系》,载钟彩钧主编:《中国文哲研究的回顾与展望论文集》,台北:台湾"中研院"文哲所,1992

［38］杨少涵:《〈中庸〉升格的三个标志》,《中国社会科学报》2017 年 4 月 18 日

［39］叶树勋:《道德实践的可能性与必要性———孟子哲学中"几希"的双重意蕴》,《道德与文明》2017 年第 4 期

［40］中岛隆藏:《郭店楚简〈性自命出〉篇小考》,《楚地简帛思想研究》第 3 辑,武汉:湖北教育出版社,2007

［41］周凤五:《郭店竹简编序复原研究》,《古文字与古文献》试刊号,1999

后　记

到北京，一晃过了两个春秋。

北国的春，来得很急。三两滴雨水落地，还没有感到特别的温暖，一树鹅黄已经早早地挂上了枝头。未名湖上，冰面还没有融化干净，几只野鸭，攒了一个冬天的劲，赶不及要在澄清的湖上划过。这景象，在南方是不多见的。南方的春，只在墨绿色的叶丛中，偷偷地探出一缕嫩色。等花开了，人们才猛然发现春天来了。北国的春，只是三两天的工夫，就让你看到挡不住的兴味。像换衣服一般，说换就换了。

北国的秋，去的很急。几阵冷风下来，香山红了，银杏的叶子黄了。从寓所到食堂的路上，一路是金灿灿的银杏，先是挂满树梢，一树一树的，在没有雾霾的天气里，在湛蓝的天空下。这时的黄，还是温润的黄，黄得明亮而不干枯。一层秋雨一层凉。叶子一树一树地往下落，铺满了道路和草坪，还夹杂着银杏果的奇特味道。走在路上，每每感到一种拥上前来的热情，好似一个温暖的拥抱。渐渐的，银杏落完了，树梢上只剩下零星的残余。一不留神，未名湖的秋天也走了，水天之间的分际，明显了。

如是，两度轮回。

我来北京，是一段殊胜的因缘。导师张汝伦先生推荐，孙向晨、丁耘、干春松三位老师从中沟通，王博老师拍板，我来到北京大学儒学研究院从事博士后研究。干老师是我的合作导师。他为人谦和，关爱学生。在儒学院期间，我兼做一些院务行政。干老师知我一心学术，尽量减少这方面的工作，使我可以专注于自己的思考。

去年春天刚开学，我参加了干老师主持、辛亚民老师领读的《周易》读书班。因为这个缘分，我从去年三月开始，饶有兴味地扎进了《周易》卦爻辞的历史叙事的研究。到去年年底，完成了《周易本事考》和《周易本事注》的初稿。今年三月份《考》修改一过，五月份又作了几篇总结的小文。有关《周易》的研究，才告一段落。回想起来，这一工作是借了与干老师的因缘，与这个读书班的因缘。若不是参加这个读书班，我或许很久以后才会关注《周易》；若不是一去便读到《明夷》卦，我或许也不能看到这一探究的进路。只能说是缘分。

也由于这个原因，能用在出站报告上的时间和精力，就更为有限了。"孔门成德之学的演进"这一课题，看上去是我的博士论文《孔子成德之学研究》的自然拓展。但实际上，这一课题所涉及的七十子后学时代，思想极为丰富、脉络极为复杂。且不说《性自命出》《五行》等出土文献的解读，虽然已经有不少的学术积累，但能通篇讲下来，且被学界普遍认可的至今没有；即便是已经诠释了两千多年的《大学》和《中庸》，其原始的古义究竟如何，其与理学诠释的关联和差别，也讲不清楚。我之所以敢做这样一个工作，是因为我自信对孔子的生命有少许的理解。这一点了解，建立在我的博士论文的基础之上。而对于儒学来说,无论从实践上,还是从思想上,孔子都是不绝的源泉和最终的标准。孔子之于儒家,正如文王之于周文,他们是后者思想、精神的根本和源泉。就七十子后学而言,他们的议题,总不离成德的宗旨;他们的主张,总可以从孔子的生命和思想中找到问题的来源。七十子时代"性与天道"的思想,与孔子之间有着内在的发展脉络,它是有迹可循的。抓住它,便可以顺藤摸瓜,完成一次系统的重构。在这个意义上,可以说,七十子后学思想的演进,就是孔子成德之学的展开。也在这个意义上,可以说,这一课题的研究,确实是我博士论文的延续。

思想的酝酿,已经有年;但正式下笔,是在今年的八月。至今差不多百日。此间除了回复旦开会之外,没有它事打扰,写作得以稳步推进。但毕竟所花时日不多,难免有论述不周、思考欠细密处,只能留待日后弥补了。

儒学院给我在未名湖边安排了一个单独的办公室。许是因为平底足,我天生不爱走动。所以这两年中,我一直在北大南门对面的寓所闲居,没事不太出门。这十平米的寓所,名曰"十方寓",与世隔绝,到访过的朋友寥寥可数。但洪义是常客。去年秋季他到清华之后,每周至少过来一次,有时两次,竟成惯例。在这一间陋室,我们读书、论学、畅谈人生,成了这两年生活的调剂。有时候,建武也赶来,就更热闹了。

最后,我要感谢两年前促成我北京之行的人,也要感谢这两年帮助过我的人、在我身边出现过的人。在这两年中,我听了一些课,认识了一些朋友,感受了北京的学术风格和学者风貌,将使我终身受益。

　　出站后，我将回到曾经待过十年的复旦再续前缘。离开，总会有些不舍，但也意味着下一段人生的开始。

2017 年 11 月 22 日，于十方寓

　　重回复旦，节奏就大为不同了。尤其是最初的一两年，备课和上课占用了大部分时间，再也不能像以前那样想到什么，一头扎进去，刨根问底地求索了。时间在多个维度上撕扯，需要求得一种平衡。之前的学术规划，也不得不放慢了脚步。

　　这些年，我在出站报告的基础上，又作了一些专题性的、拓展性的研究。从 18 年到 21 年，每年的春季学期，我都会为研究生开设"先秦诸子专题研究"讨论班，研读郭店竹简《性自命出》和《五行》。前两年是《性自命出》，后两年是《五行》。我一直认为，《性自命出》和《五行》的重要性，媲美于《大学》和《中庸》，它们各自是一个时代一种思想进路的代表，也是早期儒学思想发生史的路标。而这两篇文献，此前都还没有特别完善的综合性研究，留下了不少文本和思想上的难题。所以，关于它们的探讨不但是重要的，而且具有一定的挑战性，用于研究生课程的讨论，最合适不过了。

　　在我看来，研究生课程的目标主要不是传达知识，而是带着学生一起思考，一起探索，一起理解文本，从事哲学的活动。为此，课程内容须是教者亲自研究过，或者正在研究的东西。因为只有过来人才能看得清，一个具体的研究有多少岔路，路旁有多少使人陷

溺的风景。但提前做研究,也不是为了在课堂上直接传达研究的结果。与结果相比,更重要的是过程,是哲学活动本身。我18年喜欢看蒙克写的《维特根斯坦传:天才之为责任》。这不能算是一本哲学的书,但它很有哲学的气味。在那段以输出为主的漫长而略显沉闷的时光中,它是我保持思想的纯粹性和活跃性的一个方法。它也让我更加确信,思想活动本身而不是思想的结果,才是哲学真正寄寓的地方,也是最该传达给学生的东西,特别是在一个哲学有待重新出发的时代处境中。为免哲学教育落入知识传播的窠臼,向过程性的哲学活动的回归,是很有必要的。而这种回归,直接取决于学生自身的参与。所以,在我们的讨论课上,观点的碰撞、区分、引导、澄清、追问,成了理解活动的主要的构成环节。同样,我自己的思考也努力表达为一种过程性。我希望它不是作为一个死的结构,成为学生关照和记忆的对象;而是作为在迷惘中寻求出路的一次次的具体行动,参与到学生自己的理解和思考的行程中。

我有写讲稿的习惯。写讲稿,于我而言就是一种预研究。18年春,写了《竹简〈性自命出〉章句讲疏》的初稿;19年春完成了修改稿,并增加了导论部分。20年春,正当疫情期间,写了《竹简〈五行〉章句讲疏》的初稿;21年春完成了修改稿,并增加了导论部分。前一部讲稿已于20年出版,后一部由于获得了教育部的后期资助,出版时间还要往后推一推。我本以为,《性自命出》和《五行》的要义,已在出站报告中讨论得足够清楚,讲稿的意义无非是把一些论证环节或非关键的部分充实出来,以适用于教学的需要。但实际上,写完讲稿之后,我对相关文本和思想的解读又有不少推进,并更正了部分关键内容的理解。这是令人高兴的事情。

19年下半年，为了准备第二年春天的本科生课程，我开始研究孟子的心性论，探讨了其中几个关键性的问题，写了几篇文章。次年春，在修改完《五行》讲稿之后，我接着系统地解读了《孟子·告子上》。自认为对孟子心性论的思想逻辑，已有结构性的把握。遂在暑假期间，续写了本书的第六章，从两个方面作了探讨。其一是孟子与子思之间的继承性和差异性。现下，"思孟学派"的提法深入人心，但也不可忽略两者在问题意识、思考进路，以及思想结构等方面存在的重要差别。其二是孟子心性论的逻辑结构。孟子的性善论有哪些基本的逻辑环节，各个环节如何建立起来，它与前面的儒学史是什么关系，这些都是非常重要的问题。本书对此作了概要性的呈现，更多具体的讨论，则有待于后续的专题研究。

　　与原报告相比，定稿有三方面的不同。一是基于《性自命出》、《五行》的专题研究，对原稿相关内容作了修订和补充；二是基于《孟子》的研究，续写了第六章，使本书在内容上更为完整；三是附录收入了一篇关于颜子之学的讨论《表象与真实——颜子"好学"新论》。这篇文章于我而言有特殊的意义。17年4月初，我突然收到回复旦应聘的消息，需要准备一个报告。当时，我还完全沉浸在《周易》历史叙事的研究中，不能自拔。但《周易》的研究，恐很难令人信服。而既有的其它文章，又不能完全代表我当时的所得。为了在更广泛的议题上，表达自己彼时的思想状态和理解程度，冒险选了这个主题。我结合自己长久以来的学习体验，尤其是博士论文完成之后的进一步体会，很快写出了稿子。报告也很成功，得到了很多师友的肯定。收录此文，除了充实本书内容之外，也是一个时期的纪念。

本书部分内容，曾以论文形式在刊物上发表：第一章的第一节，以《论孔子的人性观及其展开形态》为题，发表于《人文杂志》2022年第7期；第二章第二节的部分内容，以《论〈大学〉古义——以"格物致知"与"诚意"的诠释为中心》为题，发表于《中国哲学史》2019年第4期；第三章第一节的相关内容，也即《竹简〈性自命出〉章句讲疏》的导论部分，以《儒家心性之学的转出——论子游的思想创造及其道统地位》为题，发表于《复旦学报》2020年第4期；第四章第一节的相关内容，也即《竹简〈五行〉章句讲疏》的导论部分，以《德的生成——竹简〈五行〉篇的德行生成论及其思想史意义》为题，发表于《哲学研究》2022年第8期；另一部分内容，又以《从"一以贯之"到"以五为一"——论子思〈五行〉篇对孔子晚年宗旨的结构化诠释》为题，发表于《诸子学刊》第二十五辑（上海古籍出版社，2022年）；第五章第二节的部分内容，以《论〈中庸〉古义》为题，发表于《复旦学报》2022年第4期；附录《表象与真实——颜子"好学"新论》的删节版，发表于《中国哲学史》2022年第3期。受限于形式和篇幅的要求，这些文章与书稿在内容和表述上不完全相同，但在思想上尽量保持了一致。此外，还有两篇关于《孟子》的文章，虽不是直接出自此书，但与第六章内容高度相关：《从"万物皆备于我"到"反身而诚"——以孟子"诚"的思想为线索》，发表于《哲学研究》2020年第2期；《从"故而已矣"到"乃若其情"——〈孟子〉"天下之言性也"章的诠释及其衍生问题》，发表于《复旦学报》2021年第3期。其中有几篇，又转载于人大复印资料《中国哲学》。这些文章得以发表，感谢编辑部老师的辛劳和学界同仁的认可。

　　理解，实是思想研究中可期待和最值得期待之事。在北大期间，干老师的支持、肯定乃至放任，一直是我大胆做自己的研究的底气。出站时，答辩主席李存山教授，以及王中江、张学智、赵法生诸教授，对报告给出了很高的评价，也提出了中肯的修改意见。尤其是李存山先生，当时身患眼疾，看文字殊为不易，但还是欣然接受了邀请，认真批阅论文，作了非常具体的评议，给我很多的鼓励。此后数年，随着文章的公开报告和发表，研究又得到了更多师友、同仁，还有讨论班同学们的支持、鼓励，也让我交到了一些新的学友。任何形式的反馈意见，对我来说都是弥足珍贵的。此间往来，不能一一历数，一并致以真诚的感谢。

　　本书是国家社科基金青年项目"孔门成德之学的演进研究"（项目批准号：17CZX033）的最终成果。本书的出版，获得了复旦大学哲学学院的资助。感谢学院一直以来的支持。友人杨立军与我多有思想上的相契，他为本书的编校耗费了心力，也提出了不少重要的修改意见，值得铭记。

2022 年 9 月 20 日，于创智坊

图书在版编目（CIP）数据

成性存存：孔门成德之学的演进 / 何益鑫著.
上海：上海古籍出版社，2024.9.--（复旦哲学）.
ISBN 978-7-5732-1316-7

Ⅰ.B222.05

中国国家版本馆CIP数据核字第2024VL6291号

成性存存：孔门成德之学的演进
何益鑫 著

上海古籍出版社出版发行
（上海市闵行区号景路159弄1-5号A座5F 邮政编码201101）
（1）网址：www.guji.com.cn
（2）E-mail：guji1@guji.com.cn
（3）易文网网址：www.ewen.co

上海展强印刷有限公司印刷
开本 890×1240 1/32
印张 17.375 插页2 字数387,000
版次 2024年9月第1版
　　 2024年9月第1次印刷
ISBN 978-7-5732-1316-7/B·1416
定价：108.00元

如有质量问题，请与承印公司联系 电话：021-66366565